德国战争
的神话与现实

[德] 格哈德·P. 格罗斯　著

孙希琨　译

民主与建设出版社
·北京·

ⓒ 民主与建设出版社，2020

图书在版编目（CIP）数据

德国战争的神话与现实 / （德）格哈德·P.格罗斯著；
孙希琨译 . —— 北京：民主与建设出版社，2020.5
ISBN 978-7-5139-2991-2

Ⅰ . ①德… Ⅱ . ①格… ②孙… Ⅲ . ①军事史 – 德国
Ⅳ . ① E516.9

中国版本图书馆 CIP 数据核字 (2020) 第 053362 号

The original edition was published under the title of:
Gerhard P. Gross, Mythos und Wirklichkeit: Geschichte des operativen Denkens im deutschen Heer
von Moltke d.Ä bis HeusInger
©2012 Ferdinand Schöningh, Paderborn
The Translation is based on the Englisch Edition 2016.

著作权登记合同图字：01-2020-1613

德国战争的神话与现实

DEGUO ZHANZHENG DE SHENHUA YU XIANSHI

著　　者	[德]格哈德·P.格罗斯
译　　者	孙希琨
责任编辑	彭　现
封面设计	周　杰
出版发行	民主与建设出版社有限责任公司
电　　话	（010）59417747　59419778
社　　址	北京市海淀区西三环中路 10 号望海楼 E 座 7 层
邮　　编	100142
印　　刷	重庆共创印务有限公司
版　　次	2020 年 5 月第 1 版
印　　次	2020 年 5 月第 1 次印刷
开　　本	787 毫米 × 1092 毫米　1/16
印　　张	23
字　　数	354 千字
书　　号	ISBN 978-7-5139-2991-2
定　　价	119.80 元

注：如有印、装质量问题，请与出版社联系

目 录

英文版序

几个世纪以来，普鲁士—德国的陆战传统造就了在该领域浩如烟海的著作。这些著作都是好书吗？这又是另外一回事了。

但格哈德·格罗斯的这本《德国战争的神话与现实》，无疑位列佳作阵营。事实上，它是个中翘楚。在这本书中，我们可以找到军事历史学术著作中，获得优秀评价所需的所有要素：广泛而深入的基础资料研究、将书斋式的学术训练与作为德国军事机构专业人士（格罗斯本人是德国联邦国防军的一名陆军上校）的洞察力结合起来的作者经历，以及对19世纪中期到北约时代初期的德国军事行动及战役思想连贯的持续有力的论证。本书的德文原版出版于2012年，它是一部意义重大的开山之作，其价值在第一时间就得到了该领域学者的认可。我很高兴看到本书的英文译版，因为这意味着，在大西洋此岸的全新读者群体——历史学家、学生，以及始终对德国难以捉摸的"任务型指挥"理念感兴趣的美国军事机构，能够一睹此书的风采。

格罗斯的这本书有诸多优点，但其中最重要的，或许便在于它采取了历史分期这一研究方法。和所有学术领域一样，军事历史学家（尤其是德国的军事历史学家）倾向于创作关于一个人、一场战争、一次战斗或战役的断代片段性作品。像格罗斯这样，及时地撰写出一部覆盖范围广泛的著作，需要拥有学者般的头脑、对多个时期的专业知识的深厚认知，以及在学术上"迎难而述"的勇气。格罗斯兼具以上特质。阅读本书时，你将看到，他对1866年克尼格雷茨战役（我国多称"萨多瓦战役"）的论述，就与他关于1944年苏联在白俄罗斯发动的大进攻——"巴格拉季昂"行动的论述同样权威。他熟知卡尔·冯·克劳塞维茨、卡尔·冯·赖厄（Karl von Reyher）、阿尔布雷希特·冯·罗恩（Albrecht von Roon）、海因茨·古德里安（Heinz Guderian）和埃里希·冯·曼施泰因（Erich von Manstein）等人的思想。因此，他实现了历史时段的连续性论证模式——而这恰好也一直是我眼中历史研究的重点。

他的论点基本上是这样的：德国战役传统，也就是德国的战场行为，随着时间推移产生了一个定义明确的历史和地缘环境。最早普鲁士和之后的德意志帝国都地处被敌人和潜在敌人包围的欧洲中心。德国要面对的，不仅仅是两面或者多线作战的阴影，还有消耗战的噩梦，它不得不应付生产力和人数都优于己方的敌国同盟，并最终在人力物力的比拼下败下阵来。众多无情的因素糅合在一起，便是格罗斯所说的"战略困境"，它形成了一种特定的战役偏好，一种"德国式的战争"。格罗斯写道："军队领导层不断尝试通过战役手段来解决德国的战略困境，这弥补了这个国家因位于欧洲中心的地理位置而承受的弱点，以及它相对贫乏的人力和资源所带来的劣势。"

格罗斯清楚地辨明了德国的解决方案：利用速度、进攻性和突然性增强威力，这样发动的战争能够让德军从意想不到的方位狠击体量大于他们的对手。德国人将上述手法称作"运动战（Bewegungskrieg）"。该术语并非简单地指代战术机动性或更快的行军速率，而是强调战役层面的机动——师、军、集团军等大型单位的移动。普鲁士的指挥官和他们的德国后继者们，在寻求用一种能够尽可能快地对大量敌军造成犀利——甚至是毁灭性打击的方式指挥他们的队伍。这可能包含着对未受保护的侧翼或两翼的突袭。在几个值得注意的场合，例如克尼格雷茨战役（1866 年）、色当战役（1870 年）和坦能堡战役（1914 年），它甚至能使普军或德军全军切入敌方部队尾部，这对任何受过军事教育的将领而言都是梦寐以求的情形。这种理想化的最终状态被称为"钳埚之战（Kesselschlacht）"，更具体地说，这就是一场围歼之战。一方通过一系列的"包围作战"，在向心突击摧毁敌人前，将其全方位包抄。

这种充满活力和进攻性的战役布势对德国军队提出了两大特定要求：极高的战场进攻性和一支无论遇到何种困难都倾向于进攻的军官队伍。想想格哈德·莱布雷希特·冯·布吕歇尔（Gerhard Leberecht von Blucher），或腓特烈·卡尔亲王（Friedrich Karl）、赫赫有名的克尼格雷茨的"红亲王"，甚至是通常被我们认为草率愚钝的坦能堡战役中的赫尔曼·冯·佛朗索瓦将军（Hermann von Francois），他们都是常见的普鲁士—德国风格的指挥官：仅仅在必要的时候进行防守，一刻不停地寻求防守方阵列中的缺口，并且在找到它后发动猛烈攻击。

但是，光有进攻性是不够的。历经几个世纪，普鲁士人和德国人也认识到，实施一场战役层面的运动战，需要一种能赋予低阶军官大量自主性的灵活指挥系统。如今，我们习惯性地为这种指挥系统贴上"任务式指挥（Auftragstaktik）"的标签：高级指挥官设计出一个整体任务（Auftrag），并让现场军官自行裁量该如何达成目的。但是，正如德国人自己说的那样，将这一标签改为"低阶指挥官的独立性（Selbständigkeit der Unterführer）"，会更为准确。一个指挥官审时度势、自主调整的能力，能够让他抓住上传下达过程中稍纵即逝的战机，对于人数上处于劣势的部队而言，这是扭转局势的关键。再一次想想康斯坦丁·冯·阿尔文斯莱本将军（General Constantin von Alvensleben）和第7装甲师的埃尔文·隆美尔将军（General Erwin Rommel）的例子：1870年的马斯拉图尔（Mars–la–Tour）战役，前者在未接到上级指挥官命令的情况下，果断让他的第三军发起进攻；后者于1940年的战役中，在明知高层停止行军指令即将传来时，关闭了前方指挥所的无线电。这些人又一次证明自己是注重当下行动甚于静观其变这一战役传统的典范，借用手册《作战指挥》（Truppenführung，简称"T.F."）的话："战争中的首要评价指标是决定性的行动。从最高指挥官到最年轻的士兵，每个人都要始终清楚地认识到，不作为和玩忽职守，比其他任何在选择方法上可能犯下的错误都更为严重。"这提醒着军官们。

强硬的进攻性、灵活多变的指挥与控制、超越一切的机动性，构成了一套令人生畏的战役层面的组合拳。战役就应该这样，因为德国人早已认定仅仅取胜是不够的。相反，他们必须摧毁敌人的部队：

> 正如总参谋部所见，为弥补空间的劣势和资源的不足，他们决定结合其高质量军队和优越的指挥控制系统，活用德国因位于欧洲中心的地理位置而带来的内线优势。这后来成了他们思想的指导原则。关于机动性、进攻、主动性、主攻方向、包围、突袭和摧毁的深层理念，早已被老毛

奇出于实施快速战的目的而发展起来了。其目的转变为一方通过一次或多次的快速包围战摧毁敌军布置在边境或邻近地区的部队。军事意义上的摧毁被认为不仅仅是物理上的毁灭,更是对有效军事力量的消除——例如抓获俘虏。考虑到德国位于欧洲中心的地理位置,德军领导人在他们战役——战略规划和军队的人员、武器、装备配置的发展中向来重视时间和空间要素。

这些特点形成了格罗斯所说的"德国战役思想的基石"。

恰如格罗斯在他费心钻研而得出的历史分析中展现的那样,强调战役的机动性、独立指挥和速胜,以避免卷入与占据巨大优势的敌人进行消耗战的噩梦中,这些德军战役层面的偏好或多或少是一脉相承的——从毛奇(本书中他被描述为一名伟大的协调者和战场指挥官,而不是通常被军事史学家美化的战争理论大师)时代,到 1914 年前的阿尔弗雷德·冯·施利芬元帅,再到"一战"中的保罗·冯·兴登堡和埃里希·鲁登道夫等将领,再到魏玛时期的汉斯·冯·泽克特将军(General Hans von Seeckt),以及"二战"中的装甲理论家和指挥家们。事实上,这种"德国的战争方式"甚至延续到 1945 年之后——曾经在"二战"期间任陆军总司令部作战处长(Operationsabteilung)的阿道夫·豪辛格(Adolf Heusinger)将其带到了新生的联邦国防军和北约中。

不过,别搞错了。格罗斯并没有对这种战争方式展现出任何特别的热情。相反,他对此做出了严厉批评。不论是胜是败,德国人都受限于这种战役思想模式(以及实际行动)。而且只要它不奏效〔这样的案例有很多,比如小赫尔穆特·冯·毛奇在 1914 年马恩河战役的失败、埃里希·冯·法金汉(Erich von Falkenhayn)在凡尔登"让法国流血"的尝试,以及希特勒在"二战"中征服全球的徒劳努力〕,德国人就会认为问题不是出在模式上,而是指挥官个人的错:他要么缺乏必要的天赋,或是精神上太软弱,要么从未接受过足以令其自身提升到更高精神层面,从而成为军队指挥官和人民领袖的"塞缪尔的油滴"。格罗斯曾论证,德国人把失败"个体化"了,他们在谴责小毛奇(性格上太软弱)和法金汉(太犹豫且受限于自我怀疑)时做过头了。当然,希特勒帮了后世分析者一个大忙——因为他精神上显而易见的病态,人们甚至犯不着去诟病他的人格。国防军的指挥官们可以在他们的回忆录中随心所欲地描写希特勒，而且他们写下的每一个自我辩护和自我开脱的字句，全世界大多数人都买账。

但是德国的传统蕴藏着其他弱点。正如格罗斯在本书中指出的那样，德国军官们过度关注在未来冲突到来之前，设计和执行一套快速而全面的、胜利所要解决的特定问题，这让他们很少考虑战争的更高层面：政治、合同作战、战略、经济、后勤（或至少是任何长期的、可持续的后勤，由于他们倾向于在数周之内取得胜利，后勤在他们眼里是不重要的）。他们更喜欢把所有这些棘手的问题丢给别人。

而且在"二战"中，他们又一次犯了这个错误——被证明是个关乎存亡的错误，把"所有这些棘手的问题"抛给了阿道夫·希特勒。至少，东部战线数以百万计的苏联公民和战俘的饥荒和死亡，陆军难辞其咎。陆军军官——包含策划者和指挥官在内——有着独一无二的"后勤"理念，即出于为行动中的德军士兵提供吃穿的目的，有意识地让占领区的数百万人挨饿，以便让德国陆军腾出手来去做他们最擅长的事情：进行战役层面的运动战，并尽可能快地摧毁苏联的军队乃至国家。德军在东线犯下的罪行绝非偶然，罪愆也不仅仅系于希特勒一人之身。

最后，这本书理当因为格罗斯清晰的研究方法而收获赞誉。关于战役、战术或者其他方面学说的著作在军事史领域汗牛充栋。关于学说的写作是对更广泛的专业性表现出严肃面的一种方式，这种专业性不信任战役史，并将其戏称为"鼓和小号"式学术，而"老派军事历史"理当被更新、更有价值的东西取代。不幸的是，军事学说史可以像看着油漆变干一样无趣，就如同你在看一本几乎全篇都是展示和剖析军队战术和战役的手册一般（而我是作为写过关于军事学说史著作的过来人，提出这种批评的[①]）。

格罗斯不仅熟知德国军队的技术文献，并用有趣又令人信服的方法对其加以分析，还能在书中坦然地对实际的战役和战斗进行探究。诚然，我确信他的方法是撰写战役学说相关书籍的唯一有用的办法，毕竟，若没有指挥官和他

---

① 审校者注：这指的是《The Path to Blitzkrieg: Doctrine and Training in the German Army, 1920-1939》一书。

的军队试着将战役学说付诸实践，这些理念也只是一大堆毫无意义的话语。战斗是"活着的教条"——反过来说，战斗的结果可以（或者至少应当）塑造学术的演变。换言之，格罗斯将实践放到了战争研究中的正确位置：和理论平起平坐，而非是附庸。从这个意义上说，我本着作家的任性，推荐《德国战争的神话与现实》作为我自己2005年《德国战争方式》的补充，后者同样强调了战斗和战役一直以来在军队文化的形成中起到的作用。

格哈德·格罗斯的这本《德国战争的神话与现实》是有史以来关于德国军事史最重要的著作之一。肯塔基大学出版社应当以出版其英译版为荣。

罗伯特·M.奇蒂诺

北德克萨斯大学军事历史中心

现任美国陆军部历史咨询小组委员会主席

德文版序

军事战役向来是德国领导艺术的标杆。一代代德国总参谋部军官接受了战役思想的砥砺和教导。在他们的命令下，数以百万计的德国士兵捐躯从戎，在北非的沙漠中，在巴黎的城门下，在俄国的广袤荒原里战斗、死亡。

如老赫尔穆特·冯·毛奇、阿尔佛雷德·冯·施利芬伯爵、汉斯·冯·泽克特、埃里希·冯·曼施泰因以及联邦国防军首任总参谋长阿道夫·豪辛格这样的人物，在德国军队中的战役层面指挥与控制领域留下了他们自己的印记。1866 年的克尼格雷茨会战、1914 年的坦能堡会战、1940 年在法国战役中进行的 "镰刀收割"（Sichelschnitt）行动、1941 年的一系列在苏联的包围战，还有 1943 年曼施泰因在哈尔科夫反击中所施行的 "反手一击"（Schlagen aus der Nachhand），都是德国战役层面指挥与控制理念的知名范例。所以，这些战例如今会被德国和其他国家用作军官战役层面指挥与控制训练的模板，不足为奇。1999 年，德国联邦国防军指挥和参谋学院（Führungsakademie der Bundeswehr）的联合战役工作组与法国陆军的陆军历史处（Service Historique de l'Armee de Terre）一同编制并出版了《基于四个世纪以来战役历史的指挥与控制原则》（Grundsäze der Truppenführung im Lichte der Operationsgeschichtevon vier Jahrhunderten）一书。依照选定的历史案例，这些原则将用于教导军官们掌握永不过时的指挥与控制理念。其重点显然在于实际应用。

出人意料的是，目前依然没有梳理德国战役思想史的学术分析。联邦国防军军事历史和社会科学中心（Zentrum für Militägeschichte und Sozialwissenschaften der Bundeswehr）博士，格哈德·P.格罗斯上校进行的研究，则填补了这份空白。从其起源到德国联邦国防军的建立，格罗斯上校从学术角度考察了德国战役思想的发展。本书德文版发行于 2012 年，书名为《神话与现实：从老毛奇到豪辛格的德军战役思想史》，其涵盖的范围之广，从标题可见一斑。

在对五支不同的德国军队的战役思想做出多角度、全时段的考察时，格罗斯既分析了其强项，也解释了其理念上的失败之处，这当中就包括战役理念与整个社会参与其中的战争架构之间相互依存的关系。他在总结德国将领和德军总参谋部战役思想在超过一个世纪的时间里的发展和不足时，有广泛的资料和文献作为支撑。在此过程中，格罗斯将秘而不宣的神话公之于众，并以从 19 世纪中叶到 20 世纪中期的连贯记载取而代之。这项研究揭示了"战役神话"最终失败的政治、社会、战略和整体经济原因，以及其发展中的人类集体和个人因素。与此同时，对于德国在 20 世纪试图通过军事手段成为主要国际力量的失败尝试，作者也提出了充满洞察力的解读。

我对格罗斯上校令人印象深刻的研究以及连带的对德军战役思想史的重新评估表示赞许。我同样要感谢我们世界大战时代研究部门的负责人罗尔夫－迪特尔·穆勒（Rolf–Dieter Muller）教授，还有阿尼姆·朗（Arnim Lang）博士领衔的联邦国防军军事历史与社会科学中心（ZMSBw）的编辑团队。特别要感谢维尔弗里德·拉蒂什克（Wilfried Radisch，协调）、卡罗拉·克林克（Carola Klinke，背景）、贝恩德·诺格利（Bernd Nogli）和弗兰克·舍默林（Frank Schemmerling，地图和组织架构图），以及克努德·诺伊霍夫（Knud Neuhoff）和玛丽娜·桑迪希（Marina Sandig，图片获取／图片版权）、莫里斯·沃伊诺斯基（Maurice Woynoski，图像编辑）和德文版编辑，退役上校罗兰·G.福斯特（Roland G. Foerster）博士一同监督了本书的创作。

汉斯－胡贝图斯·马克上校，博士

联邦国防部军事历史和社会科学中心主任

中译本序

通向彻底毁灭的彻底歼灭——长时段下的德国军事思想

工业革命后，德国陆军在人类战争史上占据了舞台的中心地位。如德国统一战争时期，普奥战争和普法战争中普鲁士陆军一路横扫奥法，取得克尼格雷茨会战、色当合围战的惊人胜利；亦如"一战"中德国陆军在两线作战的战略窘境下拒敌四年，于战争初期的坦能堡会战，中期对罗马尼亚的战役中均表现优异。"一战"战败后，其曾一度蛰伏起来，却又得以以十万人国防军的基础迅速扩军，于"二战"初期迅速占领波兰，六周消灭法国，甚至在"二战"末期还能打出阿登反击这种令占据优势的美军意想不到的战役反击。无疑，德国陆军的表现一直吸引着当时世界各国军方、军事评论家，乃至后世历史学家和爱好者的眼球。而与之而来的问题便是：德国陆军卓越的战场表现，背后原因是什么？德军在战场上又是以怎样的方式来组织、展开一场战役的？其背后深层次的指导思想又是什么？以及更重要的是，为何在两次世界大战中，德军分明赢得了一场又一场出乎预料的战役胜利，然而最终的结果却是两次都在战争层面输得一无所有？意图彻底歼灭敌军的战役法，为何最终却带来了德国自身的彻底毁灭？是否真的如同德国军方人士在两次大战之后所述，以上都是德国政治领导层的个人错失？

长期以来，这些问题都被分散在各个时期的军事史中，零敲碎打地以各种侧面展示给世人，甚至有利德尔·哈特等所谓"战略家"，为了推销自己的"战略理论",在部分当事人(诸如古德里安)的配合下,蓄意扭曲了一些问题的诠释,给后世造成了诸如德军在"二战"初期的胜利全靠"利德尔·哈特思想启发下展开的新战法——闪电战"此类流传甚广的奇谈怪论[①]。诚然,德军军官团作为一个集体,为了维护其不败传说,亦编织了一系列"历史神话",其中在战役层面上编造出的最大谎言,便是两次世界大战期间,以格罗纳和库尔为首的一群人,将施利芬1905年的一份半完成架空手稿奉为圭臬,将其吹嘘为"一战"开战时德军制胜秘籍的"施利芬计划"。然而讽刺的是,"二战"德国战败后,施利芬的这份架空手稿又摇身一变,同样以"施利芬计划"的名字,变成了德国军队思想僵化,指挥死板的象征——这自然是后世历史学者完全脱离具体历史背景,单靠一份文件展开的历史再发明再创作产物。[②]种种诸如此类的问题,严重干扰和影响了后世对前文所述一系列问题的判断和评价。

所幸,德国联邦国防军格哈德·格罗斯上校所著的《德国战争的神话与现实》一书,承上启下,将德军在战役层面的指导思想,放到工业革命时代战争史这一长时段,以及德国地缘政治格局的大背景下展开考察,以大量德国联邦档案馆军事档案分馆的一手档案资料,揭露了德国陆军自工业革命起,到冷战为止的这一长时段内,战役思想的渐进式发展,及其内在逻辑的一贯性。

格罗斯指出,德军的战役思想正是这一国家处于欧陆中心的地缘政治位置、成为欧陆支配者的政治诉求,以及缺乏足够人力物力达成这一政治诉求的经济现实,这三者在军事思想上的投射。德军总参谋部认为利用德国境内发达的铁路网,投送一支训练有素、指挥得力的军队,通过在战役层面展开快速运动战的手段来歼灭敌军,可以在敌国尚未完全动员其全部人力物力之前击败敌国赢得战争的胜利。在德军战役思想的发展过程中,德军总参谋部总体来说一直本着"在战役层面打快速运动战"以达成歼灭战略这一基本思想实现渐进式改良,并将这一发轫于老毛奇,成型于施利芬的基本思想作为战役准则。

然而,这一快速歼灭战对时间的要求则如同达摩克利斯之剑一样,一直

[①] 对利德尔·哈特和一小撮德军前军官如何出于维护自己名声,推销自己理论展开历史发明创作这一问题,最佳的学术论述参见: John Mearsheimer, *Liddell Hart and the Weight of History*, Cornell University Press, New York, 1988年。

[②] 对这一问题最初讨论参见: T. zuber (1999), *"The Schlieffen Plan Reconsidered"*. *War in History*, 6 (3): 262‑306。随后,朱伯在 Inventing the Schlieffen Plan 中十分令人信服地详述了他的观点。

悬在德军头顶，因为如果德军无法在短时间的快速歼灭战内彻底歼灭敌方武装力量，获得战争胜利，德国就会在长期的消耗战中被敌方人力物力上的优势耗干。"一战"中，这把达摩克利斯之剑第一次落了下来——马恩河战役中德军未能迅速击败法军，使得德军陷入了四年之久的两线战争。德军在"一战"中的失败理所应当地被归结于德军领导层没有领会发挥这一战役思想的真谛：小毛奇性格懦弱，优柔寡断导致马恩河战役失败；法金汉在凡尔登战役期间更是离经叛道，采用"有限消耗"战略。"一战"后，"施利芬计划"传说的发明也正是出于同样意图——德军军官团塑造出全知全能的施利芬形象，认为其给后世留下了"制胜法宝"，而小毛奇领会不到施利芬的"制胜法宝"，才导致马恩河战役失败。通过这一方式，德国成功逃离了德军乃至整个国家上下应当真正思考的问题：快速运动战的战役方式是否能够弥补德国在经济实力和地缘政治条件上的诸多不足，达成德国制霸欧洲的政治目标？如果不能，德国应当怎样调整？两次世界大战期间的德军如同头埋进沙子的鸵鸟，把自己的视野局限在战争的战役战术层面，认为通过新的技术手段——无线电、坦克、摩托化部队便可以让传统战役思想重现光辉。在"二战"初期，通过新技术手段加成的德国传统战役思想引领德军取得一次又一次胜利，然而随着德军入侵苏联，德军传统战役思想中一贯忽视的后勤等一系列因素又再一次掣肘了德军的战役表现，并最终将战争又一次拖成了漫长的消耗战——达摩克利斯之剑又一次落了下来，彻底的歼灭战略最终变成德国自身的彻底毁灭。"二战"后，随着德国被盟军和苏军分区占领肢解，德国原先的地缘政治位置和成为欧陆支配者的政治诉求都化为乌有。皮之不存，毛将焉附，在一背景之下的德军战役思想，自然谈不上发展。

本书因为其极强的学术性，所叙的时间跨度较大，人物事件极多，加之原书语言较为晦涩，使得审校工作成为一桩大工程，在此，审校者有必要简述一下本书中的一些翻译取舍。原书中"operation"一词按照我军军语规范翻译为"战役"，相应地，"operational thinking"则译为"战役思想"，"operational doctrine"被译为"战役学说"。本书中出现的四支德军——德皇时代的德国陆军（书中英文为 Kaiser's army，德文正式名为 Deutsches Heer）为照顾读者习惯，翻译成"帝国陆军"或"德皇陆军"；纳粹德国时代的德军（Wehrmacht）

则按照国内通行的翻译习惯,翻译为"德国国防军";联邦德国德军(Bundswehr)则翻译为"联邦国防军";但魏玛共和国时期的德军,"Reichswehr"目前在国内没有十分统一的译名。按照魏玛国防法的规定:"德意志共和国的Wehrmacht是Reichswehr。它由Reichsheer和Reichsmarine构成……"(Die Wehrmacht der Deutschen Republik ist die Reichswehr. Sie wird gebildet aus dem Reichsheer und der Reichsmarine…)。而根据杜登词典,Wehrmacht意为:一国武装力量的总和(特别与1921年至1945年的德意志国相关);军队(Gesamtheit der Streitkräfte eines Staates (besonders in Bezug auf das Deutsche Reich von 1921 bis 1945); Militär)。再参见德文维基百科,则有解释:Wehrmach,从单词两部分含义来看不过是"武装力量"的另一个叫法,其至少从19世纪中期开始便被如此运用。按照当时的语言习惯用法,其他国家的武装力量也被称为Wehrmacht,例如"意大利Wehrmacht"或"英格兰Wehrmacht"(Wehrmacht, war nach der Bedeutung der Wortteile lediglich ein anderes Wort für Streitmacht und wurde zumindest ab Mitte oder Ende des 19. Jahrhunderts so gebraucht. Im damaligen Sprachgebrauch wurden auch die Streitkräfte anderer Staaten als Wehrmacht bezeichnet, so beispielsweise die italienische Wehrmacht oder die englische Wehrmacht)。按照这一定义,结合习惯的译法,本书将"Reichswehr"最后翻译为"魏玛国防军"。

最后,因本书专业性强,审校难度过大,审校者在此感谢刘任、潘策法赫、开千岁、黑郁金香等人在本书审校过程中给予本人的一系列帮助,同时亦对本书译者在前期的付出表示敬意。

张大卫

2020.04.16

引言

是否存在一种德国风格的战争方式？虽然德国历史学家要么回避这个问题，要么在近年来有失公允地将其简化为毁灭性的种族屠杀战争，但在第二次世界大战结束几十年后，英美及以色列的历史学家依然继续就世界大战期间的德国军事战争，进行着生动而富争议的探讨。除了学术上的兴趣外，一些著述者还流露出向德国战役学习的明确意图，他们关注的重点显然是德国的陆战。出于种种原因，德国空军和海军在军事历史学家的思量中，即使有一定分量，也只扮演着次要的角色。作为战争史上的主要案例，"二战"中德国陆军和德国空军（Luftwaffe）相互协调的战役和战术能力经常被列举。虽然杰弗里·P.梅加吉（Geoffrey P. Megargee）[1] 和西蒙·纳维（Shimon Naveh）[2] 批判性地描述了因德国特定的指挥与控制问题导致的，国防军战役层面的能力，且纳维提出了战役思想缺乏连贯理论的观点[3]，但其他人则在强调德国陆军非凡的战役能力。在谈到德国总参谋部的"军事成就制度化"时，特雷弗·N.德普伊（Trevor N. Depuy）特地表示了对德国陆军在19世纪和20世纪表现的关注。[4] 正如爱德华·N.勒特韦克（Edward N. Luttwak）在描述苏联入侵阿富汗时所说："事实上，这是一种非常具有德国风格的战役，优雅漂亮、风险巨大、回报丰厚。"[5]

罗伯特·M.奇蒂诺（Robert M. Citino）则更进一步。他画了一条从"施利芬计划"到"二战"后美军最成功的军事作战沙漠风暴的直连线。德军取得成功的关键在于精心谋划、深思熟虑的机动作战以及定位清晰的主攻目标——这是任何德国军官都很熟悉的理念。[6] 勒特韦克和奇蒂诺都提到，有一种超越时间的德国战役艺术已经为美苏两国的军官所广泛接受，其主要因素在于对重心、风险评估、速度和行军的界定。

与此同时，两名作者都令精心规划过的、排除了所有风险的胜利良方——"施利芬计划"再度流行起来。根据"施利芬"的传统，摩擦在计划的过程中就被摘除了，而在克劳塞维茨的理论中，它对战争有着重大影响。因此，快速作战的成功，首先要归因于对战争中经济战和舆论宣传等战略层面的忽视。然而这一理论未能考虑到冲突后会引发的行动，如人民战争和游击战。不过，勒特韦克对苏军进攻阿富汗一役的分析，说明若游击战不能在快速而机动的战役总体战略中受到充分重视，那么非但战争的胜利难以确保，甚至有可能直接导致失败。

大多数德国军事历史学家认为在战役计划中分析红蓝箭头是不恰当的。战役史研究依然和尖锐的军国主义概念有关联。这样细致的战役分析，直接体现在两次世界大战期间总参谋部军事历史处和国家档案馆所代表的、传统的非政治研究方法中。他们认为，这种以行动为本的获取经验的方法，重点在于对历史战例的评估，以方便武装部队今后的实践，但它忽视了战争中经济、社会、文化和政治等层面的问题。因此，武装部队的这种结果导向的方法，仅限于为当前的军事计划和士兵教育提供历史教训，以及为军官团队提供思维模式。然而，由于他们中很少有人对军事流程感兴趣，他们对战役方式的批评通常未能考虑到德国陆军的"军事计划制订者"，就如同施利芬在其1905年备忘录中所写的那样，德军往往更倾向于忽略后勤因素，甚至完全忽视它。

斯蒂格·弗罗斯特（Stig Förster）曾发出警告，德国联邦国防军的任务在于确保军官们不会再次单方面地注重战争本质框架内的战役执行，而忽视对他们专业领域的政治基础的考量。然而，这一警告，需要结合20世纪90年代的背景来理解，当时德国军队内部对战役史的经典手法有强烈的需求。[7]但正如福斯特所解释的，这并不代表对现代战役史的弃用。在20世纪90年代后期讨论关于战役史学术研究的正当化时，贝恩德·韦格纳（Bernd Wegner）准确论证了，将战役史从军事史典籍中淘汰是一个严重的错误，因为这危险地收窄了对战争的历史性分析。一种现代的、全面的军事史研究手段中，理应包括对战役史综合性、批评性的研究。[8]

战役史本身不能证明自己的合理性；相反，它应当有助于人们整体理解的提高。正如弗罗斯特有力地论证："对于历史学家和学者而言，无视特定领域专家的研究是个错误，就如同他们无法在不考虑更广泛的历史背景时，书写战斗和战役的历史一样。"[9]

索克·奈策尔（Sonke Neitzel）也赞成在不忽略心理学、日常生活和文化等已经成为"新军事史"特征的问题的前提下，再度将战争研究适当引入军事史。[10]他成了在政治史、战役史和文化史领域进行多元研究手段和方法的案例。根据迈克尔·盖耶（Michael Geyer）[11]和斯蒂芬·菲雷科勒（Stefan Felleckner）[12]提出的论点，奈策尔坚持重视"战争的核心"——即死亡和杀戮、争斗、战斗或战役，他认为这会引出"更强的格局"。[13]

20世纪80年代期间，德国陆军经历了一次很大程度上被历史学家忽视了的战役思想的复兴。当时，陆军总参谋长，汉斯-亨宁·冯·桑德拉特中将（Lieutenant General Hans-Henning von Sandrart）认为，军事领导原则长期以来一直处在前进防御概念的阴影之下，他坚持军官们的思考应该超越北约总体防御计划（GDP）的第一战，并将框架内的自由战役层面指挥与控制的法则应用在广泛的整体防御和后续战斗中。在"灵活响应"和"后续部队攻击"（FOFA）的时代，一种关于战役的独立理论不能再被忽视，战役思想理应复兴。[14]从结果上说，桑德拉特重新引进了古典的德国总参谋部考察旅行。1987年，他发布了《中欧陆军战役层面指挥与控制指南》（Leitlinie für die operative Führung von Landstreitkräten in Mitteleuropa）[15]，后来，这一指南被整合到了1987年版的陆军勤务手册第100/100条《作战指挥》中。

批评家发表了对这一发展的看法。时任德国联邦国防军领导学院副教授的马丁·库茨（Martin Kutz）认为，战役层面指挥与控制的现代化进程，是一次受意识形态驱使的、复兴传统主义价值观的运动；他还认为，专门的军事论点是对作为永恒行动理念的"施利芬"式思想的一次复兴。对照19世纪的德国军事史，库茨也严厉批评了不做经济、社会或政治现实上的考量，就贸然发起的大规模进攻行动。[16]对他而言，德国总参谋部的战役思想在两次世界大战期间的回归，是一种危险的、不受欢迎的发展。

本次研究的重点在于两次世界大战间德国陆军的战役思想。其关注点在于陆军，是因为在当时流行的德国军事思想中，地面部队是战争的决定性因素。在军队那种封闭的亚文化中，陆军、陆军将官和总参谋部军官发展出了他们自己的子体系。第一次世界大战期间，虽然德国陆军指挥官的大陆思想承认了海军是能够左右战局的独立但次要的角色，但他们也只承认空军以对地面武装的战术性空中支持为主的支援功能。此外，德国海军或空军都未能发展出一套相似的、对象明确的战役思想框架。然而，他们确实给出了自己在战役层面的专有军事术语，这是他们依赖技术和战役空间的具体体现。在某些领域中，这些概念和陆军的理念有所交叠。尽管这些概念不是直接的研究对象，我们还是会从陆军的角度来考量它们。

我们将要评估的时间段不仅限于世界大战时期，我们将研究始于 19 世纪中期，止于联邦国防军成立的这一时间段的德国战役思想的发展，并试着在不同时代间实现平稳转换。要想理解阿尔弗雷德·冯·施利芬伯爵元帅、路德维希·贝克大将（Colonel General Ludwig Beck）、海因茨·古德里安大将（Colonel General Heinz Guderian）和埃里希·冯·曼施泰因元帅等人的战役思想，就必须先弄明白 19 世纪晚期，战役理论在老赫尔穆特·冯·毛奇伯爵手上的发展。同理，不审视阿道夫·豪辛格将军在"二战"中作为陆军总司令部作战处处长的经历，就无法理解从设立起到他退休时的早期阶段的联邦国防军。尽管经历了结构性的改变，人才的传承还是增进了理念的传承，在战役思想领域尤是如此。资深的"新联邦国防军"领袖是从三个旧国防军作战部门招募的。因此，这项研究将会遵循基于结构和基于人格特征这两种方式。时至今日，除了总参谋部这样的机构参与者外，战役思想的发展还一直与诸如毛奇、施利芬或曼施泰因等个人联系在一起。

为什么德国陆军的军事领导人和许多英美军事史学家，对德国过去两个世纪的地面部队战役思想格外感兴趣？考虑到英美在未能发展出成熟的战役法的情况下，就取得了成功，而基于这种理论发动战争的德国却没能取得理想成果，这个问题就更加有意思了。是否真如人们常说的那样，德国这种领导哲学与新型创新战术程序相结合的方式，能够让"二战"期间的德国军队在人数和物资处于劣势的情况下成功地进行行动？尽管近来对德国战术[17]发展的研究表明了战术在德国战役法中的分量，但关于其有效性、德国战役层面指挥与控制的发展以及德国在世界大战后对此的反思等问题，人们还没有找到适当的答案。被认为是德国陆战实践模型的战役，它的优点和风险各是什么？德国战役层面指挥与控制的具体性质，尤其是它依据的战役思想又是什么？是否存在典型的德国战役思想——如果有，这种思想是为什么、又是怎样在过去的两个世纪发展的？德国战役思想究竟是政治系统和德国迟来的民主化的结果，还是激烈争论的德国特殊路径（Sonderweg）的证据？德国位于中心的地缘战略位置是否影响了战役思想的发展？最后，这种发展是直线式的吗？

像战役思想这样的流程是如何实施的——换言之，是如何被应用在战场上的？尽管思想是一种无法直接测量的抽象过程，其结果却会反映在现实中，因此人们能够加以分析。和军事战役计划以及它们在战争中的实际执行一样，同时代的教条性的制度、文件、档案和军事文献也是理解战役思想理论和实践的窗口。

虽然在 20 世纪 70 年代，曼弗雷德·劳赫斯坦纳（Manfried Rauchensteiner）[18] 及约瑟夫·马霍尔兹（Josef Marholz）[19] 在一系列文章中谈到了奥地利的战役思想，而且英美军事史学家对战役法问题的个体层面展开了持续性的探讨，但最近的有关德国（战役思想）方面研究的大部分内容都是数十年前的成果，而且仅强调了纯军事技术视角下的战役思想。德国军事理论家的全盛期结束于 20 世纪 30 年代，近年来为数不多的德国研究，如迪特尔·布兰德（Dieter Brand）[20] 将军的文章，并没有超越军事专家的层面。凭借其鲜明的文章，库茨成了唯一一位有所突破的作者。当代青年总参谋部军官，往往强调他们从未像参加位于莱文沃斯堡的美国陆军指挥和参谋学院或位于坎伯利的英国陆军参谋学院时那样，学习到关于世界大战时期的德国战役思想。他们更倾向于将他们的研究论文聚焦在战略的缺失，而不是德国战事的战役层面。[21]

不同时期，资料的来源也不尽相同。关于魏玛国防军、德国国防军和德国联邦国防军初创阶段的记录完好可寻。相反，大多数存放在波茨坦的国家档案馆陆军分馆（Reichsarchiv/Heeresarchiv）中的，关于总参谋部（der Grosse Generalstab）的文件，都在 1945 年 4 月的英军轰炸中毁于一旦。所幸，关于战争历史研究所（Kriegsgeschichtliche Forschungsanstalt）的文件挺过了战火。结合炮兵上将弗里德里希·冯·伯蒂歇尔（Friedrich von Boetticher）身故后关于施利芬的战役思想的手稿，人们可以在很大程度上重现施利芬的思想和谋划。不幸的是，在老毛奇时代的文件都被摧毁了。不过多亏了总参谋部战争历史处（Kriegsgeschichtliche Abteilung）在 1914 年战争爆发前夕对老毛奇著作的汇编，如今的人们才能一窥毛奇的战役理念。老毛奇和施利芬，这两位"一战"前战役思想发展的巨擘，都未能提供一个连贯有序、行之有效的军事理论。和老毛奇不同，施利芬在他退休后，用发表专栏文章的形式更新了他对坎尼或当代战争等议题的观点。

目前为止，世界上尚无关于从 19 世纪中期到 20 世纪中期，有关五支德国军队战役思想的全时性、多角度研究，这一结论还包括了战役思想和社会整体作为战争组织之间相互依存的关系。因此，本研究的目标，是通过在经济、政治和社会环境框架下探讨德国战役思想的方式，弥补这一缺憾。要理解集军事史理念上的连续性和非连续性于一身的、世界大战期间的德国地面部队的战役思想，这是唯一的办法。

对德国陆军战役思想的历史分析不应该局限于描述每个所谓重要的或具备决定性意义的战役。相反，这项研究是关于世界大战期间，整个德国军事历史背景下的战役思想的发展。那些期待着英美式"经验获取"法，或期待着用于德意志帝国和国防军，且时常被呼吁应用于联邦国防军的传统直线式的应用方法的读者，将会失望地把这本书抛在一旁。

注释

1. Geoffrey P. Megargee, *Inside Hitler's High Command* (Lawrence, Kans., 2000), 230 - 236.

2. Cf. Shimon Naveh, *In Pursuit of Military Excellence: The Evolution of Operational Theory* (London, 1997).

3. 同上，第128页。

4. Trevor N. Dupuy, *A Genius for War: The German Army and General Staff*, 1807 - 1945 (New York, 1977), 54 - 70.

5. Edward N. Luttwak, *The Pentagon and the Art of War: The Question of Military Reform* (New York, 1984), 112.

6. Robert M. Citino, *Blitzkrieg to Desert Storm: The Evolution of Operational Warfare* (Lawrence, Kans., 2004), 289.

7. Stig Förster, " 'Vom Kriege.' Überlegungen zu einer modernen Militärgeschichte," in *Was ist Militärgeschichte*?, edited by Benjamin Ziemann and Thomas Kühne (Paderborn, 2000), 265 - 282.

8. Bernd Wegner, "Wozu Operationsgeschichte?," in *Was ist Militärgeschichte*?, edited by Benjamin Ziemann and Thomas Kühne (Paderborn, 2000), 105 - 113.

9. Stig Förster, *The Battlefield*: Towards a Modern History of War (London, 2008), 22.

10. Cf. Sönke Neitzel, "Militärgeschichte ohne Krieg? Eine Standortbestimmung der deutschen Militärgeschichtsschreibung über das Zeitalter der Weltkriege," in *Geschichte der Politik. Alte und neue Wege*, ed. Hans-Christof Kraus and Thomas Nicklas, Historische Zeitschrift, Beih. 44 (Munich, 2007), 287 - 308, and Sönke Neitzel, "Des Forschens noch wert? Anmerkungen zur Operationsgeschichte der Waffen-SS," *Militärgeschichtliche Zeitschrift* 61, no. 2 (2002): 403 - 429.

11. Cf. Michael Geyer, "Eine Kriegsgeschichte, die vom Tod spricht," in *Physische Gewalt. Studien zur Geschichte der Neuzeit*, ed. Thomas Lindenberger and Alf Lüdtke (Frankfurt a.M., 1995), 136 - 161.

12. Cf. Stefan Felleckner, *Kampf. Ein vernachlässigter Bereich der Militärgeschichte* (Berlin, 2004).

13. Neitzel, "Militärgeschichte ohne Krieg?" 308.

14. Hans-Henning von Sandrart, "Vorwort zu den Denkschriften," in *Denkschriften zu Fragen der operativen Führung* (N.p: n.p., 1987), 11 - 17.

15. BMVg, *Leitlinie für die operative Führung von Landstreitkräften in Mitteleuropa*,1987.

16. Martin Kutz, ed., *Realitätsflucht und Aggression im deutschen Militär* (Baden Baden, 1990), 49 - 86.

17. 世界大战时期的完整观点详见: Gerhard P. Gross, "Das Dogma der Beweglichkeit. Überlegungen zur Genese der deutschen Heerestaktik im Zeitalter der Weltkriege"; *Erster*

Weltkrieg–Zweiter Weltkrieg, Ein Vergleich. Krieg, Kriegserlebnis, Kriegserfahrung in Deutschland, ed. Bruno Thoss and Hans–Erich Volkmann, Im Auftrag des Militärgeschichtlichen Forschungsamtes (Paderborn, 2002), 143‐166.

第一次世界大战中的发展详见: Ralf Raths, *Vom Massensturm zur Stosstrupptaktik. Die deutsche Landkriegtaktik im Spiegel von Dienstvorschriften und Publizistik 1906 bis 1918.* (Berlin, 2009); Christian Stachelbeck, *Militärische Effektivität im Ersten Weltkrieg. Die 11. Bayerische Infanteriedivision 1915 bis 1918* (Paderborn, 2010).

18. Manfried Rauchensteiner, "Zum 'operativen Denken' in Osterreich 1814‐1914," Österreichische Militäische Zeitschrift (1974): 121‐127, 207‐210, 285‐291, 379‐389,473‐478.

19. Josef Marholz, "Die Entwicklung der operativen Fuhrung," *Österreichische Militäische Zeitschrift* (1973): 107‐113, 195‐204, 369‐376, 458‐461.

20. Dieter Brand, "Grundsatze operativer Fuhrung," in *Denkschriften zu Fragen deroperativen Führung* (N.p: n.p., 1987).

21. Christian Freuding, "Organizing for War: Strategic Culture and the Organization of High Command in Britain and Germany, 1850‐1945: A Comparative Perspective," *Defence Studies* 10, no. 3 (2010): 431‐460.

第一章

定义
战术—战役—战略

任何理论的第一要务，便是阐明其混乱甚至令人迷惑不已的术语和概念。只有当读者与作者就命名和术语达成了一致时，读者才有可能对事物达成清晰而简易的理解。如此，作者才能确保自己始终与读者处于同一视角。

——卡尔·冯·克劳塞维茨

战役思想意味着什么？要探究这一主题，就得先给"战役（operation）"和"战役层级的（operational）"这两个术语下定义，并将它们归类在第三个千年伊始，受到国际广泛认可的战争的三个层面——战略、战术，以及战役中。与此同时，我们必须要检验这些术语的有效性。兹事体大，原因有二：一是术语的含义多年来随着人类生活领域的变化，也发生了改变。二是"战役"和"战役层级的"这两个术语的军事概念到目前为止极少得到深入的研究，且军事上对这些概念的理解依然充满矛盾。

国际层面上，由于军事文化和语言习惯的不同，这些术语存在很大差异。此外，几十年来，对各类型战役有着不同理解的德国军官们，可能在未加定义或未作出明确区分的情况下，就使用这些术语。产生上述情形的原因，一部分是军事环境已经对这些术语的一般性理解提出了假设，另一部分则是对这些应用在各类指挥梯队中的术语下具体定义十分困难。因此，即便是以语言准确性闻名的普鲁士德国军事教条式法规，为何也长时间地缺乏对"战役"这一术语的定义，这一点就不足为奇了。比如说，在 1910 年版的训练手册第 53 条《大兵团指挥基础》[Grundzüge der höheren Truppenführung，基于赫尔穆特·冯·毛奇元帅于 1869 年发表的《大兵团指挥条令》(Verordnungen für die höheren Truppenführer）] 中，仅仅指出了"战役"这一术语关乎作战力量的集结的部分。在 1921 年和 1923 年由汉斯·冯·泽克特大将制订的陆军勤务手册第 487 条《诸兵种合成部队的指挥和战斗》(Führung und Gefecht der verbundenen Waffen），及主要由路德维希·贝克大将和卡尔－海因里希·冯·施蒂尔普纳格尔上将于 1933 年制订的陆军勤务手册第 300 条《作战指挥》中，并未在索引处包含对"战役"一词的引用。其唯一的引用是"战役指令"。有趣的是，直到 1939 年 4 月，空军才在其军队战术手册中首次定义了"战役"这一术语。[1]

1962 年版的陆军勤务手册第 100/1 条《联邦国防军的指挥与控制》(Truppenführung der Bundeswehr）没有深入阐述"战役"这一术语，仅仅在命令条款[2]中的一章——"高级指挥语境"下，以及手册的附录 1 中对此有所提及。"战役"一词首次被定义，是在 1977 年版的军事手册《德国联邦国防军条例》中的"指挥与控制术语"(Führungsbegriffe）一节，其含义为：一支在时间和空间上相连的武装力量指向特定目标的行动，其中包含行军、战斗和其他任何类型及任何程度的行动。

对定义长达数十年的缺失的一个主要原因，是联邦国防军之前没有针对战争的战役和战略层面规定过具体的德式教条。只有《大兵团指挥基础》强调了战争的战役和战略层面，但在 20 世纪 30 年代中期，陆军勤务手册第 487 条发行后，拓展中央监管的初步努力便告中止。[3]我们将在稍后回到这一话题。[4]

尽管德国陆军对术语"战役"的首次定义发生在 20 世纪 70 年代末，但从 19 世纪中叶以来，它就被用于军事著作中。伟大的德国军事作家——老毛奇、西格蒙德·冯·施利希廷（Sigismund von Schlichting）、科尔马·冯·德·戈尔茨（Colmar von der Goltz）、弗里德里希·冯·伯恩哈迪（Friedrich von Bernhardi），还有施利芬——都使用过这一术语。多年来，词典中也出现了范围颇广的相关术语。类似"战役计划""战役目的""战役基地""战役目标""战役轴线"和"战役指挥级别"等术语，使用已超一个世纪。其他诸如"战役理念""纵深战役"和"自由战役"等术语，也在过去数十年间为人们所用。

这种词汇分组的通用性也反应在德国的词典和军事手册中。虽然军官们通常避免在他们的规章和著作中修改定义，或者干脆不提供定义，但词典和手册却早就定义了"战役"及其相关词组。从不同出版物所提供的定义来看，我们可以追溯该术语在过去两个世纪以来的演变。除了1826年的《约翰·许伯纳的报纸和谈话词典》(Johann Hübners Zeitungs-und Conversationslexikon)这一只收录该词组军事含义的例外，多年来所有标准化词典都是将"operation"一词的医疗含义列为其主要释义。其军事含义（中译为"战役"）总是在最后才给出。至于像布罗克豪斯的1905年版《谈话小词典》(Kleines Konversationslexikon)等词典[5]，干脆只收录了这个词的医学含义。

尽管在1809年《布罗克豪斯词典》的初版中，完全遗漏了"战役"这一条目[6]，但它在1820年对前4版的补充内容中收录了如下定义："在战争语言中，'战役'是执行任务的同义词。'战役计划'是临时性的草案，作为对一场战役的执行做出安排的依据。"[7]在1820年版的《布罗克豪斯词典》中，则用简短的词条解释了理解"战役"与"战役思想"所必备的两大中心要点："一方面，战役是一种动态的、有目标的军事行动；另一方面，它还是一种潜在的计划。"

与之相反，《许伯纳的报纸和谈话词典》仅将一次战役定义为一次针对敌方防御位置的攻击，其用意是迫使对方进攻。[8]与其他词典相比，许伯纳的定义是独一无二的。1839年版本的《布罗克豪斯词典》，则简洁地将战役定义为："其中，战争期间军队的行动执行被称为'战役'，且其展开行动所依据的方案，被称为'战役计划'。"[9]1857年的《赫德斯谈话词典》(Herders Conversations Lexikon)在此之上又迈出了重要的一步，区分了战术式战役和战略式战役：前者针对战斗，后者针对战役的结构。[10]

四年后出版的《皮埃尔的通用词典》(Pierer's Universal-Lexikon)进一步阐述了该术语。它将"战役"定义为战争中指向敌方主体且导向战争结果的行动。它还提到了战役基础、战役轴线和战役目的。[11]有趣的是，皮埃尔在

1866 年克尼格雷茨战役 ① 的三年前，就将"战役"归为战争的决定性因素。

迈尔斯 1886 年的《新谈话词典》（Neues Konversations-Lexikon）首次定义了进攻性和防御性的战役，并将它们归入战术和战略领域，尽管这种归类并不十分令人信服。[12] 与此同时，迈尔斯在 1866 年将"战役层级的"一词放在其本身的词目下，表示实际行动，这一释义并没有给出军事方面的参考。

1908 年版的《迈尔斯 - 格罗斯谈话词典》（Meyers Grosses Konversations-Lexikon）变得更为详尽，它用更长的词条将军事行动详细描述为"包括行军、交火和战斗在内的大规模军事元素的调遣和行动"。沿着内部线或外部线进行，直到最后分出胜负、摧毁敌人的"战役"的集合，便是"战役"。[13] 通过这个定义，迈尔斯将额外的层面引入"战役"，这符合时代的潮流——战役目标是对敌方主体的军事性毁灭。当"战役"由大部队执行时，它可以被理解为是比战术更高层次的战争事务。

有趣的是，帝国的简明军事词典对"战役"的定义，并不比同时代的通用词典更为详细。以 1901 年的《军事辞典》为例[14]，它将"战役"仅仅简单地定义为"军事单位的移动"，而 1879 年的《整体军事科学字典》（Handwäterbuch der gesamten Militäwissenschaften）[15] 把"战役"理解为"军队为了狭义的战略层面上的胜利而发起的行动"。《军队和舰队手册》（Handbuch für Heer und Flotte）之所以突出，是因为其花费了颇多篇幅讨论德意志帝国军事语境下的"战役"一词，并首次从海军角度解释了"战役层级的"一词。尽管如此，词条的军事部分的作者——奥格斯特·飞利浦·冯·法尔肯豪森男爵将军（August Philipp Freiherr von Falkenhausen），拒绝明确定义"战役"一词。相反，他用"大规模军事行动"（Herresbewegungen）一词指代在他看来已经过时的"战役"一词，因为他认为术语只有时刻和战略保持联系，才能被理解。[16] 法尔肯豪森的观点被收录在一本标准化军事手册中，这表明在二十世纪之初，"战役"这一术语还是复杂的军事语言，因为它还未被清晰地同"战术"和"战略"区分开。

1932 年魏玛版的《布罗克豪斯词典》，则标志着一种明确的转变。它对

---

① 译者注：又称为赫拉德茨 - 克拉洛韦战役，爆发于 1866 年 7 月 3 日。此役中，普鲁士军队凭借严格的纪律和快速行军，扭转局面，取得了对奥地利军队的辉煌胜利。

"陆地战"这一术语的限制不予考虑，而后者的影响一直持续到第一次世界大战。"战役"的词条现在是这么写的："在战争中，一组寻求特定目标的密切相关的军事行动。"[17]1939 年，《现代军事科学手册》（Handbuch der neuzeitlichen Wehrwissenschaften）对战役做出了相似的定义，但在空间和时间方面更为准确："（战役是）一支军队自身作为整体所完成的关乎目标，时间和空间等方面的行为，通常和更大的战斗行动有所关联。"[18]1955 年，"二战"后第一版的《布罗克豪斯词典》很大程度上复制了这一措辞。毫无疑问，作为经历了第二次世界大战的直接结果，新的释义中用"更大规模的军事阵列"（grössere militärische Verbände）取代了军队整体移动（Herresbewegung in ihrer Gesamtheit）。[19]

接下来的 36 年里，《布罗克豪斯词典》的编辑们几乎不曾对战役的定义做出修改。1991 年和 1998 年的版本总体上吸收了 1955 年的定义。[20]然而，这些后来的版本首次将形容词"战役层级的"定义为战略性的，这一点与 1997 年版的《杜登外语词典》（Fremd-wörter-Duden）一样。[21]1955 年的《布罗克豪斯词典》未收录"战役层级的"这一词条，而且它的 1932 年版仅仅给出了医学意义上的定义。因此，通过对过去两个世纪以来德国词典和军事手册中对"战役"和"战役层级的"这两个词汇的梳理，能够说明到目前为止，这两个概念的形成有多么不精确。

为何在军事背景下定义"战役"和"战役层级的"这两个词会如此困难？从大的方面说，这是因为这两个词都在过去两个世纪的进程中经历了持续性的语义变化，且术语"战役"在战争框架内的释义似乎依然造成了严重的问题。因此，在这个节点，有必要对应用于战争中的"战术"和"战略"做出简要的定义。

"战术"，在希腊语中写作"taktik"（即排兵布阵和调兵遣将的艺术），而"战略"，在希腊文中写作"strategós"（即军事领导人），它们从 18 世纪晚期到 20 世纪中期，几乎都只被应用于军事领域，其后才取得了更广泛的用途。战术通常被理解为一种有方案、有计划、有目标的中短期行动，战略则代表了对一个目标或某种有利的最终状态的长期性、计划性的争取。尽管这两个词都源于军事，但它们已经被广泛使用于日常的体育、经济和政治领域中了。

最开始出现的是"战术"。自古以来，战术都是一个定义明晰的军事概念。它包括了行军、扎营、集结部队和动员士兵作战的能力。由于欧洲军事组织在近代早期的复杂发展,欧洲产生了区分营和团的演练战术,以及有时被称为"大战术"的高级战术的推动力。[22] 在大型军队产生在法国大革命和拿破仑战争期间的背景下,欧洲的军事思想在 18 世纪晚期达到了一个转折点。为了应对日益复杂的战事,像格奥尔格·海因里希·冯·贝伦霍斯特(Georg Heinrich von Berenhorst)、海因里希·冯·劳埃德(Heinrich von Lloyd)、海因里希·冯·布洛(Heinrich von Bulow)、安托万·的·约米尼(Antoine de Jomini)和卡尔·冯·克劳塞维茨(Carl von Clausewitz)这样的军事理论家都试图要发展出一套包含了军事的方方面面的战争理论。在此过程中,将战事细分为"战术"和"战略",成了 19 世纪初的常见手段。然而,其区分标准依然不甚明朗。

在这个复杂的过程中,作为军队领导者的科学,"战略"从"战术"中分离了出来。海因里希·贝伦霍斯特最后将战略定义为"行军的艺术",而战术则是"战斗的艺术"。[23] 但在另一方面,格奥尔格·威廉·冯·瓦伦蒂尼(Georg Wilhelmvon Valentini)认为这样的区分是肤浅的,在应用过程中存在的二者间的过渡,导致了这种差异的边缘化的。[24] 长期以来,如何分类战争的两个级别这一问题,引发了诸多讨论。布洛将战略归置于战术之下,认为战术是"战争中将敌人作为直接目标的一切事务",而战略是"将敌人作为直接或间接目标的一切事务"。[25] 而克劳塞维茨则把"战略"的优先度置于"战术"之上。在他的著作《战争论》中,他给战术下的定义是"关于如何在战斗中应用军事力量的原则",战略则是"如何出于战争目的利用战斗的原则"。[26] 同时,克劳塞维茨看出了战术和战略之间的方法—目的关系,以及明确的互相依存。他关于战略的概念直接指向整体局势,因为紧挨着具体的军事问题的,是被他赋予决定性的角色的政治问题,后者是战争所有阶段中的主导因素。但是政治必须在其战略考量中,涵盖它所建立的武装力量的本质。[27]

虽然程度不及克劳塞维茨,约米尼也影响了德国士兵的思想。和克劳塞维茨相反,比起询问"战争是什么",他问的是"你如何进行战争"。[28] 考虑到在不同战争情境下,正确的军事领导方法具有深层次的不确定性,这种缺乏哲思却更易于实践的方法,非常受总参谋部军官的青睐。它给出的是可供学习的规则,而非用于提高领导能力的通用教育要素。对约米尼而言,战略是地图上的战争艺术,它囊括了战争的方方面面。[29] 然而,约米尼在他一成不变的经典原则中排除了社会和政治因素，并限制了战争初始阶段政治选择的影响。

在"二战"结束时，克劳塞维茨和约米尼的思想一起深刻地影响了德国军队，但他们最终走进了一个危险的死胡同。因此，相较于克劳塞维茨基于政治至上原则的理念，对战略纯粹化、军事化的理解，在德国成了主导。老毛奇为这种发展奠定了基础。他把政治的影响局限在了战争的开始和结束阶段。对老毛奇和他的继承者而言，战争的运作本身是一个纯军事、非政治的行为。正如老毛奇在他的著作《论战略》中明确论述的那样："政治利用战争来达成其目的。它保留了扩大战果和见好就收的权力，所以它在战争的开始和结束阶段有着决定性的影响。在这种不确定性下，战略只能导向现有手段所能达成的最高目标。（战略）最好是作为对政治的支持，其行为出于政治目的，但自身在运作过程中又完全独立。"[30]

当19世纪末和20世纪初的德国军事理论家和军官不断引用克劳塞维茨时，他的理念被简化为数量不定的好用的引文。[31]与此同时，约米尼著作的影响润物细无声地渗透到军营中。两次世界大战的失败唤醒了德国人思想中"真正的克劳塞维茨"[32]，尽管克劳塞维茨在过去两个世纪里对德国军队战略的影响显然被高估了[33]，但他至少为21世纪的德国和英美的战略理念奠定了基础，规定了界限。

即便是今天，这些概念也没有真正固定下来，它们既不是战略本身，也不属于军事战略范畴。与政治至上的情况一致，"战略"的特点在于政治和战争的紧密相连，同时整合着经济、文化、社会和宗教因素。因此，战略是一种政治概念。但几个世纪以来，战略依旧没有确切的定义。[34]例如，目前，术语"战略"①和"军事战略"被频繁当成同义词使用。[35]但是军事战略意味着纯粹的军事方法，并且是整体战略的一个子集。因为战略若要被更全面的理解，它就必须整合所有社会和人类的因素，以及所有可能应用在战争中的人类互动的领域。战略非但不仅限于战事的更高等级，相反，它力求达成军事目的，甚至不受限于纯粹的军事问题。

---

① 原编者注：有时被称为"国家战略"或"大战略"。

这种像雅努斯之首①一样的二分法，是通过克劳塞维茨提出的政治至上的排序来解决的，这是种被当今西方世界普遍接受的方法。每一个新的复杂局势中产生的军事和政治利益的冲突必须被一次又一次地调和。因此，根据爱德华·鲁特沃克（Edward Luttwak）所言，战略（国家战略）将意味着"人际关系在真实或潜在的武装冲突中的规则和后果"。[36] 同理，军事战略将意味着对一个国家或联盟在一个或多个战区的统一指挥与控制，其目的是决定战争的结果。目前公认的理解是，国家战略并不一定只聚焦在军事胜利上；相反，它还依靠民间机构来解决冲突。

若说对政治至上的抗拒早就塑造了德国的战略理念，那么更加现代化的武器系统和通信手段的引入则已然影响了战术的持续发展。"战术"的现代理念依然基于克劳塞维茨的定义，即战术对应的是因个别战斗和武装力量达成的战斗胜利，而约米尼所定义的"战术"，则是一支部队在战场上的运作和引导士兵组成的各种阵列。[37] 最近的战术则被理解为"战斗中部队指挥与控制的理论"，从这个意义上说，或多或少地，它通常被理解为是种过程。[38] 战术包括各种各样形式的战斗，例如攻击和防御。

在武器技术进步的影响下，战斗中新的战术概念也有所演变，例如第一次世界大战期间的突击队战术（Stosstrupptaktik，如今也被称为"火力与机动战术"）和区域防守（Raumverteidigung，也被称为"纵深防御"），以及诸兵种合同作战的现代理念。同时，现代武器系统和交通通信手段在几个世纪以来的持续发展，让兵力的部署变得更为复杂。和古代希腊作战方阵的排兵布阵相比，现代部署对战术指挥与控制系统提出了更高的要求。但是，除了诸兵种合同作战中的多系统协作，个体武器战术也变得更为复杂。在不同情形中，战术应用必须适应各种天气和地形条件。联邦国防军在执行其新的国际任务时，由于政治因素会对这些在部署战区中执行的任务产生更大的影响，未来可能会引发超越战斗的、延伸的战术理念，从而导向新的任务范围。不过，在本研究探讨的时间范围内，"战术"应该被理解为对行伍和军队资产在空间和时间上的指挥

---

① 译者注：原文为"Janus-headed"，雅努斯（Janus）是罗马人的门神，具有前后两个面孔。

与控制，以及他们在战斗中的合同作战。

作为军事领导力领域的最新阶段，"战役层级的"这一术语在 19 世纪初期才开始在军事思想中崭露头角。"战役"和"战略"这两个术语已从军用转向民用，从拉丁单词"operatio"演化而来的"operation"一词，其意为"任务"或"工作"。它最初是个单纯的民事概念，而后逐渐演变为一个专门的军事术语。它描述的首先是一次积极的行动，其次才是一种事业。在数学中，"operation"指计算；在数据处理中，其指的是工作的一个步骤；在医学中其所指的又是手术过程。在盎格鲁撒克逊语言群体中，"operation"一词归因于直接行动。因此，我们有了在军事层面上对"战役"这一术语一再产生误解的缘由。"operation"的军事翻译来源于法语单词"opération"，根据《法国学术词典》（Dictionnaire de l'académie francise），其意为"一股势力为取得成效而采取的行动，以及将要或已经执行的意图、项目和计划。尤其是战争中，但也可以是在政治中、行政中、财务中和贸易中"。[39]

在德语区，自 18 世纪末以来，"operation"一词就意味着军队的移动，这是伴随着大规模部队出现而产生的发展。弗里德里希·梅内特（Friedrich Meinert）在 1789 年写道，一场军事战役是"以破坏敌人为目的而发生的战争行为，不论是否使用武力"，而且"它的灵魂在于机动的艺术"。[40]格奥尔格·文图里尼（Georg Venturini）写道，战役属于机动的艺术，并教导了该如何移动军队。[41]布洛的定义则决定性地影响了战役的现代理念的发展。比之前更进一步的是，他将其定义为接近战略的一种概念[42]，并于 1799 年写道："一支部队所有以敌军为直接目标的动作都被称为'战役'。我说直接，是因为如若不然，则任何行军都能被称为'战役'了。"[43]布洛将几何与战役相结合，并由此在更广泛的层面上形成了一个可计算的有效假设，其中包括战役轴线、战役基地和战役目的。

相比之下，克劳塞维茨总体上对布歇尔数学式的方法表示怀疑，尤其是在战役基地的重要性上。[44]在克劳塞维茨的理念中，和在"战略"语境下一样，"战役"是一种军队根据战役计划所进行的移动。而战略的任务，则是对战役轴线的选择，以及其他所有归属于战术领域的战役形式。克劳塞维茨区分了针对更少数敌人的战役和针对敌人主体的主要战役。对他而言，一次战役的目的尤为重要。他支持明确建立一个主攻方向由政治目的决定的中心做法："只有直指敌人君权核心的战役，才是真正有效的战役。这意味着比起对边界的蚕食，它必须要在方向保持开放的前提下尽可能远地进军，并且持续将所有力量倾注在那个目标上。"[45]

根据这些定义，克劳塞维茨和布洛一道奠定了过去两个世纪以来德国现代战役思想发展的基础。尽管如此，那个时期的德国军事教条规定清楚显示，"战役"和"战役的"这两个术语，在第二次世界大战前，从未得到陆军、空军或者海军给出的充分界定。[46]1977年，德国联邦国防军首次在陆军勤务手册第100/900条《指挥与控制术语》中定义了"战役"。[47]特别是在两次世界大战期间，这两个词中都塞满了无法控制的各种内涵。两个词语通常都由使用它们的个体的想法所决定。作为一个形容词，"战役的"被当成"战略"的近义词使用——但有时候和"战术"更贴近。因此，毫不意外，德语中对"战役的"[48]和"战役"的释义的数量，要远超过"战略"和"战术"这两个术语[49]。

因此，作为这项研究的出发点，我们可以从当代规章和字典词条中提取出一些关于"战役"和"战役的"这两个词组的关键内容。在我们考察的时间段内，这些词组被广泛用于军事语境中。它们的定义多变，在一定程度上不够准确，有时甚至到了完全无效的程度。不论如何，"战役"和"战役层面"还是在"战术"和"战略"之间保留着一席之地，一次战役始终是更大规模行动的从属元素。但是这种行动的限制通常是不确定且易变的。因此，我们往往难以界定战事中战略层面告终，战役层面发轫的那个节点。在"战术"和"战役"之间精确地界定边界同样牵涉到复杂的问题，因为战役对战争的结果有所影响。所以，类似"战役—战术级别"和"战役—战略级别"这样的短语经常被使用。

不论在部署中、行进间，还是战斗时，战役都和移动息息相关。在20世纪，移动式战争已经和"战役"以及"战役的"产生了紧密联系。同样，在世界大战期间，战役几乎一直受到空军的支援。由少数军队推动的小规模战役，与陆军主体甚至整个陆军力量参与的大型战役判若云泥。"战役"组成了一个战区，而"战略"则涵盖了战争中的所有战区。

作为本研究的有效假设，一次战役将被理解为一次为达成战略性目的而开展的独立军事行动。战役以地理情况和敌军动向为本。在世界大战期间，战役主要是一种多重职能行动，战略体现在其手段上，而战术体现在其执行中。

因此，撇开一切含糊不清的地方，这种定义说明，战争就是战略问题；在战斗中对军事力量的指挥与控制是战术问题；而在一个战区中，对战场上大型阵列的领导，则是战役问题。

从 1914 年德国的战争计划中，我们可以看出战役和战术在军事实践中的密切交织。在基于施利芬 1905 年备忘录的计划（通常被称为"施利芬计划"）而提出的"小毛奇计划"中，德军用一支野战军的兵力，专注于在东线进行战略层面的防守。同时，法国应当在几周内败给德国武装部队的大规模攻击，之后德军便可以将优势兵力部署到东边，击败俄军。在这一军事战略的背景下，通过比利时对法国发动的进攻，和东边的坦能堡之战一样，都是在独立战区的战役。它们虽有着不同的军力强度，也在不同大小的空间中展开战役，但都感受着相似的时间压力。相反，对列日的奇袭则是一种必要的战术行为，因为它的战略因素源于比利时的中立，它的成功对未来德军战役有着决定性的影响。对列日的奇袭，必须在其整体部署完成之前执行，这一行动同样对德意志帝国整体战略有着深远的影响，它将德军的战役置于更大的时间压力之下，且迫使德国领导人花费宝贵的时间通过谈判寻求潜在的政治解决方案。

"小毛奇计划"说明了"战役"在领导序列中的层级，以及"战略""战役"和"战术"三者间相互依存的关系。它还展示了一些对战役考量产生影响甚至起到决定性作用的因素和常量——例如空间和时间。但是，是什么组成了如今的战役思想呢？由于"战役"和"战役的"这两个术语在含义和使用上的流动性，我们还无法给出一个盖棺定论的、兼容并蓄的定义。战役思想的概念在"战术"和"战略"间摇摆。从最普遍的意义上讲，战役思想可以被理解为对时间、空间和军事力量等特定因素或常数的考量，以及对一个战区内的大型军势的部署和指挥。其总体目标在于达成战略目的。

但是，今天的战役思想是由什么组成的呢？鉴于"战役"和"战役的"这两个术语在含义和通途上的流动性，各国军事家们依然不可能给出一个最终的、无所不包的定义。战役思想的理念在"战术"和"战略"之间摇摆不定。在最普遍的意义上，战役思想可以被理解为关于特定因素和常数的考量——例如时间、空间和部队等，与战区中更广阔阵型的部署与指挥联系在一起。其总体目的在于实现战略目标。

注释

题词: Carl von Clausewitz, *Vom Kriege. Hinterlassenes Werk des Generals Carl von Clausewitz, 16th ed.*, ed. Werner Hahlweg, Vollst. Ausg. Im Urtext mit erneut erw. historisch-kritischer Wurdigung (Bonn, 1952), 175.

1. *Handbuch für Heerestaktik*, vol. 1, Grundbegriffe (Berlin, 1939), 12.

2. 讽刺的是，本章节就写在约翰·沃尔夫冈·冯·歌德（Johann Wolfgang von Goethe）在《格言和感想》（Maxims and Reflections）"概述、道德、文学"章节中的名言"理念清晰者方能行指挥之责"（Werklare Begriffe hat, kann befehlen）之后。

3. 这是首次有人试图区分"战术""战役"和"战略"三大指挥层级。"'战略'意味着军事指挥官的艺术，在用军事的方式击败敌人的过程中进行观察、思考和指挥的艺术。'战术'则关乎如何将武装部队应用在战斗的准备和执行中。'战役'则意味着出于军事目的，做出的符合基本战略和战术原则的军事行动。"详见: Major General Schurmann, "Gedanken uber Krieg-und Truppenfuhrung", 1930, BArch，RH 2/2901, 164.

4. 参见第6章，"新瓶装旧酒: 现实与空想之间的魏玛国防军、国防军时期战役思想"。

5. *Brockhaus' Kleines Konversations-Lexikon*, vol. 2, 5th ed. (Leipzig, 1911),311.

6. Cf. *Conversations-Lexikon, oder kurzgefasstes Handwörterbuch für die in der gesellschaftlichen Unterhaltung aus den Wissenschaften und Künsten vorkommenden Gegenstände mit beständiger Rücksicht auf die Ereignisse der älteren und neueren Zeit*, 6 vols., 2 subsequent vols. (Leipzig, 1809 - 1811).

7. 补充: *Conversations-Lexikon*, 1:242.

8. Johann Hübner, *Johann Hübners Zeitungs- und Conversations-Lexikon: Ein vaterländisches Handwörterbuch*, Part 3, M - R, 31st ed. (Leipzig, 1826), 396.

9. "Operation," *Brockhaus Bilder-Conversations-Lexikon*, vol. 3 (Leipzig, 1839), 343.

10. *Herders Conversations-Lexikon*, vol. 4 (Freiburg i.Br., 1856), 403.

11. *Pierer's Universal-Lexikon*, vol. 12 (Altenburg, 1861), 307.

12. *Meyers Neues Konversations-Lexikon: Ein Wörterbuch des allgemeinen Wissens*, vol. 15 (Hildburghausen, 1867), 315.

13. *Meyers Grosses Konversations-Lexikon*, vol. 15 (Leipzig, 1908), 72f.

14. *Militär-Lexikon: Handwörterbuch der Militärwissenschaften* (Berlin, 1901), 655f.

15. Bernhard von Poten, *Handwörterbuch der gesamten Militärwissenschaften*, vol. 7 (Leipzig, 1878), 259f.

16. *Handbuch für Heer und Flotte: Enzyklopädie der Kriegswissenschaften und verwandter Gebiete*, vol. 1, ed. Georg von Alten (Leipzig, 1909), 873.

17. *Der Grosse Brockhaus: Handbuch des Wissens in 20 Bänden*, vol. 13 (Leipzig, 1932), 687.

18. *Handbuch der neuzeitlichen Wehrwissenschaften*, vol. 1, *Wehrpolitik und Kriegführung*, Hrsg. im Auftrage der Deutschen Gesellschaft für Wehrpolitik und Wehrwissenschaften und unter

umstehend aufgeführter Sachverständiger von Hermann Franke (Berlin, 1936).

19. *Der Grosse Brockhaus*, vol. 8 (Wiesbaden, 1955), 568.

20. Cf. *Brockhaus Enzyklopädie*, vol. 16 (Mannheim, 1991), and Brockhaus Enzy klopädie, vol. 16 (Mannheim, 1998).

21. Cf. *Duden Fremdwörterbuch* (Der Duden in 12 Bänden), vol. 5 (Mannheim, 1997).

22. Reinhard Stumpf, ed., *Kriegstheorie und Kriegsgeschichte: Carl von Clausewitz, Helmuth von Moltke*, Bibliothek der Geschichte und Politik 23 (Frankfurt a.M., 1993), 795f.

23. Georg Heinrich von Berenhorst, *Aphorismen* (Leipzig, 1805), 539.

24. Georg Wilhelm Freiherr von Valentini, *Die Lehren vom Krieg*, part 1, *Der kleine Krieg* (Berlin, 1820), 97.

25. Adam Dietrich Freiherr von Bülow, *Geist des neuern Kriegssystems hergeleitet aus dem Grundsatze einer Basis der Operationen auch für Laien in der Kriegskunst fasslich vorgetragen von einem ehemaligen preussischen Offizier* (Hamburg, 1805), 110.

26. Clausewitz, *Vom Kriege*, 169.

27. Werner Hahlweg, "Der klassische Begriff der Strategie und seine Entwicklung," in *Strategie-Handbuch*, Schriften des Instituts für Sicherheitspolitik an der Christian Albrechts-Universität zu Kiel 8 (Bonn, 1990), 1:9 - 29.

28. Jehuda L. Wallach, *The Dogma of the Battle of Annihilation: The Theories of Clausewitz and Schlieffen and Their Impact on the German Conduct of Two World Wars* (Westport, Conn., 1986), 14f.

29. Henri Jomini, *Précis de l'art de la guerre, ou noveau tableau analytique des principales combinaisons de la stratégie, de la grande tactique et de la politique militaire*. 2 vols., new revision of the 1855 ed., with an introduction by H. R. Kurz (Osnabrück, 1974), 155f.

30. Helmuth von Moltke, "Über Strategie," in *Moltkes Taktisch-strategische Aufsätze aus den Jahren 1857 bis 1871*, by Helmuth von Moltke, edited by the Great General Staff, Department for War History, *Moltke's Militärische Werke, Die Thätigkeit als Chef des Generalstabes der Armee im Frieden*, Zweiter Teil (Berlin, 1900), 291 - 293.

31. Ulrich Marwedel, *Carl von Clausewitz. Persönlichkeit und Wirkungsgeschichte seines Werks bis 1918*, Militärgeschichtliche Studien 25 (Boppard a.Rh., 1978), 117.

32. 近来文献中对克莱塞维茨的反响详见: Beatrice Heuser, *Clausewitz lesen! Eine Einführung. Beiträge zur Militärgeschichte* (Munich, 2005); Hew Strachan, *Clausewitz's on War: A Biography* (Cambridge, U.K., 2007).

33. Peter Paret, "Clausewitz," in *Makers of Modern Strategy from Machiavelli to the Nuclear Age*, ed. Peter Paret (Princeton, N.J., 1986), 186 - 213.

34. *Meyers Grosses Konversations-Lexikon*, 15:105.

35. Burkhard Köster, *Militär und Eisenbahn in der Habsburgermonarchie 1825 - 1859*(Munich, 1999), 25.

36.Edward N. Luttwak, *Strategy: The Logic of War and Peace* (Cambridge, Mass., 2002), 15. 鲁特沃克强调，"战略"一词没有好的定义，因为在军事—政治语境下，它可以被理解为一个计划、一种固定的学说，甚至一种实际行动。

37. Hans Hitz, "Taktik und Strategie. Zur Entwicklung kriegswissenschaftlicher Begriffe," *Wehrwissenschaftliche Rundschau, Zeitschrift für Europäische Sicherheit* (1956), 611‐628.

38. Georg von Sodenstern, "Operationen," *Wehrwissenschaftliche Rundschau. Zeitschrift für Europäische Sicherheit* 3 (1953): 1‐10.

39. *Handbuch für Heer und Flotte*, 1:872.

40. Friedrich Meinert, *Über den Krieg, die Kriegswissenschaften und die Kriegskunst. Für das Militär und solche, welche vom Kriegswesen unterrichtet sein wollen* (Halle, 1798), 50, 58.

41. Georg Venturini, *Lehrbuch der angewandten Taktik oder eigentlichen Kriegswissenschaft,* vol. 1 (Schleswig, 1798‐1800), 387‐405.

42. Ernst Klink, *Die Begriffe Operation und operativ in ihrer militärischen Verwendung in Deutschland*. Studie MGFA, 12 December 1958, page 1.

43. Bülow, *Geist des neuern Kriegssystems*, 11.

44. Ernst August Nohn, *Der unzeitgemässe Clausewitz. Notwendige Bemerkungen über zeitgemässe Denkfehler*, Wehrwissenschaftliche Rundschau, Beiheft 5 (Frankfurt a.M., 1956), 10.

45. Carl von Clausewitz, *Strategie aus dem Jahr 1804 mit Zusätzen von 1808 und 1809*, ed. Eberhard Kessel (Hamburg, 1937), 49.

46. 德国空军仅在 1939 年时，才为"战役"一词在其军队战术手册中下了定义。

47. H.Dv. 100/900 *Führungsbegriffe*, 1977.

48. "战役的"这一术语，也被德意志民主共和国 (DDR) 的国家安全部（斯塔西）使用。

49. Klink, *Die Begriffe Operation und operativ*, 18.

第二章

因素与常量
空间、时间以及军事力量

德国历史中的伟大常数便是其处于欧洲中心的位置。德国的命运便是它的地理位置。

——哈根·舒尔茨

一如当代文献所暗示的那样，德国总参谋部的军官们在奔赴两次世界大战的战场时，行囊中不仅装着元帅权杖，还带着克劳塞维奇的著作——《战争论》。毫无疑问，老毛奇、施利芬、贝克、古德里安和曼施泰因等将领的战役思想都受到古典和当代军事理论家的研究影响。然而，分析表明，军事理论著作对大多数总参谋部军官的影响，一直以来都被夸大了。与之相反，空间、时间以及军事力量等因素，则在德国军队的战役思想和战术发展中扮演了决定性的角色。这些因素组成了任何一次战役的基础，因此，它们处于战役思想的核心位置。反过来说，这种思想也受到了不断扩张的对经济和社会参数的理解的影响。尽管空间、时间和军事力量的因素互相关联、彼此影响，但时间和空间的互联依然尤为突出，因为它们建立了战斗的框架。军事力量的投入，必须以时间和空间为本，它包括了军事装备、战斗载具、武器、士兵和最新的情报及通信系统。在战役思想的过程中，基于敌人行动的自由度，而非自身的自由意愿，能够更容易地计算出这两个参数。[1]

时间和空间

作为第一原则，空间自有其形状（Gestalt），并有时间（Zeit）依附。每一个地理区域都由它的形状和穿越其间所耗费的时间来定义。因此，军事地理的条件构建了规划和开展战役的决定性因素。现如今，地理的人文概念由宗教和意识形态因素定义，它将空间视作构成人类栖息地的区域的一种投射；[2] 相比之下，直到几十年前，大多数总参谋部军官对地理空间的审视还大体停留在自然和科学层面。在战役层面上对空间的评估，以及在战术层面上对地形的评估，一直是对局势作出军事预测的第一步。山脉、平原和海洋等地形因素，以及基础设施和天气情况，都对战争的进行有着显著影响，是军事决策过程中的重要基础。在对形势进行评估的过程中，敌人的武装态势是一个变量，可以临时通过国家的经济和人力资源来施以还击；另一方面，可用来发动战争的空间的物理形状，则是只能通过修建防御工事等加强地形因素的手段来改变的常数了。德国军队的领导层在决策和作战过程中对空间的物理条件的重视程度，从德国总参谋部调查处（Vermessungsabteilung）直接向总参谋长报告这一点上可见一斑。通过他们的总参谋部地图（Generalstabskarten），该处室的人员[3] 为总参谋部的战役—战略规划创造了可行的前提条件，并且这些规划是基于德国位于欧洲中心位置的地理现实而制订的。

然而，一个国家的地缘战略形势，并不完全取决于其所处区域的自然地理特性。经济、社会和政治因素同样有着决定性的影响。[4] 一个区域的特性并非静态且一成不变的，因为人们会通过结构性的活动以及他们的认知，对一个区域做出改变——后一种变化取决于政治局势。位于中心地带的空间所具备的文化交流机遇和通行上的优势可以被视作积极因素，但同样也可以被视作对这类中心位置区域产生军事威胁的消极因素。多年来，总参谋部的军事地理分析，所基于的是一种独特的地理概念，以及在两线或多线战争形式中的危机感。

从中心地理位置中，总参谋部看到的，向来是其潜在风险和威胁，而非它所蕴含的机遇。所以，我们必须在此考虑这个问题：这一专门的军事地理分析，是否是基于最坏情况考量的产物。归根结底，两线作战的爆发不是地理问题，而是政治问题。建立能阻止这种情况的总体条件，是政治的职责。因此，两线作战不是由自然环境带来的，相反，它有时是人类行为的结果，而且可能受到其影响。尽管如此，许多总参谋部官员——军队中的战役思维小组——依然用宿命论来看待整个问题。当总参谋部军官将内线的优势作为他们战争战略理念的基础以及战争战役理念的重要元素时，他们就会如此作为。

自 1871 年德意志帝国建立以来，德国的中央位置便被视为对军事地理分析的一大威胁。德意志帝国是欧洲五大势力中唯一直接与三个潜在敌人接壤的国家：东边的俄国、东南方的奥匈帝国和西方的法国。它未直接与英国接壤，但后者有能力通过海军禁运，切断德国的国际贸易。因此，许多德国的政治和军事领袖将德国的地理情况和七年战争期间甚至是三十年战争期间的普鲁士相比。德国首相奥托·冯·俾斯麦在 1888 年与德国的非洲旅行家尤金·沃尔夫（Eugen Wolf）对话时指出了问题的核心："你制作的非洲地图很漂亮，但我的非洲地图位于欧洲。法俄两国，分列于此，而我们则被夹在中间。这就是我的非洲地图。"[5]

根据对这种情况的分析，俾斯麦和他的继承者们通过组建联盟的方式，力图避免双线乃至多线作战的情况。虽然 1879 年与奥匈帝国建立的双边同盟消除了多线作战的风险，高悬于德国头顶上的达摩克利斯之剑，即俄国与法国，还是让德国政治和军事领域的精英们看到了两线作战将会给地处中心的德国造成的严重后果。因此，这种地理位置加强了在帝国政治和军事精英中普遍存在的危机意识。他们相信自己处于强敌环伺之中。[6]

"一战"落败后，领土的丧失并没有很大程度地改变德国的地缘政治情况。1918 年的欧洲秩序使然，德国依然和法国有共同的边界，但它还同两个拥有长长国境线和巨大军事潜力的国家——波兰和捷克斯洛伐克接壤。因此，正如德国的高级军事将领所见，德国的中心地理位置始终潜藏着腹背受敌的威胁。1937 年，部队局（Truppenamt）的负责人路德维希·贝克将军将总参谋部军事区域架构的古典观念中的德国的中心位置，评估为德国历史的常量之一。凡尔赛条约造成的领土损失实际上加剧了这种威胁："毫无疑问，因为其在欧洲的中心地位，德国存在的空间问题，也许将一直延续；但凡尔赛之后的领土变化对此影响尤甚。"[7]贝克的思想体现了德国对军事区域的构建。

德国在 1945 年的失败根本性地改变了欧洲的地缘政治局势。在波茨坦会议中，盟军原则上同意了将寇松线[8]作为苏联的西部边境线；作为补偿，波兰的领土同时向西拓展至奥得河。由此，奥得—尼斯线成了德国实际上的东部边境线，而且所有该线以东的德国区域，如今归于波兰管辖，东北普鲁士归于苏联管辖。被盟军占领并分割成四个占领区的德国，不再是位于大陆中心的大国了。

"二战"后的几年，苏联和西方势力之间越演越烈的全球化政治竞争对德国产生了直接影响。沿着南北走向的分界线，德国被划分为由两大权力集团把控的两个国家，由此，德国曾占据的空间从中心转移到了周边。战役—战略因素让后来成为德意志民主共和国的苏联占领区，变成了华沙条约的中转区。西方的势力范围，也就是后来的德意志联邦共和国，成了北约的集结地。因此，直到 20 世纪 50 年代末，德国的领土都被视为归先前战胜国而非德国人所有。为了至少取得部分德意志联邦共和国地区的控制权，在康拉德·阿登纳（Konrad Adenauer）领导下的德国政府致力于成立军事部门，并推动"德国的前沿防御符合北约的国际利益"这一理念。

所以，针对这种背景，从 1871 年德意志帝国的建立，到"二战"结束之时，总参谋部面临的关键问题是，他们能打赢一场两线作战吗？如果能的话，这场仗该怎么打？矛盾的是，德国军队发现，这种因地理现实和外交政策的失误引发的窘境的解决之道，就在其广受诟病的中央位置本身。正如施利芬所坚信的那样，中央位置同样赋予了战略上的优势："德国因为处于法国和俄国之间而占据优势，它能将这对盟友彼此分开。"9

因此，德意志帝国的地缘战略局势为总参谋部提供了利用内线优势执行两线作战的机会。反过来说，这意味着挑战在空间和时间上被隔开的敌人，在他们能够利用外线发动协同攻击前就将他们接连击倒。若要成功执行这一战役和战略的方程式，德国就得在自己的领土上拥有足够的纵深。若没有足够空间先行击破最初的敌人，再打倒另一个敌人，那么内线战争的这种无可辩驳的优势也会丧失。

成功的另一个重要先决条件，是对德国军事力量的快速部署。除了机动的军队组织外，要满足该条件，还得有十分优秀的交通网络。依照总参谋部的估算，德国满足所有在内线展开战争的条件，因为该国空间上自西向东的纵深，能够容纳更大的军事方阵从一个阵地到另一个阵地的及时转移，同时德国的国内铁路网络还十分发达。尽管德国在 1918 年落败，披着部队局皮囊的总参谋部依旧认为他们在"一战"前的总体预测是合理的。正如贝克在1938年所说："德国武装部队在欧洲中部沿着内线发动战争，并没有阻碍我们战役层面的自由。相反，我们可以看到，宽敞而连贯的中央主战场是（"一战"时）中央大国的一大优势，并能够使他们在超过四年的时间里从三个方向继续执行陆地战役。"[10]

但沿着内线的战争也带来了巨大的风险，那就是时间的因素。事实证明，"一战"中的德国不可能在一方对战争发动有效干预前，就击败两个对手中的另一个。这种结果无疑是迫在眉睫的灾难。

第一次世界大战是对空间和时间进行压缩的例证，它表明，对空间和时间的精神分离在一定程度上是人为的。时间和空间一样，影响着所有战术上、战役上或战略上的军事行动。因此，战争中存在着一种能够在时间加速时体现出来的特定军事时间构造。这种现象在20世纪前五十年影响了动员时期，后五十年则影响预警时间。尤其在冷战中，这种现象缩短了政治反应时间。此外，时间因素限制了士兵、牲畜，以及其对武器、载具和其他装备适用性的生理和心理接受度，穿越面积更大的区域就需要更多的时间。所以，在战术受限地带，决策及其执行的速度要快于针对更大区域的战役和战略决策。

与战术行动相比，战役行动更注重未来，并会投入更多时间用于侦察、谋划和执行。在战役中部署的大型部队主体无法轻易地停止或转向；它所犯下的错误，要么花上大力气纠正，要么干脆无法弥补。因此，军事领导人必须在时间和空间上提前规划，但这么做又会让他们丧失与士卒和战斗的直接接触。高级领导人必须确保他们的下级领导人在适当的节点贯彻其意图行动。这一点可以直接通过通信手段的提高，也可以通过对在极大程度上自由行动的下属指挥官下达指示来实现。然而，后者需要统一的训练和教育，以形成与高级指挥官同步的同质化集体思维过程。所以，这种指挥的个人化是加速的时间元素中的一个因素。[11]在德国战役思想发展中，它的重要性不容小觑。

多年来，先进的信号技术促使通信更加迅捷，现代地面作战车辆和空军、海军以及水下科技的进步同样将指挥流程提速到了第三空间维度，这当然拓展了整体战役的空间。这种加速使得军事决策制定者面临着更大的压力，尤其是考虑到现代武器系统对后勤需求的增长。因此，成功建立并把敌方保持在时间压力下的一方获胜概率将会大增，同时能够限制敌方取得成功，以获取军事行动所需要的时间，便是战役成功的钥匙。

如果其中一个对手缺少时间，他可以通过占领或放弃区域的办法来获取，然而，这两个选项都包含着风险，它们并非总是可以估量，且能否克服纯粹军事因素的风险也未知。比方说，在内线执行战役并被敌人包围的一方，无法承受放弃主要人口中心、重要经济地区或原材料来源地的代价。这样的考量与之前简单地将一国的领土划分为前线后方的想法相冲突。放弃政治或文化上的重要地区，可能会危及国家的内部政权稳定性。所以，缺少时间，以及由此产生的获取时间的需求，几乎一直是在内线作战的一方要面临的问题。

另一方面，执行外线战役的一方，通常在一侧有纵深或者海洋的保护——这意味着时间上的优势。这一方也可以通过协同的、同步的进攻，将敌人置于强大的时间压力下，或是用放弃区域或控制海上航道的办法赢得时间。处于这种地位的对手更容易获得国际资源，这就能够弥补因放弃战役—战略重要区域而造成的损失。这一方还可以使用封锁来切断对手获取作战和生存物资的途径。如果位于中心地带的势力无法自给自足，而是像德国一样只能半自给自足，还要仰赖对煤炭、石油等战略原材料以及食品的进口的话，地缘战略局势将注定这方只能在有限的时间内维持战争状态。因为随着战争持续时间的增加，在外线作战的一方会获得更大的优势，内线作战的一方就有必要尽全力速战速决。所以，战争必须在敌人能够充分发挥其所有力量之前迅速分出胜负。

对于内线作战和外线作战的任何一方而言，时间都是决定性因素。尽管如此，处于中央位置作战的一方，所承受战役和战略上的时间压力要强得多。随着社会变革猛踩油门，军队在现代社会的加速过程中扮演着关键角色。这种变化不仅通过道德—政治支持的快速供应、信息的获取、人员和装备的获取产生[12]，也借着现代武器系统、战役计划和战争间的相互依存而成形。通过类似1914年动员这样永久军事威胁的形势和越发快速运转的军事决策过程，提速的压力作用于科学、社会和政治上，并最终随着各方为求胜利投入一切力量而达到顶点。

军事力量

空间和时间共同影响着一个国家的军事规划、物资、人事以及外交和安全政策。由于时间因素驱使着战争快速开局，法国、德国这样的大陆强国需要在敌对行动开始阶段就配齐训练有素、数量庞大的陆军。像英国这样的海洋强国，则可以用小而快的专业化军队开展初步行动。与陆地国家相反，海权的优势让海洋国家有纠集并训练一支部队的时间。因此，义务兵役不是一个民主制国家所固有的政策，而是陆地强国在前线或腹地投入大量受过训练的预备役兵力的必备条件。这对于德国这样的大陆国家尤其重要，与其潜在的对手相比，它面临着人力上的不足。所以，军事领袖得出的结论是，人力上的不足只能通过迅速在前线的局部地段集中优势兵力建立主攻重心来克服。尽管老毛奇能够以相对优势的人力进行德国统一战争，但他和他的后继者们在1871年德意志帝国建立后所制订的计划中，要面临的不仅是一场两线作战，还是力量比处于劣势的两线作战。

因此，除了空间和时间里的参数外，军事力量也是战役思想中的一个主要因素。若不考虑时间和空间，军队的投入必定要失败。军事领导人必须因此善用他们空间和时间上的优势以取得成功。时间、空间和军事力量必须同步。被部署的士兵数量和他们的武器支援系统起到决定性作用。部署的军事力量规模越大，对其空间上的控制和定位就越发困难。

有着现代化装备和训练有素的士兵及下属领导人的规模更小，机动性更强的部队，在指挥与控制上没那么复杂，所以他们能够提供进行决定性、大气魄和旨在获得战果的战役的机会。因此，人数上处于劣势的一方可以在一定程度上平衡数量和质量。大型军事力量也会带来复杂的后勤问题，尤其是当他们必须跨过广阔的空间，在不太理想的交通情况下获取长距离供给时。

在1757年鲁腾会战、1815年滑铁卢之战和1866年克尼格雷茨之战中的部队数量，显示了欧洲野战部队的规模在略长于一百年的时间里增长的程度。鲁腾会战中，29000名普鲁士士兵对阵66000名奥地利士兵；在滑铁卢，则有72000名法军迎战115000名英普联军。60年间，参战人员的数量几乎翻了一番。在克尼格雷茨的战场上，206000名奥地利和萨克森士兵对阵221000名普鲁士士兵。这意味着老毛奇上战场的士兵数量几乎是百年前，腓特烈二世（腓特烈大帝）在1866年鲁腾会战中领兵数量的10倍。19世纪末，武装军队的数量再次急剧增长，这一时期，军队数量达到百万规模。1914年，进入"一战"

的同盟国有 370 万士兵，协约国则有 580 万。战争过程中，光是法国和德国，就各自在陆海空三线投入了 850 万和 1100 万士兵。要在西起凡尔登、东至巴库、北达北海、南临巴勒斯坦的广阔地带指挥如此庞大的军队，面临的困难是巨大的。光是在超过四年的战争中移动和供给这样庞大的军队，就已经是参战各方在指挥上面临的大挑战了。

虽然在战斗、战役和战争中，数量上的优势是一切胜利的基石，但这难掩指挥和供应如此庞大的军队需面临的问题。因此，每一个军事指挥者都致力于实现他的部队在其本地 / 区域的优势。人数上不足的一方在平衡自己与对手的力量时，有两个选择：要么利用阵地防守的防御优势，要么通过达成并利用本地在兵力上的优势消灭敌军。这两种变化都会导致力量达成均势。防御，作为被动形态的战斗，和主动出击相比，需要花更多时间达成目标。此外，通过更好的训练及指挥与控制手段，从而达到质量上的优势，也是一种办法，为的是在进攻时能执行快速而复杂的战役行动。但即使是质量上最有效率的增长也不能抵消数量的铁则——换句话说，"想要通过少数（兵力）取得成功……（必须）至少强到能够决定性地击倒敌军的重要部分，以此实现军势的均衡。"[13]

考虑到德国的中心位置，时间和空间因素在世界大战期间一直是德军领导人在战役—战略谋划以及人力政策上的焦点。因此，时间、空间和军事力量三者的结合，构成了德国战役思想直到 20 世纪 50 年代末为止的背景和决定性基础。到"二战"在欧洲结束，这些不可分割、彼此相连的参数，都被德国总参谋部视为常量。在某些极端条件下，它们被视作决定性因素。[14] 如总参谋部军官所见，除了通过征服所获得的程度十分有限的改变，他们无法在自然和政治所确立的因素中做出改变。相应的，唯一剩余的选项就是在给定参数的框架内制定一项军事政策，以允许拥有高质量人员和物资的部队在处于不利条件下的两线作战中迅速取胜。

注释

题词: Hagen Schulze, *Weimar: Deutschland 1917 - 1933* (Berlin, 1982, 1998), 16.

1. Hermann Foertsch, *Kriegskunst heute und morgen* (Berlin, 1939), 50f.

2. Gerhard P. Gross, "Der 'Raum' als operationsgeschichtliche Kategorie im Zeitalterder Weltkriege," in *Perspektiven der Militägeschichte. Raum, Gewalt und Repräentation inhistorischer Forschung und Bildung*, ed. Jorg Echternkamp, Beitrage zur Militargeschichte67 (Munich, 2010), 115 - 140.

3. 1913年，调查处被分为三角测量处、地形图处、制图处、摄影测绘处以及殖民地科。其领导人为国土测量长官（Chef der Landesaufnahme）。从1894年4月1日起，他的头衔就一直是高级总参谋部军需官兼国土测量长官（Oberquartiermeister und Chef der Landesaufnahme）。1914年战争开始时，普军国土测量板块（Landesaufnahme）有参谋911人，其中包括31名军官、367名文职军队行政管理人员、29名办公室人员，以及120名劳工——合计正式参谋人员547人。它还借调了51名军官与313名士兵。德军总参谋部对地理的高度重视，显然也引起了国外的注意。

详见: Halford John Mackinder, *Democratic Ideals and Reality: A Study in the Politics of Reconstruction* (London, 1919), 26f.

4. 帕特里克·奥沙利文 (Patrick O'Sullivan) 提出的论点表明，这些因素仍将仅作为自然现象而继续存在。

详见: "War Is a Geographical Phenomenon" in Patrick O'Sullivan, *Terrain and Tactics* (Westport, Conn., 1991), 16.

5. Otto von Bismarck, *Bismarck Gespräche*, vol. 2, *Von der Reichsgründung bis zur Entlassung*, ed. Willy Andreas (Basel, 1980), 525.

6. Wolfgang J. Mommsen, "Der Topos vom unvermeidlichen Krieg. Aussenpolitikund offentliche Meinung im Deutschen Reich im letzten Jahrzehnt vor 1914," in *Bereit zum Krieg. Kriegsmentalität im Wilhelminischen Deutschland 1890 - 1914*, ed. Jost Dulffer and Karl Holl, Beitrage zur historischen Friedensforschung (Gottingen, 1986), 194 - 224; Friedrichvon Bernhardi, *Deutschland und der nächste Krieg* (Berlin, 1912), 6.

7. 1937年11月12日，贝克对罗斯巴赫上校为1937年11月5日在德国总理府的会议所准备的会议记录所做的评论。

详见: Klaus-Jurgen Müller, *Generaloberst Ludwig Beck: Eine Biographie* (Potsdam, 2008), 499.

8. 寇松线是英国外交大臣乔治·纳撒尼尔·寇松（George Nathaniel Curzon）于1920年建议的，在苏联和波兰之间的波苏战争的停战分界线。

9. Generaloberst Graf von Schlieffen, *Die grossen Generalstabsreisen-Ost-aus den Jahren 1891 - 1905*, Dienstschriften des Chefs des Generalstabes der Armee Generalfeldmarschall Graf von Schlieffen 2. General Staff of the Army, Seventh Department (War Science)(Berlin, 1938), 2:222.

10. Ludwig Beck, *Studien*, Introduction by Hans Speidel, ed. (Stuttgart, 1955), 56.

11. Hartmut Rosa, *Beschleunigung. Die Veränderung der Zeitstrukturen in der Moderne* (Frankfurt

a.M., 2005), 318.

12. 同上，第316页。

13. Friedrich von Bernhardi, "Uber angriffsweise Kriegfuhrung,"*Beiheft zum Militärischen Wochenblatt* 4 (1905): 138.

14. "对于我们的政治发展而言，德国与强势敌人的战斗，是一种生物上的必然性。"

详见：Friedrich von Bernhardi, *Vom heutigen Kriege*, vol. 2 (Berlin, 1912), 189.

第三章

发端
筹划、机动性，以及应变系统

毛奇：思想的变革者，而非创新者

一切肇始于毛奇。这句话总结了他为战役思想在德国的发端做出的诸多贡献。[1]但毛奇并非战役思想的独创者。与总参谋部军事历史处的官方记载不同，战役思想其实脱胎于装备了强化火力的单兵枪支和火炮的大规模部队的滥觞，这是法国大革命及其所引发的社会变革作为一个整体而演化成的产物。民众参与和战事被结合了起来。尽管战役思想基于一种军事现象，但其根源事实上是一种社会现象。

长期作为总参谋长，先后供职于普鲁士和德国的老赫尔穆特·冯·毛奇，无疑是战役思想发展的发起人之一。然而，他没能像克劳塞维茨或约米尼一样，被视为伟大的欧洲军事理论家，而且他显然也不是克劳塞维茨和施利芬之间缺失的一环。老毛奇身后并未留下系统的军事理论体系[2]，他是一名实用主义者，一个实践家。

在我们开始探寻毛奇特有的战役思想体系之前，一些对于他军事著作的来源考证早已有之。他的大部分著作是供总参谋部的军官作额外训练之用的官方指令或军事研究教材。这些著作通常由总参谋部人员联合起草并经他最终核准。时至今日，要识别其中哪些部分出自他的手笔，已然无计可施。毛奇的著作是由总参谋部的军事历史处收集，并在他身故后于 1892 年至 1912 年之间出版的。

负责这项工作的总参谋部军官们希望在毛奇的著作中强调"战役"这一术语，以便为战役思想的长期发展提供参考基础。他们也想要强调战役对于未来战争的重要性。由于帝国档案馆在"二战"中被损毁，文件档案因之散佚，如今，我们已无法验证毛奇著作在分批出版的过程中，是否有特定段落出于迎合同时期总参谋部思想的需要被改写。此类可能性并不能被排除。这种修正主义行为早有先例。正如维尔纳·哈尔韦格（Werner Hahlweg）早在 20 世纪 50 年代论证的那样，弗里德里希·威廉·冯·布吕尔伯爵（Friedrich Wilhelm Graf von Brühl）曲解克劳塞维茨的《战争论》中的关键段落，改变了公民政府和军队指挥官之间的关系，以使之有利于军队的集权。[3] 施利芬也在他的著作中模糊了一些与其理念冲突的史实。[4]

毛奇时常使用"战役"一词，大多时候是与战场上的排兵布阵有关。在他的著作中，"战役"这一术语通常可以简单地替换为军队层面的调遣。他也时常使用"战役计划""战线"和"战役目标"等合成词。毛奇的术语"战役目标"，有时是战斗目标的代名词，指的是应当被施以火力攻击的敌方部队。[5] 对解答我们疑问至关重要的事实是，毛奇并没有将战役理解为战争中介于战术和战略之间的一个层级，而是将其归入战略的分野。因此，毛奇的那些在今后数十年的文献中被臆测的战役思想，只能通过对其战略理念的分析来解读了。他唯一一本在细节上着重诠释了战略和战役的著作《论战略》（Uber Strategie）[6] 在探讨克劳塞维茨的同时，也在战术—战役—战略这三大门类之间建立了联系。根据毛奇的思想，战略作为达成政治目标的手段，其首要功能便是提供必要的武装部队和确保初步部署的成功。反之，毛奇将"在战时对所提供资源的利用——如战役"，认定为持续性的功能。[7] 尽管战略对克劳塞维茨而言是政治的一部分，毛奇却认为它在战争开始直到结束的这一阶段，是"完全独立于行动之外"的。[8] 后来他修改了他的观点，对威廉·冯·布卢默（Wihelm von Blume）于 1882 年的著作《战略：一项研究》（Strategie: Eine Studie）做了如下评述："战争的进程最主要是由其军事层面定性的。"[9] 除了这最终的修改，毛奇将战争的开端和结束描述为政治阶段，而二者之间则是纯粹的军事阶段。作为后者的一部分，他认为战役是军事行动的合集，例如战事①，由总参谋部策划并以直接命令的形式传达给战地上的军队指挥官。[10] 战术通过战斗的手段决定战役的成败。敌方的独立意志既是战术要素，也是战役要素，它应当被摧毁。部队的初步部署，其战役计划极其重要，与战役有着千丝万缕的联系。然而，与他之后的继承者施利芬相反，毛奇持有的观点是，更深入的战争进程，不可能被筹划得那么彻底，而且要求对战役有情境指向型的执行。"毫不夸张地说，在初次遭遇敌军主力之后，战役计划就失灵了。只有门外汉才觉得他们能够在战斗中自始至终地按照预先事无巨细谋划的构想完整实现每个细节。"[11]

在这样的框架下，毛奇理解中的战略，是一套要求军队领导人在最不利的条件下视情况变化做出反应的权宜系统。因此，从逻辑上看，泛用的教条以及它们衍生出的规则在战役思想中毫无用武之地。与此对应，从早年的军事训练和结合了战争史研究以及个人生活阅历而积累的经验中获取知识的指挥官，必须在掌握理论知识的同时，有能力发展出"如同艺术家般自由结合其精神和个性，具有实践应用意义的特质"。[12] 对毛奇而言，战役指令逻辑上是一门只能逐步学习的艺术。此外，精神灵活性、快速适应力，以及性格坚韧度是毛奇眼中成为战役指挥家的基本先决条件。尽管毛奇显然是用战役相关的术语进行思考的，但他并没有建立起战役思想的理论模型。实践家毛奇将战略—战役视为一种在恒变条件下"知识于现实生活中的应用"。

早在 1822 年就从丹麦转投普鲁士军队，自 1833 年起就作为一名德国总参谋部军官工作的毛奇，终于在 1857 年 10 月 29 日，也就是他 57 岁生日的三天后，被任命为普鲁士陆军的总参谋长。与那些曾服役于拿破仑时代的德国解放战争的前任们截然不同，这是首次由一名训练有素的总参谋部军官担任此职位。当时的柏林，没有人能料想到这次任命将对德国历史，以及普鲁士—德国的军队事务产生怎样的影响。那时，普鲁士最高参谋部还没有成为几年后那个高效的筹划、指挥与控制机构，它更像是普鲁士战争部内部的一个缺乏特定领域领导竞争力的科学—军事方面的智囊团。[13]

---

① 审校者注：此处德文词为"Feldzug"，指一系列战役的组合，中文暂且翻译成"战事"。

卡尔·冯·克劳塞维茨将军
瓦赫（Wach）的画的复制品
Meisenbach Riffarth and Company 印制，1820年
国会图书馆
LC-USZ62-58866

格尔哈德·冯·沙恩霍斯特中将
费雷德里希·布里（Friedrich Bury）绘制，
1812年
编号 183-H28195

赫尔穆特·冯·毛奇伯爵元帅在凡尔赛
德国联邦档案馆 /183-B0403-0049-001

普鲁士陆军最高参谋部，1870—1871年，前排正中双臂环抱者为赫尔穆特·冯·毛奇伯爵元帅

尽管老毛奇从未指挥过一个营，哪怕是一个团的兵力，也没有任何指挥经验，却似乎分外适合担任这个职位。他他在上尉时作为驻奥斯曼帝国武官获得了第一手的战争体验和数次在总参谋部带队成功完成任务的经验。他还担任过两个皇子的副官，因而与王室也有着极佳的关系。这位总参谋部的新任首脑被认为是个受过通识教育的博学官员。然而，作为一名作家，他的扬名主要靠的却是他的土耳其纪行，而非军事理论或军事史的著作。

普通军事学校［Allgemeine Kriegsschule，战争学院（Kriegsakademie）的前身］① 培养了毛奇对地形学的兴趣。如同其他总参谋部军官一样，他在那里接受了大量地形学方面的训练，这是总参谋部的核心竞争力。他的地形学导师，卡尔·李特尔（Carl Ritter）同样也执教过克劳塞维茨、奥古斯特·冯·格奈泽瑙（August von Gneisenau），以及格尔哈德·冯·沙恩霍斯特（Gerhard von Scharnhorst）[14]。李特尔灌输给他的军官学生们的理念是，地形学不仅仅是物理空间，它更是物理和文化地理学元素的合集。[15] 在毛奇受训期间，克劳

---

① 译者注："Allgemeine Kriegsschule"及下文"Kriesakademie"皆为德文。普通军事学校，也称为"普鲁士陆军学校""柏林军事学院"等。此处遵照英文原文"General War School"译为"普通军事学校"。

塞维茨是普通军事学校的校长，但他主要负责的是行政和纪律事务。克劳塞维茨从未直接给毛奇上过课。正如毛奇本人在那之后所写，他是在克劳塞维茨的学生——卡尔·恩斯特·冯·卡尼茨 – 达尔维茨男爵少校（Karl Ernst Freiherr von Canitz und Dallwitz）的教导下成长为一名年轻的总参谋部军官的。卡尼茨的教导与克劳塞维茨的著作《破坏》（德语"Vernichtungsgedankens"，英译为"破坏的理念"）有关。然而，一如当时该领域的思潮，卡尼茨主张进攻高于防守的理念，与克劳塞维茨的理念相左。[16]

如今，要甄别李特尔或者卡尼茨的哪一条理念影响了老毛奇的战役思想，已无从下手。尽管如此，毛奇将这二人视作持续影响自己的导师，说明至少他们的一部分理念润物细无声地融进了他自己的思想中。普通军事学校教会了年轻的毛奇普鲁士陆军中常见的、自拿破仑战争的经验中衍生而来的战争总体理念。与第一次世界大战前相反，这种观念认为，战斗中的决策占据的是中心，而非绝对位置。和约米尼的思想高度一致的是，普通军事学校的导师们在教授内线地位的优点和集中兵力的原则的同时，也强调自由机动的重要性和侧翼位置的优势。[17]

1857 年普鲁士宪政危机前夕，在军队和政治动荡之时，老毛奇被任命为总参谋长，这将普鲁士和德国历史推向了新的方向。这位新任总参谋长在摄政王威廉掌权的不久前，面临着一个颇具挑战性的局面。1813 年至 1814 年间进行的改革大多徒劳无功，这正好符合部队军官的心意，他们中的大部分人都是贵族阶级的成员。德里克·沃尔特（Dierk Walter）令人信服地证明，直到最近才在文献中被反复引用的长达四十年的改革僵局，仅仅是一个传说——它是一个令德国的建立合法化的创始神话。[18] 事实上，尽管不够稳定，自解放战争以来，普鲁士军队内部一直没有停下演变的脚步。然而，军队并没有发展为议会部队，而是保留着对皇室的忠诚。乡土防御军（Landwehr）在没有任何现实基础的情况下，被资产阶级政治家理想化为国家民兵，但是，它已被融合进了常规军中。可是，与此同时，随着时间的推移，乡土防御军在重组中被削弱，军官成员表达了对它的批评，认为它是资产阶级，没有军人作风，而且政治效率低下。问题是，具有潜在革命性的乡土防御军如何在履行其国内外政策职能之外，履行保护霍亨索伦王朝，这一实际上被很多军官认为是更重要的次要使命的呢？

除了上述政治动机外，老毛奇支持改革的原因主要是部队的本质。这种一线部队和乡土防御军构成的双重军事力量结构系统，多年来使得贫困的普鲁士一跃成了欧洲大国。但与其他欧洲大国相反，普鲁士军队的数量并没有随着其人口的增加——从1100万至1800万，出现对应的增长。相反，从1815年起，普鲁士的军队规模就一直维持在15万左右。这反过来导致了征兵上的严重不公平，因为只有不到三分之一的潜在兵役对象会被征召。正规军的规模也是19世纪末欧洲大国的阻碍，它限制了其在外交政策领域作为的能力。比如说，法国军队的规模是普鲁士军队的两倍，而俄国军队的规模几乎是普鲁士军队的七倍。摄政王威廉下决心做出改变。威廉与俾斯麦以及陆军战争部长阿尔布雷希特·冯·罗恩伯爵元帅（Albrecht Graf von Roon）一起，推动了所谓的"罗恩改革"，以图实现部队的现代化并增强实力。[19]

这不是检验普鲁士宪政危机或讨论德国历史的地方。但出于我们的研究目的，有几个关键点是很重要的。军队的实际兵力由15万增长到20万，第一战线得到加强，而乡土防御军仅限于通信区和驻军任务。民兵不再是问题，尽管速度缓慢，军事力量还是在特定区域完成了充足并进一步现代化。与此同时，持续多年稳定的、有时只是部分推进的职业化进程也仍在继续。然而，尽管推行了改革，直到第一次世界大战时，从1871年起延续到德国的普鲁士军事结构都相当稳定，基本保持不变。原本急速爆发的创新突然偃旗息鼓，结果便是国王延续了普鲁士系统的传统，继续充当总司令。

"分进合击"

罗恩的改革无法解决德国战役思想中最重要的问题：在进行两线作战或多线作战时，人数上的劣势。尽管普鲁士极大地增加了它每年的征兵配额，但出于政治和经济上的原因，它仍然避免挖空其国防上的潜力。同样的理由也延续到了德意志帝国上，但是哪怕完全兑现普鲁士—德国的国防潜力，也不足以弥补其在面临几个大国结盟时捉襟见肘的兵员劣势。这是因为其他偶尔独自作战、大多数时候协同作战的欧洲大国，不论在战争中还是和平时期，都比普鲁士—德国拥有更多的武装力量。因此，在文献中时常提到的，老毛奇经常利用人数优势作战的描写，是错误的。在普法战争期间，普鲁士军队只在 1870 年战争开始前有兵力上的优势，1866 年的普鲁士是怎么也不谈不上有人数上的优势的。[20]

所以，和他的前任一样，老毛奇从一开始就面临着人数上的问题。首先，即便是在改革之后，普军在人数上也没有超过任何一个对手。另一方面，人员的逐步增加给移动和控制这些士兵带来了相应的挑战。在第一种情况下，毛奇可以将政治上的希望寄托在俾斯麦的个人能力上。至于如何移动物资以及部署、调遣和指挥一支大军以达成胜利，就只能靠身为总参谋长的他自己了。随着人口增长和战争的逐步工业化，老毛奇不再是欧洲唯一一个面对这个问题的高级军事领导人。但是，与其他欧洲军事领导人不同，他是最优先考虑并用最引人注目的方式实施这些战术上、战略上以及——特别重要的——战役上的发展成果的人。

这位新任普鲁士总参谋长相信，一支部队永远不会因为太强大而无法取得胜利。[21] 因此，每个指挥官的任务，便是在一场战役中确保将人数优势最大化。在战场上远距离地部署一支超过百万的军队，不仅会造成运输上的问题，还会导致更广泛意义上的后勤问题。老毛奇在《大兵团指挥官条例》（Verordningen für die höheren Truppenführer）中总结得好："严格地说，非常大规模的兵力集结是一场灾难。在一个位置供应其伙食十分困难，为其安排住宿更是天方夜谭。它无法行军，更别说战役，甚至长期存续了——它只能战斗。"[22]

因此，老毛奇寻求可以在战场上保持数量优势，并能够在确保供应的同时，控制大规模军事力量的方法和手段。他坚信只有备齐这些因素，才能迎来最终的胜利。老毛奇对这个问题给出的解决方案，从那时起就被嵌入了德国军官的词汇"分进合击"中。这不是一个新的概念，但老毛奇根据实际情况对其做出调整，并应用在了克尼格雷茨战役和色当战役中。他将部队分为几个大的野战军，尽可能沿着不同的进军路线前往战场，然后将他们聚拢到一起，进行决战。如老毛奇在他的文章《论行军深度》（Über Marschtiefen）中所言，对部队的切分，也带来了决定性的时间优势。他发现了总参谋部对资源、空间和时间线的计算的重要性，因为独立行进的部队能够获得更高的行军速率。[23]

尽管为了行军中物流和运输的便利，毛奇拒绝了军势的永久性集中，他对战斗时的集中则无条件坚持。然而，这位新任总参谋长，当然没有低估对外线发动协同攻击的风险。正如拿破仑最有效地向我们展示的那样，一个能干的对手，通过对其部队位置的迅速调整，可以在敌方集结前将分头移动的部队各个击破。所以，拿破仑一直认为，在内线作战的部队，握有战略层面上的优势。这个与毛奇在德意志帝国建立后针对法国和俄国的潜在两线作战制订的计划相关的问题，我们将会进一步做出研究。

老毛奇的思想和约米尼的有所冲突，直到 19 世纪，后者都在原则上拒绝外线作战时分开行动的理念，且其理念一直在军事理论家心中占主导地位。提到拿破仑，约米尼认为，这位法国皇帝积极、机动的内线作战，在挫败由外线开展的多线进攻时尤为奏效。如前文所述，老毛奇的想法并不新奇。即便腓特烈二世在特殊情况下采用了对分散单位的协同控制，但格哈德·冯·沙恩霍斯特才是最早提出协同作战的人。[24]

> 所以，战争的原则在于必须在战争中将部队集结在一处，且这些部队不能分散开来的这一观点，是错误的。相反，除了个别有能力的，（指挥官们）在迫使敌人散开的时候自己也谨慎地分散军队，并用集中的方式展开个别攻击，才是通用的法则。因此，这种战略原则……要求我们千万不要集中于一处，保持不动——而是应该用一种集中的方式战斗。[25]

从 1813 年的反拿破仑之战和莱比锡战役的协同作战中，可以清楚地观察到奥古斯特·冯·格奈泽瑙认同的沙恩霍斯特式观点。[26] 克劳斯维茨比对评估了协同作战的优缺点，后来成了普鲁士国王和德国皇帝的威廉亲王，在 1830 年解释，战争的原则就是"分头行军，但一起进攻"[27]，老毛奇的前任总参谋长卡尔·冯·雷耶尔将军代表亲王制订了这一计划，这表明老毛奇的想法并没有背离前任的军事思想。[28] 在其他领域，老毛奇建立了在总参谋部成员中流传多年的思想。崭新的运输手段的出现，使得用新的手段应用和执行这些想法成了可能。

铁路和电报：空间与时间的提速

在这些发展中，铁路的军用化是最重要的。[29] 尽管许多普鲁士军官起初对这种开创性乃至革命性的运输手段持怀疑态度，但总参谋部还是早早认识到铁路的重要性，并且从 1856 年起，就开始为部队的运输绘制铁路时刻表。

早在 1842 年，老毛奇本人就曾在一篇简短的文章中指出了铁路的重要性。[30] 但是在他的前任们更多地关注铁路在运送物资和士兵上的实际优势时，老毛奇却意识到铁路的战役—战略潜力，也就是它通过快捷的运输速度节省时间并获取空间的能力。通过在更短的时间内穿越特定距离的能力，这种新的运输手段缩短了空间限制。在民用和军事领域上横亘几个世纪的时间和空间限制被解除了。

和被引入战争的马匹一样，蒸汽机从一开始就具备显著的增长潜力。这种量上的飞跃为战争赢得了更快的速度，其优势理应得到迅速应用。尽管通过铁路，大兵团的控制和供应会更加灵活，但这些部队在按照展开计划集结时，又会出现新的困难。所以，将大兵团有序运送到正确地点，并在适当时机投放，需要军官做大量的规划。虽然老毛奇的前任们意识到了铁路和电报对战争的重要性，却未能将这些创新融入具体的战争计划。老毛奇对此做出了改变。1859年，他首次在展开计划中加入了铁路运输的运输时间。[31] 后来，这位首次对铁路在战争中的作用做出现实评估的新任总参谋长，于 1869 年在总参谋部中建立了一个特别的铁路部门。该部门拟出铁路运输的时间表，据此计算出可供将来使用的动员计划的数据。此外，作为总参谋部及部队演习的一部分，老毛奇也引进了运输演习。

在普鲁士—德国于 1870 年的部署中，铁路作为大兵团运输手段的先进性可见一斑。当时约有 51 万士兵、16 万马匹以及超过 1400 门大炮在 13 天内通过铁路运输到了集结地。这种新的运输手段让部署更为快捷、准确，甚至反过来，为己方创造了利用在指定地点集结优势兵力快速打开战争局面的良机。同时，巨大的规划工作量，极大提高了对总部的管理要求，也急剧减少了反应时间。因此，在部署中犯的错误，要么极不容易纠正，要么压根无法纠正。

通过快速部署赢得的时间，可以像 1866 年的奥普战争一样，用作政治筹码；或像 1870—1871 年的法普战争一样，用作战役筹码。如同 1914 年第一次世界

普鲁士及南部德国铁路网络，1866年

来源：Grundkurs deutsche Militärgeschichte, Bd 1, S. 344.

大战中发生的那样，快捷的铁路部署有限制政治操作空间的可能性，这一点在19世纪中叶还没有被预见到。原始的铁路运输被认为是在内线执行防守战役的一方的优势，但越发明显的是，铁路运输为在外线开展进攻行动的一方带来的优势越来越大。[32] 因此，总参谋部的军官迅速意识到铁路的决定性优势不在于补给品的运输，而在于迅速打开战争的局面。接下来的数十年，这种对时间因素的获取对于攻击方更有利的见解，进一步加强了已有的对进攻战的偏好。

电报是普鲁士融合进其战争理念的另一项技术创新。但因为他们缺乏合格的人员和可用的设备，电报所能为军事力量的指挥与控制提供的潜在优势，无法在敌方的领土上发挥效用。[33]

这两项技术创新都压缩了空间和时间的因素。在第一项技术创新中，作战方只减少了自身的空间，因为归根结底，这一技术只能加速本身部队的移动和通信。一旦部队进入敌军的领地，优势就会因为敌军对其铁路和运输设施的破坏或敌方的基础设施与己军装备不兼容而丧失。不论在 1866 年还是在 1870—1871 年，德军都没能在敌国成功地迅速重建铁路基础设施。所以，和在拿破仑时期一样，部队的快速进军，依然靠的是用本国马车送来的补给。与此同时，运达的补给也只能在特定卸货点堆放。[34] 所以，直到第一次世界大战，空间和时间因素的联系加速后，德军才终结了这种在最前端卸货的手段。

指挥个人化：直接指挥

将军队分成若干个野战军，直接由总司令指挥，从远程在空间和时间上安排战役，成了一种新的指挥与控制形式。虽然 19 世纪的通信科技不可能让一位将军实现在遥远距离外对场上军队的行动分别做出指挥，老毛奇还是决定给予主要部队的指挥官在达成目标过程中的深度自主权。在此，他也使用了任务型指挥与控制系统，这是自沙恩霍斯特和格奈泽瑙以来常见的操作。老毛奇在新环境下运用了这套系统[35]，通过从最高级指令开始的任务导向型指挥，他达成了指挥与控制的个人化。[36] 这种系统，也被称为"任务式指挥"，在后来被整合到未来数十年德军所有等级的指挥中。

通过提升个人责任感的方式，让等级制指挥链和指挥等级扁平化，老毛奇这么做，必然推动了战役思想的发展，因为此后的指挥与控制不仅通过命令，也通过对同一个战斗理念的理解来执行。在不干扰他们具体规划的情况下，总参谋长将目的指向的任务分派给部队指挥官和其他指挥官，他们需要在整体规划的框架内将其完成。老毛奇在 1866 年下达的入侵波西米亚的指令，以及给部队高级指挥官以行动自由，都是这种指挥与控制体系的主要案例："从他们面对敌人的角度来看，军队指挥官必须根据他们自己的判断，结合局势的需要，来使用交给他们的部队，并始终将其他部队的情况纳入考虑。通过持续不断的相互理解而产生的互相支持，将变得非常有必要。"[37]

这一程序让指挥官在行动的时候能够对不可预见的事件做出迅速、灵活的反应。克劳塞维茨称这类事件为"摩擦"。但是，这要求上级只下达能被执行的指示，并避免对任何细节事必躬亲。这种系统有明显的优点，但也存在着诸如下级领导人不能在上级领导理想中的框架内行动，或是下级犯错误等风险。

为了显而易见的更大好处，老毛奇愿意承担这种风险。这类领导手段的基础，包括上级对下级的信任、军官团队教育和训练的标准化——尤其是总参谋部军官，以及部队成员独立自主地评估局势的能力和执行相应决策的能力。

普鲁士总参谋部制度确保了这一领导原则的成功。该系统的四大支柱包括一般军事学院的教导、位于柏林的总参谋部对总参谋部军官的统一训练、总参谋部考察旅行（Generalstabsreisen，General Staff rides）及兵棋推演（Kriegsspielen，war games）。

由于所受的训练和教育，在同一组织层面上的总参谋部军官能够做到彼此理解。从那时候起，德国武装部队命令发布的系统就包含着一段对上级指挥官意图（Absicht）的详细描述。直到今天，这也是联邦国防军命令流程的关键因素。这种由老毛奇作出进一步发展的指挥与控制流程，是基于现实主义的历史批判原则制定的，它允许每个个体在一定限制下行动。[38] 这种缓缓发展的民间社会的个人化也渗透到军队里，令腓特烈二世时期传统的大规模步兵演练失去了所有意义。

老毛奇要求他的部队指挥官们表现出主动性。面对战争的复杂性，哪怕存在犯错的风险，他还是认为主动性的行动比盲目地执行或在模棱两可的情况下等待更为重要。因此，他明确要求高级指挥官在整体框架内开展自主行动。"一名军官必须根据他自己的判断做出行动的情况，多不胜数。在指令无法送达时枯等，这种行为是一个严重的错误。"[39] 直接指挥与控制的优点显著提高了分散单位的协调性，从而减少了由于支援没能落实而被防守在内线的对手击败的风险。

将一支大型军事力量分成两支独立行动的部队，他们基于铁路而发展出的快速机动性和后勤支持，以及通过指令对分离的主要单位施加指挥与控制的能力，是老毛奇思想中与 19 世纪社会发展紧密相连的两大支柱——它们使得攻势战役成为可能，并与外线的多面攻击一起，构成了老毛奇战役思想的框架。

火力与机动

在本节，我们将讨论老毛奇的战役思想中，与他对敌军的整体关注联系密切的另一个中心点。对老毛奇而言，包括首都在内的敌人领地，都是战争的战略目标。将敌方军队作为战役目标，这意味着己方已经确定了战争的目的，已是施加进攻的主动方。[40] 因此，毛奇教导道，战斗是摧毁敌方部队最有效的手段。"战斗"是毛奇战争理念的焦点，同时也是他具体战役思想的起点。正如他在高级军官守则中明确指出的那样："武力带来的决定性胜利是战争中最重要的因素。我们的胜利本身便会摧折敌人的意志，迫使其向我们屈服。不论是占领一个区域的土地或是征服某个特定地点，都不如毁灭对方的军事力量本身来得更具决定性。"[41]

然而，由于大兵团火力的增加，己方要实现这一目标变得极为困难，因此便需要新的方法。对老毛奇而言，解决方案就在机动上。敌军的强度和增长的火力很有可能对单纯的进攻产生阻挠，这一从战术中得出的结论，让他想到将机动的战术防御结合后续反击作为解决方案，这反过来是应对敌军侧翼包围所采取的正面手段。老毛奇同样深信，因为在战斗开始前，由于炮兵射程和步兵武器的限制，要进行侧翼攻击是不可能的，所以有必要将他自己的兵力分开。此外，和拿破仑一样，他还确信一支军队永远不应该在看到敌人前就集结起来。对老毛奇而言，分头行军，协同进攻，对敌军的正面和侧翼展开打击的战役，才是完美的战役。

但是，按照这种方式规划的完美战斗（vollkommene Schlacht），也是一方战役指挥娴熟，另一方指挥失当的产物。因此，正如我们今天反复强调的，这种非常理想化的情况，绝非常态。当所有因素在最好的可能性下组合起来时，战略和战役就能达到最佳效果，一如克尼格雷茨之战。老毛奇这位现实主义者因此将克尼格雷茨之战和色当之战视作非常态的例外。所以，正如 1873 年他在一次战术讨论中对他手下军官所说的："如果我们成功从两侧进攻敌人，并且将两列兵力在战场上会师，我们可以预见最大的胜果。这正是我们在 1866 年的克尼格雷茨之战中所做的。但是我们能指望它在这里发生吗？不！敌人要么会躲开这样的进攻，或者先行攻击，以求利用他的优势战胜我们某支落单的部队。"[42]

老毛奇知道，没有什么东西能保证胜利。关于一场战斗应该在进攻端进行还是在防守端进行的问题，由于武器效果的提升，他有过倾向于机动防御的阶段。因此，在 1874 年评价他们在普法战争中受到的相对大的损失时，他说：

"我确信火力的提高给了战术防御相较战术进攻更为重大的优势。诚然,我们在 1870 年的战役中始终保持进攻,而且我们夺取了敌人最强大的阵地,但我们付出的代价呢?若是在击退了敌方几波攻击后再转向进攻,在我看来前景会更好。"[43]

当然,老毛奇依旧相信,一场胜利的防守战通常是由决定性的进攻行动收尾的。尽管由于武器效果的提升,毛奇在战术上倾向于采取守势,但由于新的运输技术和改进后的协调系统,使得在战场上协同集合兵力成为可能,他在战役层面上则中意有着明确集中军势的快速、机动的进攻战。"虽然战术防守是更强大的形式,但战略(战役层面的)进攻则更有效,它本身导向了目标……简而言之,可以说战略(战役层面的)进攻是通往目标的直接方式,而战略(战役层面的)防守则是绕了端弯路。"[44]

在所有考量背后,老毛奇坚信,军事行动应该带来一个快速而根本性的成果——在战斗中击败敌人。正如老毛奇所写:"战争的目标永远无法通过比战斗更为完整的方式实现。战争的首要目标必须是在开阔空间战胜主要敌人,比如说,用战斗的方式。"[45] 因此,通过有意识地忽略次要战场,他强调尽可能最大化地关注作战主体的军力集结和作战效率,以求快速击败对手。所有其他行为都要为这一目标让路。但和拿破仑时代相反,由于武器效果的提高,在追击战中摧毁败北的敌军已经变得不可能。所以,老毛奇强调,如有可能,己方必须达成战场上的全面胜利,以此歼灭敌军。

战役的目的:快速歼灭战

与克劳塞维茨的思想完全相符,胜利之于老毛奇,并不等同于完成对敌人的歼灭——根据同时代流行的解释,这意味着对敌人的物理消灭。相反,老毛奇将其定义为让敌方势力处于"无法继续进行战争"的境况中。[46] 所以,老毛奇并没有寻求歼灭战(Vernichtungskrieg),这一后来为带有种族意识形态的纳粹理念者所期盼的战斗形式。他的战役理念也没有为 20 世纪时发生的那种特殊战争奠定基础。和克劳塞维茨的理解不同,老毛奇的战争目标仅仅基于达成对敌军的消灭。产生这一信念的原因之一,当然是人们在"漫长的 19 世纪"

中叶，对于战争应该速战速决的普遍认知，而之所以会有这种认知，则是受到参战时涉及的武装部队的规模、贸易和商业的中断、移动的速度以及普鲁士地处中央等客观因素的影响。[47] 即使是在评论由法国人民战争（Volkskrieg）经验引发的长期战争时，他也没有改变这一根本性论断。这种经验实际上确认了毛奇的看法：只有通过一场快速的战争，才能够阻止更长时间的流血牺牲和受此激化引发的被侵略国家的人民战争。这些战役考量也不是战争需要尽快结束的唯一原因——无法控制的因限制被解除而带来的威胁，也是原因之一。另一方面，老毛奇并不认为能够完全阻止人民战争。但与此同时，他也没有将在决战中歼灭敌方部队视为一种绝对。正如他解释的："它很大程度上取决于政治局势，不论是选择以这样的方式战斗而承担遭受重大损失的风险，还是选择安全的道路，它都会通过一系列不那么具有决定性意义的成功来达成目标。"[48]

政治的首要地位

老毛奇作为克劳塞维茨忠实的学生，是绝对战争的信徒，因此他要对自19世纪中期开始的德国战争总体战化趋势负主要责任。以上是个仿佛被提及的争论。[49] 但是，这一争议显然是肤浅的。[50] 如前所述，毫无疑问，老毛奇与克劳塞维茨对政治至上有不同的理解。[51] 老毛奇将战争从政治中剥离开来，他认为轮到武器说话时，政客们就要保持沉默。另一方面，老毛奇并非如同一些史学家向来主张的那样，从未受到过德国正统军事思想的挑战。在世纪之交，德国军官中的领袖人物，前战争部长尤利乌斯·冯·凡尔第·德·韦尔努斯将军（Julius von Verdy du Vernois）和鲁道夫·冯·克莫雷尔大将（Rudolf von Caemmerer）就曾在他们的著作中质疑了老毛奇关于政治对战役的影响的观点。

老毛奇并没有在被政治威胁的战争中寻求"战役执行的完整性"，甚至在战争部长看来，毛奇的观点只是基于对人力和物资的负责。后一种观点经常被遗忘。无论如何，在战争时期及和平年代，老毛奇始终接受普鲁士国王，也就是后来的德国皇帝威廉一世的政治至上理念。[52] 这让老毛奇与其继任者阿尔弗雷德·冯·瓦德西伯爵（Alfred Graf von Waldersee）形成鲜明对比，后者由于不支持君主的政治决策而被解职。对老毛奇而言，最高统治者是德皇，而非把持着最高政治决策制定权的德国总理。老毛奇作于 1879 年 10 月 10 日的关键备忘录"论军事—政治局势"（Über die militärpolitische Lage），为此提供了令人印象深刻的证据。老毛奇用以下句子总结了他的思考，这些思考经常在标准文献中被遗忘："尊敬的皇帝陛下会在我的评估失误时，仁慈地原宥我。归根结底，军事领域再也无法与政治领域分开。恳请陛下超越以上二者，继续对我提出的想法做出仁慈的评价。"[53]

这样的发言说明老毛奇认可在德皇作为最高统治者和总司令的前提下，军事和政治行动互相依存的关系，而且他的决策是在得到关系最密切的军事和政治专家的建议后做出的。然而，根据老毛奇的信念，战役层面指挥与控制完全是总参谋长的任务。不论如何，德皇作为军队总司令，是能够对总参谋长时刻施加影响的。[54]

总参谋部：统筹和战役领导的中心

19 世纪中期，早已不同于亚里士多德时期，是个指挥官可以用统一空间和时间的办法来控制战争的年代。地理上广泛传播的大型军事力量的指挥与控制，不仅要求有合格的下属领导人，还要求有一个统一的总部及其人员。这种在 19 世纪随着技术的进步和力量等级的提高而显得更为迅猛的发展，早在拿破仑战争时期就初见端倪。出于加强总参谋长指挥与控制的能力及规划胜任度的目的，老毛奇拓展了总参谋部，让它成了主要、永久、同质的计划和战役机构。从 1866 年 6 月 2 日起，总参谋长都由国王授权直接进行战役的指挥与控制。[55] 在老毛奇上任时，他接管了就欧洲标准而言已经运行良好的，现成的规划、指挥与控制机构。这一点很重要。这是他后来所建机构的基础。

总参谋部的崛起，发生在民间社会和军事越发专门化和职业化的时代。在这一时代，有实力的自治区出现了，因此彼此间不理解的情况逐渐增多。劳动分工的稳步增长和军事流程的日益复杂，使得军事社会结构发展出了自己的生态。由此产生的军队亚文化也在社会中出现。19 世纪，这一进程又因贵族在社会上占据的主导地位的逐步解体而加快，贵族阶级曾经为军队提供了士兵和统治者。[56] 许多贵族，尤其是普鲁士人，撤离了通过特殊的荣誉法则和个人忠诚与德皇联系在一起的军队。多亏了德国统一战争的胜利，这些士兵在德意志帝国中占据了最尊贵的位置。[57] 与此同时出现的、至今仍在延续的发展是：拥有关于战争及其预防的专业知识的军队（而非处于统治地位的政治领袖）成群出现。多年来，德国总参谋部演变成这种专业知识的温床。直到今天，在英美文献中，德国总参谋部要么被过誉[58]，要么则被描述为德国特殊道路（Sonderweg）的发端。[59] 许多德国历史学家同样通过"总参风格（Generalstabsmässig）—用总参谋部风格成事"这样的词组表达了总参谋部战役层面指挥与控制的成就。[60] 因此，总参谋部典型的理想化结构通常会基于普鲁士—德国的例子，就不足为奇了。

在老毛奇接掌总参谋部时，它只是战争部的一个部门，而且其总参谋长是战争部长的顾问，而非国王的顾问。尽管总参谋长在 1883 年才被授予"和君主直接接触（Immediatrecht）"的权限，且直到 1918 年的战争结束前总参谋部都不能正式与战争部平起平坐，但老毛奇治下的总参谋部还是成了德国军事系统中三大权力支柱之一，而且它与军队内阁以及战争部形成了长久的竞争关系。与此同时，总参谋部获取了独有的对动员和部署的长期规划能力，以及执行战役和战斗的权力。如同后文所述，在这一发展过程中，动员失去了其独立性，成为部署框架内行动规划的决定性行动。

考虑到总参谋部军官的训练和教育体系与和平时期应用于战术和战役层面的战役领导学说的长期发展，这一点尤为重要。作为主要的参谋助理人员，总参谋部军官们要负责传递他们在和平时期获得的能力。在毛奇手下，总参谋部考察旅行成了主要的训练工具。它不仅仅模拟了具体的战争情形，还最先将战术战役训练提供给总参谋部军官，从而传达了战役层面上对空间和时间的理解。它的目的在于保障这一军事精英小团体接受了同等程度的训练，这反过来确保了指挥与控制的一致性。对战争史的研究也是出于同样的目的。

虽然早在沙恩霍斯特时代，对过往军事战役的评估就已经开始了，但老毛奇加强了注重现实应用的实践。这种战争史研究方法的目的，是在和平时期提取成功的战斗案例，用于训练那些没有参战经验的军官，同时也从战争史中汲取用于未来战役的经验教训。然而，与一再被描述的相反，老毛奇并不是这一程序的初创者。[61] 这一程序的起源可以追溯到普鲁士解放战争时期，沙恩霍斯特将革命战争中的个别战役列为考察对象，以求从中获取经验。[62] 和许多他的前辈一样，老毛奇个人深入研究了战争史，并且将对战争史的学习作为一个要素，在总参谋部军官间推广。

战争史最初只是普鲁士战争学院用来训练战役—战略思维的一个课程，后来它起到了在应用模式的框架内提供战术和战略学习素材的作用。根据尤利乌斯·冯·凡尔第·德·韦尔努斯的介绍，这种应用模式的目的，在于让学生们能自行基于具体局势和相关环境，制订自己的非纲要性解决方案。其结果将成为可供未来参考的经验教训。这种非历史手段之所以长盛，是因为魏玛国防军军官训练学校的战术讲师，同时也是战争史讲师——如今的联邦国防军，需要在训练中结合更多的战争史案例。[63]

在谋划阶段和战争中的老毛奇战役思想：克尼格雷茨之战

接下来的一节，1866 年的克尼格雷茨之战将作为模板，供我们从战役计划的实际应用开始，再到战争中的战役领导，最后以战斗的胜利作结，简要介绍老毛奇的战役思想。

克尼格雷茨是 19 世纪最大的战役，同时也是欧洲军事史上最后一次传统意义上的"决定性会战"。是否能有一项关于这场战役的研究，让我们可以在不遗漏战术细节的前提下，总结老毛奇基于战争的现实背景而做出的重要战役思想考量？[64] 为了达成这一目标，我们必须掀开这场战役神话一般的面纱，揭示这项研究的要点。这种围绕着克尼格雷茨的神话，是普鲁士在面对数量质量上占据优势的奥地利时，迅速取得胜利的结果。这样的结果完全没有被当时的军事专家们预见到。根据老毛奇所说，普鲁士的地理位置——浅近的防御纵深以及与属于敌人领地的萨克森和波西米亚接壤的 450 公里半圆形边界——不允许它进行防御式的战争。与此同时，凹形的阵型部署，给了普鲁士执行外线多面进攻的机会，而奥地利和萨克森则占据了在内线的防守优势。

根据同时代的战争理论，优势显然在萨克森和奥地利一方。因为意大利也对奥地利宣战，奥地利方只有部分武装力量被用来对付普鲁士。另一方面，老毛奇无视了奥地利的盟友，将绝大多数普军送去对抗主要敌人奥地利。

这一清晰的兵力集中，加上协同部署，增加了普鲁士军队的时间压力并附带高风险。因此，速战速决不仅反映了政治上的需要，也是纯粹的军事诉求。

毛奇决定用三支不同的野战军入侵波西米亚，分别是易北集团军、第一集团军和第二集团军。尽管老毛奇的战役计划被许多普鲁士军队的高阶军官批评，它还是坚持了下来。面对奥地利早已进行过的动员，老毛奇决定一次性同时进行动员、部署和战役。通过这种方式，普军可以获取时间、抓住先机，并立即在部署完成时发动攻势。然而，在靠近克尼格雷茨的吉斯钦协同进军时，普军必须在时间上准确地协调，以便如计划一般达成战场上的相互连接，并同时对奥军的正面和侧翼发动进攻。

当部队行军至波西米亚时，电报通信网络和后勤支持系统的虚弱迅速变得明显。但因为奥地利和萨克森并未成功地攻击和打败单独行动的普军野战部队，且老毛奇通过他的战役控制阻止了普军过早地建立连接，战斗随后在1866年7月3日于克尼格雷茨北方发生了。

战斗始于第一集团军在早上发起的攻击，并以奥地利和萨克森军队在下午撤往克尼格雷茨告终。尽管有一些摩擦，老毛奇还是成功地让他的部队在战场上保持了团结一致。当第一集团军在易北集团军的支持下，用正面攻击困住了敌人时，第二集团军成功地在奥军深入而开阔的右翼发起进攻。然而，易北集团军未能包围敌军的左翼，尽管这意味着用双重包围摧毁奥地利萨克森联军的计划并没有奏效，奥地利军队还是在7月3日晚上被击败了。这是欧洲最后一场有效结束了战争的决战。在没有深入战术细节的情况下，普鲁士后膛枪（Zündnagelgewehr）显然对战役的战术进程有重大影响。奥地利右翼的冒进也有助于第二集团军的攻击。

总而言之，老毛奇饱受批评的战役计划被证明是成功的。在进行真正的战役时，老毛奇绝对不会像弗里德里希·恩格斯（Friedrich Engels）预测的那样，在他的"士官考试"中失败。[65]毛奇完成了出人意料的创举，而出人意料本身，也成了他所发起的战役思想体系中的重要特性。通过这种方式，他能够让敌人措手不及。毛奇成功地迅速集结了三支军，在时间和空间上协同作战。尽管在后勤支持、通信和命令发布中存在部署上的摩擦，他还是按时间上的有效顺序完成了这项工作。

这次战役在很多方面都难以称得上是现代化，尤其在后勤支持方面。相反，它更像是以典型的拿破仑时期的风格进行的。尽管如此，克尼格雷茨之战证明了以下三个关键理念的实用性：（1）通过分散大规模军队提升其移动能力；（2）通过侧翼攻击避免防守方的强化火力，同时将敌人固定在正面；（3）通过适应局势，展开战役。

老毛奇制订的战役计划十分灵活，这一点可从 1870 年，他没有让自己的士兵进行教条式的协同布阵中窥见一二。因为战争甫一开始，他就预见到这场战争将在靠近国境的地方发生，所以他让军队分别行进，并最终为了色当之战集中。

战役思想的局限：人民战争

色当之战是德国 19 世纪的战役思想之所以成为神话的核心。因在色当的胜利，德意志帝国宣布将每年 9 月 2 日定为"色当日"，并进行节日庆祝，这证明了老毛奇指挥战役的辉煌成就。[66] 但归根结底，德意志帝国庆祝的胜利却是失败的胜利。事实上，人们经常忘记，在色当的征服式胜利并非大家寻求的决战。它不仅没能像克尼格雷茨之战一样将战争终结，还导致了长达数月的人民战争，根据德里克·沃尔特（Dierk Walter）的说法，这场人民战争是"国家共识、公民参与和普遍征兵的结合"。[67] 法国人并不认可将色当的失败视为传统意义上的决定性失败。

重要的是，我们必须知晓，在普法战争背景下的人民战争无法与游击队（Franc-tireur）战争相提并论。相反，德国对阵的主要对手，还是正规的法国共和国军队，尽管对方有些随性。因此，若仅仅从人民战争的角度考虑战役思想背景下的普法战争第二阶段，就未免太简单了。毫无疑问，德军在这场发展迅猛的外围游击战中艰难推进。这场游击战结合了堡垒战、交通线争夺战、消耗战以及对有可能分散和重组的敌人的追击战。所有这些元素，都让人想起拿破仑时代之前的战争，它们都被认为是通过战役手段得以克服的。尽管如此，德国领导层最终保持了主动性，并且，尽管军队数量有所不足，其还是通过内线作战一个接一个地击退了敌人的进攻力量。这和色当之战的胜利，还有被认为并不光彩的、与游击队的长期战争一起，构成了德国 1870—1871 年战争记忆的全貌。

不过，由色当之战和其他胜利带来的神话，其真实情况最终在德国军队模糊不清的劣势下凸显，虽然最伟大的战役胜利可能带来决定性的战果，但这在面对大规模动员和人民战争的时候，就不奏效了。[68] 只要交战各方仍有资源能投入战场，那么在过去将演变为决战的战斗，如今也只会变为一场普通的战斗胜利，且未必会产生任何战略影响。所以，战役思想的限制变得十分明显。然而，这并不意味着如德军 1914 年在坦能堡或苏军 1941 年在莫斯科外所取得的个别胜利，不会产生任何战略影响。这种胜利依然能加强胜者的毅力和信息，且对中立国家产生影响。

以过度民族主义为形式的政治观简单地将被称为"决定性战斗"的事件贬抑为孤立事件，从而否定战役思想的成功。这种看法被广泛抵制，且从未被德国军队的大多数人接受。与消耗战和游击战一起，人民战争似乎成了一个虽然困难，却可以通过战役领导解决的问题。这种困惑最初在法国人民战争的持续时间和激烈程度上有所体现，随后又因为胜利和德国的统一，而变得更加费解。老毛奇本人确信部队的声望没有因官方对战争的记载而受到损害，这位总参谋长甚至在开战前就表示，基于法国人的爱国主义，他们可能无法接受德国的大胜，当他的忧虑成真时，老毛奇感到惊讶。[69] 后来，他为普法战争官方历史的第三卷作序，用以下文字总结出了战役特点的改变：

> 为了王朝利益，正规士兵组成的小部队起兵出征以征服城镇、攫取土地，然后移动到冬季营房或缔结和平的时代，已经结束了。今天的战争呼吁整个国家武装起来，几乎没有家庭不受其影响。国家财政水平的方方面面都被提出要求，年份的更迭不会中止这无尽的行动。[70]

尽管 19 世纪 50 年代和 60 年代的战争依然是可控的内阁战争，以在有限的空间和时间中进行的战斗分出胜负，但法普战争却是例外，其始于传统的内阁战争，而在战争的第二阶段，却发展成了入侵军队和法兰西共和国临时武装起的大军之间自发的人民战争。这场战斗得到了绝大多数人的支持。看来，毛奇偏爱的内阁战争，由于其潜在的暴力限制，正在被潜在的无限人民战争取代。

先发制人的战争

由于坚信德国正面对着不断增强的敌人大联盟，在 1914 年的大战爆发前的几十年间，老毛奇和他的继任者们反复建议帝国的领导人要先发制人。为了证明这一建议的合理性，这位总参谋长时常引用腓特烈大帝的例子，后者先发制人，为了对抗他的敌人法国、奥地利与俄国，率先于 1756 年进攻萨克森，揭开了七年战争的序幕。俾斯麦将先发制人之战视作潜在政治选项，且暂时性地借此威胁法国。他也在 1817 年 11 月 4 日的国会演讲中援引了腓特烈大帝的例子。俾斯麦是这样解释"出于防御目的的进攻性战争理论"的："这种通过进军做出的防御十分频繁，其在大多数情况下是最有效率的防守形式，且对于处在欧洲中心位置，有三到四个可能受到攻击的边境的国家而言，效仿腓特烈大帝非常有用。"[71]

俾斯麦的进一步声明，清楚地表明先攻的决策不只是战略性的，更是政治性的。正如俾斯麦所说："如果一场战争的确无法避免，那么为了国家，政府必须选择伤亡最少、危险最小的时间点来开战。"[72] 然而，由于没有看到德意志帝国受到的威胁，俾斯麦忽视了老毛奇和瓦德西提出的避免腹背受敌的军事理论，并断然拒绝两人在 1875 年和 1887—1890 年间反复申请的先发制人的开战要求。[73]

以今天的视角来看，很难就施利芬是否寻求过对法国的先发作战下定论。时常克制、避免提出政治要求的施利芬，显然做好了在收到政治领袖的命令时，打一场先发制人之战的准备。然而，他没有主动呼吁进行这样的战争。[74] 相反，小毛奇几次强烈建议威廉二世和外交部对协约国先行开战。[75] 在那些年间，作为帝国战略困境的解决方案，总参谋部先发制人开战的建议被德国的政治领袖拒绝了。

且不论从国际法角度对先发制人作战的评估，"进攻是否是最好的防守"这一问题，在军事史中被一次又一次地问及。[76] 甚至修昔底德都记述了古代斯巴达关于是否要对不断强大的雅典发动先发制人的预防性战争的争论。腓特烈大帝的座右铭——"先发制人远胜受制于人"，并不是普鲁士—德国的独家观点。法国也在 17、18 世纪于西部边境进行了先发作战，英国皇家海军也在 1807 年，于靠近哥本哈根的地方率先攻击了丹麦舰队。这一思想的决定性因素始终是阻止迫在眉睫的敌人侵略的政治意愿。

先发制人之战，在战役层面是进攻性的，但在战略层面却是防御性的。因此，它始终是一场侵略战争，即使其目的是为了防御。这便是先发制人之战和征服战之间的区别，它一次又一次地被宣传为防御性战争，目的在于为侵略者正名。这同样是德国 1941 年进攻苏联的理由。但是，要进行一场先发制人之战并不需要用到什么战役思想的特殊形式，只是它绝对无法从防守端发动，只能在进攻端进行。所以，基于进攻性机动战役的战役思想，也就是德国的战役思想，未必就指向先发作战或者侵略之战。虽说如此，它依然毫无疑问地为政治领袖思考这类战役奠定了基础。当然，这也适用于 19 世纪和 20 世纪初所有的欧洲军队。

展开计划，1871—1888 年

随着德国的统一，一个新的大国在欧洲心脏地带崛起。这个国家毗邻奥地利、俄国、法国、瑞士、荷兰、比利时、卢森堡以及丹麦。在军事和政治领袖看来，德国的中心地理位置天然具有受到多线或双线攻击的危险。这样的威胁对总参谋部来说并不新鲜，因为历史上的普鲁士，就是顶着多面受敌的潜在威胁生存下来的。腓特烈二世曾与奥地利、俄国及法国作战。尽管他在战场上战功累累，最后他也只能靠着"勃兰登堡王室的奇迹"[①]存活下来。这种无处不在的鲜活记忆，多年来在不同程度上一再重演。因此，总参谋部指望政治领袖至少能通过结盟的方式以避免多线威胁。

随着军队数以百万计的逐渐壮大和民族主义的日益猖獗，在可能发生人民战争的背景下，老毛奇的想法变得越来越不切实际。他在总结 1879 年 10 月 10 日的双重联盟的谈判时，向皇帝明确表达了这一点。尽管法国增加了军备和人员，毛奇并没有将其视作主要威胁。但是，如果法国与其他德国的相邻大

---

① 译者注：勃兰登堡王室的奇迹，指的是俄国帝国女皇伊丽莎白一世在 1762 年的突然过世。此前，普鲁士军队在七年战争中举步维艰，腓特烈本人甚至做好了接受自己失败的觉悟。但由于伊丽莎白突然过世，其亲普鲁士的侄子彼得三世继位，普鲁士得以转危为安。

国结成联盟并发动进攻，帝国的生存将面临严重威胁。[77] 正如毛奇在普法战争结束后不久写予德皇的："新德意志帝国继续生存的最危险的挑战将会是与俄国及法国同时开战。"[78]

自他上任以来，毛奇就着手制定针对法奥[79] 或者法俄的双线战争的策略。[80] 1859 年，基于"将尽可能少的兵力驻扎在第一战线，再在另一个战线投入尽可能多的兵力，以尽可能快的速度战斗，最终对第一战线上可能失去的地区进行再征服"的理念，毛奇第一次发展出了对俄法两国进行双线作战的部署方案。[81] 内线的作战意图——一面防御，一面进攻——直到 1914 年，甚至是在那之后的很长一段时间，才在总参谋部为与俄国和法国的战争制订的计划中，以修改过的形式再次出现。德军对于俄国动员缓慢的预期，将会促使向华沙外围的俄国军队展开同心攻击的考量在今后的计划中反复出现。

十一年后，老毛奇提交了一份对法俄两国双线作战的新计划草案，它包括在东西两线的进攻。为此，他将德军分为两支几乎同等规模的特遣队。[82] 然而，依然深谙到人民战争潜力的他指出，即便对法国的作战取得了迅速成功，也不代表这场战争能结束。[83]1877 年，总参谋部第一次考虑若同法国和奥地利同时开战，则对法保持防御。随后，也是在同一年，总参谋部在计划对法俄两国的双线战争时，迅速展开了对法国的攻击，因为法国将会比动员迟缓的俄国更早做好战争准备。在这一背景下，毛奇想要在西线部署 52 万名士兵，而只留 8 万在东线。虽然他计划在战争的第三周发动一场快速战，也需要尽早对法国宣战（在第五个动员日）以取得主动，但他并不相信能通过对法国的暴力手段获得和平，即便是在法军输了一场"决定性的战役"后。正如他注意到的："上一场战役（普法战争）充分显示，即使取得了最大的成功，我们也不能指望在这一端迅速结束战斗。"[84]

因此，毛奇放弃了"先摧毁其中一个敌人，再对付另一个"的构想，这一构想曾于 1859 年首次提出，又于 1871 年做出大规模修改。基于这种反映在后来的战役计划中的想法，德军即使获得了奥匈帝国的支持，一场将来针对法俄两国的两线作战，也将引发一场进攻性的防御战。由于地理位置和足够广阔的内线，德军能够通过战区内发展良好、已经扩展到中欧的德国铁路网络，根据兵力集结中心的不同，一次次地自西向东或自东向西进行部署。一旦敌人筋疲力尽，实现和平就成了外交上的任务。

　　1879 年，毛奇终于放弃了他最初的战役构想。由于俄国动员速度的显著提高，以及俄军在波兰的前瞻性部署和法国要塞的增强，毛奇决定在西线防守，在东线进攻。摒弃其他因素，这种运作样式的转变，正是基于毛奇这样的洞察力：长长的东部边境可以通过进攻而非防守来获得更好的保护，而且强化后的法国堡垒可以防止西部的战斗迅速分出胜负。这一思想转变导致的结果就是，四分之三的兵力被部署在东线，仅有四分之一的兵力被用来对付法国。后者的任务在于，和莱茵河最后的防御阵线一起，通过德国在梅斯－迪登霍芬和斯特拉斯堡的防御工事，执行机动防御战。在成功执行了对位于波兰的俄军的歼灭战后，进攻的兵力将不会继续向俄国进军。相反，这支腾出手来的队伍将被重新部署到西线，以发动进攻。由于俄国领土的纵深和由此产生的俄国作战的可能性，毛奇彻底排除了完全击溃俄国的方案。

　　即使在德国与奥匈帝国结盟后，毛奇通常还是坚持他的战役理念。然而，双重联盟给他提供了加强德国在西线兵力的机会。1880 年，360000 名士兵被分配到东线，330000 名士兵被派遣到西线。针对驻波俄军展开的协同作战的计划，现在将同时从普鲁士和加利西亚发起。虽然德军在人数上还是处于劣势，但西线新组建的兵力提供了决胜的可能性。在助理总参谋长，后来继任总参谋长的阿尔弗雷德·冯·瓦德西伯爵的支持下，毛奇现在看到了在西线执行其结合了战术防御和战略进攻的基本思想的机会。[85] 然而，毛奇未能赢得总参谋部内大多数人的支持，因为他们更喜欢快速的进攻战役。毛奇与瓦德西在 1888 年制订的最后的展开计划（Aufmarschplan），遵循了东线进攻、西线防守的基本原则。当西线的力量加强到总兵力的三分之二时，在这个区域进行决战的可能性出现了。但直到 1888 年毛奇卸任总参谋长时，他的基本见解还是没有改变：两线作战时，即便是最成功的决定性战斗，也无法令战争立即结束。

结语

　　毛奇并未在德国发明战役思想，但他通过结合现有个人理念和他所处时代的全新技术创新——铁路和电报，将其结构化。因此，面对大规模军事力量所需要的战术变革和炮兵及步兵武器技术提升带来的火力增加时，他做出了回应。

战役思想不仅受战术变革影响，它还从战术中演化而来。诸如包围或侧翼进攻等战术操作，在转移到大型军事力量层面并保留其名称时，通常会加上"战役的"这一术语。所以，只要考虑到术语，在毛奇时代就几乎不可能区分战役和战术，对和他同时代的人而言，这甚至毫无必要。这解释了现存的对术语的疑惑，同时厘清了为何准确定义新的现象会如此困难。事物处于不断变动的状态中，解释和构造都尚不可能。

毛奇对战斗决胜和战役进行了明确的区分。他视后者为用极快的速度执行的调遣，这要归功于在总参谋部的指挥下，他将自己的部队分为独立的作战野战部队。在战斗中，为达成摧毁敌人军队的任务目标，独立战役兵团集合在一起——用克劳塞维茨的话说，要摧毁或粉碎它。对毛奇而言，调遣提供了避开敌方大规模部队的强化火力的机会，从而给予防守方战斗中的优势。然而，调遣的执行和控制一定要快，还得出其不意。根据毛奇的说法，战役指挥与控制以及战役思想并不是图式化的模板，它是基于调遣的一种以形势为本的战役行动和反应（Aushilfen），并且能够带来速胜。归根结底，毛奇战役理念中的重要元素其实都是拿破仑式的。毛奇吸收了它们，让其与新技术相适应。

毛奇发起的指挥与控制的个人化，是当时社会生活加速的反映，这不应该被低估为战役思想在德国的发展中的区区一个因素。比如说，更快的战役—战略规划周期，将迫使政治参与者最终屈服于一种奇怪形式的宿命论，从而采用更快的决策流程。

毛奇并没有将战役等级视为居于战术等级和战略等级中的一个独立战争等级，而是将它看作战略的从属职能。虽然他在这两个术语间来回跳动，"战役"这一术语还是在总参谋部语言中找到了自己的位置。事实上，直到毛奇之后的继任者，阿尔弗雷德·冯·施利芬伯爵时期，它才进入了德国总参谋部的论述和规划流程中。

1871年的人民战争描绘了战争的战役层面关注的速战速决的局限性，因为它忽视了用民族主义手段对民众动员的战役方法所引发的决战。后者导致了几个世纪以来所谓的不对称或低强度战争的激化，它们在过去甚至现在，都引起正规军的重要问题，并将战争无限期延长。因此，人民战争说明，即使得到出色执行的战役也不能确保战争能速战速决。

总参谋部在很大层面上忽视了这一现实，它选择性的评估和学习过程，仅仅关注那些最后能以少胜多的战役。在大多数情况下，总参谋部只考虑战役—战略层面上的军事问题，很少牵涉到战略政治的层次。归根结底，在毛奇任内有所扩张的总参谋部，成了德国主要的战役规划和指挥中枢，但又缺乏要在政治层面上有所作为所必备的能力。

尽管总参谋部在德国军事系统的权力架构中获得了中心地位，但它在执行战争大战略所必需的军备、人事或经济和财政准备领域，又缺乏必要的竞争力，即政治竞争力。这些职能依然处于德国军事内阁或者战争部的把持之下。

因此，在文献中时常能看到的，总参谋部对物资和人事等军事资源无所不包的获取渠道，仅仅是个神话。在和平时期，总参谋部只是最高策划机构，在战时，它是战役指挥与控制中心。从逻辑上说，它在战役计划层面关注和平时期，但几乎不可避免的是，这种计划通过将初步军事考量拓展为全面战争，引发了消除摩擦的倾向。尽管看到了普法战争的经验和法国在军备上的增长，总参谋部还是坚持认为，德国的中心地理位置，要赢得两线作战，就只能在战役层面展开机动作战。这在毛奇的展开计划（Aufmarschpläne）中变得非常明显。在总参谋部的考量中，它忽略了在将来出现潜在的、迫在眉睫的人民战争的可能性。相反，它认为阻止一切消耗战的发生，是政治家的责任。

注释

1. 详见: Brand, "Grundsätze operativer Fuhrung," 31; John English, "The Operational Art: Developments in the Theories of War," in *The Operational Art: Developmentsin the Theories of War*, ed. Brian J. C. McKercher and Michael A. Hennessy (Westport, Conn., 1996), 7‑28; Kutz, *Realitätsflucht und Aggression*, 27; Sandrart, "Vorwort zu den Denkschriften," 13; Dennis E. Showalter, "German Grand Strategy: A Contradiction in Terms?" *Militätgeschichtliche Mitteilungen* 48 (1990): 65‑102; Sodenstern, "Operationen," 1; Terence Zuber, *The Moltke Myth: Prussian War Planning, 1857‑1871* (Lanham, Md., 2008).

朱伯（Zuber）准确批评了毛奇神话，但这一批评在重要段落中有所夸大。

2. 很大程度上，这一事实在德意志帝国时期都是令人遗憾的。在毛奇的百年诞辰之际，施利芬做了一次正式讲话，在讲话中，他带着遗憾如此评价这个问题："不朽的元帅未能用科学的方式对待战争的本质，也就是说，和前人不同，他并没有就战争的理论著书立说。"

详见: Helmuth Graf von Moltke, *Ausgewählte Werke*, vol. 1, *Feldherr und Kriegslehrmeister*, ed. Ferdinand von Schmerfeld [Berlin, 1925], 241.

3. Heuser, *Clausewitz lesen!* 70‑72.

4. Gerhard P. Gross, "There Was a Schlieffenplan," in *Der Schlieffenplan. Analysenund Dokumente*, ed. Hans Ehlert, Michael Epkenhans, and Gerhard P. Gross (Paderborn,2007), 117‑160.

5. Roland G. Foerster, "Das operative Denken Moltkes des Alteren und die Folgen," in *Ausgewählte Operationen und ihre militärhistorischen Grundlagen*, ed. Hans‑Martin Ottmerand Heiger Ostertag, Operatives Denken und Handeln in deutschen Streitkraften 4(Im Auftrag des Militärgeschichtlichen Forschungsamtes, Bonn, 1993), 255.

6. Moltke, "Uber Strategie," in Moltkes *Taktisch‑strategische Aufsätze aus den Jahren1857 bis 1871*, 429‑432.

7. 同上，第429页。

8. 同上。因此，他和克劳塞维茨正好相反，克劳塞维茨认为，政治在整个战争行为中无所不在。

更多毛奇对"政治至上"理念的态度以及他和俾斯麦的冲突详见: Heuser, *Clausewitz lesen!* 72‑75;Dietmar Schoessler, "Die Weiterentwicklung in der Militarstrategie. Das 19. Jahrhundert," in *Strategie-Handbuch*, Schriften des Instituts fur Sicherheitspolitik an der Christian-Albrechts-Universitat zu Kiel 8 (Bonn, 1990), 1:31‑62;Jehuda L. Wallach, *Kriegstheorien. Ihre Entwicklung im 19. und 20. Jahrhundert* (Frankfurt a.M., 1972), 84‑86.

9. Cf. Wilhelm von Blume, *Strategie: Eine Studie* (Berlin, 1882).

10. Klink, *Die Begriffe Operation und operativ*, 3.

11. Moltke, "Uber Strategie," in *Moltkes Taktisch‑strategische Aufsätze aus den Jahren 1857 bis 1871*, 430.

12. 同上，第431页。

13. Hans Delbruck, "Moltke," *Erinnerungen, Aufsätze und Reden* (Berlin, 1902), 546‑575.

14. 除了亚历山大·冯·洪堡外，卡尔·李特尔（Carl Ritter，1779—1859年）也被认为是德国现代科学地理的创始人。

15. Stumpf, ed., *Kriegstheorie und Kriegsgeschichte*, 876f.

16. Cf. Karl Ernst Freiherr von Canitz und Dallwitz, *Nachrichten und Betrachtungenüber die Taten und Schicksale der Reiterei in den Feldzügen Friedrichs II. und in denenneuerer Zeit*, vol. 2 (Berlin, 1823‑1824).

17. Eberhard Kessel, *Moltke* (Stuttgart, 1957), 109f.

18. 19世纪中期的普鲁士军队改革详见：Dierk Walter, *Preussische Heeresreform 1807‑1870; Militärische Innovation und der Mythosder "Roonschen Reform,"* Krieg in der Geschichte 16 (Paderborn, 2003)。

19. 同上，第445页。这种在早期文献中常见的，改革的主要目的是为了削减军队的资产阶级化的说法，在最近的研究中是站不住脚的。截至目前，这反映了军事—技术方面的力量压过了现存的反资产阶级力量。

20. 同上，第612页。

21. Helmuth von Moltke, Moltkes Militärische Werke, vol. 2, part 2, *Die Thätigkeit als Chef des Generalstabes der Armee im Frieden*, ed. Great General Staff, Department for War History I (Berlin, 1900), 173.

22. 同上。在《关于战争中的兵力集中的思考》（Betrachtungen über Konzentrationen im Kriege）一文中，老毛奇首次解释了这些想法。这篇文章是为了回应奥地利人的批评而匿名发表的，但人们认为此文出自毛奇之手。

23. Helmuth von Moltke, "Essay of 16 September 1865, 'Uber Marschtiefen,' "*Moltkes Militärische Werke*, vol. 2, part 2, pages 235‑246.

24. Ernst-Heinrich Schmidt, "Zur Genesis des konzentrischen Operierens mit getrennten Heeresteilen im Zeitalter des ausgehenden Ancien Regime, der Franzosischen Revolution und Napoleons," in *Ausgewählte Operationen und ihre militärhistorischen Grundlagen*, ed. Hans-Martin Ottmer and Heiger Ostertag, Operatives Denken und Handeln indeutschen Streitkraften 4 (Bonn, 1993), 51‑105.

25. Gerhard von Scharnhorst, "Uber die Schlacht von Marengo," in *Denkwürdigkeitender militärischen Gesellschaft*, vol. 1, ed. Joachim Niemeyer (Osnabruck, 1985), 52‑59.

26. Waldemar Erfurth, *Der Vernichtungssieg. Eine Studie über das Zusammenwirken getrennter Heeresteile* (Berlin, 1939), 14‑17; Schmidt, "Zur Genesis," 83‑97.

27. Deutscher Kaiser und Konig von Preussen Wilhelm I, *Militärische Schriften weiland Kaiser Wilhelms des Grossen*, vol. 1, 1821‑1847 (Berlin, 1897), 117.

28. Stumpf, ed., *Kriegstheorie und Kriegsgeschichte*, 902.

29. 普鲁士铁路系统详见：Klaus-Jurgen Bremm, *Von der Chaussee zur Schiene. Militärstrategie und Eisenbahnen in Preussen von 1833 bis zum Feldzug von 1866*(Munich, 2005) ;Dennis E. Showalter, *Railroads and Rifles: Soldiers, Technology, and the Unification of Germany* (Hamden,

Conn., 1975).

30. Bremm, *Von der Chaussee zur Schiene*, 72.

31. 同上，178f。

32. Martin L. Van Creveld, *Supplying War: Logistics from Wallenstein to Patton* (Cambridge, U.K., 1997), 87f.

33. Dennis E. Showalter, "Soldiers into Postmasters? The Electric Telegraph as an Instrument of Command in the Prussian Army," Military Affairs 37 (1973): 48‑52.

34. The Prussian supply problems during the war of 1866 are examples for this. Cf.Bremm, *Von der Chaussee zur Schiene*, 213‑215; Creveld, *Supplying War*, 83‑85.

35. 针对这一发展的依然经典的解释详见：Stephan Leistenschneider, *Auftragstaktik im preussisch-deutschen Heer 1871 bis 1914*, ed. Militargeschichtliches Forschungsamt (Hamburg, 2002), 23‑62.

更具针对性的描述详见：Walter, Preussische Heeresreformen, 545‑547.

36. 毛奇对此解释如下："机构的级别越高，其所下的命令就会越宽泛；主力师的规模越大，它所拥有的自由度就越高。"

详见：Helmuth von Moltke, "Verbindungen," in Helmuth von Moltke, *Moltkes Militärische Werke*, vol. 4, part 2, *Moltkes Kriegslehren. Die taktischen Vorbereitungen zur Schlacht* (Berlin, 1911), 19‑24.

37. 1866年6月22日，柏林，毛奇给第二军最高指挥官下的命令。

详见：Moltke, Moltkes Militärische Werke, vol. 2, part 2, pages 234 ff.

38. Kessel, *Moltke*, 429f., 449f.

39. Helmuth von Moltke, Moltkes Militärische Werke, vol. 2, part 2, *Aus den Verordnungen für die höheren Truppenführer vom 24. Juni 1869*, ed. Great General Staff, Department for War History I (Berlin, 1900), 174.

40. Helmuth von Moltke, "Aufsatz vom Jahre 1859 'Über Flankenstellungen,' " in *Moltke, Moltkes Militärische Werke*, vol. 2, part 2 (Berlin, 1900), 261‑266.

41. Moltke, *Moltkes Militärische Werke, vol. 2, part 2, Aus den Verordnungen für die höheren Truppenführer vom 24. Juni 1869*, 173.

42. Moltke, *Moltkes Militärische Werke*, vol. 2, part 1, 97.

43. Moltke, *Moltkes Militärische Werke*, vol. 4, part 3, 163.

44. Moltke, *Moltkes Militärische Werke*, 227f.

45.Moltke, *Moltkes Militärische Werke*, vol. 2, part 2, *Aus den Verordnungen für die höheren Truppenführer vom 24. Juni 1869*, 207.

关于歼灭战及德国战役思想中的歼灭战问题，请参阅本书第4章"达摩克利斯之剑：一场两线战争"。

46. Clausewitz, *Vom Kriege*, 113; Panajotis Kondylis, *Theorie des Krieges. Clausewitz‑Marx‑Engels‑Lenin* (Stuttgart, 1988), 116‑120.

47 "当今战争的特点，在于寻求重大而迅速的决战……一切事物都在为了快速结束战争而发展。"

详 见: Moltke, *Moltkes Militärische Werke, vol. 2, part 2, Aus den Verordnungen für die höheren Truppenführer vom 24. Juni 1869*, 173.

48. Moltke, *Moltkes Militärische Werke*, vol. 4, part 3, 214.

49. See Michael Howard, *War in European History* (Oxford, 1976), 134; Marwedel, *Carl von Clausewitz,* 147 - 150; Wallach, *Kriegstheorien,* 86; Hans-Ulrich Wehler, "Der Verfall der deutschen Kriegstheorie: Vom 'Absoluten' zum 'Totalen' Krieg oder von Clausewitz zu Ludendorff," in *Geschichte und Militärgeschichte. Wege der Forschung*, ed. Ursula von Gersdorff (Mit Unterstützung des Militärgeschichtlichen Forschungsamtes, Frankfurt a.M., 1974), 286.

50. Cf. Stig Förster, "Helmuth von Moltke und das Problem des industrialisierten Volkskriegs im 19. Jahrhundert," in *Generalfeldmarschall von Moltke. Bedeutung und Wirkung,* ed. Roland G. Foerster (Munich, 1991), 103 - 115. Kondylis also writes very convincingly about this in *Theorie des Krieges*.

51. 关于战役思想在第三帝国时期的国防军中的发展——这将在稍后得到论述，需要指出的是，今天人们基本上普遍将政治等同于良好的、合法的，有时候可以消解纳粹至上背景下的可疑之处的事物。不论是定义"好的"政治，还是民权取代政治，它都将起到作用。

详见: Kondylis, *Theorie des Krieges*, 110 - 115.51.

52. 详见: Wehler, "Der Verfall der deutschen Kriegstheorie", 287.

53. Helmuth Graf von Moltke, *Die deutschen Aufmarschpläne 1871 - 1890*, ed. Ferdinand von Schmerfeld (Berlin, 1929), 83.

54. 格拉沃格特 - 圣普里瓦战役就是这样的例子。

详见: Walter, *Preussische Heeresreformen*, 544.

55. Arden Bucholz, *Moltke, Schlieffen and the Prussian War Planning* (New York, 1991), 18 - 25.

56. Kondylis, *Theorie des Krieges*, 105 - 107.

57. Wehler, "Der Verfall der deutschen Kriegstheorie," 289.

58. Geoffrey Wawro, *The Austro-Prussian War: Austria's War with Prussia and Italy in 1866* (New York, 1996), 12 - 25.

59. Bucholz, *Moltke, Schlieffen and the Prussian War Planning*, 8 - 12.

60.Christian Millotat, *Das preussisch-deutsche Generalstabssystem. Wurzeln-Entwicklung-Fortwirken* (Zürich, 2000).Hans-Ulrich Wehler in *Deutsche Gesellschaftsgeschichte*, vol. 3, *Von der "Deutschen Doppelrevolution" bis zum Beginn des Ersten Weltkriegs: 1849 - 1914* (Munich, 1996), 322. Wolfgang J. Mommsen in *Das Ringen um den nationalen Staat. Die Gründung und der innere Ausbau des Deutschen Reiches unter Otto von Bismarck 1850 - 1890*, Prophyläen Weltgeschichte Deutschlands 7/1 (Berlin, 1993).

尽管距离遥远，这些历史学家及其著作都无法完全摆脱总参谋部的魅力。

61. Martin Raschke, *Der politisierende Generalstab. Die friderizianischen Kriege in der amtlichen deutschen Militärgeschichtsschreibung 1890 bis 1914* (Freiburg i.Br., 1993), 39.

62. Gerhard P. Gross, "Gerhard von Scharnhorst oder historische Bildung," *Truppenpraxis*

Wehrausbildung. *Zeitschrift für Führung, Ausbildung und Erziehung* 3 (1995): 207‑213.

63. 同上。

64. 克尼格雷茨战役详见：Thorsten Loch and Lars Zacharias, "Königgrätz 1866. Die Operationen zwischen dem 22. Juni und 3. Juli 1866," *Österreichische Militärische Zeitschrift* 48, no. 6 (2010): 707‑715.

65. Friedrich Engels, "Betrachtungen," in Karl Marx and Friedrich Engels, *Werke*, vol. 16 (Berlin, 1962), 182‑184.

66. 然而，值得注意的是，在毛奇展现无可指摘的出色战役领导能力之前，他的法国敌人先犯下了一个灾难性的错误。

67. Walter, *Preussische Heeresreformen*, 105. For the revitalization of the concept, see pages 167‑186.

68. Förster, "Helmuth von Moltke und das Problem," 103‑115.

69. Volkmar Regling, "Grundzüge der Landkriegführung zur Zeit des Absolutismus und im 19. Jahrhundert," in *Deutsche Militärgeschichte,* vol. 6, *Grundzüge der militärischen Kriegführung 1648‑1939* (Stuttgart, 1983), 423.

70. Helmuth von Moltke, "Geschichte des Deutsch-Französischen Krieges von 1870‑71," in Helmuth von Moltke, *Gesammelte Schriften und Denkwürdigkeiten des General Feldmarschalls Grafen Helmuth von Moltke*, vol. 3, edited by Lescynski (Berlin, 1891), 1.

71. Otto von Bismarck, *Die politischen Reden des Fürsten Bismarck*, ed. Horst Kohl, 14 vols. (Berlin, 1892‑1905), 5:156.

72. 同上。

73. 老毛奇及其继任者对预防性战争的要求详见：Michael Epkenhans, " 'Wir Deutsche fürchten Gott'-Zur Rolle des Krieges in Bismarcks Aussenpolitik," *Politische Studien. Zweimonatsschrift für Politik und Zeitgeschehen* 391 (2003):54‑63.
俾斯麦的外交政策在战争中的作用详见：Karl-Ernst Jeismann, *Das Problem des Präventivkrieges im europäischen Staatensystem mit besonderem Blick auf die Bismarckzeit* (Munich, 1957), 83‑152; Stig Förster, "Optionen der Kriegführung im Zeitalter des 'Volkskrieges.' Zu Helmuth von Moltkes militärisch-politischen Überlegungen nach den Erfahrungen der Einigungskriege," in *Militärische Verantwortung in Staat und Gesellschaft. 175 Jahre Generalstabsausbildung in Deutschland*, ed. Detlef Bald (Koblenz, 1986), 94‑99.

74. 预防性战争计划的讨论详见：Gross, "There Was a Schlieffenplan," 153f.; Ivo Nikolai Lambi, *The Navy and German Power Politics, 1862‑1914* (Boston, Mass., 1984), 241‑245; Annika Mombauer, "Der Moltkeplan. Modifikation des Schlieffenplans bei gleichen Zielen?" in *Der Schlieffenplan. Analysen und Dokumente*, ed. Hans Ehlert, Michael Epkenhans, and Gerhard P. Gross (Paderborn, 2007), 79f.; Heiner Raulff, *Zwischen Machtpolitik und Imperialismus. Die deutsche Frankreichpolitik 1904‑06* (Düsseldorf, 1976), 126‑144; Gerhard Ritter, *Der Schlieffenplan. Kritik eines Mythos. Mit erstmaliger Veröffentlichung der Texte und 6 Kartenskizzen*

(Munich, 1956), 102‑138.

75. 这一话题的更多内容详见：Annika Mombauer, *Helmuth von Moltke and the Origins of the First World War* (Cambridge, U.K., 2001), 110‑175.

76. 从国家法角度对这一问题的评估详见：Martin Kunde, *Der Präventivkrieg. Geschichtliche Entwicklung und gegenwärtige Bedeutung* (Frankfurt a.M., 2007).

77. Moltke, "Geschichte des Deutsch-Französischen Krieges von 1870‑71," 3:84f.

78. 同上。3:4, Memorandum of 27 April 1871, *Aufmarsch gegen Frankreich‑Russland*.

79. 为了与奥地利和法国的两线战争，总参谋部分别在1877年1月、1878年12月及1879年1月，制订了多个展开计划。

80. 为了与俄国和法国的两面战争，总参谋部在1871年4月、1877年2月、1879年4月、1880年1月及1888年2月制订了多项展开计划。

81. Moltke, *Ausgewählte Werke,* 1:1.

82. 在下文中，德国军队指的是德意志帝国的特遣队。

83. Memorandum of 27 April 1871, *Aufmarsch gegen Frankreich-Russland*, see Moltke, *Ausgewählte Werke*, 4‑20.

84. *Reflections of December 1878 and January 1879: War against France and Austria*, see Moltke, *Ausgewählte Werke*, 67‑74, here page 68.

85. Kessel, *Moltke,* 706‑710.

第四章

达摩克利斯之剑
一场两线战争

> 战役就是机动。

——阿尔弗雷德·冯·施利芬伯爵元帅

中央位置

"只需要让右翼变强。"临终前的施利芬，也许并没有如其追随者长期认为的那样，向他的继任者强调这句话。尽管如此，这些话语依然展现了一个男人的悲剧，他毕生的事业，要么被后人美化为胜利的秘诀，要么被咒骂为普鲁士—德国军国主义的顶点。[1] 今天的教科书和纪实文学，基于格哈德·李特尔在 20 世纪 50 年代的研究，告诉了他们的读者，德意志帝国是将"施利芬计划"作为战役和战略计划，步入第一次世界大战的。在德国违反比利时和卢森堡的中立约定，进而迫使英国参战后，该计划在马恩河宣告失败。近来，这一被广泛认可的解读受到了美国历史学家特伦斯·朱伯（Terence Zuber）的质疑。他发表的关于施利芬战役计划的理论，最终得出了"施利芬计划"压根不存在的结论，这在国际上引发了激烈的辩论。[2] 但是，得益于新近发现的源文件，施利芬战役计划的早期概念，以及总参谋部的战役思想，都得以在这一辩论中被重新思考。[3] 更早一些时候，安妮卡·蒙博尔（Annika Mombauer）验证了德国总参谋部进入"一战"时所用的并非"施利芬计划",而是小赫尔穆特·冯·毛奇大将的战役计划,后者在核心领域上对施利芬的理念进行了修改。[4]

在我们转向"一战"前的战役思想,以及由此产生的战役和战略计划之前,我们必须从空间、时间和军事力量的角度,解释德意志帝国在19世纪晚期的战略地理位置。德国位于欧洲中央,与其盟友奥匈帝国和瑞士分别在东南方和南方接壤。阿尔卑斯山成了一块天然地形屏障,可抵挡由南边发起的进攻。德国的北部边界由北海和波罗的海,以及丹麦在基姆布利半岛的部分组成,它与瑞典一同控制了波罗的海的出海口。在东边,帝国与自己两个主要对手之一的俄国,共有一个超过900公里的凹面边界。东面边境没有任何主要河流或山脉能提供自然保护。此外,维斯瓦河东部的地区纵深极大,很容易被敌人切断道路。因此,保卫东普鲁士十分困难。此外,柏林本身离东部边境只有300公里,距天然屏障奥得河只有100公里。尽管东面的地理形势乍看之下十分不利,但对于一个地处中心的大国而言,它也有着自己的优势。至少它提供了同时在东普鲁士和喀尔巴阡山脉发动侧翼进攻,以此击败进入德国领土太深的、驻扎在波兰的俄军的可能性。然而,崎岖不平的地形、被许多河流和沼泽分开的地理特征,加之空阔的地域,让这样的战役实施起来十分困难。同时,在东部的德国铁路网路,不如西部那样发达,这就让人们认为,在东部的快速部署是很困难,甚至是不可能的。

德国西部则同比利时、荷兰、卢森堡和法国接壤。沿着孚日山脉到洛林的阿登山脚,德国与最危险的潜在对手——法国共享国境的一部分。双方都通过加固防御工事,强化了边境地区。法国强化的是贝尔福、埃皮纳勒、图尔和凡尔登,德国则强化了斯特拉斯堡和梅斯-迪登霍芬(蒂永维尔)。如果法国突破了德国的战线,下一道天然屏障就是莱茵河。然而,这意味着德军将失去重要的莱茵兰工业地区。鉴于德国地缘的战略中心位置,人们不能忽视帝国档案馆做出的观察:"除了奥匈帝国以外,没有其他国家和德国一样,受壁垒般的高山护佑,却处于类似的不利局势威胁下的大国了。"[5]

基于这一可以从地理层面上理解的评估,德意志帝国的军事领导层在空间上形成了一种不存在有任何方案能替代两线作战的宿命论式的看法。这同时影响了德国的政治决策者。与此同时,尽管有这种固见,总参谋部的军事专业化主义者还是避免了在制订两线作战计划的同时，平行地制订单独对俄国或者法国开战的计划。直到 1913—1914 动员年，总参谋部出于对政治形势的反应，才停止了大规模的东部部署。[6]

此外，由于德国的中心地位，总参谋部为两线作战制订的所有战役和战略计划，都受到时间的限制。绝大多数德国军事理论家和总参谋部成员相信，在两线作战时，可行的选择只有漫长的消耗防御战，或机动的快速进攻战。根据绝大多数人的想法，因为国内和经济上的因素，德军要赢得一场旷日持久的消耗战是不可能的。基于德国的地理面积和良好的铁路基础设施，德军要获得胜利，就只能通过持久而快速的内线行动，在选定的战略节点进行防守或进攻。在不利的空间和时间因素的影响下，德国艰难的军事形势由于德国陆军人力和物资上的相对不足，进一步恶化了。

从德国的地缘战略现实出发，在 1871 年到 1891 年间，最早的两位德军总参谋长，老毛奇和瓦德西计划通过将德国武装力量分为东西两线，来应对两线作战。他们利用德国的防御工事对法国展开机动防御，与德国的盟友奥匈帝国一起对俄国发动区域进攻。这种防御策略的基础在于，只做出有限的进攻推进。其目的并非通过歼灭战获取全面胜利。[7]

在毛奇和瓦德西的任期内，应对两线作战的威胁更像是个理论上的问题。唯一的例外是 1887—1888 年的危机，当时两人都明确要求只对俄开战。但是，对他们的继任者而言，由于政治和随后的军事发展，两线作战才是真正的问题。与一向深知其能够在俾斯麦绝佳的外交支援下开展战争的老毛奇不同，他的继任者们必须面对完全不同的政治和军事条件，在不利的条件下制订两线作战的计划。

讨论和定义

既有的文献倾向于将 19 世纪晚期战役思想的发展集中到施利芬一人身上，这也表明这种思想从老毛奇时代起，就在军官中毫无争议、一脉相承。此情此景，和"总参谋部是唯一能够体现战役思想的地方"的陈词滥调颇为相似。那时的总参谋部，只是一个想出风头，对总参谋长的意志摧眉折腰的庞大机构罢了。

但施利芬和总参谋部并非唯一讨论过发动两线作战的一方。许多在职和退役的军官，包括弗里德里希·冯·伯恩哈迪将军（Friedrich von Bernhardi）、阿尔弗雷德·冯·博古斯瓦夫斯基将军（Alfred von Boguslawski）、威廉·冯·布卢默将军、科尔马·冯·德·戈尔茨元帅、西格蒙德·冯·施利希廷将军和奥匈帝国的阿尔弗雷德·克劳斯将军都参与了这场讨论。在那次德国军事史上独一无二的公共讨论会上，他们探讨了未来使用大规模部队发动战争的战略、战役和战术流程。

为了战役和指挥等战役层级的术语而进行的讨论，类似于建造巴别塔的传说，几乎找不到未出现此类术语的相关出版书籍或者期刊文章，但只有少数几名作者对这些术语做出了解释。在施利芬时期，因为没有对战役的官方定义，所以只有少数解读能帮助人们了解这些术语在 19 世纪的发展。例如，博古斯瓦夫斯基就写道："战役指的是在一个战区针对特定目标的行动的整体。作为一种规则，它们包含了行军、移动就位，以及战斗。战役绝不只是进攻的手段，然而，要将机动的概念从这个术语中剥离开，是很困难的。"[8]

相反，冯·德·戈尔茨（将战役）视作在一种密切又目的明确的背景下进行的交战行为："任何这样的行为都是由行军、集结和战斗三部分组成，其集合被称为'战役'。"[9] 两种定义的共同特征是，战役包括一些相连而且目的明确的行为，并且老毛奇强调的机动部分，是战役的核心。然而，没有一名作者明确地将战役归入战术和战略之间的层面。

军事史中得来的教训

在一场关于如何进行最好的两线作战的讨论中，军官们也探讨了该怎么正确地从军事史中学习。[10] 正常战术（Normaltaktik）和任务式指挥的拥趸间关于步兵战斗改革的论战旷日持久，针对从中演化而来的问题，即"腓特烈二世（腓特烈大帝）究竟是歼灭战略的大师，还是消耗战略的实践者"，历史学家汉斯·德尔布吕克（Hans Delbrück）和他的军事批评者们展开了争论。

这场持续数十年，且在历史上被称为战略辩论（Strategiestreit）的争论[11]，在两方面震撼了军事机构。一方面，作为一名学识渊博的外行人，这位大学教授正在挑战军方视为神圣不可侵犯的军事议题；另一方面，总参谋部给腓特烈灌输了关于歼灭战的思想，这一传统认知如今受到了德尔布吕克的质疑。通过这种方式，德尔布吕克也挑战了这个机构的战役思想。尽管德尔布吕克关于消耗战略和歼灭战略的两极性观点起先遭到了激烈的否决，总参谋部最终还是被迫接受这些所谓的"公民战略家"的观点。德尔布吕克的论证中的一个重要内容，便是对总参谋部军事历史方面所存在的缺陷做出了有条不紊的证明。[12] 但是，这一缺陷并没有改变关于歼灭和消耗战略的相对优越性中基本的战役和战略必然性。在这场战略辩论的过程中，来自各类论坛的军官们，讨论了"如何在未来战争中应用从德国统一战争里总结出的战役经验"这一问题。这种观点间的碰撞，引发了对此的激烈争论：在毛奇和拿破仑两人各自执行的战争中，是否存在根本性的区别？这一争论的立足点在于，毛奇在战场上集结自己的兵力，而拿破仑在战斗前便已经合兵一处了。[13] 这场发生在几个层面上的辩论，对我们理解战役思想的发展有重要意义。尽管军官们具体讨论的重点在于正面进攻成功的可能性，但是，和战略辩论相似，这一重点的潜在语境也是在探讨从军事史和恒久有效的战役教学中吸取的教训是否有价值的问题。

例如，施利希廷批评所有相信永恒战争理论的人，尽管这种理论至少在腓特烈大帝时代十分合理。施利希廷认为，战争理论在每个时期都会受到自身领导原则的影响，其战略和业务也会随之发生永久性的变化。尽管他认同老毛奇制定的战役和战略法则的普遍适用性，但也觉得其历史有效性是有限的。施利希廷还觉得，在德国统一战争之前，这样的法则并不存在，而且通常不适用于未来。他通过引用武器、军事装备、运输手段和通信相比于几个世纪前的快速发展，证实了自己的观点。同时，施利希廷假定了一个管理特定时期的战役法则，当它在理想方式下被教授时，就能形成标准的战役思想和军队指挥与控制。[14] 尽管施利希廷有意识地减少了战役思想的自由度，转而支持一种现代化但并非总是"正确"的形式，且提倡基于当下的更狭义的战役思想，但无论如何，他还是坚持了战术领导者在选择其行动方案时的广泛独立性。

威廉·冯·舍夫中将（Wilhelm von Scherff）否定了施利希廷的观点。他反对任务型的指挥控制，支持在战术中采用严格控制的战斗形式。舍夫也推进了高级将领在通过命令实施指挥与控制时相对广泛的自由裁量权，从而使德军形成了比施利希廷更开放的战役思想形式。[15] 在 19 世纪后期的军事文献中，关于在两个对立位置下的战役思想的争论，被置于"下一场战争该如何进行"这一问题的背景下。

其他施利希廷的批评者，包括科尔马·冯·德·戈尔茨、阿尔弗雷德·冯·博古斯瓦夫斯基和阿尔弗雷德·克劳斯，都指出他将毛奇的战役教学绝对化，而忽视了更早以前的经验。他们明确反对只关注近年的战争经验，并强调了旧时经验的价值。尤其是冯·德·戈尔茨，他认为在原则上，为了未来，胜利者总是倾向于总结那些他们刚刚践行过的程序。他也对"未来战争将由机动战役快速分出胜负"的假设提出了警告。尽管在他的观点中，快速机动战争是理想的努力方向，但考虑到法国强化了的边境防御工事、东部恶劣的地形，以及难以指挥与控制的，增长到数百万规模的军队，戈尔茨依然期望战役可以缓慢甚至笨拙地进行。[16]

尽管总参谋部和军事作家倾向于将他们的分析聚焦在三场胜利的统一战争上，但传统使然，他们也仔细研究了更近期的战争经验，包括布尔战争、俄日战争以及巴尔干战争。然而，这种分析，首先受限于战术评估，亦未能对德意志帝国战役思想的发展产生决定性的影响。此外，任何评估的前提，始终是它对于未来德国战争的适用性。

通常，总参谋部几乎在其审议过程中忽视了美国内战，哪怕它是历史上的第一次工业化战争。总参谋部深信，在地理和军事条件方面，美国内战与欧洲战区的战争完全不同。当然，对新世界的"移民和暴发户"的文化傲慢可能也助长了这种态度。尽管没有决定性的证据能够证明老毛奇真的将美国内战形容为"两队武装暴徒在整个国家内你追我赶，我们从中无法学到任何东西"[17]，但这段引言确实代表了德国军官们的常见观点。[18] 根据总参谋部军官们不言而喻的想法，为什么一支曾在三场战斗中表现出令人信服的战术和战役能力，且成为许多武装力量学习榜样的军队，要从美国内战中学习经验教训？尤其是考虑到大部分美国将领在战役层面事务上的不胜任。联系到内战后美军仅仅被用来对抗西部的原住民部落这一事实，总参谋部军官们更有理由这么认为了。

内线、战略重心，和出其不意

尽管存在各种渐进的差异，辩论的核心仍然是那个困扰着老毛奇的问题：战时，一支数量不足，且因其地处的中心位置而时间紧迫的德国军队，能否赢得一场两线作战？如果能，他们该怎么做？

军事期刊中的广泛报道描述了一种模式，这种模式一方面接近总参谋部的计划，另一方面则明显不同。[19] 基本上，所有军事作者因为德意志帝国的地理形势，拒绝了以防御为本的，基于巨大防御工事的防御理念。[20] 在战略层面，他们都主张在内线作战。这种战争类型使得在不利的力量比下，己方按顺序单独击败众多敌人成为可能。鲁道夫·冯·凯默勒中将触及了问题的核心，他写道：

> 但是在随后的行动中，军队必须团结一致，其规则要一个一个传达到位。也就是说，在内线进行作战的一侧，会交替在两个相反的方向行进；同时一个基于环境的小队，必须致力于对其中一边的保护，主力则在另一边施加打击。[21]

在初期阶段就击败敌人很有必要，因为此时的敌人，还未能通过沿着外线的协同作战达成互相支持，其部队于时间和空间上被分隔开。因此，戈尔茨和伯恩哈迪指出了内线战略的风险。考虑到大型军队和取得快速且具备决定性的胜利要牵涉的困难，戈尔茨预计到了成功开展内线作战将面临的主要问题。尽管伯恩哈迪支持在内线的作战，他也指出至关重要的一点："第一场胜利越全面越好，将敌人打击得越彻底越好，这样才能让敌人的首次进攻瘫痪相当长一段时间。但在这一作战的任何失算，都将带来有害的后果。"[22]

因此，重要的是对部队进行准确的评估和相应分配，因为在法国与俄国之间执行内线作战的德国军队，即使是在重大且具备决定性意义的战斗后，也将不得不在长达数月的时间里留下大量兵力，牵制被击败的敌人。所以，在内线战斗，就必须要系统化地集中兵力。"在紧要关头的优势是己方面临的至关重要的考验。这样的优势是通过出人意料的集中兵力的手段实现的。"[23] 因此，要在未采取系统性的兵力集中以及突然性的情况下，将战略层面转化为战术层面，是有困难的。

进攻

这一时期，大多数的德国军事理论家都拒绝克劳塞维茨和老毛奇在一定程度上认同的、以防御为本的展开战役的理念。由于德国的中央位置，进攻是达成胜利的唯一方式。这个想法与深信"自行进攻"至关重要的理念相符。因此，战役思想专注于进攻。戈尔茨做出的诸如"发动战争就意味着发动攻击"[24]的声明，抑或伯恩哈迪的"下一场欧洲战争的问题，在战略进攻的平衡中悬而未决"[25]的言论，代表了德意志军官集团的传统见解；但这样的思想也同样流行于盟军和潜在敌方部队的军官们之间。[26]

机动进攻战役的进行需要有进攻战术的战争。执行进攻性、机动性的战役意愿，在德国军队战术的发展中扮演着相当重要的角色。不可避免的是，作为发动进攻性战役的先决条件，战术进攻被认为是至关重要的。[27]虽然进攻性战争的支持者并没有忘记，强化过的武器效果也增强了防御，但他们认为，进攻的品格和战役印象将克服防御所具备的战术优势。更有甚者，伯恩哈迪宣称，在现代化的条件下，进攻战争的优势将更甚于以往。[28]正如战争史所确认的，兵力上处于劣势的一方，时常能够击败数量远胜于己的敌人。然而，要达成这一目标，这支军队就得具备更高水平的备战程度，这种强烈的心理构成包括自我牺牲、不可动摇的获胜欲望和同心协力的能力。

许多专家的观点是，1904—1905 年的俄日战争，确认了主动性和意志力作为核心战术和战役因素的价值。正如威廉·巴尔克（William Balck）中校那些能够反映许多同僚的观点的文字：

> 战争经验清晰地表明了进攻相较于防守在战役上和战术上的优越性。选择地点和时间的自由补偿了自身因敌军先行布置战场带来的劣势。发动战争意味着攻击；攻击意味着将火力尽可能地送往离敌人近的地方……获胜的意愿可以补偿人数上的不平衡。比起更强的一方，更有活力的一方反而更可能成功。[29]

进攻方有主动性上的优势。这给予他们相较于防守方在空间和时间上的领先地位，从而占据战术和战役上的先手，这包括在他选择的主攻方向上汇集兵力，以及确保在关键地点和正确时机面对敌人时，能具备兵力和物资上的优势。因此，出其不意的兵力集中，是数量上乃至战略上居于劣势的一方，在有意识地接受特定风险时，获取至少是暂时性的战术和战役优势的有效手段。根据戈尔茨的说法，德国执行的战役必须包含无情的进攻，用决定性的疾风怒涛之势发起攻击。[30]

战斗优势

乍看之下，通过连续攻击或基于主动性和意外性的兵力集结逐个击破敌军的这一理念，以及利用内线的战役方法，对总参谋部来说是一种诱人的主张。但是，进一步的思考告诉我们，这是一种非常危险的方法，因为这一战役必须在时间压力和人数与装备都不足的情况下执行。但除了集中兵力外，这一时期的军事作家还假设，军队和指挥控制流程的质量不断提高，是德国面对优势敌人时能力不足这一核心难题的解决方案。战争史中，像鲁腾的腓特烈大帝这样的例子，一次又一次地被用来强调高超的指挥与控制的重要性，并证明了正是由于统帅超凡的军事指挥水平，才抵消了敌人数量上的优势。与此同时，在毛奇和腓特烈二世这样的伟大战争指挥家身上也滋长了神话，不少人盛赞他们钢铁般不屈的意志和通过直觉把握战机，并进行相应战役的超自然能力。大多数人理所当然地觉得，或是在特定的史实案例的帮助下"证明"，普鲁士—德国军官比他们潜在的敌人更能掌握战役法。

基于德国的国民性格，毫无疑问，训练良好、指挥得当的德国士兵要强于他们的敌人。一小队接受过良好战术训练的高质量部队，被认为足以执行计划好的快速战役且击败数量占优的敌人。通过与质量对比的方式，许多作家将人数优势边缘化了。通过指出指挥与控制无法量化，且无论指挥与控制做得多好，也不能弥补大量兵力差异带来的优势，伯纳哈迪验证了这一观点。博纳哈迪将之称为"数量定律"。[31] 即使一支理想中的精锐部队，也不能在人数上输给他们的对手太多。从 20 世纪早期开始，对军事事务感兴趣的公众也越来越多地意识到这一点。为了在这样的局势下取胜，就必须尝试全面加强部队的心理、品格和智谋，士气和意志是面对缺兵少将、炮火连天的局面时的最后手段。[32]

当代军事周刊中关于增加军队兵力的讨论远没有尘埃落定，而总参谋部和战争部之间在这个问题上的分歧，则几乎不可调和。战争部注重高质量的部队和指挥控制流程，所以他们拒绝任何进一步增加兵力的方案。[33]

调遣和包围

战役思想的所有要素，包括进攻、内线、主攻方向、主动性和突然性，都与部队的调遣直接相关。尽管火力为物力人力更优的一方提供了战术和战役上的优势，但绝大多数德国军事理论家还是认为，调遣这一要素能够让数量处于劣势但指控系统灵活、士兵训练有素的一方集中兵力并对局势迅速做出响应，从而占领先机。正如毛奇设想的那样，机动作战的执行能使分散的野战军有可能在战场上协同地连接起来，从而利用随之形成的包围局势打一场歼灭战。多年来，关于战斗中的成功究竟是来自于一次突破还是一场包围，这个问题持续引发着激烈的讨论。长期在他的著作中探讨这一问题的路德维希·冯·法尔肯豪森男爵将军解释，应对可怕的阵地战，最好的办法就是通过对侧翼的调遣同时对抗敌军的侧面和尾部。与此同时，他也提醒，这样的调遣需要极高的指挥与控制技巧，以及高质量的部队。他总结道："绕道和侧面包抄不是达成胜利的通用方法，可通用的方法既不存在于战场上，也不存在于医学中。战场上重要的是军官们对战术正确而熟练的应用、对方法的有力执行，以及适应环境。"[34]

所以，法尔肯豪森要求部队兼具出众的训练水平、法度严谨的规则应用力和过人的指挥与控制系统。即便对百万之师而言，能决定战争走向的因素也不会发生变化，战役指挥必须得适应这些改变的情况。[35]

这场辩论在"一战"前达到顶峰，它越来越集中在施利芬公开的对手伯恩哈迪身上，后者批评了对包围概念和随之而来的歼灭战的单方面关注。伯恩哈迪坚持将突破作为战役思想元素的一部分，作为战术亦是战役的进攻手段。然而，从本质上说，他反对一种机械的战争理念，即施利芬主张的单方面致力于一个战役程序。[36]伯恩哈迪主张在战役中赋予指挥官行动的自由。他将战争视作一门艺术，而不是一种科学——他指责这么做的施利芬。因此，伯恩哈迪断然拒绝一套战役系统或者一种胜利的配方，因为"任何意图用明确的系统来征服战场的人，都鲜有得偿所愿之时"。[37]

施利芬的战役思想

在开始探讨施利芬的战役思想及由此而生的战役和战略计划之前，我们应该简要地了解一下这个人。施利芬出生于 1833 年 2 月 28 日，在获得中学毕业及大学准入资格证书（Abitur）后，他的军官生涯开始了。后来，从一般战争学院毕业后，他被分派到总参谋部。他的职业生涯遵循了常见的总参谋部套路，例行常规地在部队任职与参谋部服役间来回轮换后，他进入了总参谋部。在团长任内，他被提拔为总参谋部的一名处长。1888 年，他又升任第一军需总监（Oberquartiermeister，普鲁士—德国总参谋部体系下的参谋次长），是瓦德西的候补。1891 年 2 月 7 日，施利芬被任命为德军总参谋长，直到 1906 年退休。尽管他从未作为指挥官主导过任何一场胜仗，他还是在 1911 年被拔擢为元帅，足见其恩遇之隆。

在担任总参谋长期间，尽管对帝国的军事理论之辩保持密切关注，他却没有参与其间。只是在退休后，可能是出于确保和维护他毕生工作成果的目的[38]，他才公开了自己的战役理念，其中大多数是以战争史研究的方式发表的。

几十年来，施利芬退休后所做的这些经典研究，塑造了他在我们心目中的形象。由于施利芬时代的总参谋部关于战役思想的重要文件——包括总参谋部考察旅行、战争演练、展开计划和进一步的战役审议——被认为遗失在"二战"对军事档案馆的文件和档案的破坏中，上述研究的作用变得尤为明显。幸免于难的，只有那些辅助性的资料。因此，多年来，由于施利芬治下的总参谋部，留存的战役计划相关文件非常有限，加上文字的遗漏以及伴随而来的神化与妖魔化，施利芬战役思想的观点被扭曲了。在由特伦斯·朱伯[39]引发的对施利芬战役思想的讨论中，新发现了一些资料，这促使人们在某些方面重新评估施利芬的战役思想——尽管未必用的是朱伯所提倡的基本方法。[40]

在他任职期间发布的规章制度和他后来的著作中，施利芬都未给出关于战役理念的定义。但是，他的确在有规律地使用着"战役"（Operation，名词）、"战役的"（operativ）以及"战役"（operieren，动词）这些术语。从他的著作中可以推断出，施利芬将战役理解为大型军队在给定区域内有针对性的调遣。实践到他的战役计划中，即在内线不断转移兵力聚集方向的，是战略层面的调遣，与法国的战争则属于战役层面。他并没有清楚地将战役与战术、战略区分开。但是，这不代表他像瓦拉赫错误总结的那样，通过战斗中的合并，模糊了战术行动与战役调遣分野，并且"使之前明确区分彼此要素的行为失去了意义"。[41] 正如我们已经讨论过的那样，在施利芬时代，三种指挥层级之间没有明确的区分，他也未曾引入这样的区分，尽管经常有人认为他已经这样做了。[42]

和毛奇一样，施利芬并未留下教条式的书面战役体系。施利芬的追随者们后来从他的著作中归纳出了这种体系，并将其奉为胜利的秘诀。施利芬把德国的战役思想带到了暂时性的第一等级，并留下了持续数十年之久的印记。

在 1891 年就任后不久，施利芬就走出了其强大前任的阴影，并为一场两线作战制定了他自己的战役—战略理念。对这样一场战争的基本战略，他假设的前提是，德国无法赢下长时间的消耗战。[43] 像伯恩哈迪和戈尔茨一样，他认为一场战争完全有可能演变为旷日持久、消耗颇巨的战事。施利芬不仅在针对德国的封锁中看到了经济上的困难，还看出了公民劳动力发生革命性转变的潜在国内风险。[44] 由于德国在消耗战中要面临的危险，施利芬倾向于阻止这样冗长的战争，并尽快结束任何一场未来战争，以便在封锁产生效果前，规避它的影响。[45] 所以，他的战役思想着重关注那些为了快速拿下战争的决定性胜利而需要付出的努力。[46]

不同于他的前任，施利芬并不打算通过防御性手段斩断两线作战的戈耳迪之结①。对深信德国无法赢得消耗战的他而言，进攻是避免陷入漫长消耗战的唯一选择。德军普遍对单边进攻式战役的依赖不断增长，这与威廉德国时期盛行的，通过进攻手段解决政治问题的社会思潮一致。许多政治、军事和经济领域的关键人物都乐于见到，停滞不前的委顿局面随着充满活力的年轻德皇威廉二

---

① 译者注：原文为"Gordian knot"，出自亚历山大大帝的典故。传说谁能解开复杂的戈耳迪之结，谁就能成为亚洲之主。亚历山大得知后，尝试解开绳结未果，为鼓舞士气，挥剑将其斩断。"戈耳迪之结"指代棘手的问题，"斩断戈耳迪之结"即快刀斩乱麻，大刀阔斧地解决问题之意。

世继位被一扫而空。为应对"收缩性法则"（Gesetz der Enge），德军驱动力不再是谨慎和保护性的，反而为了让德国提升为世界强国而变得极具攻击性。为了达成这一目标，帝国的政治军事精英们做好了在必要时发动一场被认为是不可避免的进攻性两线作战的准备。根据"主动性法则"（Gesetz der Initiative），自决行动的进攻比起被动接受的防御及伴随而来的静观其变的态度，更适合被德国用来通过暴力贯彻其意志。

在两线作战场合下的战争，必定受政治环境、空间、时间以及德国与敌方军事实力等因素的引导。在1901年的德国东部总参谋部考察旅行中，施利芬根据这些因素，将自己的战略和战役信条总结如下：

> 德国拥有横亘在法国俄国之间，能够将这两个盟友彼此分开的优势。可一旦它将部队分散，让任意一个敌人在数量上超过它，德国就丧失了这种优势。因此，德国必须着眼于在压制住其中一方的同时击败另一方。之后，当第一个对手被击败时，德国必须在另一个战区达到数量上的优势，对铁路的应用也能给敌人造成重大打击。第一波攻击必须全力以赴，必须要打响真正的决定性战斗。[47]

通过这些话，施利芬告知了他的总参谋部军官，在他看来，德国军队发动一场快速的两线作战的基本假设，是毋庸置疑的。施利芬为帝国的战略困境提出的解决方案简洁明快：运用内线和良好的德国铁路网络，将两线作战切割为两场成功的单线作战，从而使他的部队在每条战线上都享有优势。

若要执行这样的战略，两个敌人必须被彻底击败，尤其是动作要快——这就只能通过进攻而非防守达成。除了进攻式战役的执行外，这一战略还要求为德国武装部队的小队举办进攻式战术训练。[48]

由于法国动员迅速，而防守区域又欠缺战役纵深，施利芬决定首先攻击法国。从一开始，计划好的战役就承受着极大的时间压力。如果法国没有在俄国军队开始进攻之前被完全击败，那么这对德国而言就意味着灾难。多年来，对法国的速战速决成了施利芬战役思想的核心。与其中一个主要对手达成和解——可能的话是俄国，是它战略思想的核心。但这两者导致的结果却充满矛盾：尽管德意志帝国的战略利益在东边，出于战役层面的考虑，战争却要在西边见分晓。[49]

战斗

歼灭战的想法和这样一种信念息息相关，即人数上处于劣势的一方，只有在本地集合起优势——可能的话通过突袭，完全击败敌人的部队，才有获胜的机会。[50] 否则，存活下来的敌方部队将会一次次地造成威胁，令其在第二前线发动的进攻没有任何获胜的机会。与老毛奇以及同时代的军事思想一致，施利芬认为，考虑到帝国空间、时间和军事力量的现实，快速的歼灭战是德军从两线作战中获取胜利的唯一机会。

决战的目的在于将作为力量因素的敌军消灭。自瓦拉赫的书《歼灭战的教条》（The Dogma of the Battle of Annihilation）以来，施利芬只将大型决战作为其战役思想对象的这一假设，已经颇为常见。但是，这种观点还是太简单了，这种对施利芬战役思想的单一归因，暗示了战斗的经典战术意义。但是由于现在投入的大规模军队以及战场的空间限制，这样的战斗已不可能再发生。从概念上说，施利芬想要的战役上的决战，是一系列持续数天之久的单独战役，其中一部分还可以彼此合并。新发现的关于他的总参谋部考察旅行和关键任务（Schlussaufgaben）的文件，确认了施利芬并不认为大型的歼灭战不会只有一场。[51] 然而，毫无疑问的是，施利芬战役思想的中心集中于尽可能地在靠近边境的地区摧毁敌人部队的决胜上。他确信，只有通过压制敌人的部队，才能结束一场战斗。施利芬将意外性作为所有成功的重要先决条件。

施利芬对战斗决策的单方面执着远超老毛奇。前者有效否定了战场上的胜利只是众多结束战争的战略选项之一这一原则。[52] 施利芬的兵棋推演（Planspiele）暗示他认为在西线的成功决战未必能迅速带来和平，因为即使在战胜法军后，他也计划要在西线留下相当一部分军队。总而言之，这些兵棋推演向人们展示了一个比利特尔和瓦拉赫所描述的更为灵活、更不教条化的施利芬。政治考虑也是他对局势估计中的一个重要部分。有时候，当重心至东向西转移，帝国领导层开始思考和决定与俄国或英国和解事宜时，这样的因素会直接在施利芬的战役规划中反映出来。

歼灭

一场迅速的歼灭战是战役执行的关键。为了寻求这一理念的理论基础，施利芬转向了毛奇和克劳塞维茨，尤其是后者，他的成果被直接简化为了"歼灭"的概念[53]："撇开克劳塞维茨著作中高度的道德和心理意义，他对'破坏'这一理念的重视渗透到了他所有的作品中，并赋予了其永久的价值。事实上，多亏了克劳塞维茨，普鲁士军官队伍才能在长期的和平中留存着纯粹战争的想法。毛奇的思想发展紧跟着克劳塞维茨，并开始超越他。"[54]

施利芬对"破坏"的理解与在德意志帝国通行的观点一致。它不是对一个国家政治或经济存在的抹除，而是在击败敌方士兵后，又能反过来与敌方部队那代表了该国全体兵力、物资和道德力量的思想纠缠在一起。如同两线作战过程中的其他许多事物一样，有计划的、快速的破坏实际是否可行依然是争论的焦点。即使是伯恩哈迪，也指出，彻底破坏敌军是十分罕见的情况。[55]然而，对敌军有意识的破坏并非原创的德式理念，它同样也是法国、俄国与英国军事思想的目标。[56]

如前所述，"破坏"不应被理解为物理灭绝，而应该通过战争的手段使敌军无力化。比如，戈尔茨就曾写过："'击败'和'毁灭'不能被想当然地视为实际上杀光敌人或让敌人的作战单位完全丧失战斗力……通过'毁灭'，我们能够将敌人削弱到无法继续挣扎的物理和道德状态。"[57]对"毁灭"概念的这一理解，即敌人武装部队在战役层面上的无力化，为19世纪对军事事务感兴趣的德国大众所广泛接受。一场欧洲战争，绝无可能灭绝所有人口。第二次世界大战后的军事历史文献让德国的毁灭概念成为一种绝对。[58]瓦拉赫的《歼灭战的教条》是这一发展的先锋。[59]当前的众多学术观点均将德国的毁灭战略视为歼灭教义抑或歼灭崇拜[60]，从1904—1908年德国在纳米比亚种族灭绝战略[61]到施利芬计划，再到"二战"中德国国防军在苏联发动的种族主义歼灭战，歼灭战一脉传承下来的线性发展，都处在德国特殊道路（Sonderweg）这一更大命题的框架下。

无可辩驳的是，纳粹国防军对苏联进行的种族歼灭战绝不可能与德皇陆军（kaiserlichen Armee）的理念相容。[62]因此，问题在于，丧失能力层面上的毁灭，从何时起能够转为无界限的消灭？当然，总参谋部没有将"施利芬计划"

发展成一种受种族因素驱动的歼灭战争。但是，对敌人进行物理性毁灭的趋势，可不是早在德皇帝国末期，就隐约出现了吗？鉴于普法战争的经验，已经有一些畏惧人民战争的德国人，在战役层面的歼灭战理念上更进一步。[63] 军队的主要观点反映在了威廉·冯·布利姆（Wilhelm von Blume）的言论中，后者是这样评价常规战后爆发的人民战争的：

> 这样的情况只有在敌人相信它，且在我方动用武力之前就屈服的情况下才会发生。在战争的同时避免流血，这本身就是一种矛盾。目前，只有最莽撞地采用一切国际法允许的手段击败敌人，才合乎处于战争中的国家局势的严重性，以及国家利益受到威胁的程度。在这种背景下发动的战争是减少其苦痛的手段。[64]

坎尼还是鲁腾？

鉴于防守方的火力优势，施利芬和老毛奇都认为毫不妥协的包围战术是执行成功的歼灭战的唯一机会，尤其是考虑到德国武装部队在人数上的劣势时。因此，如铁一般执行包围战术的意志，成了施利芬关于歼灭战的战役思想的第二根支柱。

在处于时间压力下的歼灭战中，机动作战的进行是成功执行包围的先决条件。因此，调遣，以及兵力的集中与突然性等因素，是歼灭战和包围战的支柱。少了调遣因素，就无法理解施利芬的战役思想。同老毛奇一样，他深信对大型军队的指挥与控制只能通过调遣来实现。[65] 在他最后的关键任务（Schlussaufgaben）中，施利芬毅然向他的总参谋部军官们指出："赢得一场战争，靠的不是攻城略地，而是调兵遣将，这是一条法则。"[66]

战役包围与兵力调遣息息相关。在施利芬看来，打胜仗的唯一机会，就在于同时对敌人的侧翼与正面发动攻击。所以，施利芬在教导他的总参谋部军官德意志帝国的战役—战略位置时，说道："因此，我们必须这样指挥兵力上居少数的军队：不仅要倾尽全力地攻击敌人的侧翼，还要严重威胁敌人后备线，因为后者的敏感性随着军队的规模不成比例地放大。这是唯一取得决胜战果，并迅速结束战役的办法。这么做对我们至关重要，尤其在需要两线作战的场合。"[67]

退休后，施利芬甚至更进一步，对雨果·冯·弗赖塔格－洛林霍温（Hugo von Freytag–Loringhoven）将军说："对侧翼发动进攻正是整个战争史的实质。"[68]

包围的理念并非来自施利芬从事的历史性研究，而是源于他对德国战役—战略局势的衡量。他在退休后写就的关于坎尼会战和1813—1814年德国民族解放战争的著作，主要被用于印证他已有的战役理念。与此同时，施利芬试图用他的著作，向继任者小赫尔穆特·冯·毛奇大将施压，阻止他摒弃包围的理念。[69]即使身为总参谋长，当施利芬在1903年的专著《今后的战争》（Der Schlachterfolg）中，向总参谋部战争史处（Kriegsgeschichtliche Abteilung）证明包围非比寻常的重要性时，依然要利用公众作为表达他理念的手段。

在此背景下，施利芬的专著《坎尼》有着特殊的地位。一方面，他用坎尼会战证明，即使是一支人数上处于劣势的队伍，也能够通过双重包围的手段击败优势敌军；另一方面，他其他的任何著作，都没能像这本书一样，对当时的战役思想产生如此深远的影响。尽管"坎尼原则"成了理想化战役的象征，尤其对远在20世纪的青年军官而言[70]，它在批评者眼中，依然是施利芬在战役上盲目妄自尊大的象征。[71]通常，当他的战役思想被讨论的时候，他的崇拜者和批评者都没能与他的言论保持必要的距离。毫无疑问，施利芬描绘了证实他理论所需的历史真相。当他说，拥有发动双重包围所需的兵力优势总是好的[72]，或是明确阐述"坎尼会战这场完美的战役在历史中很难找到，因为只有交战双方的一方是汉尼拔，另一方是特伦提乌斯·瓦罗，且双方用他们自己的方式相互协作，才能达到这一伟大目标"时，他是认可自己所写的内容的。[73]

这些话语绝非胜利的秘诀，或歼灭战教条的理想根据。此外，对坎尼会战的关注模糊了一个事实，即施利芬的战争历史分析的参考点并非古代世界，而是腓特烈大帝时代。在德意志帝国统一后不久，普鲁士人占据主导地位的总参谋部，开始分析腓特烈打过的仗。他们认为18世纪中期的普鲁士局势和19世纪晚期的德国类似。尽管这种类比是人为的，历史从来不会重复，可必须承认，由于以普鲁士为核心的帝国就坐落在欧洲的正中央，故而普鲁士和德国的地缘战略地位十分相似。在腓特烈时代，普鲁士在多线作战时，都面临着人员和物资短缺的问题。根据当时的思想，总参谋部寻找的是能够令普鲁士在七年战争中的胜利成为可能的要素。

正如那些尝试着将历史应用在现实中的例子，评估证实了指挥官们对这种局势的分析：只有通过基于包围战的歼灭战，战争才能进行，而且指挥官的才华在这种情况下至关重要。这导致了一个显而易见的结论：战斗对战争的成功十分关键。因此，从逻辑上看，通过1575年鲁腾会战的例子，施利芬证实了他的战役思想。在罗斯巴赫胜利之后，腓特烈二世迅速地重新部署了他在内线的兵力，将其自西线转移至东线，并在人数处于劣势的情况下，通过侧翼进攻赢得了战斗。

考虑到德国的地缘战略位置，在许多德国军官的想法中，这种历史性的类比并非人力所为。然而，在这一选择性论述的过程中，事件关键点被完全忽视了：和平的原因并非腓特烈二世在战斗中取得了胜利，而是参战各方普遍的疲惫——这是一个深层的政治过程。相比之下，施利芬本人谈到了"鲁腾计划"。[74] 他认为，只有在理想状况下，坎尼会战那样的模板才有可能实现。按照总参谋部的看法，对单向包围的限制是可行的。最后，鲁腾会战成了施利芬1905年备忘录中战役包围计划的基础。[75]

质量和数量

除了运行良好的指挥与控制系统，施利芬规划的战役包围还需要一支高质量的军队，相较于潜在的敌人，其数量必须相对充足。总参谋部并没有质疑军队质量的重要性。早在施利芬时期，就有越来越多的声音发出警告，称德国相对不足的兵力已经达到执行计划好的战役所需的关键临界值了。对施利芬本人来说，这种发展似乎并不戏剧化，因为他没有要求战争部拓展部队的规模，即便这样的增编对他的战役计划至关重要。在德意志帝国各部门各行其是的冲突下，施利芬毫无怨言地接受了战争部长卡尔·冯·艾内姆（Karl von Einem）"军队的发展已经完成"的说辞。这清楚地说明，总参谋部虽然是德意志帝国军事计划制订和战役指挥的权威机构，却对执行这些计划所需的人力物力资源几乎没有什么话语权。但是，若总参谋部没有告知艾内姆战役计划，施利芬该如何劝服这位以财政和国内政治为理由，拒绝扩张军队规模的战争部长？此外，施利芬并不打算让太多资产阶级军官进入扩大的部队中，稀释军队拥护君主主义的血统。[76] 小毛奇是第一个告知战争部长其战役计划的总参谋长，其目的在于将他的增员要求正当化。但是小毛奇也未能获得授权，以对他的战役计划进行必要的增员。和他的前任施利芬一样，他确信更高的德军质量和更好的领导水平或多或少能弥补其数量上的不足。[77]

计划与指挥与控制

施利芬系统性地持续了总参谋部自老毛奇起的扩张，将部门的数量从 7 个增加到 16 个。[78] 总参谋部的任务包括对国家的描述与地图绘制，收集外国军队的资料（第 IIIb 科），以及进行部队的战时准备，最重要的是，总参谋部专注于战争的动员和执行。除了对所属军官的战术和战略训练外，总参谋长还负责德国军队在战役和战略层面的战争计划。总参谋部通过为各个野战集团军准备最新的展开指示（Aufmarschanweisungen），以实现其战役思想在军事计划上的应用。这些指示是由展开部门（Aufmarschabteilung）[79] 在 4 月 1 日，也就是每个动员年的开端签发的。[80] 在执行这一过程的初步阶段，铁路部门将基于绝密的展开指令（Direktiven für den Aufmarsch）来安排德国军队的铁路展开，这是由总参谋长在前一个自然年的 11 月或 12 月签发的。[81] 这一过程年年循环往复，展开计划通常和其他总参谋部的过期绝密文档一起，在每个动员年结束时销毁。[82]

制订动员计划的少数总参谋部军官，做了大量的规划工作。[83] 施利芬和他的军官们尽一切努力，使他们的计划能够适应当前的技术进步和趋势，以对冲潜在的不可解决的问题，这就进一步地提高了对施利芬团队的要求。借此，施利芬尝试消除他计划中无法承担的偶然性，或者克劳塞维茨式摩擦，因为他计划中留下的时机稍纵即逝。最后，动员、展开、战役以及战斗被压缩成一个庞大的、计划完好的行动[84]，这些计划不仅仅被设计来防止摩擦，还被用来通过采取主动手段迫使敌人做出反应，以影响其决策。

然而，这不是一个德国专有的概念，根据巴里·波森的说法，这是军事

总参谋部，1913

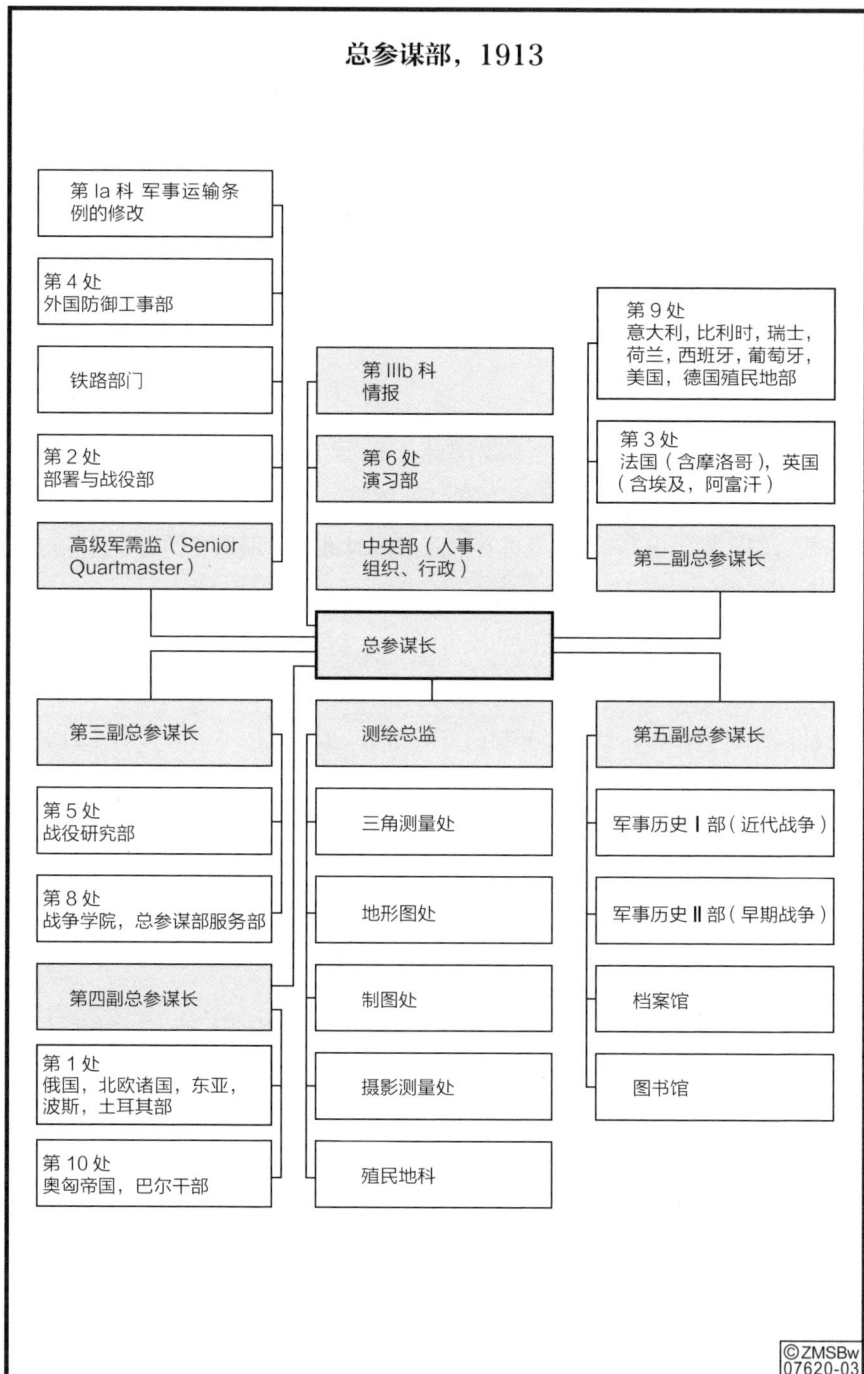

- 第 Ia 科 军事运输条例的修改
- 第 4 处 外国防御工事部
- 铁路部门
- 第 2 处 部署与战役部
- 高级军需监（Senior Quartmaster）

- 第 IIIb 科 情报
- 第 6 处 演习部
- 中央部（人事、组织、行政）

- 第 9 处 意大利，比利时，瑞士，荷兰，西班牙，葡萄牙，美国，德国殖民地部
- 第 3 处 法国（含摩洛哥），英国（含埃及，阿富汗）
- 第二副总参谋长

总参谋长

- 第三副总参谋长
  - 第 5 处 战役研究部
  - 第 8 处 战争学院，总参谋部服务部
  - 第四副总参谋长
    - 第 1 处 俄国，北欧诸国，东亚，波斯，土耳其部
    - 第 10 处 奥匈帝国，巴尔干部

- 测绘总监
  - 三角测量处
  - 地形图处
  - 制图处
  - 摄影测量处
  - 殖民地科

- 第五副总参谋长
  - 军事历史 I 部（近代战争）
  - 军事历史 II 部（早期战争）
  - 档案馆
  - 图书馆

©ZMSBw
07620-03

组织形式中固有的。以组织理论的视角来看，包括军队在内的组织，倾向于按照常规操作程序构建其流程，以防止摩擦。其中的关键要素是不受外界干扰地执行决策的意图。这既包括了敌人带来的外部影响，也涵盖了政治官僚们造成的国内扰动。比起防御，这种思想更倾向于进攻。防御只允许做出反应，且在这一过程中，这种"不可避免的行动"（Gesetz des Handelns）会被长时间转移到敌人身上。防守方成了目标，而非事件的主体，并且不可估量的摩擦的数量相应地会大大增加。与之相反，进攻提供了通过计划和尽可能自主地执行一方的战术与战役行动，随后从敌人手中夺取主动权的可能性——且这么做还能将误解和错误限制在最低范围内。所以，比起防守主义，军队领导人更青睐一种进攻主义。[85] 在此框架内，直到今天都是德国军队一大特征的任务型指挥和控制（Führennach Auftrag），似乎是一种应变系统。

施利芬手下制订的战役计划必然需要严密的领导。根据他的理念，现代指挥官能够稳坐中军帐，通过庞大的电话网络践行他的指挥与控制职能。这必然限制了战役层面指挥的行动自由，但并没有偏离计划的执行。因为指挥官在下达执行计划的指令后，几乎没有对战役产生任何影响，他所有的下属军官必须通过训练和教育对他的战役熟稔于心，这样才能在产生摩擦时按照高阶指挥官的意图灵活行动。根据施利芬的说法，在这一方面采取行动是有必要的，因为"依照经验，如果无法达成（指挥官之间的同步），战役就容易以不利的走向告终。每个集团军司令都有义务将最高指挥官的思路内化吸收。这项责任意义重大，尤其考虑到战斗的命运很大程度上取决于此"。[86]

尽管施利芬的理念和传统的德国指挥与控制原则一样，注重下属指挥官的独立性，他还是用异乎寻常的严厉程度强调了这一原则："这一切都很好，但下级领导人必须了解他们肩上所负担的责任。"[87] 很少有具备如此指挥能力的人能够有针对性地解释任务型控制和指挥施加给下属的负担，这种负担时常被其众多拥趸忽视。因此，现代的总参谋部军官，不再是在马背上通过个人榜样引导和鼓舞士兵的英勇战士和指挥官，相反，他们是"受过大量最先进的训练，用科学化的手法践行战争艺术的专家"。[88]

尽管总参谋部十分重要，但它也只是构建德意志帝国整体军事架构的机构之一，除了从来不曾和施利芬及其继承者们就帝国的战争计划进行详细协同配合的海军外[89]，这些机构还包括负责官员和帝国指挥机构人事管理的军事内阁，以及负责军队人员规模和武器采购的战争部。战争部长在国会的武装力量事务上代表着帝国首相的立场。这一组合阻碍了总参谋部这个在三大分支中最为年轻，且被迫卷入与战争部对抗的部门，令其由于缺乏必需的权限和责任范围而无法制订战略计划。此外，作为处于这三个机构之上的武装力量的总指挥，协调战略战争计划是德皇的责任。德皇威廉二世未能履行好这一职责，因此，尽管三大分支机构的目的时有交叉，它们却素来各行其是。这种仅仅通过德皇和战争部与德国政府产生联系的体系，将总参谋部在和平时期的作为限制在了战役计划层级上，且不适合发展为帝国制定整体战略规划的组成部分。

这种现实完全不符合总参谋部本身自 1871 年起就塑造出的无所不包的"德意志帝国创始人"形象。因这种一成不变的思想和计划而衍生的，无名的总参谋部军官们像上足了油的机器一样毫不置疑地履行其长官意志的形象，绝非基于现实。然而，这种形象是由"施利芬学派"的成员们在他们 20 世纪 20 年代和 30 年代间的著作中塑造出来的。尽管我们对总参谋部内部圈子——约有 15 名军官——任职的了解因严格的保密和资料缺失而受限，但这些人确实有着不同的战役理念，这也反映出了代际摩擦。很长一段时间内，有很多细节都说明，施利芬认为由他的前任们所构筑的德国军队的组织架构是错误的，他只是在等待一个执行他新思路的机会。[90]

有一代仅在有限程度上认同该理念以及"不朽的毛奇"的防御倾向性的军官，施利芬可以被视作他们的支持者。他们更相信进攻才是面对两线作战时的解决方案。在此背景下，毛奇那时常被引用的，对施利芬制订的新计划惊恐而负面的反应，有了一个新鲜的角度，可以与施利芬在结束任期后对他的继任者的新理念的回应相比较。[91] 这些保留态度在施利芬著名的 1905 年备忘录中达到顶点。正如 1904 年大型西部旅行训练的最终讨论所显示的[92]，施利芬的战役计划在他任期的最后一年饱受批评。这或许是一次对施利芬命运的讽刺，因为他本人就曾经是个渴望改变的年轻派系的成员，却在离任时面临着和他前任相同的境况。然而，这些代际冲突并非总参谋部受到统一的教条化观点统治的证据，相反，那里有相当多不同的战术和战略理念。

展开计划

当施利芬在 1891 年接替瓦德西成为总参谋长的时候，他已经有好几年在核心位置负责展开计划相关准备的经验了。这种准备基于在东西两线的进攻式防御姿态，其重心在东线。施利芬的上任恰逢欧洲政治的重大变局。俄国与法国之间的和解已经酝酿了许多年，形成了类似德国和奥匈帝国的双重联盟。对施利芬而言，两线战争这一假想中的军事威胁成了现实中的场景。

施利芬上任几个月后，就写下了一份质疑前任们计划的备忘录。短短一年后，他又表达了对能否按照计划中的展开击败与摧毁俄国军队的怀疑。俄国人改善后的铁路基础设施将让其能够更快地进行展开，同时其坐拥依托纳雷夫河的防御工事，德军要击败他们只能通过正面攻击。这一行动过程实际上排除了对俄军造成毁灭性打击的可能性。因此，在可见的未来中，东线将不会有任何可以被预测的军事决战，尤其是俄军还可以撤退到俄国广袤乡村地带的深处。鉴于铁路技术的进步让法国能够在德国之前完成战争动员，并在相当早的阶段发动打击，施利芬认为法国是一个更为危险的敌人，必须通过快速的决战击倒。因此，施利芬在 1892 年彻底改变了前辈们的展开计划，将大部分德军兵力以及战役的重心都转移到了西线。[93]

基于对法国的快速进攻，施利芬撰写了其 1894 年的备忘录。因为不相信德国进行长期防御的有效性，而且害怕法国突破德国的前线，所以他希望通过加快德国的战略展开，即刻发动进攻，以实现大规模会战，从而击败法军。正如他指出的，该计划的基础是他的信念，即："为了获胜，我们必须在交战时成为优势方。然而，只有在我们决定好战役时，我们才有机会这么做，而不是被动地等待，了解敌军要对我们做什么。"[94]

若是与预期相反，法国并没有发动进攻，施利芬打算集结大量重炮突破法国在南锡附近的防御工事体系。但是施利芬很快意识到，在南锡附近突破是不可能的。因此，在他 1897 年 8 月 2 日的备忘录中，施利芬放弃了突破法军防御工事体系的想法，并清楚地表明德国对法国的进攻只能在一条路径上进行，这条路上需要攻克的防御工事越少越好。衡量了所有的可能性后，施利芬唯一的解决方案是对凡尔登进行北部的侧翼包围。因为孚日山脉与比利时—卢森堡国境之间的缺口让他无法在此广泛部署德军，他总结道："围绕凡尔登的进攻应该要毫不犹豫地打破卢森堡和比利时的中立。"[95] 德国攻势的目标是攻击法军的后方线路，将它与巴黎切断，并于其后摧毁。这是施利芬首次在著作中体现包围法国要塞体系的想法。在他 1897 年的备忘录中，并没提及任何针对巴黎本身的广域进攻式包围。

尽管自 1892 年以来，施利芬就决定支持对法国的行动，但总参谋部还是在继续推进一个名为"大规模东线展开"（Grosser Ostaufmarsch）的方案。除了总参谋部西部考察旅行，施利芬还主导了每年一次的东部考察旅行。与此同时，战争演练和最终战役问题（Schlussaufgaben）被用来应对所有在东部的假想战争场景，尤其是铁路运输和铁路网络问题，其在东部的发展比西部完善。与德国的盟友奥匈帝国的磋商仍然模棱两可地局限于德国从东普鲁士在纳雷夫河区域的攻击。双方的协同战役计划并不存在。结盟的双方都独立地进行战争计划，且只能从对方那里获得含糊不清的信息。[96]

在 1904—1905 年之前，展开计划、总参谋部考察旅行以及战争演练都表明尽管意识到了其中的风险，施利芬总体上还是坚持包围理念。然而，他的战役意图却依照法国领导人的预期意图而变，而且他并不仅仅关注大规模的包围。施利芬对太宽泛的包围提出过警告："因为部署是一种双重任务——若敌人在完成部署后立刻进军，就要展开反攻；若敌人躲在防御工事背后，就要发动进攻。"[97]

这些话语直达施利芬战役计划的问题核心。如果法国人躲在防御工事背后，拖延时间，那德军应该怎么办？如果俄军比预期更快地完成了动员，德军又该怎么办？假使上述情况发生了，那么施利芬整个基于德军自西向东的快速再部署的战略理念将会崩溃。在这种情况下，灾难不可避免，因为德军将几乎无法抵御法军与俄军的协同进攻。因此，施利芬深信，用德军间不容发的进攻迫使法军进行决战，是解决问题的唯一方法。

1902 年，当施利芬认为法国人已经了解了德国的包围计划，且会准备好适当的反制措施时，他决定改变自己的战役计划。在 1902—1903 动员年期间，德军将很多自己的兵力——第二到第六集团军，共计 18 个军——直接部署在了法国—卢森堡的边境。第一集团军被用于维持远程的侧翼安全。施利芬倾向于同时进攻南锡和图勒与凡尔登之间的前线，凭借右翼德军野战部队的进攻,他想要摧毁预期中的法国对德国北部侧翼的进攻。在那里取得胜利后,右翼将穿越默兹河下游的凡尔登,并朝着法军的后方线路进军。[98] 所以,"施利芬计划"在包围战中结合了反击和正面攻击。[99] 施利芬保留了他在1904—1905动员年中的展开理念。那一年的计划表明德军对左翼的加强和对右翼的削弱,同时右翼并没有向北展开得过于深入。这种方法使得施利芬能够在洛林开展强有力反击的同时,发动有正面进攻支持的攻势,二者的目的都是在凡尔登地带进行决战。[100]

这两个选项都是可行的,且表明了施利芬的战役计划中固有的高度灵活性。然而,在当时,德军总参谋长还未制定通过比利时开展的影响深远的攻势。随着1905—1906动员年的到来,情况发生了改变。与前一年的展开计划相反,从这一年起,部署在荷兰边境的迪登霍芬以北的兵力,不再是区区8个军和6个预备师,而是17个军和2个半预备军。在施利芬之前的展开计划中,他从未如此直接地重视过右翼进攻。这反映了1905年备忘录中阐明的部队分布情况。总参谋长现在决定反对仅包抄北部凡尔登,并支持用德军的右翼取道比利时,从布鲁塞尔方向包围里尔。这是他首次下决心在战争中打破荷兰的中立。

为什么施利芬改变了他之前的战役计划概念,并在1904年下达了如此影响深远且包含重大战役风险的展开计划?根据格哈德·李特尔的说法,施利芬之所以做出这一艰难抉择,既不是出于对法国变更战役计划的回应,也没有考虑政治局势受俄日战争影响而出现的发展,其纯粹是出于军事上的考量。李特尔描绘了一个"纯粹军人"的形象,这群人既不会在意政治发展和决策,也不会在其计划中考虑这些问题。他作为一名纯粹的军队技术官僚,依照准自主的原则行动。然而,近来发现的资料表明,正是政治考量和关于敌人局势的最新消息,迫使施利芬在1904年末对德军展开计划做出了实质性改变。从1904年仲夏起,总参谋部的第IIIb处就确信,法国已经将左翼的兵力调整到北部,且由于俄日战争,法国未必会发动攻势。

考虑到俄日战争,直到1904年都有可能出现的法国攻势,如今却不太可能发生了。相反,我们必须预见到,法国可能不会在战争爆发后立刻发动攻击,反而会在其防御工事后集结兵力,等待德国的进攻。他们或许会认定德军右翼将从北部绕过他们防御工事的正面。为了集结兵力，在北面迅速部署快速移动，比当时预计的，在阿尔萨斯—洛林对面集结主力更为便捷。[101]

基于对敌人情况的这种估计，施利芬必须假定，若没有俄国人的支持，法国将不会像之前预估的那样发动谨慎的进攻，而是采取防御措施，并加强他们的左翼。考虑到总体局势的这一改变，我们可以理解为何施利芬会在1904年第一次总参谋部考察旅行的事后反思环节，质疑之前受到他青睐的凡尔登到梅济耶尔的北部包围圈计划。他意识到德军面临着无法迫使法军从其固若金汤的阵地中撤离的风险。尽管其中暗藏不利因素——打破荷兰的中立以及通过比利时北部长途路径时导致的突袭要素的丧失，施利芬还是首次考虑尽遣主力攻击防守稍弱的凡尔登—里尔的正面。为了应对战略形势的转变，法国人为其防御工事带引入了一套广泛现代化的项目。德军单位的这种大规模的包围，能够完全地围困住法国防御工事体系，是施利芬战役计划的必要条件。[102]

正如我们所见，在1905年的西线总参谋部考察旅行期间，施利芬为手下最出色的总参谋部军官们模拟了他的新战役理念。这些在施利芬看来积极的结果，于1906—1907动员年的展开计划中有所反映，这是他履行总参谋长职责的最后一年。因此，施利芬再次加强了对法战争中西线1号展开（Aufmarsch West I）计划里的右翼，令其转向包抄。最初的战役目标——第一集团军掩护右翼对安特卫普的包抄，第二集团军向布鲁塞尔进军——显示了在施利芬意图下德国右翼包围的广泛范围。施利芬下令："除了第七集团军外，全军右转奔赴比利时。左翼（第八集团军）尔后进驻梅斯，在筑垒地域对抗凡尔登（的敌军），并在必要时掩护执行左翼包抄的队伍。"[103] 这些措辞并不允许有别的解读。施利芬清晰地计划了一场大规模包围战，其范围涵盖比利时全境和荷兰部分地区。

总而言之，在他的总参谋长任内，施利芬对战役计划做出了四次根本性修改。1892年，他把战役的焦点从东线转移到西线。1894年，他最终摒弃前任们防守为本的理念，筹划了针对法军的快速正面进攻。1897年之后，施利芬先是打算绕过法国在凡尔登北部的防御工事，但从1899年起，尤其在1904年后，他的想法变为绕过整个法国的防御工事。

然而，德国的军官队伍并没有让施利芬的计划毫无波折地推动下去，如同施利芬学派在 1918 年后提及，且自 1945 年之后被施利芬的批评者们毫无保留接受和重新诠释的那样，当时领先的军事理论家，包括戈尔茨和伯恩哈迪，都对"施利芬计划"的可行性提出了质疑。戈特利布·冯·黑斯勒（Gottlieb von Haesler）元帅认为法国不会让它自己"如瓮中之鳖"①般受困。[104] 早在 1895 年，前高级军需官，马丁·克普克少将以近乎预言式的远见，警告道："在任何场合下，都有足够的迹象表明，未来的战争将与 1870—1871 年间的大不相同。我们无法指望会有决定性意义的速胜。军队和人民必须要尽早适应这种令人不快的现实。"[105]

"施利芬计划"

1906 年 2 月，施利芬给了他的继任者小赫尔穆特·冯·毛奇一份名为"对法战争"的备忘录。[106] 该备忘录以"施利芬计划"之名广为人知。然而，它并不像时常被提及的那样，是一份施利芬关于两线作战的计划，相反，它是针对只有德法两国卷入战争这一情况而制订的战役计划。根据亚胡达·瓦拉赫（Jehuda Wallach）的说法，该备忘录是基于两线作战写就的。但是瓦拉赫错误地认为在"施利芬计划"中充当模板的是坎尼会战而非鲁腾会战，而且他还对其他施利芬的战役思想做出了错误的解读。[107] 瓦拉赫在那几十年间塑造了施利芬在历史上的形象，但他对施利芬的解读，在很多方面是没有事实支撑的。

备忘录不是 1906 年的展开计划，而是关于对法国发动单线作战的最佳战役计划的研究。施利芬还打算将这份备忘录作为遗产，赠予其继任者小毛奇，他认为这位子是自己强加给他的。小毛奇在原则上复制了施利芬的基本理念，包括转移西线重心和包围法国防御工事系统后将其快速毁灭，他拒绝教条式地固守包围战术，但他同样坚称，在包围成功前更稳固地把敌人钉在正面，是十分有必要的。然而，在施利芬看来，毛奇的理念影响到了他毕生工作成果的可

---

① 译者注：原文为"like a cat in a sack"，意为"袋子里的猫"。

信度。因此，为将一切留待历史检验，施利芬决定用毫不含糊的言辞记录自己的立场。通过这一方式，他明确地提醒了继任者其基本战役理念，并完善了针对潜在对法战争的计划和执行指南。[108] 施利芬的备忘录不是一份典型的战役计划，而是基于1906—1907年部署和战役计划的一份对法作战的可行方案。这也是一份关于他战役思想的纲要，其中结合了向小毛奇提出的推进增加整体兵力的微妙建议。

施利芬并没有像经常被历史文件误读的那样，计划一场"超级坎尼"式的战役。相反，他计划的是"超级鲁腾"。基于法国可能会将自己限制在防守端的评估，整支德国军队以右翼强、左翼弱的态势被部署在西线。[109] 在左右两翼的兵力比是7∶1。完成这一部署后，右翼将取道比利时、卢森堡与荷兰，沿着梅斯—韦瑟尔一线行进。其目的在于绕过法国的防御工事系统和主要阵地，这些阵地已经向西北扩展到了梅济埃尔和拉斐尔。在执行广域包围时，右翼将转向南面，进攻那慕尔。梅斯—迪登霍芬要塞是两翼之间的枢纽。左翼的任务则是向南锡进军，遏制法国军队以掩护后续前进的左路部队。

德国的行进基于一个雄心勃勃的规划。这一规划要求早在第21天前就抵达法国—比利时的边境。成功突破法国边境后，一些主要的包围战将在边境地带展开，以求击败法军。如果德军未能按施利芬的期望在瓦兹河以西击败法国，又或者法军撤退到了南面，德军就需要按计划从西侧对巴黎进行包围。行进31天后，德军又折回向东，成功将法军推向其防御工事的西侧，并最终通过一场大型歼灭战击败法国。

在这一规划中，进攻是一条连续的攻击链。整个战役行动不仅处于极端的时间压力下，还面临着法国在莱茵河上游等地区打出反击的可能性。通过宣称决战将发生在右翼，施利芬打破了这些担忧。按照施利芬的想法，法国将会迅速抽离任何对德国左翼的反击。在他于1912年退休期间写下的最后备忘录中，施利芬甚至准备放弃东普鲁士，以便对一项能够直达海峡沿岸的巨大包围行动提供支持。借着这句经常被引用的评论，他修正了这一战略上的改变："最终决定奥地利命运的，不是布格河，而是塞纳河！"[110] 时至今日，完成于去世前几日的1912年12月28日的施利芬备忘录，频繁地作为他扩展战略计划的证据被引用。但批评者忘记了这是由一名年近八十的老者拖着病体残躯写就

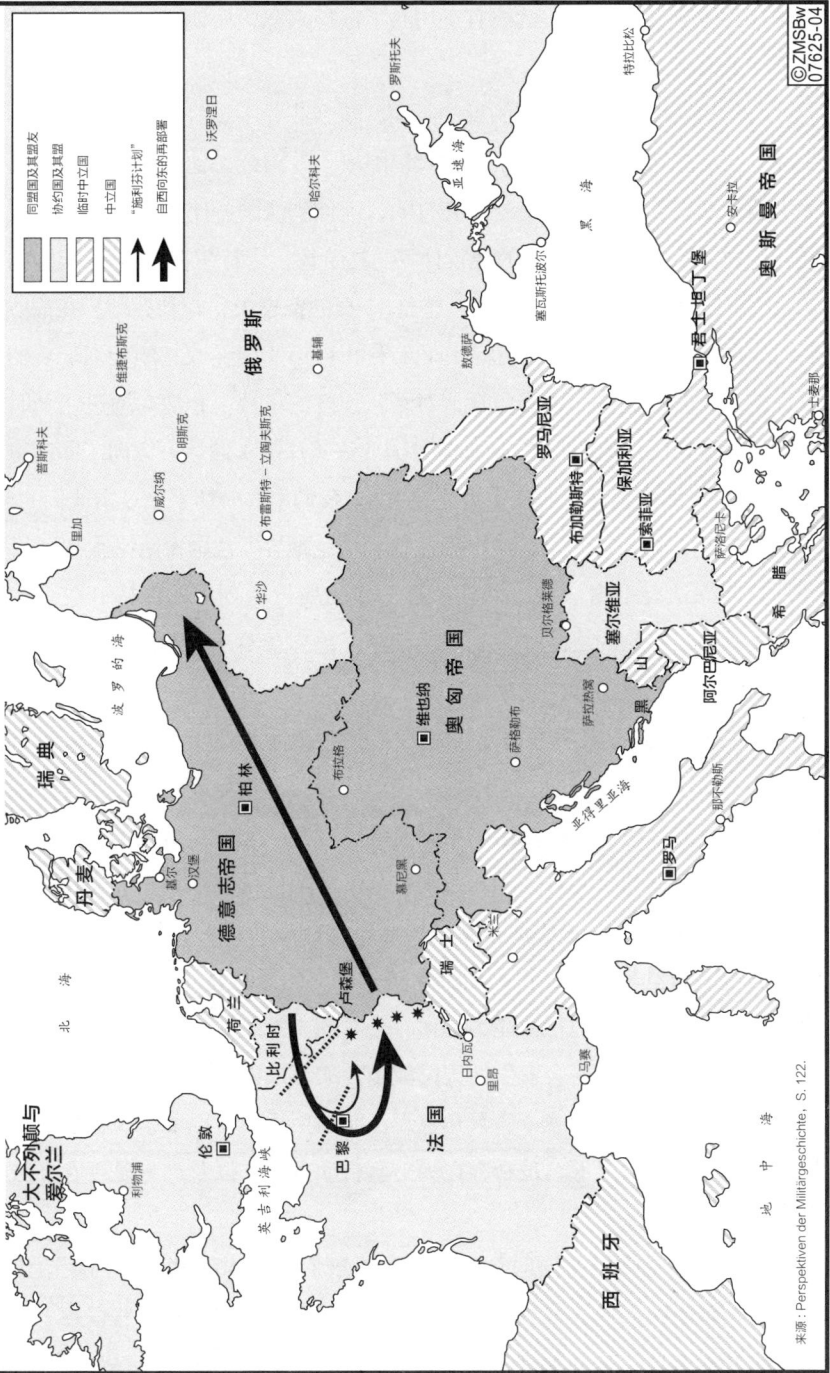

对德意志帝国中心位置问题提出的军事解决方案："施利芬计划"

图例：
- 同盟国及其盟友
- 协约国及其盟友
- 临时中立国
- 中立国
- "施利芬计划"
- 自西向东的再部署

奥斯曼帝国

俄罗斯

沃罗涅日

罗斯托夫

塞瓦斯托波尔

黑 海

特拉比松

安卡拉

君士坦丁堡

土麦那

希 腊

罗马尼亚

保加利亚

塞尔维亚

布加勒斯特

索菲亚

贝尔格莱德

萨拉热窝

萨洛尼卡

那不勒斯

罗马

黑 山

阿尔巴尼亚

亚得里亚海

瓦尔纳

地 中 海

西班牙

波罗的海

瑞 典

里加

哥本哈根

斯德哥尔摩

明斯克

维捷布斯克

普斯科夫

维尔纳

基辅

哈尔科夫

华沙

布雷斯特－立陶夫斯克

普鲁士

丹麦

汉堡

但泽

柏林

布拉格

奥 匈 帝 国

维也纳

德 意 志 帝 国

慕尼黑

瑞 士

米兰

卢森堡

荷兰

比利时

法 国

巴黎

日内瓦

里昂

马赛

大 不 列 颠 与 爱 尔 兰

伦敦

利物浦

北 海

英吉利海峡

©ZMSBw
07625-04

来源：Perspektiven der Militärgeschichte, S. 122.

的研究，他自退休之日起就被有意切断了信息来源，而他对继任者的愤怒随着年龄增长而变本加厉。

与历史文献中广为流传的说法不同，施利芬并不想打一场深入法国内部的决战，而是想在边境进行一系列重大包围战。[111] 因此，他的备忘录基本是一份关于他预期中要在法国边境地区开打的，延伸到法国—比利时边境的前线战的展开计划，而并非后续阶段的战役计划。格哈德·李特尔在 1956 年出版的备忘录大纲更轻易地体现出了这一点。整整 15 页的备忘录，施利芬却只在前线战之后的战役计划上消耗了 2 页篇幅，而几乎用了 10 页纸张来描绘他对局势的估计以及前线战的推进——还不包括他对军队强度的审视。和他对通过比利时进军的详尽解释相反，他还写道："如果德国允许（法国）向这一方向（即南方）更深入地进军，那么无休止的战争将会被引发。我们用尽一切手段攻击他们的左翼，向东进军将法军压制在摩泽尔堡、汝拉山和瑞士地界。法国军队必须被歼灭。"[112]

这些想法与毛奇一致，即任何进一步的战役计划都要保持开放。施利芬时常注意到，最初的决战越来越强调秩序。备忘录不是胜利的详尽秘方，能够从头到尾都对此做出严密规划。

1905 年的备忘录清晰显示了战役思想中最重要的元素——移动、进攻、速度、主动性、主攻方向、包围、突袭和歼灭，这是自老毛奇时代早期就在德国普遍流行的想法。它还指出了其固有的风险和缺陷：是否真的有可能根除所有摩擦？法国真的会允许他们的行动被敌人支配？德国步兵有能力执行在战斗状态下的快速推进吗？是否有支持快速机动作战所需的技术资源？那些实施进攻的军事力量是否能够得到后勤支持？德军的摩托化（motorization）水平，及其独立于铁路网络的行动能力如何？德军的力量是否强到足以发动攻击？考虑到一系列成功战斗后会发生的人民战争，战事最终将如何告一段落？当弹药投射量的现代自动化武器令骑兵角色无法派上用场时，由谁来执行快速战役？最后，在战败的情况下，是否存在另一套行动方案，以及己方是否存在被卷入漫长消耗战中的危险？

施利芬、毛奇以及同时代的军事理论家们，都未能就这些问题给出适当的答案。如他在一些战争演练中所做的一样，施利芬通过将那些仅存于纸面上的部队列入考虑，从而忽视了这个问题。对巴黎的西向包围就是个典型例子。

又或者，施利芬想当然地认为，步兵在战斗情境下需要执行雄心勃勃的计划时，自然能达到高水平的行军效率。按照施利芬的想法，处于行军区域的道路一定是维护良好的，只是部队需要为了通行而付出巨大努力。

这个问题的一种解决方案就是德国部队的广泛摩托化，这会提高他们执行战役的机动性和速度。这种情况虽未发生，但将此作为军事领导层内普遍存在的技术恐惧症的例子，是或多或少有些短视的。毫无疑问，在第一次世界大战前的几十年间，德军对一系列技术变革和随之而来对战争的影响颇感不适。但这种技术恐惧症最有可能存在于伯恩哈迪和其他人身上。[113] 这方面的一个主要例子就是对攻击力缺乏的危机感，这种危机感的成因是对方更多地引入了自动化武器。德军对这种挑战的回应是诉诸道德因素，而非转向技术创新来解决问题。[114] 一种进攻中的强大精神和铁的意志将证明技术的局限性，并克服防守使用自动化武器的敌人的问题。

施利芬关于现代战役层面的指挥的观点也受到了批评。根据赫尔曼·吉尔（Hermann Giehrl）的观点，现代化的通信手段存在着将指挥官削弱为技术专家或官僚的危险。面对这一问题，不仅仅是指挥者个人的指挥与控制能力，甚至是整个军官队伍都会受到质疑。[115]

毋庸置疑，多年来帝国已经错过或误判了炮兵和自动化武器领域的重要发展，甚至犯了更严重的错误。[116] 然而，毫无疑问，帝国内部存在着普遍性的技术恐惧症。艾瑞克·博泽（Eric Brose）认为，将德国在第一次世界大战中失败的主因归为在技术未能革新和经济决策失误共同作用下引发的战术错误，这是一种短视的行为。实际情况要更具矛盾性。最初，战争部在评估新技术革新在战时的有效性时，通常采取等待该技术在民用领域成熟的保守做法，随后总参谋部强制对新技术进行引进。与历史文献中经常被引用的德国军事领导层内广泛传播的技术恐惧症相反，施利芬对现代技术进步抱有更为开放的态度，通过与批评者们的各类争论中而体现出的言外之意，让我们对其的印象更为深刻。这些争论主要指向在步兵轻武器和自动化武器上的未来发展，不能被推断为对战争中技术运用的整体评估。事实上，施利芬觉得，对控制远离前线的创新通信中心执行战役的现代指挥官而言，机动车辆、摩托车和飞艇是不可或缺的指挥与控制技术。

施利芬对技术的兴趣也不局限于机动作战所必备的通信工具。在任上的几十年，他同样支持对高仰角重炮的引进。这一发展在他的后继者任上被延续下来，更在1914年战争爆发前夕，随着被称作42厘米大贝尔莎（Die Dicke Bertha）的重型榴弹炮（Mörser）的引进而达到高潮。总参谋部还将铁路计划作为在内线执行战役—战略战争的必备条件而采取额外关注。毫无疑问，总参谋部和德军在铁路技术方面处于最高水准。总参谋部的铁路部门为了控制大型部队的移动而制订的管理流程，组成了战役、战略和技术上的核心竞争力。

然而，相比之下，德国军队缺乏在全地形通路上执行战术和战役所需的技术装备。卡车的引入进展十分缓慢，而且没有被军队领导层列为关键优先事项。这其中的理由在于，这一时期的卡车缺乏越野能力，且通常动力不足。此外，总参谋部计划在战争期间征用民用卡车，借此节约在和平时期的经费。因此，在1914年的战争初期，德国军队没有执行快速包围战所需的机动化运输能力。

侦察是另一个战役层面上指挥与控制的重要资产。飞机和飞艇的发明，让总参谋部极大地拓展了其密切关注的指挥与控制系统的能力。1914年战争爆发之际，德国对齐柏林飞艇越发依赖。在空中侦察时使用飞机的频率在小毛奇任上有所增加，且通常紧跟当时的技术标准。因此，第一次世界大战前夕，德国军队对于在战役执行中如何使用和开发技术工具，可谓举棋不定。在机动性这一快速战役的关键能力上，德军能保持跟进最新铁路技术，却又在另一方面可悲地缺乏机动化和越野能力。这是无法在战争进程中修正的缺陷。[117] 施利芬本人对军队的后勤问题不以为然，他说："在另一方面，食物不应该会短缺。富饶的比利时和北部法国能够提供许多食物，且如果适当的压力传导到位了，他们还会通过外部渠道提供他们本身缺乏的物资。"[118]

没有提到弹药和材料供应问题的这一事实，以及试图通过对平民施压确保食物供给的打算，都表现了施利芬对待后勤问题时那令人警醒的冷漠。他的手段让人想起了腓特烈大帝时期的战争，而不是百万之师时代的战争。[119]

施利芬不是唯一一个在后勤上存在显著盲点的人。尽管对军队事务感兴趣的平民和总参谋部就各种战术和战役议题进行了激烈的讨论，但他们几乎没有谈到进攻性战役中的后勤难题。战役和战术因素显然盖过了战役思想中的后勤因素。这种现象脱胎于一个事实,即直到第一次世界大战开始,德国武装部队都还只是在德国境内或与其直接接壤的区域内行动。这当然是德国及其前身国家所处的欧洲中心位置在起作用。1870 年至 1871 年的法国—普鲁士战争期间,普鲁士尚可以用仓库供应部队,但在欧洲中部之外的地区发动的协同进攻行动,其成功与否则很大程度上取决于是否有完美的后勤保障,而这恰恰不是德军常见的战役和战略考量。另一方面,英国军队如果一开始没有一套坚实的后勤系统,就无法在英伦三岛之外执行进攻性战役。威廉·冯·布利姆是唯一一个指出运动战在后勤上的不确定性的德国评论家:

> 除了限制敌人的行动,(友军)士兵只有在获得克服自然障碍的手段、自身需求得到满足——通过自身获得供给或在(敌军地盘)夺得补给——并达到基本的自给自足时,才能够在(战役)区域自由行动。战区可能提供的补给弥足珍贵,但不足以满足所有部队的作战强度以及任何战争局势下的各类需求(比如替换用的弹药)。因此,战役能力就只能确保部队在得不到补给时能存续下来而已。[120]

但是,总参谋部忽视了布利姆关于后勤支持在战役中的必要性的清晰结论。在第一次世界大战的前几年,总参谋部利用一部分的 19 世纪标准化案例,对战役的后勤需求进行了研究。它得出的结论是,随着军队扩张为百万之师,为其提供补给将变得更为困难。因此,在补给资源匮乏的情况下,战役的执行将会受到限制。与此同时,总参谋部认为在执行快速和机动的战争时,军队将不得不凭借尽可能少的补给来运作。在拿破仑时代,军队必须主要仰仗从乡间获得的供给,并无视当地平民的利益——他们不得不这么做。[121]

正如英国历史学家休·史壮恩(Hew Strachan)准确强调的那样,这些结论表明了总参谋部并未发展出支持机动作战的后勤理念。相反,他们干脆忽视了其不可避免的后果。[122] 因此,后勤问题在战役计划中被边缘化了。

施利芬的备忘录和战争演习,还有其他军官的思想,都未能理清如何在战斗胜利后结束战争这一问题。后续的人民战争和消耗战在所有德国专家眼中都是无法取胜的，因此他们几乎都摒弃了"战斗的结果并不必然会导致战争结束"这一想法。对许多德国和欧洲其他地方的军官而言，这一问题的解决方案在于关注道德和心理因素。[123] 富有进攻性的钢铁之师将取胜，加上被称为"条顿狂战士"的鲜活的进攻精神，这能够弥补德国在地缘战略位置和兵力上的劣势。或者，如施利芬在一次战争演练的复盘环节时对同事说的那样："这种（侧翼攻击）需要一名自信的指挥官、一种钢铁般的品格、一股顽强的求胜意志，以及一支明确意识到其中（后果）的军队。"[124]

兵棋推演

施利芬的战役思想并非如瓦拉赫暗示的那样，是和里特尔同样的狭隘教条。20 世纪 50 年代末，美因茨的埃伯哈德·克赛尔（Eberhard Kessel）教授对里特尔的解读做出了批评，指出施利芬的兵棋推演、最后的战役问题，以及总参谋部考察旅行都包括了大量的行动替代方案。克赛尔曾在 1944 年陆军档案馆被摧毁前有幸查阅到相关文件。[125] 最近发现的两份 1905 年的兵棋推演的记录，是和施利芬著名的备忘录在同一时间被准备好的，这验证了克赛尔的分析。第一次兵棋推演是基于这样的背景：尽管发生了俄日战争，俄国还是与法国结盟，对德国与奥匈帝国发动了战争。在兵棋推演的复盘环节中，施利芬强调了两线战争的根本问题：德军在内部阵线上的转移。如同以下这段冗长的引文所表明的那样，他的审议对于评估他的战役思想至关重要：

> 与法国和俄国的战争已经对德国造成了威胁，故而这种决战的理论发挥了重要作用。在理论上，它是这样的：我们将全力以赴对抗法国，在那里进行一场决战，当然这场决战将以我们的胜利告终，接着在战斗当天的夜里，或者最晚在第二天早上，铁路上的火车将准备就绪。胜利之师会向东进军，在维斯瓦河、涅曼河或者纳雷河再打一场新的决战。令我满意的是，你们这些年轻人中，有人煞费苦心地证明了目前的战争并不会按如此走向发展。在战斗进入……追逐阶段后，它有时会持续很长一段时间。至少我们可以考虑在色当进行决战……如果 1870 年 9 月 2 日，

德军已经从色当被送往维斯瓦，1870 年法国战役的结局又会如何？

从这一点出发，以俄日战争为例，施利芬对他的同事解释了在获得决战胜利后即刻进行撤军的难处。他继续说道："如果我们想在法国发动为期数月的战争，我们将无法置身事外，对（俄国人趁我们）与法国交战期间，越过维斯瓦河、奥得河与易北河的行军袖手旁观。这绝对不可能。如果我们无法在决战后撤走我们的部队，我们将必须试着从战争一开始就将俄国人赶回去。"[126]

这些话语证实了施利芬对在法国进行长期战争而带来的问题，有着清晰的认识。特别值得注意的是，在这种背景下只谈过决战，从未谈过歼灭战的施利芬，并不相信他将不得不在战斗后歼灭敌军。此外，他拒绝放弃德国在东面领土内的主要地区，他认为这是完全无法接受的，而且他也想着在战争一开始就在东线开展进攻式防御。

与反复提及的论点正好相反，1905 年 12 月，施利芬主持的最后一次兵棋推演，展现了其战役和战略计划中的要素有多灵活。施利芬的这次兵棋推演，是基于他个人认为不可能发生的德国与其盟友奥匈帝国，共同对阵法国、俄国与英国联军的情景而制订的。考虑到德国 1914 年的展开计划，这一情景对我们而言分外有趣。施利芬认为东西两处前线的同时进攻无法单独进行，因此就在这两端计划了一种战略防御，旨在尽可能用最短时间击败其中一个敌人，并通过反击击败另一个敌人。[127]1905 年的兵棋推演说明施利芬在特定战争形势下，并不抗拒战略防御。

通过 1905 年备忘录和这一年的两次兵棋推演的对比，可以窥见施利芬战役思想惊人的覆盖范围。因此，有必要对多年来文献上常见的，施利芬是一名狭隘的军事教条主义者的形象做出反思。

"毛奇计划"

由于战役问题上存在的大量意见分歧，也可能是个人差异的原因[128]，小毛奇自从 1906 年上任后不久，就避开了与施利芬的任何接触，也不向他的前任征求意见。[129] 不论如何，毛奇坚持了施利芬制定的基本战役和战略原则，因为他没有看到任何足以应对两线战争挑战的替代方案。小毛奇也将两线作战切割为两场单边作战。首先，通过一场大型包围战打败法国，随后展开对俄国的攻击。然而，小毛奇在重要细节上偏离了他前任的计划，并更改了展开计划中的一些关键要素。[130]

毛奇一直在考虑自他上任以来地缘战略局势和战役层面的变化。尽管施利芬认为同时与俄国、法国和英国开战不大可能，毛奇却必须考虑这些大国对德国的敌意。从一开始，毛奇就对施利芬规划的大规模包围中的两大关键前提抱有疑问。毛奇并没有排除长期战争的可能性。尽管早在 1905 年，他就告诉德皇："这将是场无法通过一次决战就获胜的人民战争，在耗尽其所有民众的力量之前，它会是与整个国家进行的漫长而乏味的拉锯。即便我们能取胜，我们自己的人民也会变得极其疲惫。"[131]

此外，毛奇不像施利芬那样预先考虑法国早期的进攻。[132] 毛奇对施利芬的计划的保留意见是如此之强，以至于早在 1908—1909 动员年，他就放弃了取道荷兰，因为他认为荷兰是德国经济在任何一场战争中的气管。他在脑海中进一步发展正确的西线攻势，他决定，在接下来几年内有必要对列日发动突袭。[133] 然而，这会令德国的战役执行面临更大的时间压力，同时，在发生战争的情况下，阻断了用政治手段解决问题的机会。[134]

俄国军队在 1905 年之后的快速重建令人称奇，这增加了"毛奇计划"中双边作战发生的危险，因此毛奇强化了用于部署在东普鲁士的部队。[135] 即使局势发生了变化，他依然持续关注西线。但是，在 1913—1914 动员年，他停止了大规模东线部署的计划，因为根据当时的政治局势，他认为没有任何在法国不卷入的情况下进行独立的德俄战争的可能。除了政治上的理由之外，铁路相关的因素或许也是做出这一决定的原因。考虑到新运输计划的准备工作，总参谋部打算将部署的速度提升到三天，这让铁路部门无法为大规模东线部署进行必要的规划工作。[136]

越来越多总参谋部收到的情报显示，若发生战争，法国会立即在洛林发动大型攻势，所以在 1909—1910 动员年的开端,毛奇就增强了部署在阿尔萨斯 - 洛林的德军兵力。出于政治上的原因，不论是这一地区还是东普鲁士，他都不想放弃。在 1913—1914 动员年间，包含 6 个军和 2 个预备军兵力的德军左翼两个集团军,将对阵来自法国右翼的 17 个军和 9 个预备军[①]。按照毛奇的计划,尽管将被部署在梅斯要塞的东南部,德军的右翼还是必须带来决定性的战果。在左翼集结的军,则要击退法国的进攻,并通过压制法国右侧的部队以阻止法国在左翼部署更强大的军队。在法国对洛林进行大规模攻击时,毛奇甚至准备放弃德军通过比利时进行包围的计划。正如他所推断的那样,与迅速摧毁在洛林的大量法军相比,右翼的包围就显得不必要了。[137]

所以,早在 1914 年初,便有八分之七的德军部署在西线,只剩八分之一在东线。乍看之下,这一配置似乎与施利芬 1905 年的计划一致。德国通过"施利芬计划"开始战争的这一结论,时至今日依然获得大量历史研究的支持。瓦拉赫就支持这一结论[138],但近来的研究极大地挑战了这一盛行已久的假设。[139]毛奇针对法国的战役思想,与他的前辈相比,在关键要素上有所不同。其中的关键区别在于毛奇要求强化德军左翼,摒弃取道荷兰,以及快速征服列日。因此,1914 年,被德国士兵带到战场上的并非"施利芬计划",而是"毛奇计划"。

毛奇在重心上的转变,基于一个他和施利芬在战役上的根本性分歧。毛奇并不想在战争爆发前就投入到比利时大包围这一单独的战役计划中。他希望对其他战役方案保留开放性。在他看来,战争会给出包围以外的方案。[140]甚至早在施利芬任内,毛奇便曾就达成直接突破的可能性与他发生过争执。毛奇认为,直接突破在未来的任何一场战争中,都是可行选项。虽然施利芬希望通过各种手段将他的意愿施加到敌人身上并保持绝对主动性,但毛奇却计划迫使法军出战,并在趁早击败他们。他想要在任何可能的地方获胜,这是一种更为被动的战役执行手段,与施利芬更为主动地对敌人采取行动的做法形成鲜明对比。以他的叔叔老毛奇的风格,小毛奇希望结合防御上的优势与后续的进攻,同时为帝国政府的政治谈判打开窗口。然而,毛奇的方法中固有的依赖于敌人行动的危险,反过来使人们质疑整个拆分两线作战的战略理念。[141]

不论如何,小毛奇那更为机动地执行战役的理念更接近他叔叔的战役思想,而不是施利芬的。[142]这可以从战争爆发前不久生效的铁路计划中一窥究竟。

---

①审校者注:原书法军为9个预备军,但1914年法军编成中并没有预备军的编制,只有预备师,结合1914年8月法军序列,此处应该为预备师。

除了推进铁轨部署，确保充分动员的部队能够在政治局势明朗前留在他们的兵营外，毛奇还想要增强用于实现东西双向的内线的快速部署交换路线。这表明总参谋部希望在任何未来的战争中保留所有战役和战略选项。

小毛奇在估计未来战争的持续时间方面，也和施利芬有所不同。和他叔叔一样，他相信一场漫长的战争是极有可能的。有时候他甚至怀疑德国能否取胜。[143] 小毛奇和整个德军领导层都寄望于德国士兵能在士气和战斗质量不对等的情况下打胜仗，他们潜在的疑虑和史料记载的"一战"前总参谋部过度的唯意志论的形象并不一致。

在 1914 年战争的最初几周，小毛奇的自我怀疑可能影响到了他的领导行为。然而，这并未影响他的战役能力。因此，人们必须完全认同赫尔曼·加克恩霍尔兹（Hermann Gackenholz）的评价："毛奇在西线战役计划中展现出的自主性、完整性和一致性，是他高度战略（战役）能力的证明。"[144]

结论

第一次世界大战爆发时，德国战役思想的发展已经大体成熟。数十年来，在总参谋部内外进行的讨论中，其关键要素得以不断演化。作为具有更加激进立场的年轻一代军官的典型，施利芬继续坚持基于老毛奇理念的调遣、进攻、速度、主动性、主攻方向、包围、突袭和歼灭等决定性要素。施利芬甚至将它们组合成一个包括战术、战役和军事战略的一揽子组合。但施利芬并没有引入如今被我们广泛认知的三大具体指挥层次——战术、战役和战略的理念。和戈尔茨或是博古斯瓦夫斯基不同，施利芬未曾在他制定的规程或所做的研究中，提出战役的具体定义。这位在其他方面向来正确的总参谋长认为这是不必要的。

因此，施利芬的战役思想不是从他退休后的作品中体现出来的，而是蕴藏在他任上的战争演练、最终战役问题（Schlussaufgaben）、备忘录（Denkschriften）和总参谋部考察旅行中。新发现的初期记录表明，和迄今为止的历史文献试图让我们相信的形象相比，施利芬是一名更为灵活、思考问题更加政治化的总参谋长。这些新的资料来源还澄清了对军事感兴趣的大众，和通常被认为是铁板一块的总参谋部，关于未来在双线战争情境和战役思想整体发展方面所展开的激烈争论。德意志帝国的军事领导层认为施利芬的想法颇具争议。他的战役和战略原则的主要内容是：

1. 不要以防御性和被动型的姿态进行战争，而要在抓住主动权的基础上采取攻势。

2. 利用内线将两线作战切割为两场单线作战，然后一场接一场地打。

3. 通过在西线的进攻和东线的拖延建立重心。

4. 用强大的右翼兵力，在包围法国防御工事体系并成功取道卢森堡、荷兰和比利时后，开展快速的歼灭战。

5. 在西线告捷之后，用铁路将胜利之师运往东部前线，随后击败最初被拖延的敌人。

这种基于德国无法赢得长期消耗战的假设而建立的学说，基本被施利芬在总参谋部内外的批评者们接受。[145] 总参谋部从未就打破比利时的中立一事有过任何争论。它作为一种绝对必要，被毫无保留地接受。然而，如过度强调包围等在细节上存在的分歧点却不能被忽略，这对施利芬的继任者而言更是如此。小毛奇没有完全接受施利芬对包围的盲目热情。他没想着要根据他的情况改变条件，并用尽一切手段将他的意愿施加到敌人身上；相反，他想要对局势做出灵活反应。在这一层面上，比起施利芬，小毛奇的战役思想更接近他叔叔。自然，这些观念上的不同反映在了小毛奇的展开计划中。

施利芬和包括毛奇在内的大多数德国军事理论家思想的中心，都落在了战斗的决胜上。从最广泛的层面上说，施利芬将其理解为战争的决胜。尽管如今看来，施利芬的战役思想没有从前认为的那样教条化，它们还是暴露了战役思想的弱点。除了确信敌军的数量优势能够通过更高质量的部队和基于道德与心理因素的、更好的控制和指挥系统来弥补外，以牺牲后勤因素为代价，过分强调战术和战役因素是施利芬思想的另一个主要弱点。

德军的战役计划一般在初步取胜后便告一段落，不会对任何潜在而必要的战争或结束战争所需的后续审议做出安排，是从战术条件转移到战役层面的德国战役思想发展中的另一个根本性缺陷。这种思路与战术密切相关，但它并未确保战略层面的适当考量。除了在战事中抗拒任何政治化的事物以及政治谈判外，产生这一缺陷的原因还有德意志帝国特有的极端的部门利己主义。这种部门利己主义通常会阻碍部门间的协调。不仅海军和陆军的领导层之间互不交流，总参谋部和战争部之间也把他们的协作限定在可能的最低程度内，甚至他们之间彼此拆台的时候都比互相补台的时候要多。尽管施利芬自然而然地在他的计划中将政治因素放在了比以往的假设中更高的层面上，他却没有跨越自己所在部门现有的鸿沟。总参谋部在战役和战略层面之外，只能非常有限地参与到其他对战争进行至关重要的职能领域中，因此它侧重于制订部署和战役计划。这种有意为之的孤立，部分出于人为，部分则为体系所固有，它阻碍了战役和战略层面建立真正的连接，并使总参谋部深受管中窥豹之苦。

在多大程度上，围绕其负责人，总参谋部军官们装聋作哑，有意识地与现实脱节？又是在大多程度上，出于部门的利己主义，观点的交流在萌芽阶段就被扼杀，从而阻止了帝国总体的战略计划？这些都是留待历史学家解决的问题。然而，有一件事是肯定的：否定施利芬、小毛奇，以及他们的总参谋部军官们制定全面的战役—战略理念的能力，将是一个巨大的错误。[146] 总参谋部充分意识到他们为两线作战制订的战役计划中固有的高风险。因此，这样的计划，并非被视作胜利的秘方，而是一种在恶化的僵局中救急解决方案。

然而，任何战役学说在实战中的失败，都会带来严重的国内外政策风险。万一出现大溃败，将很有可能动摇德国的统治体系，而且，在最坏的情况下，这很可能会导致霍亨索伦王朝的覆灭以及随之而来的军队在权力体系中地位的丧失。唯一的替代方案，便是试着让德意志帝国的领导层理解两线作战有多难达成，从而迫使他们改变德国的外交政策。然而，这一手段与德军参谋部军官的自身形象冲突，还有可能造成将士对德意志帝国总参谋部和军队本身地位的质疑。

因此，施利芬和他的继任者制定了一种基于兵力机动的战役准则，其目的在于削弱敌人的战略潜能并阻止其完全发力。可问题是，德国有执行这些战役计划所必需的快速机动部队吗？

注释

1. Cf. Ritter, *Der Schlieffenplan*.

2. Cf. Terence Zuber, *Inventing the Schlieffen Plan: German War Planning, 1871 - 1914* (New York, 2002).

3. 关于施利芬计划的近期研究详见：Ehlert, Epkenhans, and Gross, eds., *Der Schlieffenplan*. 此书为首个收录了新发现的德国总参谋部从1893—1894年度至1914—1915年度间部署指示手稿的文献。

4. Mombauer, *Helmuth von Moltke and the Origins of the First World War*.

5. Reichsarchiv, Der Weltkrieg 1914 - 1918. *Die militärischen Operationen zu Lande*, 14 vols. (Produced by the Reichsarchiv, Berlin, 1925 - 1944), 1:4.

6. 小毛奇在他的1913—1914年动员时间表中写道："考虑到法国民众的情绪，德国发动仅针对英国或俄国的战争，出乎预期之外。" 详见：Ehlert, Epkenhans, and Gross, eds., *Der Schlieffenplan*, 467.

7. 见第三章，以及：Bucholz, *Moltke, Schlieffen and the Prussian War Planning*, 58 - 108.

8. Albert von Boguslawski, *Betrachtungen über Heerwesen und Kriegführung* (Berlin, 1897).

9. Colmar Freiherr von der Goltz, *Kriegführung. Kurze Lehre ihrer wichtigsten Grundsätze und Formen* (Berlin, 1895).

10. Leistenschneider, *Auftragstaktik*, 57 - 123.

11. 这场战略之辩的广泛观点详见：Sven Lange, *Hans Delbrück und der "Strategiestreit," Kriegführung und Kriegsgeschichte in der Kontroverse 1879 - 1914* (Freiburg i.Br., 1995).

12. Markus Pöhlmann, *Kriegsgeschichte und Geschichtspolitik: Der Erste Weltkrieg. Die amtliche deutsche Militärgeschichtsschreibung 1914 - 1956* (Paderborn, 2002), 42 - 44.

13. Eberhard Kessel, "Napoleonische und Moltkesche Strategie," *Wissen und Wehr 2* (1929): 171 - 181.

14. Werner Gembruch, "General von Schlichting," *Wehrwissenschaftliche Rundschau* (1960): 186 - 196.

15. Heinz-Ludger Borgert, "Grundzüge der Landkriegführung von Schlieffen bis Guderian," in *Deutsche Militärgeschichte in sechs Bänden 1648 - 1939* (Munich, 1983), 6:435.

16. Goltz, *Kriegführung*, 7 - 21.

17. Jay Luvaas, *The Military Legacy of the Civil War: The European Inheritance* (Chicago, 1959).

18. Roger Chickering, "The American Civil War and the German Wars of Unification: Some Parting Shots," in *On the Road to Total War*, ed. Stig Förster and Jörg Nagler (New York, 1997), 683.

19. Cf. Markus Pöhlmann, "Das unentdeckte Land. Kriegsbild und Zukunftskrieg in deutschen Militärzeitschriften," in *Der Grosse Krieg. Europäische Militärzeitschriften und die Debatte über den Krieg der Zukunft, 1880 - 1914*, ed. Stig Förster (in preparation).

20. Sigismund von Schlichting, "Über das Infanteriegefecht," *Militär-Wochenblatt* 2 (1879): 64.

21. Rudolf von Caemmerer, *Die Entwicklung der strategischen Wissenschaft im 19. Jahrhundert* (Berlin, 1904), 28 (English translation: *The Development of Strategical Science*, trans. Karl von Donat [London, 1905], 35‑36).

22. Friedrich von Bernhardi, *Vom heutigen Kriege*, vol. 2 (Berlin, 1912), 93.

23. Friedrich von Bernhardi, *Deutschland und der nächste Krieg* (Berlin, 1912), 216.

24. Colmar Freiherr von der Goltz, *Das Volk in Waffen: ein Buch über Heerwesen und Kriegführung unserer Zeit* (Berlin, 1895), 239.

25. Bernhardi, *On War of Today*, 2:453.

26. Dieter Storz, *Kriegsbild und Rüstung vor 1914. Europäische Landstreitkräfte vor dem Ersten Weltkrieg* (Herford, 1992), 226‑237.

27. Gross, "Das Dogma der Beweglichkeit," 144‑148.

28. Bernhardi, On War of Today, 2:27.

29. William Balck, "Die Taktik der Infanterie und der verbundenen Waffen," in *Löbells Jahresberichte über die Veränderungen und Fortschritte im Militärwesen* 33 (1906): 283‑316.

30. Marwedel, *Carl von Clausewitz*, 167‑172.

31. Bernhardi, *Vom heutigen Kriege*, 1:94‑98.

32. 特别是在今天，有必要向人们解释清楚，数量优势是可以被打破的。正如伯恩哈迪注意到的那样，"当今战争中，决定胜负的是精神，是指挥官和士兵的精神。决心和勇气有着和古时候一样的优势"。
详见: *Vom heutigen Kriege*, 2:190.

33. Oliver Stein, Die deutsche Heeresrüstungspolitik 1890‑1914. *Das Militär und der Primat der Politik* (Paderborn, 2007), 170‑331.

34. Ludwig Freiherr von Falkenhausen, "Die Bedeutung der Flanke," *Vierteljahresheftefür Truppenführung* (1908): 601.

35. Cf. Ludwig Freiherr von Falkenhausen, *Der grosse Krieg in der Jetztzeit. Eine Studie über Bewegung und Kampf der Massenheere des 20. Jahrhunderts* (Berlin, 1909).

36. "在这种情况下进行的战争，几乎无法再被称为是一门艺术了。它变成了一种交易，而战争的指挥官，和过去一样，可以说是一名机械师……这种本质性的机械式战争理念，通过迫使指挥官屈服于外在条件，从而在最大程度上限制了他的意愿。"（Bernhardi, On War of Today, 2:163）伯恩哈迪用这些话，在没有指名道姓的情况下，批评施利芬的现代战争理念 [这是施利芬元帅本人在他的文章《当代战争》（Krieg in der Gegenwart）中提出的]。

37. Bernhardi, *On War of Today,* 2:172.

38. 详见: Gross, "There Was a Schlieffenplan," 134, 175.

39. 最近发现的关于总参谋部考察旅行的最终任务和最终讨论，威廉·迪克曼（Wilhelm Dieckmann）和赫尔穆特·格赖纳（Helmuth Greiner）的研究，以及 1893—1894 年度至 1914—1915 年度间的德国展开计划 (Aufmarschplanungen) 的影印件，都值得专门提及。
详见: Gross, "There Was a Schlieffen Plan," 117‑152, and the deployment plans from 1893‑

1894 to 1914 – 1915 in Ehlert, Epkenhans, and Gross, eds., *Der Schlieffenplan*, 341 – 484.

40. 克赛尔已经指出，比起施利芬的1905年计划，那些已经不幸被毁的关于兵棋推演、操练模拟还有任务的记录，对于评估他的战役思想而言，更为重要。

详见：Alfred Graf von Schlieffen, *Briefe*, ed. Eberhard Kessel (Göttingen, 1958), 10.

41. Wallach, *Kriegstheorien*, 125f.

42. Ferdinand M. von Senger und Etterlin, "Cannae, Schlieffen und die Abwehr," *Wehrwissenschaftliche Rundschau* (1963): 27.

43. "奇怪的是，当前的焦点是正面进攻。未定的战役、持久的战争，就是这么做的后果。但对于百万之师而言，这是无法承受的。这个国家的文化状况，以及维持这支大军所需的花销，都迫使他们要速战速决。"

详见：Alfred Graf von Schlieffen, *Die taktisch-strategischen Aufgaben aus den Jahren 1891 – 1905* (Berlin, 1937), 86.

44. 尽管兵力不足，在负责的最后一年，施利芬还是在1906—1907年间的展开计划中，提供了用于镇压潜在的工人动乱的兵力。

详见：Stig Förster, "Der deutsche Generalstab und die Illusion des kurzen Krieges, 1871 – 1914. Metakritik eines Mythos," *Militärgeschichtliche Mitteilungen* 54 (1995): 61 – 95; Ehlert, Epkenhans, and Gross, eds., *Der Schlieffenplan*, 412.

45. Förster, *Der deutsche Generalstab*, 61 – 95; Hew Strachan, "Die Ostfront. Geopolitik, Geographie und Operationen," in *Die vergessene Front. Der Osten 1914 – 15. Ereignis, Wirkung, Nachwirkung*, ed. Gerhard P. Gross (Paderborn, 2006), 20.

46. 施利芬并未提供他所计划的两线作战的具体日期。因此，我们只能透过他所计划的短时间战争的持续时间，来做出推断。在文中引述的文件中，以及李特尔（Ritter）的著作中提到的六个月长度，显然太短。布尔夏特（Burchardt）的计算（Lothar Burchardt, Friedenswirtschaft und Kriegsvorsorge. Deutschlands wirtschaftliche Rüstungsbestrebungen vor 1914 [Boppard a.Rh., 1968], 15），基于施利芬的1905年备忘录是关于两线作战的计划这一基础假设。然而，这一假设本身是错误的。被反复提及的施利芬计划，是关于在西线进行的单线作战的展开计划。因此，不能简单地将这一计划中的日期套用在两线作战中。在1914年一战爆发前的20年，越来越多的人们认为，如果战争无法速战速决，那么它将持续超过18个月之久。施利芬计划中一些关于对法进攻的变化（例如，放弃取道荷兰），都是基于这一想法。

详见：Burchardt, *Friedenswirtschaft und Kriegsvorsorge,* 21; Förster, *Der deutsche Generalstab,* 89f.

47. Schlieffen, *Die grossen Generalstabsreisen*, 222.

48. Gross, "Das Dogma der Beweglichkeit," 143 – 166.

49. Strachan, "Die Ostfront," 21f.

50. 施利芬将出其不意视作成功战斗中的重要参数。正如他对他的总参谋部军官们所解释的那样："无论如何，那些（其他）因素本身，是无法带来胜利的。有必要通过突然袭击，令敌军或多或少地陷入混乱，在匆忙之间做出决策，并仓促执行。"

详见：Chef des Generalstabes der Armee, Kriegsspiel November/Dezember 1905, Berlin, 23 December 1905, BArch, PH 3/646, f. 1 – 36, here 34.

51. 施利芬在一份关于1901年的第二次大远征（2nd Grosse Reise）的笔记中写道："在取得决定性胜利后，将西线军队的主力分遣队转移到维斯图拉，是战役计划中的内容。"

详见：2. Grosse Reise, BArch, N 323/7, Boetticher Posthumous Papers, 6.

52. Martin Kutz, "Schlieffen contra Clausewitz. Zur Grundlegung einer Denkschule der Aggression und des Blitzkrieges," in *Realitätsflucht und Aggression, ed. Martin Kutz* (Baden-Baden, 1990), 31.

53. Heuser, *Clausewitz lesen!* 104 – 107.

54. Grossen Generalstab, *Der Schlachterfolg.* Mit welchen Mitteln wurde er erstrebt?(Berlin, 1903), 309.

55. Bernhardi, *Vom heutigen Kriege,* 2:419.

56. Jack Snyder, *The Ideology of the Offensive: Military Decision Making and the Disasters of 1914* (Ithaca, N.Y., 1984), 104 – 107.

57. Colmar Freiherr von der Goltz, *Krieg- und Heerführung* (Berlin, 1901), 14.

58. 这一发展的尖锐批评详见：Kondylis, *Theorie des Krieges*, 136.

59. Cf. Wallach, *The Dogma of the Battle of Annihilation.*

60. Heuser, *Clausewitz lesen!* 134.

61. Isabel V. Hull, *Absolute Destruction: Military Culture and the Practices of War in Imperial Germany* (Ithaca, N.Y., 2005), 324 – 333.

62. 在下文中，帝国军队指的是德意志帝国的军队。

63. Stig Förster, "Der Vernichtungsgedanke in der militärischen Tradition des Deutschen Kaiserreiches. Überlegungen zum Problem historischer Kontinuität," in *Krieg, Frieden und Demokratie. Festschrift für Martin Vogt zum 65. Geburtstag*, ed. Christof Dipper (Frankfurt a.M., 2001), 262f.

64. Wilhelm von Blume, *Militärpolitische Aufsätze* (Berlin, 1906), 34.

65. Grosse Generalstabsreise 1898, BArch, N 323/30, Boetticher Posthumous Papers, 8.

66. Schlussaufgaben 1905, BArch, N 323/48, Boetticher Posthumous Papers 8.

67. Grosse Generalstabsreise September 1899, BArch, N 323/7, Boetticher Posthumous Papers, 13.

68. Letter to Hugo Freiherr von Freytag-Loringhoven, 14 August 1912, in Schlieffen, *Briefe,* 317.

69. Raschke, *Der politisierende Generalstab*, 126 – 129.

70. Erfurth, *Der Vernichtungssieg,* 69 – 72.

71. Kutz, *Realitätsflucht und Aggression*, 35f.; Wallach, *Kriegstheorien*, 101 – 110.

72. Alfred Graf von Schlieffen, *Cannae. Mit einer Auswahl von Aufsätzen und Reden des Feldmarschalls sowie einer Einführung und Lebensbeschreibung von General der Infanterie Freiherrn von Freytag-Loringhoven* (Berlin, 1925), 262.

73. 同上。

74. 同上，第9页。

75. Raschke, *Der politisierende Generalstab*, 127f.

76. Cf. Stein, *Die deutsche Heeresrüstungspolitik*.

77. Gross, "There Was a Schlieffenplan," 141‑144, 158f.

78. Millotat, *Das preussisch-deutsche Generalstabssystem*, 79‑83.

79. 这是第二 "德国部"，该部门主要处理的是德国军队的部署。

80. Wilhelm Groener, *Lebenserinnerungen. Jugend-Generalstab-Weltkrieg*, ed. Friedrich Freiherr Hiller von Gaertringen (Göttingen, 1957), 72.

81. 总参谋部的工作惯例详见: Groener, *Lebenserinnerungen*, 70‑74; Erich Ludendorff, *Mein militärischer Werdegang. Blätter der Erinnerung an unser stolzes Heer* (Munich, 1924), 73f., 93‑95.

82. Mombauer, *Helmuth von Moltke*, 39f.; Ludendorff, *Mein militärischer Werdegang*, 74.

83. 在施利芬的任期内，有162名军官任职于总参谋部。

84. Schlieffen, *Briefe*, 16.

85. Barry R. Posen, *The Sources of Military Doctrine: France, Britain, and Germany between the World Wars* (Ithaca, N.Y., 1984), 47‑51.

86. Kriegsspiel 1905, BArch, N 323/10, Boetticher Posthumous Papers, 49.

87. 出处同上，第48页。

88. Jürgen Osterhammel, *Die Verwandlung der Welt. Eine Geschichte des 19. Jahrhunderts* (Munich, 2009), 694.

89. 总参谋部与海军参谋部间的磋商详见: heobald von Schäfer, *Generalstab und Admiralstab. Das Zusammenwirken von Heer und Flotte im Weltkrieg* (Berlin, 1931); Gerhard P. Gross, "German Plans to Occupy Denmark, 'Case J,' 1916‑1918," in *The Danish Straits and German Naval Power, 1905‑1918,* ed. Michael Epkenhans and Gerhard P. Gross (Potsdam, 2010), 155‑166.

90. Friedrich von Boetticher, "Der Lehrmeister des neuzeitlichen Krieges," in *Von Scharnhorst zu Schlieffen 1806‑1906. Hundert Jahre preussisch-deutscher Generalstab*, ed. Friedrich von Cochenhausen (Berlin, 1933), 257.

91. 格哈德·李特尔 (Gerhard Ritter) 戏剧性地将毛奇的批评解读为军事事务上的定论。详见: Ritter, *Der Schlieffenplan*, 20.

92. Gross, "There Was a Schlieffenplan," 144, 175.

93. Ritter, *Der Schlieffenplan*, 19‑25.

94. 同上，第36页。

95. Dieckmann, *Der Schlieffenplan*, BArch, RH 61/347, f. 115; see also Ritter, *Der Schlieffenplan*, 39.

96. Gerhard P. Gross, "Im Schatten des Westens. Die deutsche Kriegführung an der Ostfront bis Ende 1915," in *Die vergessene Front. Der Osten 1914‑15. Ereignis, Wirkung, Nachwirkung,* ed. Gerhard P. Gross (Paderborn, 2006), 50f.; Lothar Höbelt, "Schlieffen, Beck, Potiorek und das Ende der gemeinsamen deutsch-österreichisch-ungarischen Aufmarschpläne im Osten,"

Militärgeschichtliche Mitteilungen 2 (1984): 7 - 30; Martin Schmitz, "Verrat am Waffenbruder? Die Siedlice-Kontroverse im Spannungsfeld von Kriegsgeschichte und Geschichtspolitik," *Militärgeschichtliche Zeitschrift* 67, no. 2 (2008): 385 - 407.

97. Ritter, *Der Schlieffenplan*, 40.

98. Dieckmann, *Der Schlieffenplan,* BArch, RH 61/347, pages 156 - 159.

99. "在这里, 和任何其他场合一样, 光靠正面进攻、包围, 或者绕道而行本身, 是无法取得胜利的; 要获胜, 就需要将它们结合起来。"

详见: Schlieffen remarks of 16 May 1902 cited in Dieckmann, *Der Schlieffenplan*, BArch, RH 61/347, f. 159.

100. Ritter, *Der Schlieffenplan*, 41.

101. Greiner, *Nachrichten*, BArch, RH 61/398, f. 95.

102. Übersicht über die Operationen der 1. Grossen Generalstabsreise 1904, Schlussbesprechung, BArch, N 323/8, Boetticher Posthumous Papers, 5 - 8.

103. Aufmarsch 1906 - 07 in Ehlert, Epkenhans, and Gross, eds., *Der Schlieffenplan*,413.

104. Holger H. Herwig, The Marne, 1914: *The Opening of World War I and the Battle that Changed the World* (New York, 2009), 37.

105. Dieckmann, *Der Schlieffenplan*, BArch, RH 61/347, f. 106.

106. 这份备忘录的更多相关历史细节详见: Gross, "There Was a Schlieffenplan," 120 - 130.

107. Wallach, *The Dogma of the Battle of Annihilation*, 92.

108. 施利芬和小毛奇之间更多的差异细节详见: Gross, "There Was a Schlieffenplan," 133f.

109. 尽管右翼包括23个陆军兵团, 12个半预备役兵团, 以及8个骑兵师, 但左翼只有区区3个半陆军兵团, 1个半预备役兵团和3个骑兵师。

110. "Schlieffen's Memorandum of 28 December 1912," Ritter, *Der Schlieffenplan*, 186.

111. Siegfried von Auwers, "Die Strategie des Schlieffenplanes. Eine Erwiderung," *Archiv für Politik und Geschichte* 10 (1928): 16 - 22, 508 - 516.

112. Ritter, *Der Schlieffenplan,* 157.

以下网页可查询其英文译文: http://ghdi.ghidc.org/print_document.cfm?document_id=796.

113. Eric Dorn Brose, *The Kaiser's Army: The Politics of Military Technology in Germany During the Machine Age, 1870 - 1918* (Oxford, 2001), 69-III.

114. Gross, "Das Dogma der Beweglichkeit," 146f.

115. Hermann Giehrl, *Der Feldherr Napoleon als Organisator. Betrachtungen über seine Verkehrs- und Nachrichtenmittel, seine Arbeits- und Befehlsweise* (Berlin, 1911), 155.

116. Brose, *The Kaiser's Army*, 43-III.

117. 在战争后期的1918年, 约有20万辆盟军卡车在西线与4万辆德军卡车对峙。

118. Ritter, *Der Schlieffenplan*, 158.

119. Creveld, *Supplying War*, 109 - 141.

120. Wilhelm von Blume, *Strategie, ihre Aufgaben und Mittel, zugl. 3., erw. u. umgearb. Aufl.*

Strategie. Eine Studie (Berlin, 1912), 58.

121. Grossen Generalstab, *Heeresverpflegung* (Berlin, 1913), 290.

122. Strachan, "Die Ostfront," 19f.

123. 法国的"势头"（élan）在第十七号战役计划中得到了表达。进攻至上（Offensive à Outrance）是法国军事思想中的焦点。"道德力量是成功的最有利支撑。荣誉感和爱国主义为士兵们注入了最高尚的动机。自我牺牲和求胜的意愿确保了胜利。"

详见: Hans Linnenkohl, *Vom Einzelschuss zur Feuerwalze. Der Wettlauf zwischen Technik und Taktik im Ersten Weltkrieg* (Koblenz, 1990), 40f.; Storz, Kriegsbild und Rüstung, 79‐84, 207‐249.

124. Chef des Generalstabes der Armee, Kriegsspiel November/Dezember 1905, Schlussbesprechung, Berlin, 23 December 1905, BArch, PH 3/646, f. 34.

125. Schlieffen, *Briefe,* 10.

126. Kriegsspiel 1905, BArch, N 323/10, Boetticher Posthumous Papers, 21‐23.

127. Chef des Generalstabes der Armee, Kriegsspiel November/Dezember 1905, Berlin, 23 December 1905, BArch, PH 3/646, f. 1‐36. See also Gross, "There Was a Schlieffen Plan," 134f.

128. 在1904年的大型总参谋部西部考察旅行 (Grosse Generalstabsreise West) 中，施利芬和他的继任者在战役问题上出现了巨大的分歧："施利芬伯爵偶尔会征询我的意见，而我的意见几乎不曾和他一致过。我们的意见之间存在着鸿沟。"

详见: Helmuth von Moltke, *Erinnerungen, Briefe, Dokumente 1877‐1916. Ein Bild vom Kriegsausbruch, erster Kriegführung und Persönlichkeit des ersten militärischen Führers des Krieges*, ed. Eliza von Moltke [Stuttgart, 1922], 292 ; Ernst Buchfinck, "Der Meinungskampf um den Marnefeldzug," Historische Zeitschrift 152 (1935): 294.

施利芬和毛奇之间的分歧详见: Gross, "There Was a Schlieffen Plan," 133f.

129. 这种对施利芬本人的漠视，令他大为光火。

详见: Gross, "There Was a Schlieffen Plan," 158f.

130. 毛奇的战役和战略计划更多细节详见: Mombauer, *Helmuth von Moltke and the Origins of the First World War*; Mombauer, "Der Moltkeplan," 79‐99.

131. Moltke, *Erinnerungen, Briefe, Dokumente*, 308; Förster, *Der deutsche Generalstab*, 61‐95, and Mombauer, "Der Moltkeplan," 90.

132. 法国的战役计划详见: Robert A. Doughty, "France," in *War Planning 1914*, ed. Holger H. Herwig and Richard F. Hamilton (New York, 2010), 143‐174; Stefan Schmidt, "Frankreichs Plan XVII. Zur Interdependenz von Aussenpolitik und militärischer Planung in den letzten Jahren vor dem Ausbruch des grossen Krieges," in *Der Schlieffenplan; Analysen und Dokumente*, ed. Hans Ehlert, Michael Epkenhans, and Gerhard P. Gross (Paderborn, 2007), 221‐256.

133. Bucholz, *Moltke, Schlieffen and the Prussian War Planning*, 266.

134. Mombauer, "Der Moltkeplan," 89‐91.

135. 同上，91f。

136. Groener, *Lebenserinnerungen*, 132f.

137. Dieter Storz, " 'Dieser Stellungs–und Festungskrieg ist scheusslich!' Zu den Kämpfen in Lothringen und den Vogesen im Sommer 1914," in *Der Schlieffenplan. Analysen und Dokumente*, ed. Hans Ehlert, Michael Epkenhans, and Gerhard P. Gross (Paderborn, 2007), 161‑204.

138. 详见：Wallach, *The Dogma of the Battle of Annihilation*, 133.

尽管瓦拉赫对关键问题的解读是不正确的，他在制造史学界关于"施利芬计划"和世界大战时期的战役思想的争论中所起到的影响之大，令人震惊。

139. Mombauer, "Der Moltkeplan," 79‑99; Stig Förster, "Der Krieg der Willensmenschen. Die deutsche Offizierselite auf dem Weg in den Weltkrieg, 1871‑1914," in *Willensmenschen. Über deutsche Offiziere,* ed. Ursula Breymayer, Bernd Ulrich, and Karin Wieland (Frankfurt a.M., 1999), 23‑36.

140. Storz, "Dieser Stellungs–und Festungskrieg ist scheusslich!" 170.

141. Dieter Degreif, "Der Schlieffenplan und seine Nachwirkung" (Master's thesis, Johannes Gutenberg University, Mainz, 1973), 109.

142. 毛奇的副官，弗里德里希·冯·曼泰（Friedrich von Mantey）评价道，小毛奇和施利芬在战役思想上并无分歧，他在1933年施利芬百年诞辰向施利芬致意时这么说，是为了维护他从前的上级。曼泰出于战争史研究的目的获取战争计划文件的努力，被沃尔夫冈·福斯特（Wolfgang Foerster）阻扰了。
详见：Friedrich von Mantey, "Graf Schlieffen und der jüngere Moltke," *Militär–Wochenblatt* 120 (1935‑1936): 395‑398; Pöhlmann, *Kriegsgeschichte und Geschichtspolitik*, 319f.

143. Mombauer, *Helmuth von Moltke*, 287f.

144. Hermann Gackenholz, *Entscheidung in Lothringen 1914. Der Operationsplan des jüngeren Moltke und seine Durchführung auf dem linken deutschen Heeresflügel* (Berlin, 1933), 121.

145. 伯恩哈迪甚至发表了一份对法国的进攻计划，该计划与施利芬计划极其相似，尽管他并不知晓施利芬的备忘录。即使克劳塞维茨也在1830—1831年间提出了以取道比利时的进攻为基础的对法战役计划。

146. 人们必须完全同意以下文献中的观点：Kutz, "Schlieffen contra Clausewitz," 12‑48.

第五章

苦涩的觉醒
第一次世界大战

一场进攻战的主要特征在于包围或绕行，这也是战斗的实际行为。

——卡尔·冯·克劳塞维茨

西线

"晚上，我们移动到第一阵线，检查所有重新发动的突击。然而，英国佬似乎已经受够了。那一天，我们成功守住了自己的阵地，尽管如此，战场依然十分可怖，尸横遍野，死者成片地倒在那里，其中大多是英国佬。战况非常激烈，双方都力图赶尽杀绝。"[1]

这不是那种总参谋部计划和筹备的运动战，而是施利芬试图通过其战役学说避免的经年累月、旷日持久的消耗战。自1914年秋起，战争在西线——以及一年后在东线的部分区域——冻结成了一个绵延数百公里的阵地系统。装备着毒气、重型火炮、火焰喷射器和机关枪的士兵们奋力作战，寸土必争。这是军事史上德军第一次在所有空间层面作战：地面被双方工兵埋设地雷，空中有飞机轰炸。与此同时，英国海军的封锁切断了帝国的海外贸易。

小毛奇预言的人民战争后来被证明的确会发生。对总参谋部而言，最坏的情况已经成了事实，而不论是军队还是政治决策者，都没有办法为之做好准备。他们的敌人也被这一事态发展弄得措手不及，这给了他们一丝有限的安慰。出现这种根本性变化的原因是什么？是因为如马丁·库茨（Martin Kutz）援引的那样，脱离现实？还是因为总参谋部无法制定出符合实际情况的战争理念？

为了回答这些问题，有必要对战争第一周中发生的军事事件进行一番简要概述。在 1914 年 8 月 2 日动员开始后的 16 天内，约 160 万德军士兵被部署到德国西部边境沿线，成为 7 支野战集团军。其中有 5 支在右翼，剩下 2 支被部署到位于梅斯－迪登霍芬防御工事东南方的左翼。和德国的战役计划一致，初步部署的重心是沿着比利时边境的。比利时的列日要塞在 8 月 16 日被占领。8 月 18 日，德国对法国宣战两周后，由第一、第二和第三集团军组成的德军进攻主力开始进军。

三天后，德国军队抵达法比边境。正如施利芬和小毛奇预见的，与法国和英国部队的边境战争打响了。包含洛林和阿登兵力的德国军队，沿着整条前线行军，在被称为前线会战的战斗中，他们击败了敌人，但无法如计划的一般包围及击垮敌人。德国军队仅仅达成了施利芬担忧的"普通的胜利"，向安特卫普后撤的比利时军队，并未被击垮。盟军往南向着巴黎撤退，追击的德军进攻主力紧随其后。[2] 在追击过程中，挺进的第一集团军在经过巴黎后并未按原计划向西行军，而是挥师东向。[3] 法国的指挥高层抓住了机会，在 9 月 6 日发动了对德军攻击力量的右翼攻击。[4] 这拉开了同盟国从凡尔登到巴黎整个前线的反攻序幕。在陆军最高指挥部（Oberste Heeresleitung，简称"OHL"）的资深部门负责人看来，他们所期望的决战迫在眉睫。[5]

关键事件发生在巴黎郊外。9 月 6 日，新组建的法国第六军从巴黎对德国第一集团军右翼发动了攻击。亚历山大·冯·克鲁克（Alexander von Kluck）大将发现，他不得不撤回自己的部队以抵御此次攻击。撤退令一个长达 50 公里的空隙出现在了德军第一集团军和第二集团军之间，法国和英国军队可以向此推进。德国的右翼确实存在被围歼的风险，因此陆军最高指挥部下令全面撤退，以求重建统一战线。马恩河之战在 9 月 9 日落幕。[6] 德国在他们所寻求的决战中败北。

接下来的几周，交战各方徒劳地在北部进行彼此间的侧翼包抄，这被称为"奔向大海"。之后，随着双方都在 1914 年 10 月抵达奥斯坦德附近的海峡沿岸，这一竞赛才算告一段落。西部前线随即冻结为一个长达数百公里的壕沟系统，从瑞士边境一路延伸到北海。

虽然西边的进攻已在巴黎外达到了顶峰，俄国的进攻却来得比预料中更早。与此同时，法国人已经尽一切努力，将外线作战的优势和早期俄国进攻相结合，试图通过协同作战，令德军预定期望在西部发动的进攻变得更为困难。因此,陆军最高指挥部被迫同时应对东西两线上的危机。由于俄国的早期进攻，德国陷入了总参谋部多年来一直在准备应对的战略困境中。

东线

在帝国军事指挥的战略计算中，东部只是一块次要战场。因此，仅有八分之一的德国陆军——即第八集团军约 12 万的兵力——在玛克西米利安·冯·普利特维茨 – 加弗龙伯爵大将（Maximilian Graf von Prittwitz und Gaffron）的指挥下，被部署到了维斯瓦河以东地区。[7] 当时，这一部队没有与奥匈帝国军队协调行动计划，这两个盟友独立执行各自的战争计划，对其同党的意图只有模糊的了解。[8] 德国方面预见到了两支各有约 36 万兵力的俄国野战军将在东普鲁士发动攻击，这两支野战集团军被马祖里湖分隔开，只能各自为战。因此，德军和俄军的数量比约为 1 ：3。

总参谋部对待俄军的态度，混杂着敬意和蔑视。尽管它承认其士兵们有能力进行顽强的防御，却也觉得它的军官团队的指挥才干颇为平庸。[9] 在 1913 年 10 月的一份评估备忘录中，总参谋部评价俄国的指挥有条不紊、慢条斯理，同时其军队在移动时往往停滞不前。这一评估得出结论："因此，在和俄国人的冲突中，德国指挥部可以冒险，采取那种面对势均力敌的对手时无法成功的调遣行动。"[10] 基于这一评估，德国指挥部打算通过在进攻和运动战管理上的明确合力，依次发难并逐个击败俄军。德国人将借助他们广泛铺设且维护良好的铁路网路，巧妙地应用内线。施利芬在几次总参谋部考察旅行中都遇到过这种情况，但他没有专门为此制订详细的防御计划。[11] 相反，下达给第八集团军的展开指令明确表示，其指挥官可按照他认为合适的方式直接指挥战役。[12] 在所有情况下，普利特维茨都要保持这一主动权。正如毛奇明确告知普利特维茨的那样:"当俄国人来袭的时候,不要想着防御,而是要进攻、进攻、再进攻。"[13]第八集团军只有在面临迫在眉睫的全歼风险时,才能获准撤退到维斯瓦河的战线之后。[14]

比陆军最高指挥部预计的更快,作为对法国强大外交压力的反应,俄军第一集团军(涅曼集团军)[15]早在8月15日就推进到了马苏里湖的北部。[16]被这一自然屏障与俄军第一集团军分隔开,且脚程落后了几天的第二集团军(纳雷夫集团军)从南向东普鲁士边境进军。[17]普利特维茨决定于1914年8月20日,派遣贡宾嫩附近的第八集团军主力,对俄军第一集团军发动进攻。[18]普利特维茨收到一条报告,第二集团军已经完成了初步部署,且要比预计的更早深入西部发起进攻。被包围的危险令普利特维茨叫停了正在进行的战斗,并将他的部队撤离到了维斯瓦河的战线。

尽管这次撤退收到了处在展开指令许可的范围内,但对第八集团军在领导上的迟疑相当不满的毛奇,依然于8月22日解除了普利特维茨的指挥权。这一决策,在后来的德国军事文献中被议论不休,其利弊我们暂且按下不表。[19]不论如何,我们应当要注意到,由于和陆军最高指挥部在观点上的不同,第八集团军的指挥被委派给保罗·冯·兴登堡和埃里希·鲁登道夫,毛奇希望他们能提供更为决定性的领导,尤其是要取得胜利。这便是二人异军突起的出发点,他们当时在军队建制之外尚属无名之辈。然而,一切很快将会有所不同。8月31日,新任第八集团军指挥官向德皇汇报了歼灭俄国第二集团军的消息。

这样一场胜利是如何取得的呢?——势单力薄的153000名德国士兵必须面对191000名俄国士兵,而且还有第二支俄军在背后虎视眈眈。而这又导致了什么军事和政治上的后果呢?由于普利特维茨已经着手进行部署,并通过空中和无线电侦察将敌人的动向尽收眼底,鲁登道夫和兴登堡剥离了正缓慢从柯尼斯堡进军,直面俄军第一军的前线。他们只留下一道薄弱的骑兵屏障,然后,第八集团军集中他们的所有力量,攻击了俄国第二集团军的侧翼,在坦能堡附近将其包围,最终于8月26日至30日将其彻底击溃。[20]这就是"坦能堡英雄"传说的诞生。在被拿来与坎尼会战对比时,这场战斗几乎还没结束,而兴登堡和鲁登道夫被敬为施利芬真正的继承人。[21]最重要的是,尽管德国在西线进攻上遭遇了失败,它还有打了胜仗的将领能够挽留自己的民众和盟友,阻截敌人。

从军事角度上说，俄国人遭受了一场大溃败，且"俄国压路机"已经停摆。与此同时，奥匈帝国的军队在加利西亚即将迎来迫在眉睫的灾难。[22] 接下来的几周，接纳了西边赶来的部队而实力大增的德国第八集团军，将能够支持奥匈帝国的军队，阻挡俄国人的进军。[23] 然而，在坦能堡战役上的胜利也同样产生了深远又长期的心理、历史和战略影响。它验证了在战争爆发前，德国士兵及其领导人对俄国敌人潜在的优越感。这种心态持续到了第二次世界大战。

评估

德国的对法进攻和迫使该进攻早日达成决胜的战略构想失败了。这是否意味着总参谋部多年来制定的战役构想已经过时？它是否在战争的现实中失灵了呢？

当我们检验德国在战争开始前几个月于东西两线进行的战役中反映出的战役思想框架时，我们所看到的是模糊的景象。基于小毛奇的战役笔记，他强化德军前线的左翼，并因此放弃了部署在右路的更强的兵力集中。他的批评者后来说他缺乏达成无条件集中军势所需的意志力。直到今天，考虑到当时困难的交通境况和后勤问题，我们依然无法明确地做出决断，德军当时能否在右翼集中更多的士兵。[24]

突袭确实在进攻的开始阶段就取得了成效。然而战役上的出其不意，就和战术上的出其不意一样，一旦敌人有足够的反应时间，就失去了优势。在1914年夏季上演的，正是这种情形。在边境战斗期间，德军右路军队对盟军发动了突然袭击，它出乎意料地向西摆动，且声势浩大，超过了其顶峰。[*25] 然而，法国高级指挥部刚一认识到德国进攻的重心，就立即顺着有争议的东部边境地区向巴黎的内线转移部队。这戏剧性地扭转了德军和法英联军之间的兵力比，使形势变得对盟军有利。所以，在9月5日马恩河战役开始的时候，德军在右翼的24个半师要对阵盟军41个师。[26] 出其不意的元素已然消失，德军未能按照原计划，在有机可乘的几天内围歼敌军。正如施利芬担心的那样，盟军部队撤退，回避决战，仅在德军的进击达到顶点时，于巴黎郊外发动了一次反击。

德国之所以无法利用出其不意的元素，有两大原因。除了机关枪和现代火炮让战术防御明显优于进攻之外，德国的进攻部队在包围敌人部队时的动作实在是太慢了。话虽如此，在超过三个星期的时间里，第一集团军的士兵们还是得在战斗条件下，用平均每天大于23公里的速度行军。这意味着到了动员的第31天，他们不仅如"施利芬计划"的那样，抵达了亚眠—拉斐尔—赫泰勒线，还到了巴黎城外。考虑到仲夏的高温，这是个了不起的成就。撇开高行军率和修复在比利时和北部法国那些被毁坏的铁路网络产生的问题，后勤体系还是运作得颇为顺畅。然而，和过去一样，士兵们被迫生活在乡间。除此之外，这还导致了与比利时民众间的问题，并成了德国在1914年进军过程中在比利时犯下暴行的原因之一。[27]

在战役进程中，陆军最高指挥部逐渐丧失了主动权。严重的通信问题，令毛奇和他的幕僚们始终无法获悉当前局势。有些时候，陆军最高指挥部收到局势信息的时间要超过24小时。在不同野战集团军之间也存在着大量的沟通问题。[28] 因此，未能提升引进和采用最新控制和指挥技术资产的效率，让总参谋部付出了沉重的代价。施利芬设想的这种对军队紧密的命令和控制，很难在没有最先进技术的条件下实现。正是为了准确地应对这种情况，老毛奇在德军中引进了指令领导技术。但是，1914年8月，这一领导模型在西线的关键局势中几乎完全失灵。

小毛奇本人也已力不从心。局势的复杂性和如何指挥控制一支百万之师的问题，迄今为止是完全未知的，也从未有人受过这方面的教育。与他的个性一致，他指挥时用了一种颇为犹豫的风格，并采用了所谓的合作式领导风格。然而，他没有获得直接下属的感激，尤其是那些负责在右侧进攻的下属。因此，包括第一集团军的克鲁克和第二集团军的卡尔·冯·布洛元帅在内的各个指挥官，由于彼此间的个人对立意识，受到了过多的制约。有时候，他们看来更像是在互相攻讦，而非同心御敌。[29] 当第一集团军被置于第二集团军的战役指挥之下时，这问题非但得不到解决，反而令矛盾进一步激化。与此同时，在洛林，普鲁士军官和巴伐利亚军官间的摩擦演变成了公开的争斗。[30] 考虑到德军仍然是由曾经分属于不同独立国家的武装力量组成，且即使在德意志帝国统一超过40年后，也还有许多人未形成同一国家的概念，这一矛盾或许是难以避免的。因此，缺乏机动性，再加上通信系统的不足和个体间的对立产生的协作问题，令德军无法在前线战争中将敌人包围并歼灭。

这揭示了德国战役思想中的一个关键弱点。战争无情，顺风顺水的军事战役只能停留在纸面上，而且总参谋部并未制定一个全面而确凿的理念，以应对百万之师的指挥与控制。

施利芬曾坚信，一名将军能够基于事先构想的计划，通过电话运筹帷幄地指挥战役，总参谋部的军官也具备出色的指挥能力，但二者已经成了被战争现实戳穿的西洋镜。他的这一想法不仅源于对总参谋部计划教条式的盲信，还源于帝国的结构性问题，这在战争的最初几周变得非常明显。出于王室的原因，德国太子威廉和巴伐利亚亲王鲁普雷希特（Rupprecht）成了指挥官。威廉太子尤其缺乏承担这一任务所需的军事修养。尽管德国在传统上，会将一名强势的总参谋长分配给有王室血统的指挥将领，在野战军中作为真正的指挥官发挥作用，但越来越复杂和快速的战争进展，使得这一体系出现了误解和沟通问题。在填补最高军事职位的空缺时，指挥官需要做出平衡联邦政治方面的考量。在马恩河战役期间，现场军事指挥官失控的问题变得突出，他们有时候会不顾高级指挥官的意图，率性而为。这一问题的解决方案，就是建立集团军群，作为统领多个集团军的战役指挥与控制层级。

不止如此，帝国在战争时期的领导结构性问题，在最高指挥官德皇本人身上得到了最为明显的反映。按照宪法，威廉二世拥有海军和陆军的最高指挥权。然而由于缺乏军事素养，他本身无力履行这些包括制定联合战略在内的职能。甚至威廉做出的协调总参谋部和海军参谋部的尝试，也因为陆军和海军之间职业上的嫉妒而以失败告终。这一尝试的目的在于占领丹麦，这在英国发动进攻后变得极有必要。[31] 但直到 1918 年，德皇都牢牢把控着"他的海军"。不过，在 1914 年动员开始时，他将普鲁士总参谋部总参谋长小毛奇任命为德国野战军（Feldheer）总参谋长，令其负责战时帝国层面的军队的指挥。这就使得威廉将宪法赋予德皇的指挥权让渡给了毛奇。

陆军最高指挥部（OHL）是作为执行地面战的机构设立的。[32] 它是大本营（Grossen Hauptquartier）的组成部分。[33] 战时，德皇会留在大本营，很少被人打扰，这主要是为了营造威廉二世正在依照普鲁士传统指挥战役的形象。事实上，此

阿尔弗雷德·冯·施利芬伯爵元帅
肖像照
Ca.1910. 德国联邦档案馆 /183-
R18084

德皇在1906年梅克伦堡演习中，照片前两人为总参谋长赫尔穆
特·冯·毛奇和德皇威廉二世
摄影师：奥斯卡·特勒曼 德国联邦档案馆 /136-C0087

时的德皇已经去打猎和玩斯卡特牌[①] 了。

　　大本营是帝国过时的宪政体制里尚未解决的结构性缺陷的一个象征。归根结底，它是军队指挥中心和帝国法庭的结合体，帝国的政治领导人——首相和外交事务国务秘书在几个月后退出了这一体系，在柏林继续他们的公务。因此，德皇生活在自己的宫廷社会中，这里由军事环境主导，但远离战壕中士兵所受的痛楚、民房中百姓所遭的饥馑，以及柏林的政治现实。[34]

　　在战争进行期间频繁更换所在的大本营是每个陆军最高指挥部首脑自始至终关注的焦点。尤其是自认从未取得威廉二世支持的小毛奇，其不得不在战争爆发时就警惕地关注蔓延在大本营内的情绪。成了毛奇继任者的普鲁士战争部长埃里希·冯·法金汉将军，一直在质疑他的领导力。德军的整体战略在和平时期从未起草，而在"毛奇计划"失败的当下，这种作为当务之急的理念又该如何制定？由于俄国的早期进攻从一开始就迫使德国进行两线作战，小毛奇确实不得不同时战斗在几个不同的战线上。

───────────────

　　① 译者注：一种三人纸牌游戏。

埃里希·冯·法金汉将军
日期不明的肖像照
德国联邦档案馆 /146-2004-
0023

保罗·冯·兴登堡元帅与他的参谋们，埃里希·鲁登道夫（左）和马
克思·霍夫曼中尉（右）
ca. 1914/1915. 摄影师: o. Ang.
德国联邦档案馆 /146-1993-132-12A

　　和西线相反，在东线的德军一开始就取得了重大胜利。坦能堡符合德国传统中以少胜多并最后歼灭敌军的包围战理念。仅仅在坦能堡战役结束的几天后，它就被视作足以证明德国战役学说有效性的证据。兴登堡和鲁登道夫的巨大成功向想要如此相信的人证明，导致西线失利的罪魁祸首，并非德国的战役学说，而是个别人指挥上的失误。然而，在论证这一结论的合理性时，东西两条战线在初始局势上的重大不同，却被有意忽略了。

　　与西线不同的是，配备了重型火炮的东线德军，显然拥有更强的火力和更大的战术优势。此外，俄国高级指挥官在赢得了最早的边境战役后，低估了他们的对手，因而未能做出适当的侦察。相反，德国的高级指挥官则通过他们的空中侦察，对局势有清晰的了解。正因为德国的通信情报给了兴登堡和鲁登道夫关于他们敌人战役意图的明确评估，他们才能够确保自己在战役中拥有出其不意的要素。这是一个几乎不会被高估的因素。战前，总参谋部就演练了所有东普鲁士可能出现的局势发展，并为该地区一切能被德国高级指挥官用作防御的基地，制订了战役计划。最后，施利芬本人还指出了一项关键因素："对坎尼会战而言，你不仅需要汉尼拔，还需要特伦特斯·瓦罗。"① 在坦能堡之战中，"担此重任"的是亚历山大·萨姆索诺夫（Alexander Samsonov），他可以被认为是俄国高级指挥官行动迟缓、在战役上容易犯错的代表人物。有趣的是，坦能堡之战中另一个关键方面很少被检视。坦能堡是一场防御战，第八集团军能取胜主要归因于其在内线更好的情报和铁路网络。因此，坦能堡不能被引述为成功执行进攻式战役的范例。

在不给兴登堡和鲁登道夫的指挥成就打折扣的同时，我们必须记住，与西线相比，东线更容易达成执行战役思想的条件。无论如何，被称为"二重奏"的兴登堡和鲁登道夫，并没能通过在马祖里湖区或罗兹郊外的后续进攻战，成功包围并摧毁俄国军队。德军高级指挥官同样在东线认识到，若没有良好的铁路网络，他的军队就无法以足够快的速度在敌人领土内移动以包围和歼灭俄军。后者在没有足够的道路系统的情况下，依然灵活地撤退了。即使在战争的最初几个月，德国战役学说所根植的关键条件——德国部队快于其敌人的移动能力，也被证明是不正确的。因此，在西线，坐拥良好铁路系统的法国人，能够赶在进军的德国人之前，转移他们的士兵；而在东线，由于道路系统的劣势，当俄军撤退到他们自己领土的纵深之内时，德国也无法对其形成包围。

尽管东普鲁士的坦能堡之战，是"小型'施利芬计划'"中对空间和时间巧妙应用的成功范例，但纵然俄军战败，协约国还是达成了其战略目标。威廉二世在赞美这场备受好评的胜利战役时对兴登堡说："你的成功，在史上无与伦比，这将使你和你的部队声名永存。"35 然而，这些话，替帝国掩盖了注定与这场胜利战役密不可分的战略失败。总之，当灾厄威胁到东线时，毛奇将两个军②从西线重新部署到了东线。36坦能堡之战时，这些军队还在通过火车前进，并错过了万分需要他们的马恩河战役。那时，法国已经做好了盘算。俄国人的早期进攻迫使陆军最高指挥部放弃将一些预备队调往东线，这阻碍了施利芬，或至少是毛奇要求的战役力量的绝对战略集中。除了东部的战术性胜利，德国

---

① 译者注：如前文所述，这句话的意思是，要有坎尼会战那样的胜利，不仅要在我方有出色的将领，敌方将领还必须足够无能。

② 审校者注：此处指的是德军近卫预备军和第十一军，这两个军分别来自西线德军右翼的第二和第三集团军。

人在战略上几乎被敌军同一时间发动的外线进攻击败了。现在，这些情况往往在相关文献中被掩盖，以便于吹捧德国战役方式。[37]

机动

在马恩河战役结束的短短几个小时之后，一场关于它为何会失败的讨论就已经如火如荼地开始了。小毛奇很快被指认为这场溃败的罪魁祸首，法金汉被选定为他的接班人。将失败的罪责归于个人，说明是个体的失误而非计划所依托的战役思想被视为失败的原因。因此，德军并未出现对战役计划及其背后的战役思想的关键反思。尽管德国军事思想的支柱没有受到质疑，但帝国的军事和政治指挥层自身不得不承认，在"毛奇计划"失败后，德国被迫进行的，正是它在战役和战略计划中竭力避免的消耗战。陆军、海军及政治领导层都没有为这一局势做过任何筹划，尽管小毛奇曾经长时间参与过耗时更为长久的战争。然而，为了应对战争计划的失败，陆军和海军各自制定的整体经济、政治和社会战略都被获准通过。[38]本应有意识地将目的不同的个体关注点整合为全面的战略手段的德皇，却并没有相应的能力。因此，除少数个例外，陆军和海军在接下来几年里都将继续各自为战。[39]

陆军最高指挥部的新任首脑埃里希·冯·法金汉将军，在战争的第一年结束时，面临着两难困境。战略上，他看出重心显然是在西线同英法两国，尤其是同英国的对抗。然而，在机关枪和速射炮带来的高弹药投送量面前，任何大兵团机动及基于此的攻势战役都是无稽之谈。法金汉在损失惨重的佛兰德斯进攻战中，艰难地学到了这一教训。东线的战壕系统没那么密集，同盟国军队在炮兵上还有优势，这里还有进行决定性战役的机会。但这与战前时期的认识不一致。总之，总参谋部已下定决心，反对在东线决战，因为那里糟糕的路况以及俄国的地理位置，能够让俄军深入撤退到它的领土中。牢牢遵循着前辈们传统的法金汉，也不相信在东线能够打出大型决战。兴登堡和鲁登道夫认为，出于东线有利的空间—军力比例，包围引发的围歼是有可能实现的。和他们相反的是，法金汉对俄国取得决胜颇为怀疑。他只是希望中央帝国能够达成"主要的本土胜利"。[40]他发现他的观点得到了罗兹战役[41]和马祖里湖区冬季战役[42]

1915年的东部前线

瑞典

斯德哥尔摩

来源：比尔肯/格拉赫
地图集与词典
第一次世界大战，
T.1：卡片

东线总司令：
兴登堡

兴登堡，
利奥波德
亲王集团军

德意志帝国

赫尔辛福斯

圣彼得堡

第六集团军

爱沙尼亚

雷瓦尔

诺戈罗德

波罗的海

多帕特

普斯考

利夫兰

俄罗斯帝国

维恩道尔

库尔兰

里加

米托

涅曼集团军

西北方面军
（阿列克谢夫）

利堡

杜纳堡

维捷布斯克

梅默尔

陶拉格

8月8日
科夫诺

第十集团军

立陶宛

劳恩施泰因集团军

威尔纳

柯尼斯堡

第十集团军

9月19日
奥利塔

明斯克

莫吉廖夫

但泽

第八集团军

勒岑

格罗德诺

第十二集团军

格劳登茨

加尔维茨军

沃姆扎

巴拉诺维奇

博布鲁伊斯克

托伦

诺沃乔治
耶夫斯克

奥斯特罗文卡

第九集团军

华沙

第一、第二集团军

布列斯特·
利托夫斯克

8月26日

平斯克

波森

罗兹

第五集团军

伊万哥罗德

沃里尼亚

波兰
沃尔西军
集团军支队

第四集团军

科韦利

霍尔姆

罗夫诺

治托米亚

布雷斯劳

卢布林

拉克

杜布诺

奥匈帝国第一集团军

卡托维兹

拉瓦罗
斯卡亚

布格
集团军

第三集团军

西南方面军
（伊万诺夫）

普莱斯

泰申

克拉科夫

塔尔努夫

伦贝格

乌克兰

马肯森集团军

戈尔利采

普热梅希尔

加利奇

第八集团军

卡梅内茨－
波多尔斯克

布吕恩

奥匈帝国第四集团军

第十一集团军

斯特雷

第十一集团军

霍京

维也纳

奥匈帝国第三集团军

穆卡切沃

科洛梅亚

第九集团军

林辛根集团军

奥匈帝国第二集团军

南军

切尔诺夫策

普夫兰策尔－
巴尔廷集团军支队

格拉茨

布达佩斯

奥匈帝国

伯姆－埃尔莫利集团军

克劳森堡

©ZMSBw
07616-03

—— 4月底的前线　　▪▪▪▪▪ 5月的前线　　━ ━ ━ 7月11日的前线　　━━━ 9月9日的前线　　═══ 11月的前线

✺ 德军要塞　　　　　★ 奥军要塞　　　　　✧ 俄军要塞　　　　　* 从1915年7月起：
布格集团军（林辛根）

的验证，在这两场战斗中，俄军指挥官展现了其战役机动能力，巧妙地从精心布置的天罗地网中逃脱升天。

和德军东线总司令部（Oberost）相反，法金汉认为东部战线是战争的次级战区。他坚信战争的结果将由西线决定。因此，战争的战略中心也该放在那里。出于这个原因，法金汉沿袭了施利芬的传统，只准备在极其有限的程度上开展东线的进攻。与兴登堡及鲁登道夫不同，他并未在东线策划"超级坎尼"，而仅仅打算通过适应该地区的地理条件和后勤能力，暂时性地打击俄国的进攻能力，从而在东线树立一道缓冲地带，让他能够在下一年把重心重新转移回西线。

完全遵循老毛奇的传统，这位新任的陆军最高指挥部首脑想要确保地形，从而争取时间。他用国际象棋中王车易位的方式，沿着内线移动，并计划将这个方法作为西线的进攻基础。因此，法金汉拒绝了德军东线总司令部将战略重心转移到东线的建议，他说："所有以我们在西线的地位为代价而取得的东线上的胜利，都是毫无价值的。"[43]

接下来的几年里，德国内部就支持西线作战还是东线作战展开了激烈的论战。这一论战在1916年法金汉的辞职以及"二重奏"兴登堡和鲁登道夫主持下的"第三陆军最高指挥部"建立后，方才告一段落。[44] 即便是在兴登堡和鲁登道夫处于指挥全局的地位时，也没有将战略重心自西向东转移，说明这一冲突更多的是参与者的个人野心在作祟。

接下来的部分，我们将基于两个案例来检视德国在东线的战役：同盟国帝国在1915年夏天的进攻，和1916—1917年的罗马尼亚战役。

由于奥匈帝国在加利西亚的军队溃败后所面临的严峻形势[45]，陆军最高指挥部发现，不得不向奥匈帝国提供的军事支持令它受到了限制。奥匈帝国任何进一步的失败，都将诱使意大利和罗马尼亚加入协约国一方参战。因此，法金汉面临的战略局势，让他将目光转向依然被自己看作次要战区的东线。完全参照德国的战役学说，他计划通过进攻战解决东线的严峻形势。他认为，哪怕仅仅为奥匈帝国提供防御性支持，也是不可能的。最后，法金汉在1915年下定决心，将德国的重心临时性地转移到东线。所以，通过编制调整形成的新战略预备队并没有被用来攻打塞尔维亚或投入西线，而是大量地在戈尔利采–塔尔努夫附近集结。新成立的第十一集团军——由8个步兵师组成，归奥古斯特·冯·马肯森（August von Mackensen）大将统领——以及奥匈帝国的第四集团军，都被用于压垮俄国喀尔巴阡山脉的战线。与此同时，东线总司令部在北部通过佯攻里加，进攻库尔兰的方式牵制当面的俄军。

1915 年 5 月 2 日，数小时的重炮轰击之后，德国和奥匈帝国的部队仅耗时三天，就穿越了俄国的阵地。[46] 接下来的几天抑或是几周内，尽管意大利参战，协约国在阿图瓦西部发动反击，这一突破还是演变为一场同盟国坚决地投入增加后备力量来进行增援的重大攻势。夺回普热梅希尔与伦贝格（Lwów，利沃夫）后，法金汉在 6 月底决定让东线最高指挥部从北边攻击，第十一军则从南边攻击，通过夹击迫使俄国的纳雷夫—维斯瓦战线崩溃。参与夹击的双方将在华沙北部会师，包围并歼灭俄国军队。

这些计划又一次引发了东线最高指挥部和陆军最高指挥部在战役上的分歧。兴登堡和鲁登道夫以不适合为由，拒绝了法金汉的战役计划。他们提出了一个途径科夫诺的更深入的包围战。在那里，俄军将从后方被席卷，东线最高指挥部希望这能带来决定战争结果的胜利。[47] 法金汉则认为，俄国人有着比他的批评者们认为的更多的耐力，最后，他赢得了德皇对其思路的支持。[48] 在接下来几周中，法金汉的疑虑得到了证实。因为俄国人摧毁了所有交通道路，并极有技巧地成功撤退，德军的包围失败了。由于他们的士卒过于疲惫，补给线过于冗长，德国的进攻部队无法围歼俄军。因此，计划中的包围战仅仅成了一场正面遭遇战，敌人就此被推回东部。

1915 年底，同盟国的疲惫之师沿着切尔诺维茨和里加的战线转向防守。尽管俄国军队在进攻中的减员超过 250 万人，但他们的部队还是得以基本存活。同盟国在"一战"中取得了最大的战役胜利，却没有拿下决定性的战役胜利。这种结果从来不是陆军最高指挥部的目的，但法金汉至少达成了其战略目标的一部分。

尽管这场胜利不能迫使俄国求和，但它至少阻止了罗马尼亚参战——如果没有意大利的话。此外，德军在东线军事上的成功，令保加利亚在同盟国一方参战，这确保了其对塞尔维亚的胜利，以及能与奥斯曼帝国建立连接。法金汉将建立延伸到俄国的缓冲地带视为最重要的胜利，这反过来于 1916 年促进了西线的兵力集中。

正如预期的那样，一边是法金汉，另一边是兴登堡以及鲁登道夫，他们对这次战役的评价有着极大的不同。后者斥责法金汉在战略上的失败，因为他没能利用独一无二的机会达成对俄国的彻底击败和歼灭，而陆军最高指挥部的首脑[①]则认为，俄国人可以通过撤回本国内部，在任何时候避免战斗。事实验证了他的结论。因此，法金汉依然坚信，只有在西线，才能取得战争的总体胜利。这一理念迫使成百上千的法德士兵，在几个月后的凡尔登战役中马革裹尸。

在东线的进攻揭示了战役行动的局限性，这也是因为我们如今在评价战役行动时，倾向于将其低估。正如施利芬预料的，俄国野战军的主力都能通过撤回本国内部来避开一切试图对他们发动的包围和后续的歼灭。这一最终结果，很大程度上也归功于俄国人成功地利用他们在后方的纵深并能够有序撤退到国内。俄国人对此颇具心得。尽管加尔维茨等同时代的观察者们详细描述了这一德国士兵在"二战"中时常要面对的技能[49]，许多总参谋部军官还是拒绝重视这些显而易见的证据。相反，基于德军以少胜多的案例，他们滋生出一种过度的优越感。比俄军迟滞战斗的技巧更为重要的，是沙皇俄国广阔的领土、贫瘠的物资，以及时有出现的糟糕透顶的交通线，这些不利条件严重阻碍了德军在东线进行机动作战。尽管德国的铁路网络在内部实现了快速的交通移动和兵力集中，俄国极其落后的交通网络却严重阻碍了机动作战的进行。因此，在距离最近的铁路卸货点约 120 公里的地方，后勤保障系统时而会陷入停顿。

尤其令人吃惊的是，军队在东线推进的速度不足以确保他们对撤退的敌军形成包围。当时已经在西线式微的骑兵，同样无法在东线执行这一任务，即使是在俄国——虽然骑兵在库尔兰的战事中发挥了一定作用，但自动化武器的效用使其无法在机动作战中有所作为。这一战区的运动战特点是：在远离铁路卸货点的地方，徒步步兵与马拉的火炮和篷车在糟糕的道路上蹒跚前进。[50]因此，俄国的行进速率和大量花销为运动战施加了严格限制。带着决战意味的快速而深入的包围行动，是由德军战役学说假定，且对歼灭俄军是绝对必要的，但它只会发生在纸上和兴登堡及鲁登道夫圈子里个别总参谋部军官的脑海中。实际上，

①译者注：即法金汉。

正如施利芬和法金汉预见的那样，因为空间、时间和兵力的比例，在东线歼灭俄军是不可能的。

出于这一原因，在总参谋部的战前计划中，从未有过要追着败北的敌军进入俄国的设想。从老毛奇的时代开始，所有对俄国的战役计划，顶多都只是以在俄属波兰的胜利收尾，或者正如老毛奇所说："在波兰王国取胜后进入俄国境内不符合我们的利益。"[51] 因此，兴登堡、鲁登道夫和其他总参谋部军官制订的运动战规划，受到了当前战役条件的制约。同盟国的进攻无情地暴露了德国战役学说中致命的弱点：进攻部队的机动性，不足以执行战役思想中的关键任务——对聚拢的敌人进行包围及后续的歼灭。

尽管 1916 年对阵罗马尼亚的战役被参战方描述为"精妙之战"，且在第一次世界大战后的军事专家日志和回忆文献中被誉为"将才的典范"[52]，但这场战役同样暴露了德国战役方式受限的本质。[53]

1916 年夏天，同盟国发现他们正处于大战以来最严重的战略危机之中。德国在凡尔登的攻势，和奥匈帝国在意大利的攻势都失败了。在索姆河，德军只能动用最后的预备队来对抗英国的进攻。俄国的勃鲁西洛夫攻势在东线将同盟国逼至灾难式溃败的边缘。德国与奥匈帝国严重低估了俄国人的资源以及重组与战役层面的能力。[54] 同盟国只能投入所有可调配的储备力量，力图阻止勃鲁西洛夫攻势的成功。就在陆军最高指挥部认为危机已经过去的紧要关头，罗马尼亚却在 1916 年 8 月 27 日猝然发难，加入协约国一方参战。彼时以为罗马尼亚不会参战的法金汉，对此完全措手不及。[55] 当晚得知这一噩耗时，德皇正在打斯卡特牌。他更是被深深震撼，当即表态要求和。[56] 对这种情况完全力不从心的德皇将法金汉解职，并任命兴登堡为总参谋长，鲁登道夫为第一军需总长。[57] 面对这一危局，加上陆军最高指挥部第三届领导人刚刚上任，同盟国最终在 9 月 6 日同意将所有部队的战役指挥权交给威廉二世——也就是交给陆军最高指挥部。[58]

基于之前第二届陆军最高指挥部的计划，兴登堡和鲁登道夫决定明确兵力集中方向，并马上对罗马尼亚发动进攻。与德国战役学说完全一致，法金汉被调去指挥新成立的德军第九集团军和当地的奥匈军队[59]，他试图通过一轮双重包围来歼灭正尝试穿过特兰西瓦尼亚、人数更多但装备处于劣势的罗马尼亚军队。罗马尼亚军通过双重包围，穿过了特兰西瓦尼亚。随后，德军将穿越喀尔巴阡山脉，并且会同马肯森指挥下的、从南面行军而来的德国、保加利亚、土耳其联军，设法最终消灭剩下的罗马尼亚军。

然而，现实总是人算不如天算，这也是屡见不鲜的情况了。尽管法金汉在特兰西瓦尼亚成功击败了数量占优的罗军，旨在歼灭罗马尼亚军队的双重包围却失败了。达成坎尼式胜利的尝试又一次以失败告终。尽管马肯森成功进军到多布鲁甲地区，法金汉的部队却未能如计划般迅速通过战斗穿越喀尔巴阡关口，协同当时已经穿过多瑙河的马肯森部队，成功在罗马尼亚军队的后方和侧翼发动打击，并在布加勒斯特前将其击溃。尽管如此，罗马尼亚部队的主力成功从包围中逃脱，并在后来与俄军一同建立了在伏尔塔瓦河上的新前线。同盟国现在能够取用普洛耶什蒂附近的油田和罗马尼亚出产的食物。尽管损失惨重，他们最终还是在 1916 年底稳定了东线的局势。[60]

同盟国对罗马尼亚的进攻，主要是由德国军队执行的，是对人数或物资上占优的敌人发动战役机动的模板，这正是总参谋部经常用于计划和训练的战役类型。但是，对罗马尼亚的战役，真的就是德军战役学说的完美范例吗？这次高度成功的进攻，真的承载了德国的战役学说吗？固然，罗马尼亚战役是一次重大的军事胜利，而且考虑到最初困难的战略形势，这一战果很难被高估。宽广却又不至于太过辽阔的战区，这几乎理想化地迎合了德国地缘政治学的创始人弗里德里希·拉特泽尔（Friedrich Ratzel）理论中的战役[61]，能够令德军在进攻式运动战中发挥其高超的战术和战役领导力。然而，德军还是无法成功地歼灭装备落后、指挥拙劣的罗马尼亚部队。在几次双重包围的尝试都受挫后，士兵的疲惫不堪，供应线的过度扩张和地理、天气条件，戏剧性地恶化了德军的后勤。由于德军无法以足够快的速度行进，敌人得以一次又一次地从围歼中抽身。

在罗马尼亚，步兵的行进速率也是所有事物的衡量标准。最后，罗马尼亚军队也仅仅是和 1915 年的俄国军队一样，被迫进行了一场正面对抗。由此，罗马尼亚战役是反映"一战"中德国双重性的完美案例。在战争的执行过程中，德军引以为傲的战役—战术层面优势，与其固有的战略—战役层面限制背道而驰。

与 1915 年在波兰的战事一样，为毗邻国境的战役而组建的德军，由于其地理方位，在罗马尼亚受到了后勤和战役两方面的限制。然而，在东线战役受到的限制不仅于此。与西部前线相反，德国在东线主导了一场联合作战。除了国家敏感性——奥地利人认为德国人很傲慢，德国人则觉得奥地利人在军事上颇为无能——以及赫岑多夫与法金汉间的个人恩怨外，同盟国内部几个国家的训练和装备情况也大相径庭。在德国看来，许多奥匈帝国的部队尚且无法适应快节奏的战役，更遑论奥斯曼帝国和保加利亚的部队了。另一个尤为不利且对德国运动战有至关重要影响的因素，是德国盟友的军官在战役层面上训练的不足。这导致其在指挥与控制流程中反复出现脱节。德国人试着通过任命外联官员和让德国军官担任其他部队的指挥岗位等方式，解决这些问题。[62]

一方面，罗马尼亚战役说明马肯森成功地让一支由德国、奥匈帝国、保加利亚和奥斯曼等国共同组成的队伍处在其战役控制下。另一方面，也说明陆军最高指挥部在此处派遣了大量德国军队，而这些德国军队也是这支联合部队的支柱。然而这些努力只解决了面上存在的问题。觉得德国人从战争一开始就在打压他们的奥地利人，始终觉得盟友傲慢和霸道的态度是在羞辱他们，他们时常抱怨这一点。[63]就这场战争的进程而言，陆军最高指挥部在制定适当的联合作战的指挥架构上，可以说很不成功。[64]

除了战役能力与战略目标的不匹配外，在东线进行的战争还暴露了战役思想的另一个弱点：空间被缩减至纯粹的地理层面。和18世纪的内阁战争一样，总参谋部的战役计划是在排除了"人"这一因素的虚拟真空中拟定的。战区的常住人口被忽略了，仿佛其对战役毫无影响。这就是大多数总参谋部军官的盲点。考虑到在法国—普鲁士1870—1871年间的人民战争中获取的经验，这确实不可思议。然而，这种现象，可以通过这一观念来解释：通过战役层面的快速作战，战争可以迅速落下帷幕，从而防止人民战争爆发。

1915年，德军在法国、俄国、巴尔干和奥斯曼帝国作战。在战争广阔的地理层面上，以及德国及其盟友被迫进行长期消耗战的现实，足以引发对战役学说的修改。然而，事情并非如此。罗马尼亚战役被认为是证明德国战役思想正确性的例子。尽管如此，战时的经验影响了"一战"后战役思想的进一步发展。被征召的士兵和军官都认为，德军占领区域在卫生和文化上的落后，让他们经历了一次名副其实的文化冲击。[65]对士兵而言，这表现为在人数上处于劣势时取得重大胜利后而生的一种持续性的军事优越感。虽然在战前，德国人还对"俄国压路机"颇为忌惮[66]，但随后他们就开始低估俄国军队。激烈的战斗和俄军顽强的抵抗，以及勃鲁西洛夫攻势的经验，应该使他们从这种想法中醒悟。[67]多年来，沙皇部队的战斗和军事能力，以及在"被遗忘的前线"的战役问题，和西线的消耗战相比，越来越处于次要地位。德国的宣传也尽其所能地确保俄国的形象被士兵们牢牢记住。

突破

1914 年底，在瑞士边境和比利时北部海湾之间，出现了一条绵延数百公里的战壕系统。那年秋天，在西线的运动战已经随着德军突破佛兰德斯的失败尝试而告终。自动武器的火力不仅在心理层面——即意志力和进取精神上施加了严格限制，还摧毁了任何在西部前线开展战役机动的机会。在这种施利芬想要不惜代价避免的堑壕战中，德军的机动性陷入了停滞。因此，如今主导着陆军最高指挥部想法的，不止空间上的战役和战略层面，还有战斗区域地形上的战术优势和劣势。虽然总参谋部对战役机动抱有执念，但此时德军在西线面临的这一局面早在"一战"开始前就被讨论过了，总参谋部的高级军需官恩斯特·克普克少将（Ernst Köpke），在 1895 年写道："阵地战（堑壕战）是一种旨在争夺处在漫长战线上的预设阵地的战斗，它必须要成功围攻敌军重要的防御工事，要不然我们无法达成任何对法国的胜利。但愿我们届时不缺少必需的情报和物资准备，而且在关键时刻配置好了执行这种战斗所需的训练有素且装备精良的人员。"[68]

尽管有着 1904—1905 年间日俄战争带来的阵地战经验，但德军内部还是成了运动战支持者的大合唱，克普克则是唯一一个在旷野中呐喊着他的预言的人。结果，和其敌人一样，德军还来不及做好准备，就被迫迈进了漫长的堑壕战。出于这个原因，从 1915 年起，陆军最高指挥部发现它需要发展出一套适应机关枪、火炮、毒气和飞机在内的现代武器系统的防御性理念。相应地，它还需要采用一套在现实中可以有效突破纵深防御体系的进攻手段。最后，德军还得考虑帝国有限的资源。阵地战迫使陆军最高指挥部重新评估了各方的攻防比。不可避免的是，对战术思考的关注现在转移到了防守上。在接下来几年间，德国持续发展出一种区域防御体系，这使得他们哪怕损失惨重，却能够在索姆河、香槟及佛兰德斯挫败协约国军队的大规模攻势。[69]

陆军最高指挥部不仅要解决不熟悉的战术问题，还需要赢下一场它压根没做过准备的消耗战。显而易见，陆军最高指挥部必须要考虑进行这样一场战争所需的战役和战略条件。首先，德国人及其盟友在人数和装备上都逊于他们的敌人；其次，随着战争持续时间的增加，这一劣势还会进一步恶化，这只能在短时间内通过创新的防御程序和卓越的指挥控制理念来弥补。考虑到资源上的不平等，时间的优势是在协约国这方的。要执行旨在消灭敌方部队的进攻战役，就需要建立至少是暂时性的局部优势；但为了进行令人向往的战役机动，就必须先穿透敌人的战壕系统。因此，若想将"突破"作为出发点，德军就必须要解决这一战术问题。

在施利芬的领导和对"包围"教条化的执着下，不论是总参谋部还是知情公众，都没有深入检视过"突破"问题。"突破"的整体概念遭到了如此多的反对，以至于在施利芬时期重新修订的高级指挥官指南（Instruktionen für die höheren Truppenführer）和其他训练材料中，"突破"一词压根没有出现过。[70]"突破"也不是当时军事文献中的一个主题。以施利芬为首的"突破"的批评者认为，因为火力的增强，要突破一个状态良好、仅仅在力量层面上略逊一筹的对手，几乎是不可能的。[71]此外，即便己方取得了初步成功，防守方也能够填补空隙并用侧面火力歼灭任何已突破的敌军。

只有伯恩哈迪支持将"突破"作为战役思想的要素之一，并因此，其有意识地与施利芬采取相反立场。虽然后者明确支持包围理念，他也没有完全排除在某些罕见的特殊情况下利用侦察到的缺口突破敌军漫长防线的可能。尽管如此，施利芬想采取的，还是利用敌人失误的战役级突破，而非战术性突破。

1905年，可能是出于和继任者之间的观念分歧，施利芬用基于战术性和战役级突破的战争史研究支持了他的假设。仅有的两个被他作为支持性证据展示的例子，来自于德意志民族解放战争时期。他得出结论，由于在被调查期间火力效果的增强，没有军队达成了成果显著的战术性突破。然而，施利芬的确指出，战争史作为指出关乎未来战争的明确结论的工具，其效用是非常有限的。

因此，尽管有火力效果增强了，特定条件下的战术性或战役级突破还是可能的；但通过包围取得的持续性成功，则未必会发生。所以施利芬认为："把一方所有获胜的方法寄望于突破，不论这一方法是战术性的还是战役级的，其实质都只是对一次有利时机的利用。"[72]

他的继承者仅仅注意到施利芬的看法。尽管小毛奇基本继续坚持包围理念，但他不准备接受前辈的偏执。1905年，当毛奇在准备德皇的行动时，他让士兵进行突破的演练。他还利用施利芬的骑马事故起草过一份给指挥将领的指令，并因此惹恼了施利芬。这份指令指出了正面攻击和包围相结合的重要性。

所以，正面攻击和旨在决战的战术性突破，在最后几年的和平时光中，越来越多地在小毛奇治下得到演练，其中就包括1912和1913年的德皇演习。[73]因此，相较于施利芬时期，"突破"在小毛奇战役思想的著作中变得重要许多。虽然"包围"依然是德国战役思想中的必要条件①，小毛奇却已经不再把延伸到战役层面的战术性突破排除在外了。这个在战役思想焦点上的改变在他对1913年德皇演习的最后评价中有所体现：

> 只有当无法对敌人的某一侧翼或两翼进行攻击时，战斗一开始就取得成功突破的战役意图才是合理的。如果没有这个选项，我们当然要着眼于正面的胜利或至少在正面把敌人推回去。在有利条件下，这可能会导致由个别兵力达成战术突破。只有当我们成功地扩大（突破），或是把本地的突破演变为沿着广阔前线的战场突破时，突破才会变得至关重要。[74]

考虑到成百上千的军队规模和由此带来的潜在阵地的宽度，哪怕是施利芬，也无法继续对"突破"的必要性视而不见。在1912年的"施利芬计划"中，他提到突破面朝德军主力的法军前线的可能性。延续他1905年的论文，施利芬计划了大幅度、多地点的突破。那么，下一步就不是将侧面的敌人转至正面，而是让远在敌人身后的部队执行包围战，以此寻求决定性战果。

---

① 译者注：原文为拉丁文"conditio sine qua non"。

"突破"的理念一直在德国被压制的另一个原因，在于这一理念的任何成功，不仅仅需要有效的出其不意，还需要人力和物力上的明确优势——这是德国无法达成的条件。所有专家对此持相同意见。此外，根据克拉夫特·冯·戴尔蒙辛根（Krafft von Dellmensingen）的说法，"突破"作为人数占优方的进攻手段，并不能提供达成决定性战役胜利的机会。它可能永远都只是后续包围战的前提条件。因此，德国总参谋部仅仅将"突破"视为最后的手段。[75]

然而，就在第一次世界大战刚开始的几周内，陆军最高指挥部被迫承认，突破将会是一个回归运动战不可分割的条件。德军发现自己面临着两大问题，一是如何突破结构越来越深入的战壕系统，二是如何在后续的运动战斗中摧毁防御方在德军火力范围外的预备队。因此，一次进攻的成功与否，要看防御方能否将预备队集中在突破点上。这种时间压力，将军队战术机动性转变成了战斗管理的关键要素。

对于法金汉而言，时间成了所有事物的衡量标准，这不仅是战术层面上的，还是战略层面上的。他确信德国及其盟友必须在 1916 年末或 1917 年初之前赢下这场战争，否则协约国将凭借他们资源上的优势成为战争的赢家。因此，德军有必要制定一种能够让军事胜利与最终的政治成果相结合的战略理念。

第二届和第三届的陆军最高指挥部代表着采用不同战役程序的两种战略理念。它们的共同之处在于，法金汉治下的第二任陆军最高指挥部和其继任者统领的第三任陆军最高指挥部分别在 1916 年和 1918 年，俄国的威胁被消灭后占据了西线的主动权，只不过前者是暂时的，后者则更为彻底。由此，在西线集中兵力对德军来说成了可能。

基于双方部队的实力对比，法金汉认为德国的军事胜利无法带来和平。因此，正如老毛奇为两线作战规划的那样，法金汉的目标是在一次或多次成功的战斗后，于 1916 年底或 1917 年初，通过谈判解决问题。考虑到德国的民意，这种解决方案要比 1914 年 8 月时达成的平衡走得更远，且只有强势方才能将其成功推行。[76] 正如我们已经注意到的，尽管在东线有展开机动战役的机会，法金汉却并不相信那里的军事胜利可以带来战争结束。在他看来，只有西线的一场大胜才能达成他想要的战略效果。

从 1915 年初起，陆军最高指挥部计划在西线展开突破战役，各集团军群提交了几项提案。例如，康拉德·克拉夫特·冯·戴尔蒙辛根中将想要在阿拉斯附近突破，把法军与英军分割开来，并将英军推进海中。赫尔曼·冯·克鲁尔中将（Hermann von Kuhl）提议在埃纳河发动进攻，并在成功突破后将战役轴线向巴黎附近展开。[77] 法金汉同样给汉斯·冯·泽克特上校布置了为西线制订突破计划的任务，后者作为第三集团军的参谋长，曾于 1915 年 1 月成功指挥了苏瓦松附近的德军进攻。和克拉夫特·冯·戴尔蒙辛根一样，泽克特建议沿着阿拉斯和阿尔伯特运河之间的英军 / 法军分界线进行突破，其目的在于将英军与法军分开。为了达成这一正面宽度 25 千米的突破，泽克特估计需要一支有 5 个军兵力的野战集团军，还有另外 9 个军发动第二波攻势，继续深入进攻，确保侧翼。和其他提案一样，泽克特预见到了他行动过程中的大量困难，并且不指望这一行动能迅速取得成功。[78] 与此同时，他也强调索姆河地段的突破将为日后展开决战创造良机。

很明显，面对堑壕战，总参谋部最终意识到，战术突破是转变为战役机动的前置条件。一次成功的突破需要满足三个条件。第一，己方要在远离拟定进行突破的地方发动佯攻，从而将敌人的战役后备力量牵制住。第二，进攻必须在重火力的支持下，倾尽全力，攻其不备。第三，在成功的初步突破后，进攻方必须维持后续预备兵力的供应。

法金汉被泽克特的论证说服，他命令后者在位于戈尔利采 – 塔诺附近的东线，策划同盟国的第一次大型战术突破。尽管在面对火力处于劣势的敌人时，东线的突破是成功的，陆军最高指挥部的首脑却并不认为在西线可以依样画葫芦。1915 年秋，德军进行了香槟防御战，尽管法军在兵力上优势巨大，却未能突破德国的纵深防御体系。这一经验足以说明问题。法金汉的保留意见让人想起战争开始前，对突破持反对态度者的相似论调。法金汉认为，一支士气未损、兵力相当的敌方军队，能够迅速填补被突破的缺口，同时用侧面火力歼灭突破的进犯者。[79] 此外，他注意到陆军最高指挥部并未准备好大型战役突破所需的 30 个师的兵力。[80] 因此，陆军最高指挥部的首脑计划在对法国有着国家层面的重要意义的凡尔登展开局部攻势，以诱导法军反击。法金汉判断，法军正处于秋季战斗失利带来的低落时期，一旦德国军队在到达凡尔登周边的高地后建立起有利的防守阵地，反攻的法军就将被德军的密集炮火化为齑粉。德军作战的目的是将凡尔登变为法军的血磨坊（Blutmühle），同时不让德军受到过大损失。陆军最高指挥部还想要投入其战役储备，以击退可能减轻法军负担的英军反击，从而决定性地削弱英国军队。在西线受到的意料之中的失败，加上"无限制潜艇战"（uneingeschräkten U–Boot–Krieg），应当能迫使英国求和。[81]

德军的进攻计划故意没有按照突破战制订，因为法金汉认为突破战可能会造成德方无法承受的重大损失。归根结底，法金汉希望在德国的实力耗尽前（在凡尔登）耗尽协约国军的实力，法金汉的计划基于对协约国最近一次进攻的分析，在这次进攻中，法军承受的损失三倍于防守的德军。

对凡尔登的进攻开始于 1916 年 2 月 21 日，但一系列事件的压力迫使法金汉放弃了最初的战略计划[①]，即确保敌人在反击中流干最后一滴血。法金汉没有料到的是，"突破"的理念在凡尔登战役中自行冒了出来[②]，而突破的失败则演变为了宣传上的失败。德军尚没有能确保他们进行强行突破的战术手段。所有仅能让他们推进区区几米的进攻，都被敌军自动化武器的火力挫败。最后，德军 1916 年春对凡尔登的进攻变成了一场大惨败，成百上千的德军与法军士兵命丧于此。在凡尔登的失败，意味着法金汉战略战役理念的失败，他被免职只是时间问题。

法金汉的继任者，兴登堡和鲁登道夫早已摩拳擦掌，准备粉墨登场。他们的战略主张与其前任截然不同。他们想要在德军取得一场大型歼灭战的胜利后，以获胜者的姿态达成和平。他们确信法金汉在东线抛却了这种胜利。然而，在大型进攻开始之前，在协约国军攻击下处于崩溃边缘的西线，必须得稳定下来，并且德军需要通过军事胜利将俄国拉到谈判桌上。

第三届陆军最高指挥部通过完善纵深防御体系来解决这一西线的战术问题，而这一战术体系令德国得以屡次在惨烈的消耗战中击退盟军的进攻。[82]战

---

① 审校者注：此处格罗斯并没有展开讨论法金汉藏在凡尔登的战略企图和战役方案背后的战役思想，实际上凡尔登会战期间法金汉所采用的"有限消耗"战略和火力制胜的战役思想相比之前和之后，德国通过快速运动战的战役思想达成歼灭战战略这一传统战役思想，完全南辕北辙，也正因为此，战后他的这一战役战略理念被德军总参谋部的遗老们广泛抨击。对法金汉及这一战略的最佳介绍，参见：R.T.Foley, *German Strategy and the Path to Verdun: Erich von Falkenhayn and the Development of Attrition, 1870–1916* Cambridge: CUP。

② 审校者注：这是由于前线德军按照"任务指挥"的精神自由发挥，导致前方德军没有贯彻法金汉的方针，纷纷试图正面突破法军防线。

略问题通过加速沙皇俄国内部的崩溃得到解决。毕竟，在德国支持下得势的布尔什维克主义者，似乎已经做好了单独媾和的准备。此外，意大利人在伊松佐河被击败，不得不后撤到塔利亚门托河。乍看之下，1917年末的外部观察者可能会得出结论：同盟国已经取得了第四年军事斗争的胜利。然而，对局势的现实评估展现了事物的另外一面：奥斯曼帝国在伊拉克和巴勒斯坦节节败退，保加利亚军队显然疲惫厌战，奥匈帝国的军队已不复当年之勇。由于协约国军的海上封锁，同盟国的经济局势十分紧张。

封锁同样对帝国的政治情绪产生了直接影响。1917—1918年冬的饥荒导致1918年1月的大型罢工风潮。1917年，公海舰队上发生了第一次哗变。1月发生的罢工尤其被德国指挥层视作一种警示。它们以一种戏剧性的方式，让陆军最高指挥部意识到布尔什维克主义者以及其宣扬的"革命"，可能会成为帝国真正的威胁。军队内部同样有问题滋生，人事变更的形势尤为紧张。尽管前线军队顶住了盟军进攻带来的压力，但大部分士兵心中已然厌战，且惧怕堑壕战的持续。正如鲁登道夫本人指出的，装病行为在军队内部十分猖獗。部队能否承受又一年无休止的防御战，或是在压力下直接崩溃，这是个无解的问题。然而，让第三届陆军最高指挥部决定支持大型进攻战的关键因素是：背负着高期望的无限制的潜艇战，不仅失败了，还最终让美国加入了协约国一方。凭借自身丰富的物力与人力资源，这位英法的新盟友给协约国带去的，可不仅仅是填补俄国（苏联）撤出战争留下的空缺那么简单。

考虑到己方军队日益增长的厌战情绪和协约国不断加强的全面优势，兴登堡和鲁登道夫认为，成功的永久防守无异于失败。与俄国的媾和令陆军最高指挥部有了指望，希望能在西线的大规模进攻战役中，仍然从敌人手中赢得基于军事胜利的和平谈判。与他们的前任相反，兴登堡和鲁登道夫认为，谈判绝不可能达成和平。然而，在大量美军抵达战场并开始干预同法国的战斗前，德军必须做出决断。1918年1月，德军前一年秋天开始的战役计划已经完成，其战役目标是歼灭英国军队，因为鲁登道夫认为英国军队的战役组织水平要远逊于法军。

即使尚在计划阶段，但作为组织者的鲁登道夫，已经在进攻的战役—战略层面上显得力不从心了。他不知道如何在战术层面找到办法达成突破，也不知道如何获得战役层面的机动自由来包围消灭英军，更不知道如何将战役的军事胜利在战略上转化成最终的和平。

除了"赢得所有或一无所有"之外，对结束战争的政治理念一无所知的鲁登道夫，会一步步转向他烂熟于心的战术与组织，是合乎逻辑的。战后，他在陈述中这样捍卫这一决定："战术相较于纯战略必须有优先性。没有战术上的成功，就不会有战略上的胜利。没有考虑到这一点的战略，在谋划阶段就注定要失败。"[83]

与施利芬相反，鲁登道夫计划的并非一场决战，而是一系列的组合拳攻势。鲁登道夫并不指望通过一次倾尽所有的进攻就能取得胜利。据推测，其中涉及的风险令他却步。他向德皇和首相这样描述即将发生的进攻的本质："没有人会认为我们将在加利西亚或意大利展开攻势；相反，人们会认为我们的进攻将是一次声势浩大的拉锯，从一处开始，再蔓延至另一处，且旷日持久。"[84]

鲁登道夫的审议重点在于战术突破的成功，在这场战争中，没有一方能够成功做到这一点。为此，在 1918 年 1 月底，他决定在圣康坦市的一侧发动进攻。他选择这一进攻节点，并非因为在这里进行一场成功突破能拓展可行的战术备选方案，而是因为敌人在此地脆弱的防守能提供最好的战术突破机会。被他决定关注于战术而非战役原因的潜在批评激怒，作为德军中"东线派"的鲁登道夫告诉那些西线德军军官："我可受不了'战役'这术语，要我说，咱就在对面防线中间打个洞出来，然后看看之后会发生什么，我们在俄国就是这么干的。"[85] 这样的话足够让施利芬气得从墓里跳出来。毕竟，他在执着于战术成功的同时，也忽视了战役上的考量，鲁登道夫通过在不利于战役的节点指挥突破，动摇了德国战役思想的根基，从而损害了整个进攻的军事和政治用意。[86]

然而考虑到西线缺乏成功突破的先例，鲁登道夫确实别无选择，因为若没有战术突破，就没有后续的战役执行。然而，影响"突破"是否有用的决定性因素是发动突破的地点。由于德军的机动力在一定程度上有所不足，地点的选择对后续战役的发展有重大影响。尽管会招致批评，但德军若突破成功，那么对英法联军接合处的部队的攻击，至少能带来分割协约国部队的机会，并包抄英军的南翼，从而在之后的阶段将其歼灭。

作为成功突破的先决条件，德军在过去几年中制定了新的机动进攻原则。

和为大炮及机关枪披上装甲，并将它们安装在履带车辆上的协约国相反，德国人基于手头现有的部队制订了新的步兵炮兵战术。其指挥与控制原则是基于新近发展出来的突击队战术。[87]它的根基在于机动性、灵活性、速度和出其不意。步兵战术与新开发的炮兵流程相结合，消除了试射的必要性。[88]这反过来使得缩短炮兵初步准备的时间成了可能——这种准备如今变得越来越精准高效——只需要几个小时，便能够确保奇袭的可行性。[89]

德国坦克的开发，只是出于对英国于1916年9月率先使用该武器的回应。德国最先研制出的型号是A7V坦克，在经历了一系列问题后，其最终以9辆之数从1918年3月21日起开始服役。"兴登堡计划"倾向于在1917年的西线中采取守势，坦克只在其中享有非常低的优先度，因此，开发坦克的进程并没有在这一年加快。回过头看，如果当时展开了坦克的开发，那坦克将会在之后派上大用场。1918年，国防工业的短缺进一步限制了坦克的发展。此外，研究与开发两方面工作上的协调不足导致了无效的平行设计，这反过来限制了装甲部队在战争最后一年的组建。最后，德国装甲部队大部分装备的是俘获过来的协约国坦克。总共20辆德国式A7V坦克和被俘获的坦克，要在1918年面对3000辆协约国坦克。[90]

即便是一次出色的组织准备，也无法弥补进攻部队在机动性上的基本系统缺陷[91]，随着米夏埃尔行动开始，德国在1918年3月21日吹响了进攻的号角。[92]虽然进攻给西线带来了前所未有的战术上的重大成功，但将"突破"由战术层面演变到战役层面的尝试却以失败告终。最后，盟军成功守住了正面，且如预期的一样，在德军加强进攻之前，用更快的速度投入了后备兵力。

因此，尽管取得了战术上的成功，德国的进攻并没有解决如何突破强化的战壕系统这个问题。在运动战中，德军的机动性在战术层面有所欠缺。所以，他们只能偶尔设法将炮兵部队前提，以继续进攻。然而这一做法的问题在于，如何让炮兵通过德军于1917年收缩防线时抛弃的那些焦土地段。虽然在战役机动中，所有事物的衡量标准就是步兵的行进速率，但在"突破"中，这一标准却是马拉火炮的缓慢前行。

鲁登道夫还犯下了基础性的战役指挥失误。由于这次进攻在索姆河南边取得了更好的进展，他将原定的主攻方向由索姆河北部区域转移至本用来支援攻击的南部。这意味着他在英军被击败前就卷入了同南面法军的战事，这公然违背了集中兵力的战役学说。即使在激斗正酣时，鲁登道夫仍然因为他单方面注重战术层面、忽视战役层面而受到了批评。从战后直到现在，这一怪异的进攻计划都被认为是失败的主要原因。[93] 后续的进攻——乔其（GEORGETTE）、布吕歇尔（BLÜCHER）、格茨（GOERZ）、约克，以及格奈泽瑙、哈默施拉格（HAMMERSCHLAG）和哈根（HAGEN）等行动——偶尔能打出漂亮的战术楔入，却从未取得战役层面上的突破，更不用提战略上的胜利了。[94] 以布吕歇尔行动为例，它在设计时仅作佯攻之用，且只在达成超出预期的巨大战术成功时才会拓展。它压根没有清晰的战役目标线将进攻组织起来。由于相信它们的成功，陆军最高指挥部允许继续开展成功的进攻，而没有关注清晰的战役目标。结果，米夏埃尔（MICHAEL）行动和所有后续进攻都迷失在了一个战役怪圈里。最后，德军纵然在战斗中取胜，但这些战斗都没有对战争起到决定性的作用。这不禁让人思考，以鲁登道夫为代表的总参谋部是否只注重堑壕战中的战术挑战，而完全忘记了战役技巧，或是德国思想在此情境下并没有任何解决堑壕战问题的方案。

这两种结论都得到了以下事实的支持，即在五年战争中，陆军最高指挥部并未成功制定出任何超越鲁登道夫孤注一掷式的战略理念，以结束这场战争。没有任何证据可以证实德国的整体战略。确实，海军最后于 1918 年夏，在大本营内建立了海军战役总参谋部。就在几个月前，海军参谋部刚刚投入了最现代化的舰队，参与到高风险的波罗的海群岛攻占行动中。"阿尔比恩"（ALBION）行动是战争中唯一真正意义上的陆海联合行动，虽然它显然是在次要战场进行的。即便它是如此特别，这一行动的目的也仅仅是为了作为在公海舰队指挥下持续进行的内部权力斗争中的一个德军加分项。[95]

以在鲁登道夫帮助下上任的首相为代表的德国政治领导人，和几乎无动于衷的德皇一样，不敢拥有立场，只能完全依赖于陆军最高指挥部，也就是完全依赖于一个纯粹的军事解决方案。但是，在最终对英国军队取得歼灭性胜利后，这种解决方案会是什么样的？陆军最高指挥部真的相信英国或者法国会在美国增援持续抵达欧洲战场的前提下，接受基于德国军事胜利前提下的和平吗？这种德国强加的和平，难道不会提出全面占领法国，或一些至少是德国军队根本没有能力做到的要求吗？人们不由得思考：是否陆军最高指挥部的信念和意愿不仅占据着战术和战役，还统领了战略和政治？第三届陆军最高指挥部对如何结束战争没有实际的政治理念，而越来越明显的是，军官们已经失去了任何现实感。

最终，陆军最高指挥部确保了战术上的领土收益，代价是付出了比 1917 年的防御战更多的伤亡。[96]当协约国部队在 7 月中旬开始他们的反攻时，德军部队再也无法组织反抗了。在被称为"德军的黑暗日"的 1918 年 8 月 8 日后，德军开始了直到 1918 年 11 月 11 日停战为止的撤退。战争最后一年，德国把一切筹码都押在又唱胜利强取而来的和平上，发动了"对法大战"——最后他们赌输了。

结论

第一次世界大战，是对德国的战役思想发展的一次苦涩考验。如果套用总参谋部为战役思想设立的严格标准，可以说它已经失败了。战役思想没能通过考验。即使是坦能堡之战这样战役胜利的个例，也无法掩盖这一事实。这场被升级到近乎神圣的、被称为"东线坎尼"的战争，实际上并不是一场局限在战争谋划阶段设立的战役思想框架中的包围战；相反，它是一场防御战。最重要的是，坦能堡是一次战略上的失败，因为害怕丢掉东普鲁士的陆军最高指挥部从西线调派增援前往东线，而这些兵力正是后来的马恩河战役进程中，德军在法国急需的。

德国在其战役的重心——西线，甚至没有打出一场成功的单一或双重包围，更不用提决定性的歼灭战了。相反，在 1914 年西线开局攻势的高潮阶段，德军主攻的右翼部队便在马恩河会战中遭到了重大挫败，德国当然没有在巴黎前方的马恩河直接输掉战争，尽管如此，马恩河的惨败还是揭示了德军在战术、战役和战略上显而易见的弱点。依然在按照阅兵场上的队形展开攻击的德军，在敌军的机关枪和火炮的威力面前承受了巨大的损失。从战争的开始阶段起，这种火力就对士气作用施加了狭隘而不可逾越的限制——这种坚定、有进攻性的精神本应能弥补面对强敌时的劣势。因此，战争的现实暴露了大量和平时期训练上的荒谬。

和海军参谋部一样，总参谋部最初发现从计划制订者的角色转向领导角色是很困难的。[97] 战役思想在战役领导上的应用并不顺利。在和平时期纯粹是计划机构的总参谋部，未能制定出一套适应百万之师的指挥和领导机制，而且缺少足够的沟通手段。然而，像施利芬设想的那种集中化指挥的战役，与德国军队在战役层面采用的命令式领导体系在一定程度上是不符的。高级指挥层的蓄意独立，加上渴求认同和个人恩怨等人性的弱点所导致的摩擦，一再阻碍在极端时间压力下的战役进程。

1914 年 9 月初，在马恩河的败北让帝国的军事和政治领导人不得不承认，施利芬为帝国的战略困境提出的解决方案已经失败了。通过利用内线和将两线作战分割为两场快速的进攻战役，集中兵力将敌军逐次击破的尝试并不成功。同时，在西线的堑壕战迫使之前被忽略的"突破"概念被推向了德国战术和战役思想的最前沿。然而，即使是德国进攻流程在战争中有了一定发展，也不能解决"突破"问题。德军仅仅在东线达成了突破。

战争中的后续事件也表明，在俄国的大型广域行动未能达成决定性的胜利。最后，东线的攻势在广阔的俄国领土深处达到了顶点。因此，因战役条件受限而导致的，基于运动战的德军战争计划受挫，使得其无法在东线以军事手段决出战争的胜负，德军在战争指导上的这一限制令德军高层决定通过政治手段在东线结束战争。所以，大战暴露了战役思想在西线的战术局限，和在东线的战略局限。

第一次世界大战开始后数周，德国的关键弱点便已暴露无遗。德军缺乏将理论上的计划转变为现实的机动力。总参谋部低估了在战役—战略层面上的时间压力，与执行战役所需的部队机动性间的相互依存关系。故而，他们未能认识到机动性不仅是执行战役时最为重要的因素，还是起决定作用的因素。当处于时间压力下执行大型区域的快速运动战时，能够给敌人造成重大损失的军队不仅要训练有素、装备精良，更要有高度机动性。但是德军并没有这样的部队，其骑兵无力承担机动职能。所以，步兵的行进速率和炮兵的机动性决定了所有进攻的速度。这意味着除非敌人犯了明显错误，一支被包围的部队是不可能有序地进行撤退的。所以，在第一次世界大战中，不论是东线还是西线，德军从未成功进行以敌军被歼灭告终的包围战。

简而言之，德军缺乏机动手段来快速运动百万大军，也缺乏通讯手段来指挥控制这一大军，这让他们无法将理论上的计划变为现实。虽然坦克早期的技术缺陷依然存在，但盟军1918年在西线的进攻说明，用机动手法执行进攻再次成了可能。艾瑞克·博泽将德国的败因简单归结为军事领导层中普遍存在的技术恐惧症，以及由此导致的经济和军备问题上的错误判断。他的解释并没有对这个问题做出足够深远的探究。[98]

尽管如此，战争依然无情地暴露了德军基于谨慎和现实的考量能够达成的高度，与对其的要求之间巨大的鸿沟。德国军队和政治指挥序列的愿望和现实，在战争开始前和接近结束时各不相同。正如马丁·库茨所言，总参谋部在战前一直拒绝承认现实，直到最后第三届陆军最高指挥部跨出了彻底脱离现实的一步。因此，对鲁登道夫而言，在关键阶段将战术置于战役之前，在战术中把铁的意志认定为解决人力物力不足造成的战略困境的方法，是条理清晰、逻辑自洽的。但是，在此过程中，他试着忽视这样的现实：在"一战"中，大众的工业化战争的日常条件对个人意志施加了狭小的限制。鲁登道夫"通过军事手段解决政治生活问题"的倾向[99]，对战争中战役思想的发展产生了更为惊人的影响。这种倾向令他否定了政治环境对战争战役—战略层面的所有影响。

大战还暴露了德国战役思想的另一个弱点。在腓特烈二世的传统中，德国战役计划里的后勤和运输元素是为了靠近国境的战争而设计的，是处于德意志帝国中心地位的自然结果。不论是在东线或是西线，德军都没有按照德国边境绵延约四百公里深的边境线制订战役计划。战线在东线、巴尔干、奥斯曼帝国的延长，远远超出了计划制订之初所依据的地区。结果，东部部分地形几乎无法通行，这其中暴露出的后勤问题，严重限制了机动作战的执行。在战争中，后勤支援选项只能非常缓慢地适应战役计划，而且这种支援常常不够充分。

除了这些缺点，我们还应该注意到德军在战术和战役的过渡领域中取得的重大成就。撇开所有批评不谈，坦能堡之战是必须要拿下的。考虑到德国的能力，1915年在俄国的进攻和1916年的罗马尼亚战役都是战役领导的成功案例。在可用选项受限的前提下，陆军最高指挥部在某些领域展现了巨大的创新能力，例如在发展新的防御和进攻的战术流程方面。

不仅如此，在战役—战略层面上，大战还揭示了德国战役思想核心中，对战术和战役的单方面执着，而这起源于帝国的政治—军事体系。在第一次世界大战之前以及大战期间，德国未能形成一种整体战略。这种战略要求对区域和资源有着清晰的评估。然而，这两方面的评估，仅仅是由总参谋部和海军参谋部等机构有选择性地进行的。由于长时间被困在权力斗争之中，德皇手下的陆军和海军机构在争夺资源的斗争中两败俱伤，陷入瘫痪。相互间的不信任和部门的自负时常比国家利益更重要。以施利芬为例，在其主政期间，从未将其战役计划告知战争部长，尽管后者负责陆军的人事和军备。小毛奇在1912年成了首位将战役计划告知战争部的总参谋长，其就战役—战略问题与政治高层的对话同样是例外。

根据帝国宪法，战役—战略计划应该被整合并交呈德皇。但是，这一条例并未得到充分执行。德皇不曾对总参谋长的计划进行仔细审查，这是德国固有的政治风险。威廉二世作为最高指挥官，不论在平日抑或战时，都无力协调军事和政治领导人，如此制定出来的帝国整体战略可能会强调一场潜在的消耗战。在大战最后，曾担任过总参谋部铁路部门领导人，时任战争办公室（Kriegsamt）主任，后来成为国防部长的威廉·格勒纳中将在他的著作中这样阐述自己的观点："由于过去几十年物资上的极大丰富，我们整个国家已然深陷于自身力量不可战胜的迷信之中。在适当确保在欧洲的大陆位置之前，我们已经一头扎进世界政治中，而我们的军队为此所做的准备绝对谈不上充分。"

但即使有这种对时局的解读，格勒纳还是无法说服德国军事圈中的大部分人，哪怕是在战争即将结束前。

注释

题词：Clausewitz, *Vom Kriege*, 781.

1. Letter by Musketeer Gotthold Schneider from the Battle of Flanders, 31 October 1917, BArch, W 10/50684, page 9.

2. 德国的进军详见：Herwig, *The Marne*, 1914, 159 - 224.

3. 战后，这一手段被批评为严重偏离了"施利芬计划"。尽管《总参谋部1905年大型西部考察旅行：弗赖塔格计划》（Grosse Generalstabsreise West 1905: Case Freytag）表明，施利芬自己也考虑过，将取道巴黎向东进军作为他计划中的变量。1905年的演习中，亚历山大·冯·克鲁克大将的参谋长，彼时还是个上校的赫尔曼·冯·克鲁尔少将，违背了施利芬的想法，以"克鲁尔计划"与施利芬对峙。因此，于1914年8月带领德国第一集团军穿过巴黎向东的举动，并非现场领导层的突发奇想，而是基于施利芬在1905年考察旅行中制订的战役考量而做出的行动。

4. 法国的战役计划详见：Doughty, "France," 143 - 174.

5. 陆军最高指挥部作战部门的首脑，格哈德·塔彭（Gerhard Tappen）上校在1914年9月7日写给他妻子的信中，指出了这一点。

详见：Herwig, *The Marne*, 1914, 245.

6. 关于这场战役，详见：Herwig, *The Marne*, 1914, 225 - 306.

7. 第八集团军各单位的详细分配情况详见：Reichsarchiv, *Der Weltkrieg 1914 - 1918*, 2:358 - 365.

8. 因此，毛奇仅在1909年，向奥匈帝国总参谋部的总参谋长，弗兰茨·康拉德·冯·赫岑多夫（Conrad von Hötzendorff）男爵将军解释了德国对西线的重视。德国的计划只是在情况许可的时候，支援奥匈帝国军队预计在加利西亚发动的攻势。

详见：Höbelt, "Schlieffen, Beck, Potiorek und das Ende," 7 - 30; Hans Meier-Welcker, "Strategische Planungen und Vereinbarungen der Mittelmächte für den Mehrfrontenkrieg," *Österreichische Militärische Zeitschrift*, Sonderheft 2 (1964): 15 - 22; Helmut Otto, "Zum strategisch-operativen Zusammenwirken des deutschen und österreichischungarischen Generalstabes bei der Vorbereitung des ersten Weltkrieges," *Zeitschrift für Militärgeschichte* (1963): 423 - 440.

奥匈帝国的战役计划详见：Günther Kronenbitter, "Die militärischen Planungen der k.u.k. Armee und der Schlieffenplan," in *Der Schlieffenplan. Analysen und Dokumente*, ed. Hans Ehlert, Michael Epkenhans, and Gerhard P. Gross (Paderborn, 2007), 205 - 220.

9. 至于他们的战斗力，德国步兵师的13万人被认为要略强于俄国的17万人，因为前者拥有更好的武器装备，特别是重型火炮。

10. 1913年德国总参谋部的秘密备忘录《对俄战术文件》（Mitteilungen über russische Taktik）详见：Walter Elze, *Tannenberg. Das deutsche Heer von 1914. Seine Grundzüge und deren Auswirkung im Sieg an der Ostfront* (Breslau, 1928), 168.

11. Cf. Schlieffen, *Die grossen Generalstabsreisen-Ost*.

12. "Aufmarschanweisung 1914/15 für Oberkommando der 8. Armee," in Elze, *Tannenberg*, 193.

13. Reichsarchiv, *Der Weltkrieg 1914 - 1918*, 2:45.

14. "Aufmarschanweisung 1914/15 für Oberkommando der 8. Armee," in Elze, *Tannenberg,* 195.

15. Norman Stone, *The Eastern Front, 1914 - 1917* (London, 1975), 47 - 49.

16. 俄国的战役计划详见: Jan Kushber, "Die russischen Streitkräfte und der deutsche Aufmarsch beim Ausbruch des Ersten Weltkrieges," in *Der Schlieffenplan. Analysen und Dokumente*, ed. Hans Ehlert, Michael Epkenhans, and Gerhard P. Gross (Paderborn, 2007), 257 - 268; Bruce W. Menning, "War Planning and Initial Operations in the Russian Context," in *War Planning 1914,* ed. Holger H. Herwig and Richard F. Hamilton (New York, 2010), 80 - 142.

17. 俄国人的计划详见: Stone, *The Eastern Front,* 51 - 59.

18. 这场战役的进程详见: Dennis E. Showalter, *Tannenberg: Clash of Empires* (Hamden, Conn., 1991), 172 - 210; Reichsarchiv, *Der Weltkrieg 1914 - 1918*, 2:79 - 102.

19. 德国的战后军事出版物, 对普利特维茨的替换问题进行了详尽的讨论。
此次讨论的一个案例以及对普里特维茨固有的批评详见: Ernst Kabisch, *Streitfragen des Weltkrieges 1914 - 1918* (Stuttgart, 1924).

20. 这场战役的进程详见: Elze, *Tannenberg,* 116 - 148; Showalter, *Tannenberg,* 213 - 319; Hew Strachan, *The First World War,* vol. 1, *To Arms* (Oxford, U.K., 2001), 324 - 334; Wolfgang Venohr, *Ludendorff. Legende und Wirklichkeit* (Frankfurt a.M., 1993), 32 - 52.

21. 阿夫勒巴赫 (Afflerbach) 指出, 鲁登道夫被认为是施利芬在总参谋部内部的思想接班人。
详见: Holger Afflerbach, *Falkenhayn. Politisches Denken und Handeln im Kaiserreich* (Munich, 1994), 212.

22. Lothar Höbelt, " 'So wie wir haben nicht einmal die Japaner angegriffen.' Österreich-Ungarns Nordfront 1914 - 15," in Die vergessene Front. Der Osten 1914 - 15. *Ereignis, Wirkung, Nachwirkung*, ed. Gerhard P. Gross (Paderborn, 2006), 90 - 96.

23. Gross, "Im Schatten des Westens," 54 - 58.

24. Storz, "Dieser Stellungs-und Festungskrieg ist scheusslich!" 181.

25. Peter Graf von Kielmansegg, *Deutschland und der Erste Weltkrieg* (Stuttgart, 1980), 38.

26. 8月23日, 德军面对盟军依然兵力占优, 它在右翼有24个半军, 而盟军只有17个半。
详见: Hew Strachan, *Der Erste Weltkrieg. Eineneue illustrierte Geschichte* (Munich, 2004), 82.

27. 在德军取道比利时的过程中, 它对比利时平民犯下了罪行。为了抑制任何对德国进军的抵抗, 以及德军内部对法国义勇兵的普遍恐惧, 做出抵抗的比利时公民被他们以非正规军对待, 超过6500名平民成了这一违背国际法的行动的受害者。然而, 这些过火的行为, 并非灭绝运动的表象, 而是战争头几个月过于紧张的氛围, 以及士兵们处于极端压力下的过度紧张焦虑造成的。在此后的战争中, 东西两线都未发生过类似的事件。
详见: John Horne and Alan Kramer, *Deutsche Kriegsgreuel 1914. Die umstrittene Wahrheit* (Hamburg, 2004); Sönke Neitzel, *Blut und Eisen. Deutschland im Ersten Weltkrieg* (Zürich, 2003), 55 - 56.

28这些通信问题的更多信息详见: Herwig, The Marne, 1914, 245 - 247.

29. 贵族布洛和白手起家的克鲁克之间, 有着深刻的私人冲突, 后者从未加入过总参谋部, 且直到50岁才被拔擢为贵族。这一冲突在这场战役期间表现得尤为明显。

详见：Barbara W. Tuchman, *The Guns of August* (New York, 1962), 274;Herwig, *The Marne*, 1914, 124.

30. Storz, "Dieser Stellungs-und Festungskrieg ist scheusslich!" 171.

31. Michael Salewski, " 'Weserübung 1905?' Dänemark im strategischen Kalkül Deutschlands vor dem Ersten Weltkrieg," in *Politischer Wandel, organisierte Gewalt und nationale Sicherheit. Beiträge zur neueren Geschichte Deutschlands und Frankreichs. Festschrift für Klaus-Jürgen Müller*, ed. Ernst Willi Hansen, Gerhard Schreiber, and Bernd Wegner (Munich, 1995), 47‐62.

32. 在没有明确定义最高级指挥官的权力和义务的情况下，帝国海军参战了。其唯一的指挥核心是身为最高指挥官的德皇。和陆军不同，威廉二世坚持在海军事务上直接行使他的指挥权。在战争爆发时，海军上将阿尔弗雷德·冯·提尔皮茨 (Alfred von Tirpitz) 所建立的和平时期海军机构，在战斗中变得不够有效。曾被他贬抑得无足轻重的海军参谋部，随着海战的进行，无论在人力还是物力方面，都显得不堪重负。直到1918年夏天，随着中央海战司令部的建立，德皇才放弃了他的指挥权。

详见：Gerhard P. Gross, *Die Seekriegführung der Kaiserlichen Marine im Jahre 1918* (Frankfurt a.M., 1989), 347‐428.

33. 除了陆军最高指挥部之外，德皇、帝国首相、外交部国务秘书、普鲁士战争部长、海军参谋部总参谋长、帝国海军办公室国务秘书，以及德皇的内阁首长都是大本营的成员。此外还包括德皇的私人随从、联邦州的军事代表，以及盟国的代表。然而，帝国政治领导精英的代表们，只在战争的最初几个月出现在大本营中。

34. 最高指挥官（Oberster Kriegsherr）是德皇威廉二世。

35. *Kriegs-Rundschau. Zeitgenössische Zusammenstellung der für den Weltkrieg wichtigen Ereignisse, Urkunden, Kundgebungen, Schlachten-und Zeitberichte*, vol. 1 (Berlin, 1914‐1915), 201.

36. 在9月的最初几天，近卫预备军、第十一军，以及第8骑兵师抵达东普鲁士。这些部队是在1914年8月28日至29日的夜间，得到毛奇的进军命令的。

详见：Reichsarchiv, *Der Weltkrieg 1914‐1918*, 2:207.

37. Franz Uhle-Wettler, *Höhe-und Wendepunkte deutscher Militärgeschichte, überarb* (Hamburg, 2000), 201‐253.

38. 和提尔皮茨拔高到教条层面的假设——皇家海军将在战争爆发时严格封锁德国海岸，从而给公海舰队提供一个决战的机会——相反，英国舰队在未将它们本身暴露在与公海舰队接触的危险中的前提下，确立了有效的长距离封锁。英方策略的这一改变，早在1912—1913年就已经被海军内部得知。因此，提尔皮茨的战略理念，是错误战役计划的基础。

39.1917年占领波罗的海群岛，是其中的例外。

详见：Gerhard P. Gross, "Unternehmen 'Albion.' Eine Studie zur Zusammenarbeit von Armee und Marine während des Ersten Weltkrieges," in *Internationale Beziehungen im 19. und 20. Jahrhundert. Festschrift für Winfried Baumgart zum 65. Geburtstag*, ed. Wolfgang Elz and Sönke Neitzel (Paderborn, 2003), 171‐186.

40. 持有这一观点的，并非法金汉一人。东线总指挥部参谋长马克思·霍夫曼（Max Hoffmann）上校，也质疑德国能否在两线作战中击败俄国。"俄国军队是无法被完全摧毁的；只有在我们单独同俄国作战时，我们才有可能做到这一点。"

详见: Max Hoffmann, *Die Aufzeichnungen des Generalmajors Max Hoffmann*, vol. 2, ed. Karl Friedrich Nowak (Berlin, 1929), 64.

41. 更多的战斗细节详见: *The Eastern Front*, 103 – 107; Reichsarchiv, *Der Weltkrieg* 1914 – 1918, 6:98 – 226; Venohr, Ludendorff, 86 – 107.

42. 马祖里湖冬季战役细节详见: Reichsarchiv, *Der Weltkrieg* 1914 – 1918, 7:172 – 242.

43. Reichsarchiv, *Der Weltkrieg* 1914 – 1918, 6:254.

44. Concerning the military leadership crisis in the winter of 1914 – 1915, see Gross, "Im Schatten des Westens," 58f.; Afflerbach, *Falkenhayn*, 211 – 223.

45. 奥匈帝国军队在加利西亚和喀尔巴阡山脉的作战详见: Höbelt, "So wie wir haben nicht einmal die Japaner angegriffen," 87 – 119.

46. Stachelbeck, *Militärische Effektivität im Ersten Weltkrieg*, 63 – 96.

47. 对两次行动成功的机会做出的精妙分析详见: Max von Gallwitz, *Meine Führertätigkeit im Weltkrieg 1914 – 1916. Belgien–Osten–Balkan* (Berlin, 1929), 373 – 378.

48. 东线总指挥部和法金汉之间的分歧详见: Afflerbach, Falkenhayn, 305 – 313; Volker Ullrich, "Entscheidung im Osten oder Sicherung der Dardanellen: das Ringen um den Serbienfeldzug 1915. Beitrag zum Verhältnis von Politik und Kriegführung im Ersten Weltkrieg," *Militärgeschichtliche Mitteilungen* 32, no. 2 (1982): 45 – 63.

49. 加尔维茨这样评价俄国士兵们取得的成就："事实再次证明，俄国士兵是勤奋、宽容、坚韧的，而且相对少地受到压力和伤亡的影响。伤亡和俘虏对他们造成的巨大的损失，直到最后也未能完全摧毁这支军队的士气。每到一个新的地形地带，我们都发现他们已经摆出守势。他们的进军速率令人印象深刻。"

详见: Gallwitz, *Meine Führertätigkeit*, 378.

50. 加尔维茨解释，从西线被重新部署过来的第54步兵师的机动部队，无法适应俄国的交通和气候条件，这导致了进军的延迟。

出处同上，第309页。

51. Moltke, *Die deutschen Aufmarschpläne 1871 – 1890*, 80.

52. 在1916年12月9日的一份内阁命令中，威廉二世为这种类型的解读奠定了基础："在上帝的帮助下取得了了不起的胜利的罗马尼亚战役，将成为未来军事史中一个鼓舞人心的军事战略的出色案例。"

详见: Gundula Gahlen, "Deutung und Umdeutung des Rumänienfeldzuges in Deutschland zwischen 1916 und 1945," in *Der Erste Weltkrieg auf dem Balkan. Perspektiven der Forschung,* ed. Jürgen Angelow (Berlin, 2011), 293.

53. Gerhard P. Gross, "Ein Nebenkriegsschauplatz. Die deutschen Operationen gegen Rumänien 1916," in *Der Erste Weltkrieg auf dem Balkan. Perspektiven der Forschung*, ed. Jürgen Angelow (Berlin, 2011), 143 – 158.

54. 利用出其不意这一同样处于德国战役思想核心位置的因素，阿莱克谢·勃鲁西洛夫（Alexei Brusilov）

将军在宽阔的前线进行了一次正面进攻，而非狭窄的突破。

详见：Stone, *The Eastern Front*, 232 - 256.

55. 陆军最高指挥部在进入战争前的几周所做的局势评估详见：Afflerbach, *Falkenhayn*, 446 - 448.

56. 同上，第447页。

57. 关于陆军最高指挥部的改变详见：同上，第437 - 450页。

58. Manfried Rauchensteiner, *Der Tod des Doppeladlers. Österreich-Ungarn und der Erste Weltkrieg* (Köln, 1993), 362 - 370.

59. 在那个夏天，法金汉、兴登堡以及鲁登道夫实际上改变了他们的角色，这在德国军事史中，是颇具讽刺意味的一幕。如同事前所预期的那样，法金汉和之前兴登堡与鲁登道夫所做的一样，拒绝了任何来自陆军最高指挥部的干涉。

60. 在罗马尼亚的战斗详见：Gross, "Ein Nebenkriegsschauplatz," 143 - 158; Reichsarchiv, *Der Weltkrieg 1914 - 1918*, 11:220 - 299.
第二份文献列出了德国部队的组织架构。

61. Friedrich Ratzel, *Politische Geographie oder die Geographie der Staaten, des Verkehrs und des Krieges* (Munich, 1903), 375; Strachan, "Die Ostfront," 18f.

62. 在奥斯曼帝国的例子中，汉斯·冯·泽克特少将成了奥斯曼军队总参谋部总参谋长，法金汉成为驻巴勒斯坦总指挥官。

63. Günther Kronenbitter, "Von 'Schweinehunden' und 'Waffenbrüdern'. Der Koalitionskrieg der Mittelmächte 1914/15 zwischen Sachzwang und Ressentiment," in *Die vergessene Front. Der Osten 1914 - 15. Ereignis, Wirkung, Nachwirkung*, ed. Gerhard P. Gross (Paderborn, 2006), 121 - 143.

64. Strachan, "Die Ostfront," 23.

65. Peter Hoeres, "Die Slawen. Perzeptionen des Kriegsgegners bei den Mittelmächten. Selbst- und Feindbild," in *Die vergessene Front. Der Osten 1914 - 15. Ereignis, Wirkung, Nachwirkung*, ed. Gerhard P. Gross (Paderborn, 2006), 187.

66. Hans-Erich Volkmann, "Der Ostkrieg 1914/15 als Erlebnis-und Erfahrungswelt des deutschen Militärs," in *Die vergessene Front. Der Osten 1914 - 15. Ereignis, Wirkung, Nachwirkung,* ed. Gerhard P. Gross (Paderborn, 2006), 269.

67. 在1915年7月担任第147步兵团（兴登堡兵团）副官的特勒布斯特（Tröbst）中尉，于1915年7月23日向兴登堡元帅描述了该团第二营渡过纳雷夫河时的情景，这或许可以作为这场战斗激烈程度的一个缩影："半小时后，连队开始以小队形式或独自离开他们之前的阵地，他们筋疲力尽、人困马乏，比起人类，更像是没有自我意志的兽群……克拉梅做的第一件事，就是下令列出我们的伤亡。将我们的死亡、受伤和失踪的军官数加在一起，总共有261人。显然，这个营折损了超过一半的人员。"（摘录自汉斯·特勒布斯特上尉的日记，由科德·克里斯蒂安·特勒布斯特先生提供）

68. Dieckmann, *Der Schlieffenplan*, BArch, RH 61/347, f. 106.

69. 到那时，步兵不再做线性防守，而是在纵深处进行有组织的区域防守。如同在机动防守中所要求的那样，防守方承受敌方的推进，尤其是初步炮击轰炸，并在纵深处集结，抑制进攻，用快速反击 (Gegenstoss)

或有预谋的反击 (Gegenangriff) 瓦解敌方进攻部队，并再次占领失去的领土。

关于区域防守的发展详见：Gross, "Das Dogma der Beweglichkeit," 148‐150.

70. Konrad Krafft von Dellmensingen, *Der Durchbruch. Studie an Hand der Vorgänge des Weltkrieges 1914‐1918* (Hamburg, 1937), 12.

71. "出于达成战术突破的目的，以如今现有的火力进行大规模推进，是不可能的。"

详见：Wenninger, "Über den Durchbruch als Entscheidungsform," *Vierteljahreshefte für Truppen-führung und Heereskunde* 10 (1913): 639.

72. Alfred Graf von Schlieffen, *Über die Aussichten des taktischen und operativen Durchbruchs aufgrund kriegsgeschichtlicher Erfahrungen*, BArch, N 43/108, 30f.

73. Borgert, "Grundzüge der Landkriegführung," 490.

74. 同上。

75. Krafft, *Der Durchbruch*, 405.

76. Burkhard Köster, "Ermattungs‐oder Vernichtungsstrategie? Die Kriegführung der 2. und 3. Obersten Heeresleitung (OHL)," *Militärgeschichte. Zeitschrift für historische Bildung* 2 (2008): 11.

77. Robert T. Foley, *German Strategy and the Path to Verdun: Erich von Falkenhayn and the Development of Attrition, 1870‐1916* (Cambridge, Mass., 2005), 157f.

78. Ibid.,159f; Reichsarchiv, *Der Weltkrieg 1914‐1918*, 7:318‐322.

79. Afflerbach, *Falkenhayn*, 360; Erich von Falkenhayn, "Christmas Memorandum," *Die Oberste Heeresleitung 1914‐1916 in ihren wichtigsten Entschliessungen* (Berlin, 1920), 180.

80. 1915年末，陆军最高指挥部有25个可用于作战的预备队师供差遣。

81. Afflerbach, Falkenhayn, 360‐375; Foley, *German Strategy*, 181‐236; Neitzel, *Blut und Eisen*, 83‐86.

更多的战斗细节详见：German Werth, *Verdun: Die Schlacht und der Mythos* (Bergisch Gladbach, 1979); Stachelbeck, *Militärische Effektivität*, 97‐12.

后者以第11巴伐利亚步兵师为例，描述了进攻流程的发展。

82. Stachelbeck, *Militärische Effektivität*, 61‐195.

83. Erich Ludendorff, *Meine Kriegserinnerungen 1914‐1918* (Berlin, 1919), 474.

84. 同上，第472页。

85. Kronprinz von Bayern Rupprecht, *Mein Kriegstagebuch*, 3 vols., ed. Eugen von Frauenholz (Berlin, 1929), 2:372.

86. Dieter Storz, " 'Aber was hätte anderes geschehen sollen?' Die deutschen Offensiven an der Westfront 1918," in *Kriegsende 1918. Ereignis, Wirkung, Nachwirkung,* ed. Jörg Duppler and Gerhard P. Gross (Munich, 1999), 64.

87. 尽管在训练上下了苦工，但在新的渗透战术中，要将所有单位都训练得尽善尽美，是不可能的。因此，许多单位还是在密集队形中做出进攻。

详见：Ibid., 66f., 76; Gross, "Das Dogma der Beweglichkeit," 151‐153.

88. 普尔科沃斯基（Pulkowski）上校制定的这一程序的细节详见：Linnenkohl, *Vom Einzelschuss zur*

Feuerwalze, 277f.;Storz, "Aber was hätte anderes geschehen sollen?" 65f; David T. Zabecki, *Steel Wind: Colonel Georg Bruchmüller and the Birth of Modern Artillery* (Westport, Conn., 1994), 49‑50, 53, 70, 82, 99.

89. 以往曾经使用过的初步炮击持续了好几天，它总能够让防守方摆出守势，并准备好后备部队。

90. 与此相关的细节，可以在马库斯·铂尔曼博士编撰的《世界大战时期德国军队军事机械化史》（Geschichte der militärischen Mechanisierung von Landstreitkräften in Deutschland im Zeitalter der Weltkriege）一书中找到。我对铂尔曼博士提供的关于德国坦克部队发展的信息深表感谢。

91. 德国军队的机动化率，远低于其对手。在战争进行的年份中，其马匹储备也大幅减少。

详见：Storz, "Aber was hätte anderes geschehen sollen?" 68f.

92. 德国1918年的攻势详见：Martin Müller, *Vernichtungsgedanke und Koalitionskriegführung. Das deutsche Reich und Österreich‑Ungarn in der Offensive 1917‑1918* (Graz, 2003), 105‑399. 更为全面的论述见：David T. Zabecki, *The German 1918 Offensives: A Case Study in the Operational Level of War* (London, 2006), 97‑328.

93. Herman von Kuhl, *Der Weltkrieg 1914‑1918. Dem deutschen Volke dargestellt,* 2 vols. (Berlin, 1929), 2:341; Venohr, *Ludendorff, 295‑299; Zabecki, The German 1918 Offensives*, 160‑164.

94. 几次单独进攻的细节详见：Zabecki, *The German 1918 Offensives*, 97‑328.

95. Cf. Gross, "Unternehmen 'Albion.' "

96. 在3月和4月，德军伤亡人数超过31万人。在四月，军队不得不应对开战以来最高的月损失率。

详见：Reichsarchiv, *Der Weltkrieg 1914‑1918,* 14:300, 354, 516.

97. 在帝国海军的海军参谋部中，也有类似的情况。然而，和总参谋部相反，在和平时期，海军参谋部被提尔皮茨有意识地削弱为一个人员配备不足的参谋计划机构。

98. Brose, *The Kaiser's Army*, 225, 240.

99. Groener, *Lebenserinnerungen*, 437.

100. 同上，第449页。

第六章

新瓶装旧酒
现实与空想之间的魏玛国防军、国防军时期
战役思想

探求原因

第一次世界大战无情地暴露了德国战役思想的弱点，并使得军队的战役专家们陷入了一场军事认同危机之中。面对阵地战，快捷而机动的战争是否依旧可行？这一问题触及了德国军事思想的核心。军队中占压倒性的大多数人深信，只有通过快速进行的作战，才能击败数量占优的敌军。这是德国的军权政治下唯一可行的基础，同时，军队在帝国架构中的地位与之紧密相关。1938 年，瓦尔德迈尔·爱尔福特（Waldemar Erfurth）将这些思考归结为一篇文章，发表在期刊《军事科学评论》（Militärwissenschaftliche Rundschau）上："机动性地使用武装部队，相当于增加了它的数量。"[1] 因此，部队以及控制和指挥人员的机动性，加上意志、信念等精神因素，将继续抵消潜在的战时敌人在战略物资上的优势。然而，这是通过进攻行动实现的。毕竟，1918 年的攻势说明了机动进攻依然有可能发生。

从逻辑上说，在战后立即开始的对第一次世界大战败因的探究，注定将被受自身利益驱动的、与过去妥协的进程掩盖。而这反过来证明了德国战役思想的无可辩驳，从而确保了它在未来的效度。一番文饰后，该进程被反映在文献中[2]，例如："在战场上，我们是不可战胜的；我们赢得了战斗，但各种非军事原因令敌人赢得了战争。"[3] 或德皇陆军是"不可战胜的，即使它在人数上居

于劣势"。[4]

同样,"在战场上从未被征服的军队"失败的原因,被德军认定为是社会动员的不充分、军队中社会主义者的"暗箭伤人",以及原本应当是胜利配方的"施利芬计划"被"大打折扣"。随着"施利芬计划"被稀释,战役思想也遭遇了相同的境遇。

但是,尽管战争已经给出了明确的答案,德国军队是否能达到在战役上摧毁敌军所必备的机动性和速度,以及是否要基于德国匮乏的资源追逐世界霸权这两个核心问题被忽视了。像汉斯·德尔布吕克这样的历史学家进行的辩论从一开始就被军队贴上了个人化的标签。[5]原因有二:第一,在德国的战役思想中,有能力做出快速而正确的战役决策的人,是指挥官而非作战参谋;第二,同时也是决定性的一点,个人化地寻找过错方,这阻碍了对战役思想自身的基本正确性的通用讨论。

辩论的核心是陆军最高指挥部在战争最初几周内的行动给后续战争进程带去的后果。大多数同时代的辩论参与者迅速找到了问题的答案。罪魁祸首就是施利芬的继任者——小毛奇,他在 1916 年逝世,因此无法对指向他的批评进行自辩。毛奇被指责在施利芬传授给他的胜利秘方中注了水,从而错失了到手的胜利。[6]毛奇的批评者还声称他是一个软弱的决策者。施利芬学派的主要支持者格勒纳和库尔等人,在他们的著作中颂扬了理想化的施利芬战役计划,他们认为这其中蕴含着"胜利的秘密"。[7]将总参谋部战争历史处并入其中的帝国档案馆对他们的立场格外支持,它汇编了西线在战争最初几周的记录,其重点在毛奇的失误。在个人化罪愆的过程中,帝国档案馆实际上官方性地阻止了任何对战役思想本身的质疑。[8]然而,这种做法还是受到了挑战。一个以前陆军最高指挥部第三作战部部长格奥尔格·韦策尔(Georg Wetzell)为首席拥趸的小团体提出了质疑,它采取的立场是,小毛奇在战争开始前的最后一年十分精准地做了正确的决策。考虑到当时军事和政治的发展,毛奇让"施利芬计划"适应了当时的局势。韦策尔的团体还认为,毛奇依然坚持着施利芬的基本原则。[9]

毛奇的继承人在德军失败的个人化和心理分析中,同样未能幸免。即使到了 20 世纪 30 年代中期,帝国档案馆中负责大战相关历史工作的战争历史研究所（Kriegsgeschichtliche Forschungsanstalt，Kriegsgeschichtliche Forschungsanstalt），
依然在继续批评法金汉在凡尔登战役中，为了消耗战战略而放弃了歼灭战战略。
研究所甚至放下了对兴登堡和鲁登道夫夸张的反感。它对小毛奇和法金汉的批
评最终得到了针对这两人所做的个人精神病理评估的支持。[10]

　　威廉·马克思的批评，为这种关于被各方追逐的政治记忆的力量提供了

汉斯·冯·泽克特大将
德国联邦档案馆/146-1970-085-36

约阿西姆·冯·施蒂尔普纳格尔将军（面朝相机者）

威廉·亚当中将
德国联邦档案馆/183-H04143

威廉·海耶将军（陆军指挥部总长），国防部长奥托·格斯勒和汉
斯·岑克尔海军上将（海军指挥部长）于1927年威斯特伐利亚的
第6步兵师和第3骑兵师的演习中
拍摄者：奥斯卡·特勒曼
德国联邦档案馆/136-1353

国防部长威廉·格勒纳中将（已退休）
德国联邦档案馆 /102-05353

库尔特·冯·哈默施泰因 - 埃克沃德男爵少将
拍摄者：G. 帕尔
德国联邦档案馆 /102-02019

案例："大约 13 年来，对'坎尼'的称颂在德国军队文献中不绝于耳。总有后来的歌颂者唱着新的曲调，一次次地加入到这首哀歌的大合唱中。甚至每个候补军官（Fähnrich）都在军校被教导，在 1914 年的西线，若不是德国指挥官的无能，德军将会有一个超级坎尼。"[11]

这种言论不仅在军校被教导，还出现在 1935 年新成立的国防军总参学院中。抛开通信手段的缺失不谈，1914 年初期攻势的失败，是高层指挥权威和领导技能不足带来的失败。这种论调在法金汉任上达到高潮，使得他开始怀疑自己作为军事指挥官的资质，并令其成为在凡尔登进行消耗战略的推进者。[12]

通过将过错归咎于个人，德国人在很大程度上成功回避了关于德国战役思想根本正确性的讨论。[13] 因此，大战的教训——德国由于无法通过更高水平的战役指挥结合战术创新弥补其在人力物力上的劣势，所以无法赢得消耗战——可能会被忽视。

证据显示，德国并未作出对于帝国整体战略局势的公正分析，因为它对军事和经济方面的现实估计，潜在地违背了势力的战略平衡，并将不可避免地迫使德国放弃对大国地位的诉求。因此，认识到这一现实，将导致德国放弃基于军事力量的大国霸权。然而，这对非政治化的德国军事精英而言，是不可想象的，他们坚信战役不应受政治考量影响。即使在德国输掉大战之后，他们还是没有开始考虑制定政治至上的发展战略。相反，军事精英们更倾向于这一错觉：通过进攻战役，我方是有可能战胜资源占优的敌方联盟的。因此，根据军事精英们的信念，要让德国重新获得大国地位，只需要调整一部分战术和战略参数即可。[14] 现在德国面临的主要问题是凡尔赛条约对德国军队施加的限制，它将德国军队的规模限定为 10 万人，同时禁绝了义务兵役制、总参谋部、飞机、潜艇和坦克的存在。[15]

然而，关于如何实现这一目标，德国内部存在着分歧。人们普遍认为，与战胜国的想法相反，魏玛国防军不应该成为边防部队，而应该是处理外部冲突的军事力量工具。因为这一任务无法通过 10 万的兵力完成，在 1919 至 1935 年间，德国军事思想从未受到凡尔赛合约中军事有关条款的约束。

战争的理念

从大战的经验和凡尔赛条约导致的政治—军事局势出发，不同的战争理念都在 20 世纪 20 年代中期发生了演变，这一演变与瓦尔特·赖因哈特（Walther Reinhardt）、汉斯·冯·泽克特以及约阿希姆·冯·施蒂尔普纳格尔等人的战役—战略观念密切相关。这一进程在众多军事出版物中得到了反映。在 1918 年最后几个月的战争工业化和风纪败坏的背景下[16]，同时期的文献讨论了潜在的经济战。但这一讨论对未来战争中除心理因素外的战术—战役层面尤为关注。[17] 关于未来战争的讨论不只出现在德国，也同时出现在了整个欧洲，这一辩论的核心，是在阵地战的环境中战役是否还有可能，以及未来战争将要如何发动。[18]

将战争的失败归咎于个人，这实际上限制了任何对战役思想的根本性挑战，按照其支持者的理念，这种挑战会对德国军事思想造成不良影响。尽管如此，辩论的一些参与者仍然确信，任何未来战争的打响，都必然伴随着大规模军队和大量物资的参与，而这将不可避免地导致阵地战。要赢下这样的消耗战，届时只能通过动员全国的资源，并仰仗人民坚定不移的战斗精神和坚韧意志。[19]

某些人认为，与大战相反，诸如坦克、飞机等所有技术手段的外部应用，才是复兴战役的唯一可行方式。[20] 第三种观点则坚信，可以通过对战役思想进行选择性的改造来攻克阵地战，例如更强大的兵力集中、更大范围的移动、更系统化地应用突袭，以及突破的成功执行等。[21] 然而，取得未来战争成功的前提——这是所有参与辩论者默认的——是恢复在战争过程中军队失去的控制权。

绝大多数对辩论有所贡献的人都从大战中吸取了经验教训，认为一个稳定的、对军队友好的政府体系，是成功执行战役不可或缺的前提条件。反过来说，一个专制的体系不可避免地要仰仗战役学说在军事上的成功。但没人觉得德国未来会因为军队无法保障国家领导人在境内外的安全，而需要再次用火车把他送到荷兰去[①]。

辩论中的所有要点都反映在两次世界大战之间魏玛国防军领导人的战役审议之中。即使是贵为陆军总司令（Chef der Heeresleitung）的瓦尔特·赖因哈特少将，都依然相信这次进攻将为决定性胜利提供唯一的机会。他将任何未来战争视作1914—1918年大战的延续。在他看来，将要统治战场的是自动化武器，而非机动力。因而，他相信火力是成功的关键。

赖因哈特认为，机动作战已然过时，未来是无法进行大规模运动包围作战的。他相信大规模的物资战必将导向阵地战。他提议，前线和本土都要为这种战争做好准备。为了将阵地战转化为赖因哈特同样推崇的决定性战斗，他主张通过强有力的兵力集结以实现大规模的突破。[22] 然而，这种进攻不会是快捷而激烈的，它反而会在坦克提供的炮火支援下，缓慢而有条不紊地进行。赖因哈特的观念与当时法国所讨论的想法非常相近。与战前的思想相比，赖因哈特的战役思想更注重向战术的过渡。考虑到大战中阵地战的经验和有限的战术与战役机动性，赖因哈特提倡要修改德国的战术和战役思路。[23]

由于卡普政变，赖因哈特在1920年3月从陆军总司令任上辞职。他的继任者，汉斯·冯·泽克特大将成了1920年至1926年间的陆军总司令。与赖因哈特基于阵地战的静态思想不同，泽克特推崇战役层面的运动战。泽克特的战

---

① 审阅者注：这里指的是1918年停战后，德国陆军声称自己无法保证德皇威廉二世在德国境内的安全，因此用火车把德皇送到荷兰的掌故。

争理念对魏玛国防军产生了重大影响。"一战"时，泽克特是德军最好的野战军参谋长之一。他最早在东线服役，后来调往奥斯曼帝国。战后，他把被解散的总参谋部转型为新兴的部队局（Allgemeines Truppenamt），并在1920年3月以前担任其领导人。1920年6月到他退休的1926年10月间，泽克特出任陆军司令部总司令。这些年里，他在建立和指导新生的国防军中扮演了重要角色。在他的支持下，德国军队屏蔽了所有来自政治的影响，发展成了"国中之国"。同时，他将魏玛国防军塑造成"现代军官的学营"，让其成了一支干部化军队、一股精英式军事力量。通过高比例地使用总参谋部人员组建部队，和训练士兵以适应更高级别的指挥，泽克特打算促进更大规模的军队迅速建立，用于防备任何攻击，或是为打破凡尔赛条约所施加的限制做好准备。然而，泽克特并未计划将当时转变中的魏玛国防军作为大规模军事力量的基础，而是采用了一支20万人的强大职业部队，因为它的战役学说只能在这种可控的规模下执行。除了部队，泽克特还想要基于整体军事服务来建立国防力量。这些在战时可被动员的力量，将作为人才库，且只会在职业化军队无法决胜时用来抗击侵略。[24] 泽克特同样认为，相比大规模部队，较小规模的专业军队的主要优势在于，它总能够配备上最现代化的武器装备。[25]

德国空军的秘密组建，以及在苏联秘密训练飞行员、化学战部队和装甲部队，都肇始于泽克特执掌部队局期间。这些措施，令德军向着再次获得发动战争的能力，并在此过程中，向着发展为拥有武装力量的现代大国的目标迈近了一大步，而"一战"的获胜国想要的则是令德军成为部署在本土的边防管控和警察队伍。[26]

泽克特的战争理念主要基于对大战经验的分析。然而，他认为德军战役学说的不足之处，和对敌军力量的错误评估，都不是德国失败的原因。他坚信是指挥与控制系统出现的困难和大型军队质量和机动性的不足，才使得唯一能确保胜利的方式——预期中的快速决战无法实现。战争中，场上的任何一支军队都无法执行快速的决定性作战。[27] 然而，当泽克特寻找德国的败因时，他却将其归于部队规模。

凡尔赛条约对人员强度的限制肯定助长了泽克特对大型军队的抗拒和对配备了高质量士兵的小型、机动、精锐部队的青睐。然而，最重要的是，泽克特强调，即使是在战前，德军指挥与控制大部队的能力，也已出现了显而易见的问题。[28] 即使在当时，人们依然怀疑机动灵活的战役指挥控制系统能否用于超过一定规模的军队。随着军队增长到百万级，泽克特总结道，最初为 19 世纪中期指挥与控制大批军队而制定的战役思想，终于达到了它的极限。由于其庞大的规模，军队失去了他们的机动性。因而，德国战役思想的两大关键要素最终受到了质疑。

按照泽克特的想法，大规模、低质量的部队加上同时增加的武器效能与部队人数，将不可避免地引发阵地战。在增派军队还是增加物资数量的比拼中，后者占了上风。[29] 因此，决定胜负的，不是战场上的成功，而是看哪一方能占有更多的经济和人力资源。

然而，泽克特并没有因为其资源上的不足和由此产生的、被凡尔赛条约加剧的军事局势，得出德国已经放弃了其政治大国愿望的结论。在他的著作中没有提供关于这一结论的可信证据，泽克特深信一支征召兵组成的军队无法达到现代战争的要求，因此大规模部队的时代已经结束了。他认为，再一次提出组建一支移动迅速、机动性强、素质过硬、部署快捷的军队成了可能。这种理想化的情况可以让德军在动员好的大众开始行动之前，就出现在敌方领土。[30] 所以，泽克特相信未来属于更高质量、更具机动性，因而规模更小的军队。[31]

甚至在 1919 年 2 月凡尔赛条约的规定为人所知之前，泽克特已经开始了他关于建立一支专业化作战军队理念的一些初步思考。[32] 作为陆军总司令，他严格根据其战役思想，基于专业化的、注重战争的战术经验分析，来继续推进其理论。在泽克特的战役思想中，他的战术思想与前辈们保持了连续性，也就是德军将通过机动性弥补数量上的不足。运动战是泽克特思想的核心，尽管他并没有完全排除阵地战。与战前教条式的规章不同，他十分看重"防御"（Verteidiging）和"迟滞战"（Hinhaltenden Gefecht）。不过，他认为，未来德军应该尽一切可能避免阵地战。泽克特的指导原则是："弱势方的救赎将更不容易出现在僵硬的防御上，反而会出现在机动的进攻中。"[33] 被泽克特在 1921 至 1923 年间采用的作战手册《诸兵种合成部队的指挥和战斗》（F.u.G.）[34]，深得这一原则精髓，它赋予诸兵种合同作战在战斗中决定的地位。[35]

沉浸在德国第一次世界大战之前所用教条[36]的优越性中的泽克特，将战前规则整合进了新的《诸兵种合成部队的指挥和战斗》中。[37] 在这一过程中，他没有对过去规则不加批判地采用，而是考虑到了战时的经验。因此，泽克特的战术和战役思想同时体现了变化性和延续性。[38]《诸兵种合成部队的指挥和战斗》手册在简要涉及战事的一些方面时，专注的是战术而非战役层面。

泽克特推崇机动防守和速度快、范围广的决定性进攻作战。[39] 他想要的不是大规模军队中的士兵，而是包含训练有素、士气高涨的战斗人员的精锐部队。现代战斗工具的缺乏可以通过任务式指挥以及运动战弥补。防御式作战只有在对抗优势巨大的敌人并且可以协助其他地段发起进攻时，才是正确的手段。[40] 为了适应进攻作战，战斗小组和冲锋队类型的战术在战争中，得到了更进一步的发展。从本质上说，泽克特计划的战略式防御，有着能从战术和战役上，在最高水平展开进攻战能力的机动专业军队。[41]

根据泽克特的说法，任何未来的战争都将始于争夺空中霸权的空战。在空战战况激烈时，己方可立即部署的精锐部队将通过快速的进攻战役和近距离空中支援，挺进敌方领地，这一行动的目的在于，在敌军指挥者堆起人力物力上的优势，做好长期战争准备之前，就将其摧毁。然而，如果最初的进攻未能达成军事上的决定性胜利，那么同时，德军就得实施全民动员。[42] 该战争形式的目的在于，打击对手在战略力量上的优势，不让其有效发挥作用。

虽然德国输掉了大战，泽克特还是坚定不移地固守施利芬的理念，即在敌国能够组织起优势力量前，用快速、机动的战役击溃敌军。泽克特坚信德国在 1914 年战争开始阶段执行的德国式机动战役的绝对优越性，因此他打算进一步加快战役节奏。[43] 他相信，一支能被立即部署，动员起来毫不拖泥带水的专业部队，是实现这一目标的关键手段。泽克特想要纠正第一次世界大战中，德军在机动车辆、摩托化步兵、飞机和可用于作战的骑兵上的不足。如他所见，骑兵尚未被摩托化部队取代。[44] 虽然有大战中的经验，他依然打算让骑兵执行进攻敌军侧翼和后方的任务。[45] 当然，泽克特的这种思想违背了自身作为骑兵支持者，在关于骑兵未来的重要性的激烈论战中的立场。1927 年，这场辩论升级为是否保留长矛骑兵的争论。[46] 泽克特的立场，可能是凡尔赛条约只允许魏玛国防军保留 3 支骑兵师的条款造成的。另一个原因在于，就泽克特看来，当时的骑兵是唯一真正机动的作战手段。

重要的是，作战方若要执行进攻作战，便需要具备战术进攻的能力和手段。然而魏玛国防军没有任何可用的必需手段。在第一次世界大战的例子中，马匹、士兵和铁路的速度，限制了魏玛国防军的机动性。与那时相比，唯一的改变是，魏玛国防军如今有更多的卡车了。归根结底，泽克特没有手段在战术上执行他的作战思路和决定性的理念。但是，这类战斗必需的手段，已经蕴含在了坦克这一形式中。然而，目前坦克的机动力还是太差，也没有通信系统，而且，魏玛国防军理所当然地被禁止拥有坦克。虽然如此，凡尔赛条约却没有对坦克的战术和战役使用的理论发展做出任何实际限制。因此，在讨论骑兵的未来之余，如何使用战斗载具这一问题，是接下来几年德国军事理论争论的核心。[47] 有些军官，例如海因茨·古德里安少校（后来的大将），则坚信要让潜在的战斗载具和飞机距离在现代运动战中充分发挥作用，还有很长的路要走。他们相信坦克在未来的战役考量和训练流程中，必定不会缺席。[48]

令泽克特投身其中的，针对魏玛国防军的战役层面的训练的重要性，不仅在他为了培训一般军官而启动的领导演习（Führerreisen）中可见一斑，也同样体现在教条手册《高级指挥官战时准则》（Leitlinien für die obere Führung im Kriege）中。因为《诸兵种合成部队的指挥和战斗》手册只对应战术层面，这一新手册的目的是作为《大兵团指挥基础》的延续，强调高级别的指挥。这项由康斯坦丁·希尔上校代表部队局提出的成果，是魏玛国防军在 20 世纪 20 年代初的战役思想的独特见证。即使按照其特定的措辞，它依然完全保留着对传统战役思想的忠诚。[49] 然而，作者并没能完成关于人民战争（Volkskrieg）和小规模战争（kleiner Krieg）的重要章节。但是《指挥基础》的构成和用词表明，希尔在 1923 年并没有特别重视这些议题，其原因是，在施利芬时期所有战役的目标都是摧毁敌人的部队。政治依然被认为对战役的指挥与控制毫无影响。至于人力资源不足的问题，其指导原则仍是在一定程度上通过更高质量的控制和指挥，以及更高水准的士兵，加上快速作战的执行，来消弭敌人的优势。在人力物力不足的背景下，心理因素和无条件胜利意识的重要性得到了反复强调。

《指挥基础》的新内容是，在国家的战争计划中，必须包含针对战役计划的明确要求——尽管其执行并未得到详细探究。该条例很可能是因第一次世界大战的经验而添加的。魏玛国防军在兵力上压倒性的劣势也毫无疑问地诱发了对这一重心的特别强调："战役计划的指导思想必须与兵力分配保持最大的一致。整体力量的平衡越是不利，其他方面就越要坚定不移地支持主攻方向。"[50]

强调通信连接对更高层指挥的重要性，同样可以追溯至战时的经验中。防守只被轻慢地对待，而撤退则被视为一种相当惹人厌的苦差事。《指挥基础》并没有将阵地战视作现代武器系统带来的必然结果，反而认为它源于两支大型军队之间非决定性的正面冲突。德军要尽一切可能地避免阵地战，因为高质量部队的优势在静态战斗中会被浪费。"带领着优秀士兵的伟大将军，总是尽可能地避免阵地战，同时在运动战中寻求自由发挥其聪明才智的机会。"[51]

在题为《部队调遣》的章节中，希尔讨论了战役层面指挥与控制的机动化的重要性。他描绘了机动车在快速运输中的潜力，并指出这要仰赖于硬面道路网络。另一个不足之处在于，机动车的高速度使它无法与马拉车辆一同使用，后者在没有额外支持的前提下，不适用于快速运动战。他也强调坦克装甲车辆没有长时间行军的能力。总之，《指挥基础》并未在运动战中，赋予坦克或机动车任何重大性。

《指挥基础》指明了在正确的地点、正确的时间单独行军的能力，并在功能上构架了作为杰出战役指挥官应有的能力。包围和突破作战都被做了详细讨论，包围一直被认为是可行情况下的首选操作。总而言之，《指挥基础》强调："在战役和战术上，进攻的成功与否很少取决于某种特定的方法。在内外两条战线，包围和突破互相抵制。任何进攻作战都基于上述情况。正确进攻作战的选择和它的有力执行将带来胜利，对机动能力的强大信心和无法遏制的求胜意愿构成了成功进攻的心理基础。"[52]

尽管手册明确指出，任何旨在带来决定性成果的防御性作战，都将不可避免地导向进攻作战，但手册还是在防御部分花了不少笔墨。因为敌人的意志只能通过武力摧毁，战斗本身始终处于战役思想的中心地位。根据《指挥基础》的说法，战斗的目标是摧毁敌人。出其不意的要素对战斗的结果有着重大影响，而为了达成这一目标，《指挥基础》在不排除正面进攻的同时，更倾向采取侧翼攻击的作战。作战在最后转为了战斗，且战斗在战术上的成功决定了其结果。这是战术和战役层面的明确连锁。与施利芬的理念完全一致，《指挥基础》的重点被放在了作为战役最终目标的决定性胜利上，同时其强调："军队间的战斗之所以存在，就是为了获得它在战斗中所寻求的胜利。"[53]

凭借其恢复性与创新性的元素，希尔的《指挥基础》反映了20世纪20年代魏玛国防军领袖间的冲突。与所有潜在敌人相比，在兵力与物资数量上处于巨大劣势的魏玛国防军，制定了现代化的创新性战术，其重点在于机动和诸兵种合同作战。但是在战役思想方面，魏玛国防军在恢复性理念和创新性理念间摇摆不定，并一直坚持能够进行大规模作战的乌托邦式的计划。然而，这些计划依然深深根植于施利芬的思想中，而且仅仅依照第一次世界大战的经验进行了有选择的现代化修订。一个典型的例子就是它接受了突破。因此，在希尔的手稿中，防守只扮演了次要的角色。正如施利芬时代一样，《指挥基础》所关注的，是以实现包围为目的的进攻作战。那时，希尔思想中的恢复性元素尤其明显。毕竟，第一次世界大战使得放弃包围成了德国人唯一有效的选项。[54]

在战事中机动力的重要性未收到普遍质疑的前提下，早在20世纪20年代中期，诸如推迟战斗、突破和防御等替代性战役理念，就已经在德国军事期刊中被公开讨论了。[55]随着讨论的进行，战役式突破与随后的战役式包围间的关联性，越来越广为人知。

在20世纪20年代中期，一种与普遍观点相反，坚持包围教条的理论规则，不再为大多数魏玛国防军领导人接受。希尔的《指挥基础》受到了约阿希姆·冯·施蒂尔普纳格尔中校的严厉批评，部队局的负责人也不建议将其作为官方规定发布。泽克特同意了，其中的一部分原因是领导人演习和总参谋部考察旅行将继续成为战役层面训练的首要载体。出于安全原因，希尔甚至被禁止私下发行他的作品。[56]这一事实说明，希尔所写的，正是德国为未来可能发生的战斗所拟定的战役学说，至少是初级形式的战役学说。

许多文献将泽克特的战役学说形容为一场"古典战争的文艺复兴"[57]，但这被证明只是一场幻想。[58]该陈述只有这两个部分是准确的：泽克特很大程度上沿着施利芬的战役层级进行计划和思考；和施利芬那时候一样，机动性和速度，加上卓越的指挥技巧，成了泽克特战役思想的奠基石。

对运动战的重视也许可以通过泽克特在东线的战役经验来解释一二。作为有着大量在前线服役经验的人，德国军队因缺乏机动性而引发的战役上的限制，自然会给泽克特留下难以磨灭的印象。然而，事实并非如此。

泽克特想要进行一场运动战，这场战斗基本还需取决于步兵的行军速度，且能得到的只有空军的支持。他高估了更大规模步兵队伍的战役机动性。考虑到骑兵在大战期间并未完成任务，他在提到将具有战斗力的骑兵作为运动战手段的重要性时，表述有些脱节。无论如何，泽克特的战术战役学说并没解决"一战"暴露的战役问题，即缺乏机动性和速度。他提出了基于比第一次世界大战时速度更快和机动性更强的战役理念，却缺乏将其实现的技术手段。任何试图解释在泽克特战役学说中骑兵的作用的努力，都因为第二次世界大战时战役级别装甲部队的参与，而显得有所不足。[59] 泽克特的计划并未给战役级别装甲部队留出空间。

然而，出于泽克特经过验证的智慧水平，指责他关于战争的构思完全脱离了现实是错误的。泽克特施加在魏玛国防军上的"机动性的福音"，只有在考虑到德国的中心地理位置时才能够被理解，他将接近边境的区域视作魏玛国防军独有的部署区域——就和第一次世界大战前的想法一样。多亏了现有的铁路网络，使得德国部队即使在西部或东部的边境地区，也有可能实现快速移动。

泽克特的想法并非独一份。在乔治·索尔丹的著作《人类与未来之战》（Der Mensch und die Schlacht der Zukunft）中，他也提出了类似英国例子的高科技、高机动的专业部队。在索尔丹看来，只有这样一支部队才能够达到现代移动战的标准。他预测，未来战争是一场"机动性的奇迹"。对索尔丹而言，未来的军队只有一个任务：用歼灭战结束战争。一位评论员在《军事周刊》（Militärwochenblatt）上这样总结索尔丹的核心论点："所以，在战争史的未来，迎接我们的不是一个阵地战的时代，而是一个属于歼灭战略的时代。所有未能在战役打响第一周就歼灭敌军者，以及无法在一开始就对敌方的百万之师施加打击者，都已经输掉了战争。"[60]

与魏玛国防军的实际防御能力南辕北辙的泽克特的"军事乌托邦主义"，并非是在未受到分毫挑战的情况下通过的。面对1923年法国对鲁尔区的占领，年轻的部队局军官在20世纪20年代中期，越发认识到，军队将无法在法国或波兰的进攻下有效守卫德国。这些军官后来被称作"投石党人"，其中的主要典型就是施蒂普纳格尔。作为以部队局形式运作的秘密总参谋部陆军部（Heeresabteilung）作战处（Operationsabteilung）的处长，他在军队中可不是小人物。对泽克特战役—战略战争计划不满的施蒂尔普纳格尔，在 1924 年 2 月向国防军的军官们展示了他关于未来战争的理念。这份题为"关于未来战争的思考"（Gedanken über den Krieg der Zukunft）的介绍，是向泽克特和陆军领导层中持有传统战役观点者发出的直接挑战。[61] 施蒂尔普纳格尔将影响整个社会的人民战争作为一种冲突整合进了战役规划中，他对旨在摧毁敌人的快速进攻作战的抗拒，形成了与传统战役思想根本性的决裂，而这种思想是从德皇时期的陆军总司令那里流传下来的。

进一步仔细研究几周后施蒂尔普纳格尔在部队局传播的理论，以及对这些理论的审议，是值得的。一方面，他的想法对社会产生了剧烈影响，而且其绝无可能在民主条件下实施。然而，另一方面，这是一种新的战役思想，我们可以识别出它和经典战役思想的差异和共性。

施蒂尔普纳格尔的理念基于"一场经过系统性筹划和执行的解放战争"。[62] 他相信，若没有大量重整军备的投入，无论是现在还是在可见的将来，德国都没有打这样一场仗的能力。他还认为，所有未来的战争，都是针对德国全民的战争，针对这个国家的神经中枢和力量之源的战争，而不仅仅是对于其军队的战争。因此，施蒂尔普纳格尔认为，魏玛国防军和人民必须一同用军事手段发动战争，而且在战斗中居民人口必须要投入到军队的意愿中。考虑到德国军队在人力物力上的重大劣势——这是他们无法通过士兵和领导能力的质量弥补的，施蒂尔普纳格尔怀疑，在可见的未来，魏玛国防军严格遵循施利芬的理念而发动的战争，未必能成功。因此，必须要制定出一种新的战略理念，它所根据的是战略现实，而非一厢情愿。

施蒂尔普纳格尔分两个阶段预测未来的战争。首先，为了确保野战军人力物力上的机动性，并为苏联等其他国家制造站在德国一侧进行干预的政治条件，德军必须要争取时间。争取时间将通过消耗战略等战略防御手段达成。因此，与施利芬相反，施蒂尔普纳格尔的第一要务并非歼灭敌人，而是"在最初的防御战中引发全民为了解放而发起的暴动"。[63] 通过放弃快速的、具有决定性的初步攻势，施蒂尔普纳格尔放弃了自施利芬起的德国战役思想的支柱。但是，这么做就要求战争必须在德国领土内进行，敌人将在那里的战斗中被逐步削弱。

为了达成这一目标，施蒂尔普纳格尔计划在第一次世界大战最后两年制定成功的、战役全纵深的战术防御。最初，进入德国的敌人将遭到小、快、灵的德军战斗群在边境地区迟滞作战，这些战斗群不会试图在这里创造决战的条件。通过迟滞作战，敌人兵力将被逐步消耗，并会在物资和士气上系统性地遭到削弱。这种在和平时期系统筹备的边境战和游击战，将由德国民众在退役军官的领导下，以大胆和严谨的作风，无情地向敌人发动。[64]施蒂尔普纳格尔还要求破坏重要的交通基础设施，以及对战术和战役关键地区进行化学污染。与此同时，敌人的士气将因为之后组织的人民战争而进一步削弱，这包括了秘密进行的破坏行为。

在人民战争最极端的情况下，施蒂尔普纳格尔认为，民族仇恨应当被利用到极致，且不用回避任何形式的谋杀或破坏。[65]他甚至认为，根据"海牙陆战公约"，通过让平民公开佩戴身份识别徽章，可以让他们将自己视为战斗人员。[66]

施蒂尔普纳格尔并没有屈从平民将以极大热情投入到这样一场人民战争中的幻想，尤其是考虑到这类战争将必然招致严厉的报复措施。无论如何，他认为德国人民将必须为了国家的解放战争，承受这一负担。要么克敌，要么灭亡，除此之外，别无选择。因此，施蒂尔普纳格尔呼吁将魏玛共和国转变为一个毫无保留地致力于解放战争的专制国家——一个消灭了任何和平主义或非典型德国特征的国家、一个使青年人仇恨外敌的国家，以及一个让平民系统地投入战争的国家。施蒂尔普纳格尔相信这是唯一调动民众所有力量的办法，他的战役计划就是以此为基础的。为了新战争思路下的后勤发展，将平民整合到战斗中，是战役成功的必要条件。施蒂尔普纳格尔所推崇的这种战争的激进化，在第二次世界大战期间的许多领域内成为现实，它与泽克特的思想，以及发动战争的是军队而非人民的信念相矛盾。在泽克特的观点中，使用武力是军队的专利。

在威廉·戴斯特（Wilhelm Deist）对魏玛国防军的研究中，他将施蒂尔普纳格尔的战役理念单独简化为其关于人民战争的理念，并解释说施蒂尔普纳格尔用事先精心准备的国家解放战争，取代了泽克特倡导的由作战部队执行的战争。因此，戴斯特认为，施蒂尔普纳格尔的成果谈不上是战役理念的复兴。[67]但是戴斯特的分析尚显不足。施蒂尔普纳格尔确实指责围绕着泽克特的传统主义者们阻碍了德军发展战役思想，在关于现代化且数量大致相当的军队间的施利芬歼灭战学说中裹足不前。同时施蒂尔普纳格尔还否认了从历史中取得的获胜秘方的存在。他相信未来的战争将和过去的战争有着天壤之别。

尽管他对旧的思维范式提出了批评，可即使睿智如施蒂尔普纳格尔，作为总参谋部一员的他，也无法从军事社会化中逃脱，并将自己从德国传统的战役思想中完全剥离。这就解释了为什么他在根据军事情况，假定一次附带有序进攻的防御性作战，是魏玛国防军在未来战争中唯一有效的战役方案时，借用了小毛奇的战役理念。因此，尽管施蒂尔普纳格尔预测了游击战和人民战争的成功概率，他也坚信仅仅通过防御性的人民战争，是无法取得战争的决定性胜利的。他认为，争取时间的斗争仅仅用来达成军事力量平衡，为战争的延续赢得盟友，以及最重要的一点，增强德国的野战部队。一旦达成这些目标，施蒂尔普纳格尔就计划从防御性战斗转向进攻性战斗，并展开决战。这在一点上，根据施蒂尔普纳格尔所言，"决战就得按照施利芬所教导的那样进行"。[68]

在施蒂尔普纳格尔的战役学说中，第二阶段的目标在于消灭士气低落的敌军。他计划以机动部队、重型炮兵和空中支援的合同打击来发动进攻。尽管德国在当时尚未拥有一支空军，但施蒂尔普纳格尔依然将空中战役纳入了战争的决定性因素中。他推崇与海军在共同作战中的明确协调。最高指挥官决定指导对海军的部署，并非出于控制海军的目的，而是为了支持陆军行动。

施蒂尔普纳格尔的人民战争理念与实际决战之间，有着巨大的鸿沟。他的遣词造句让人想起被其视作大宗师的施利芬，并反映了总参谋部长久以来在战役上的影响：

> 所以现在让我们来处理真正的战役，它能让智谋出众的指挥官击败更为强大的敌人。诸如利用内线，离心撤退（沿着多个发散轴的方向撤退）及其他的理论，正再次受到越来越多的重视。关于在关键地段集中兵力，并削弱其他领域的旧基础学说，必将始终处于我们思想的领导性地位。这一原则将导致前线出现缺口，这只能由骑兵或民兵填补。我们必须有意识地接受这些空白，因为在世界大战中，正是对空白的畏惧，才阻止了坎尼式作战的发生……很显然，这样的战斗，对指挥官的意志力和士兵的质量都提出了最高水准的要求。[69]

因此，施蒂尔普纳格尔也抱有与施利芬相同的观点，即战场上的军队必须通过基于传统的德国战役思想达成决胜。然而，正如迈克尔·盖尔（Michael Geyer）所言，不存在真正意义上的"防御性坎尼战役"或者"防御性的闪电战"。[70] 考虑到魏玛国防军在人力物力上的显著劣势，人民战争的规模只和现代最初的小规模冲突相当，而且其目的也只是为组建一支能够展开战役行动的部队争取时间。这意味着施蒂尔普纳格尔有意识地接受了平民所要承担的巨大损失。因此，消耗战略只是给后续的歼灭战略奠定了基础。吉–利·瓦尔迪（Gil-li Vardi）说得对，施蒂尔普纳格尔并没能做到与传统决裂，甚至没有引进一种新的革命式理念。[71] 对施蒂尔普纳格尔而言，人民战争仅仅是一种达成目的的手段，是赢得时间的唯一现实的机会。他的目标是，且将一直是决战。由于长期存在的人民战争的理念，更早的文献通常会在这一点上有所保留。施蒂尔普纳格尔唯一真正的创新，是尝试着将两大军事理念融合进歼灭战。在那之前，这两大理念——人民战争和运动战——被认为是截然相反且互相排斥的。施蒂尔普纳格尔的理念最初是要为了消耗战而利用人民战争，但其他只是达成了延迟。最终，决战将通过总参谋部军官指挥下的军队实现。

由于试着结合了老毛奇的战役思想与人民战争的理念，施蒂尔普纳格尔的学说在其激进性上独一无二。为了让人民战争起到作用，施蒂尔普纳格尔呼吁至少要将国家完全重组为军队占主导的专制民族主义体系，以及执行广泛的重整军备计划。这也是 20 世纪 30 年代中期，鲁登道夫在其著作中反复阐述的想法。然而，出于政治、社会以及军事原因，施蒂尔普纳格尔的战役规划能否成为现实，这依旧令人生疑。施蒂尔普纳格尔在陆军部门的亲密伙伴也怀疑他倡导的战役层面区域防御能否带来军事上的成功。[72] 即使是施蒂尔普纳格尔本人，也认为他假设的这种战争形式，不过是在面对不久的将来所做出的豪放姿态罢了。因此，尽管原因不同，泽克特和施蒂尔普纳格尔的战役理念归根结底都无法在魏玛共和国的环境中得到实施。

这些大相径庭的战争观同时存在于魏玛国防军和这些思想所产生的战役理念中，这展现了一种在未来寻求正确的战争手段的军事指令。事实上，即使在部队局内部，这种方法也存在争议，这一点在希尔《指挥基础》的评论中可见一斑。虽然总局的 T-4 科认为希尔的著作十分优秀，但当 T-1 科向施蒂尔普纳格尔征求意见时，他们收到的反馈是严厉的批评：

> 希尔少校的著作十分优秀；其中一部分写得特别好，而且适用于以
> 1914 年的军队设备训练新战争的领袖……无论在现在还是在下一个十年，
> 这些装备都无法供我们使用……希尔的著作遵循了施利芬的思路。施利
> 芬为大型军事力量的战争做了准备。是否可以想见，在未来战争中，我
> 们将要用"大众"面对我们的敌人？在施利芬的军事传统中成长的我，
> 如今很难对这一实际应用说不。[73]

虽然施蒂尔普纳格尔继续呼吁大型歼灭战的原则，但关于如何达成这一目标，他的想法与传统的施利芬式手段却有所不同。施蒂尔普纳格尔认为，只有接受德国不得不处于弱势方的地位发动战争的前提，德军才有可能赢下任何未来战争。[74]

关于未来战争的争论以及魏玛国防军内部由此产生的对战役思想的关注，在接下来数年中持续进行，未曾中断。施蒂尔普纳格尔本人也因其批判性的态度而尝了苦果。在 1926 年 2 月，他被拔擢为上校，并被调往布伦瑞克任团长。

泽克特和施蒂尔普纳格尔的理念在关键问题上存在差异。施蒂尔普纳格尔想要放弃军队在武力使用上的垄断权，取而代之的是令"军队领袖获取社会领导地位"，泽克特则坚持由专业军队独占使用武力的权力，顶多算上那些在战区边界被卷入的老百姓。然而，对施蒂尔普纳格尔而言，军队归根结底只是一种工具，可这却是个决定性的工具。施蒂尔普纳格尔的理念确实包含民众对武力的使用。两种理念都旨在确保军队在社会中获取权力，只是方法不同。在战役方面，两者的重要区别在于，泽克特寻求的是利用作战部队迅速决胜，施蒂尔普纳格尔则希望先采取守势消耗敌军，再通过反击在战役层面将其击败。所以，泽克特坚持了施利芬的理念，而施蒂尔普纳格尔更多的是紧密遵循老毛奇的做法。但是，这两种学说在原则上是有共同点的，即决战最终要在歼灭战中，通过进攻的方式达成。除了瓦尔迪近期的研究之外，其他的文献中大都忽视了这点。[75] 两种学说之间的区别不在于它们的目的，而在于其达成目的的手段。

在战役中保持政治至上，并非那些年间战役理念的要素。相反，尤其是按

部队局 T1 处，1919 年 9 月 20 日

| 注册处与秘书处 | 处长，哈塞中校 | 密码办公室 |

A 科
国内事务

B 科
边境保护

外国事务（与 T3 及外事办公室合作），边境保护，边防警察，所有在德意志帝国境外军队活动，任何形式的和平问题，与和平委员会(Friko)的外联，与海军的外联。

C 科
交通运输

交通运输（铁路、水路）包括相关经济问题，与有关机构和部委外联，部队和补给的运输，铁路部队。

D 科
补给，土地测量

补给问题，部队武装，医疗和兽医服务，土地测量、制图制表，与调查机构联系。

A1 股
组织及与国防军军委有关部门联络

军队重组，联系训练，联系工程（尤其是技师兵种），安全警察的组织，民兵，为相关问题的立法提供技术行政支持。

A2 股
德国国内军队征集

部队转移，条件，战斗有效性和军队北站，与其他安全机构的互动

A3 股
国内局势，与魏玛国防军部委以外机构的联系

与福利办公室联系，戒严，保护性拘留，国民经济，整体经济情况（与分支 C 协作），有关问题的立法，叛国

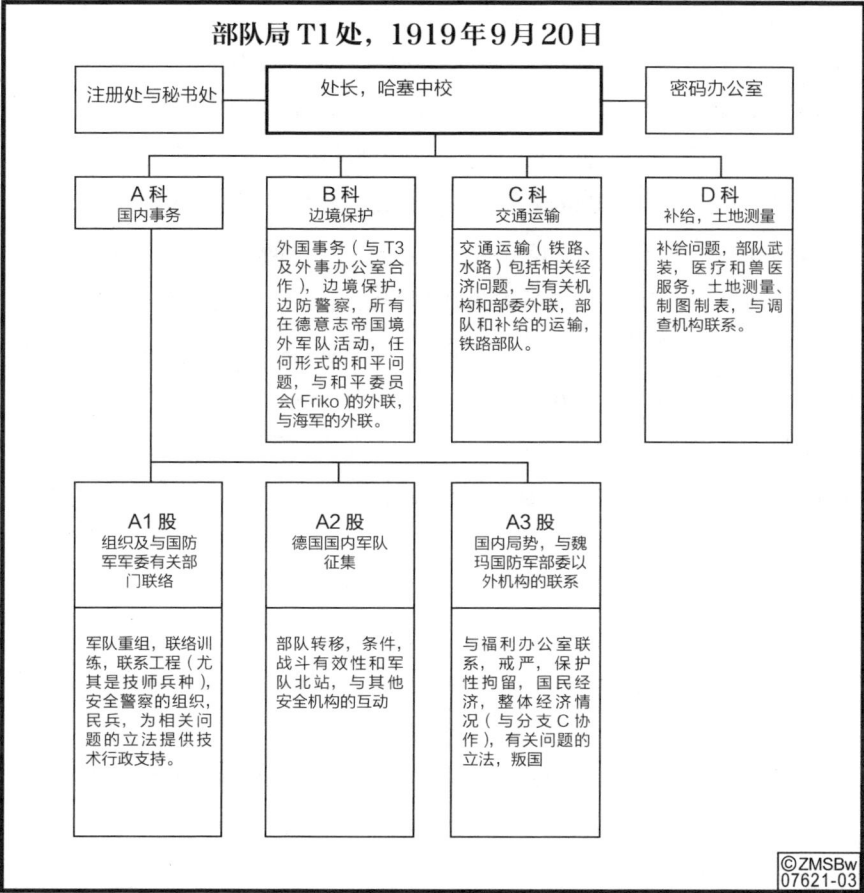

照施蒂尔普纳格尔的想法，军队要扩大对政治的影响，必须使其按照军队的意图行事。总而言之，在战争最初阶段的人民战争中，"人民"要牺牲自己，承受重大损失，同时军队在发动最后一击的时机到来之前，要重新集结，按兵不动。

计划和训练

面对魏玛国防军令人绝望的军事劣势，德国在 20 世纪 20 年代中期发展出了两大战役学说，在随后几年间，这两个学说各自被军官团队的不同派系所

倡导。施蒂尔普纳格尔的理念最初影响了 1924 年的西线战争（Westkrieg）和 1925 年的东线战争（Ostkrieg）两次兵棋推演，这一过程体现了他的理念在战役情境下有多么矛盾。在西线发动人民战争的同时，他计划在东部对波兰采取进攻作战，以期用高质量的士兵及高超的控制和指挥，弥补德国的兵力劣势。德国始于 1924—1925 年间的系统性部队建设，也是出于同样的目的。[76]

认为整个部队局一致支持施蒂尔普纳格尔理念的想法是不正确的。部队局的成员们曾就运动战问题展开过激烈的讨论。这一点得到了 1926 年一项研究的证实，该研究名为"现代武器作用下地面部队的战役机动性和它们的成功前景"（Die operative Beweglichkeit eines Heeres und ihre Erfolgsaussichten gegenüber moderner Waffenwirkung），并获得了弗里德里希·冯·拉贝瑙少校（Friedrich von Rabenau）的批准。尽管拉贝瑙投入了不懈的努力，以中和机动作战和人民战争，在最后他还是将自己的战役—战略手段削减为施利芬理念中的两线作战：在一线采取守势，另一线采取攻势。

根据拉贝瑙的说法，棋盘型部署在主要战线上的部队仍保持着防御态势，较弱的敌人则通过使用突袭、包围和从后方包抄等要素的攻势战役将其击败。拉贝瑙认为，由于法军动作迟缓，偏好静态战争形式，德军将获得执行机动作战所需的空间和时间。这样的作战完全依赖于现代化的运输手段——铁路和机动车——以及最新通讯系统支持下的、灵活的控制和指挥流程。在人力物力上占优的敌人将被这些原则击败，这些原则是传统德国战役思想的支柱。拉贝瑙的分析延续了施利芬的传统。然而，拉贝瑙在一处关键点上超越了后者的理念，他将施利芬理论中连绵不断的前线替换为能够执行骤然且出其不意的兵力集中的机动兵团。因此，拉贝瑙戏剧性地延伸了德国的战役学说，为国防军机动化的战争打下了理论基础。

尽管施蒂尔普纳格尔的继任者，维尔纳·冯·布伦堡上校（Werner von Blomberg，后来的元帅和战争部长）在兵棋推演中试验其前任理念中的元素，在迈克尔·盖尔看来，施蒂尔普纳格尔的战役学说并没有成为魏玛国防军在泽克特退休后的战役计划的基础。总而言之，与此相关的众多文献对施蒂尔普纳格尔关于德国战役思想发展的理念造成了太多影响。一个理由是，大量有关这一问题的记录毁于第二次世界大战，而那些有幸被找到的资料，则要么被误读，要么被视为绝对的真相加以接受。另一个理由是，许多历史学家，包括迈克尔·盖尔在他被广泛接受的研究《军备升级或安全保障》（Aufrüstung oder Sicherheit）中，都不幸地以不甚准确的方式使用了军事技术术语，而且盖尔有时候并没能对总参谋部的内部运作及其同僚间的人际关系和敌意做出准确解读。因此，盖尔将部队局关于1927—1928年和1928—1929年的冬季研究（Winterstudien）称作"战役式兵棋推演"（Operationskriegsspiele）、"实验式兵棋推演"（Erprobungskriegsspiele）或者"组织式兵棋推演"（Organisationskriegsspiele）。当时的军事词汇中并没有这些术语。

因此，现在似乎有必要对德国军队在第一次世界大战之后几年中所用的训练材料做出一番快速回顾。根据在布伦堡之后接掌部队局，并任职到1930年10月底的库尔特·冯·哈默施泰因－埃克沃德中将的说法，上文所说的冬季研究中的"研究"（Studien），与兵棋推演（Kriegsspiele）之间有着令人瞩目的差异。正如他所写的那样："我认为有必要在任何时候都区分清楚，你是想要在战术上进行模拟——这必然意味着你无需考虑真实的条件，还是打算进行一项研究——这意味着你绝对要考虑现实条件。在这种限制下，我们将面临的结果就是，基于我们的弱点，我们不可能进行决定性的战役。把研究和演习混淆，只会导向错误的结论。"[77]

这些在陆军内部越来越重要，且多年来得到不断发展的兵棋推演，从未在制度上被正式化，即使是最轻微的标准化元素，也被刻意加以避免。德皇时期，兵棋推演作为训练军队领导人的工具被发明出来。由于缺乏资金且军力低下，大型编队无法举行更大型的演习，兵棋推演对魏玛国防军而言就显得尤为重要了。因此，兵棋推演发展成了间战期训练计划中不可或缺的元素，因为它们让那些被凡尔赛和约禁用的武器装备变得可以在图上推演。多年以来，不同的训练行为都被归入"兵棋推演"这一术语的范畴中。[78]兵棋推演的特征是：除了少数例外情况，其都是在没有士兵参与的情况下进行的。与我们的讨论尤为相关的兵棋推演类型，其基础是对双方间自由竞赛的局势评估和决策的演练，其中，"红方"通常扮演敌人，"蓝方"通常扮演我军。负责指挥的高级军官进行演练的方式是：全程参与军官们的决策，对其进行评估，并提出他自己的指挥解决方案（Leitungslösung）。然而，兵棋推演也被用作解决战役问题的工具。国防军越来越多地用它们来解决实际战役问题，或是对战役进行准备，入侵苏联的"巴巴罗萨"行动就是一例。[79]

1927—1928 年间的冬季研究基于假想的波兰对德国的进攻，魏玛国防军将以其 1927 年的军备水平与之对抗。该研究得出的结论是，哪怕放弃了大量领土，魏玛国防军也只能够在短时间内做出抵抗。1928—1929 年间的冬季研究则基于同法国与波兰进行两线作战的局势，其中法国仅仅使用了其掩护部队（armée de couverture），波兰军队则在很大程度上因为受到苏联的进攻而束手束脚。根据部队局记录的结果，尽管魏玛国防军能够凭借其预计将在 1933 年 4 月达到的军备水平，成功迟滞敌方进攻，但无论是东线还是西线，己方都没有发动决战的可能。因此，德国不可能赢得战争。[80]

这些冬季研究同样能用来核实国土防御部队和边防部队的状况。尽管部队局支持这些机构继续存在[81]，他还是批评了边防部队的低战斗力。[82] 盖尔断言，人民战争学说提出的，冬季研究的首要目标在于演练施蒂尔普纳格尔的理论，在一定程度上言过其实。相反，冬季研究关注的是战场上可被展开的军队。整个人口的人力并未被作为军备水平建设的必要因素来考虑，且只有东普鲁士人口的人力被认为是军事目的必需的。在 1927—1928 年及 1928—1929 年的研究中，战役考量被认为整体上没有那么重要，尽管它们明确体现了在对法国或波兰中的一方，或与它们双方的两线作战中，防御是徒劳的。如其领导人确信的那样，在 20 世纪 20 年代后期，魏玛国防军依然面临着战役—战略上的困境，且只能通过增加人力物力来解决。1927 年 6 月底，魏玛国防军的军事领导人为一支由 21 个师组成的野战军制订了一项动员计划，其代号为"A 计划"（Aufstellungsplan，即"增强计划"）。[83] 尽管如此，德军内部仍然出现了一场公开的辩论，其内容关于老派德国军事传统如何影响魏玛国防军展开战争并在同时增强实力的基本能力。因此，根据魏玛国防军必须有能力在波兰和法国面前保卫自己的假设，研究总结到，在增加人员和装备之前，德国无法让魏玛国防军投入战斗："如果我们要战斗，强军必不可少。"[84]

20 世纪 20 年代末，部队局在变化的国内外政策环境下，进行了这些反思。泽克特时代曾聚焦于凡尔赛和德国的政治孤立而形成的政治—军事思想，由于 1925 年的洛迦诺条约，而产生了巨大变化。帝国的外交政治孤立被打破，且改善后的经济状况使得从 1924 年到 1928 年间几乎翻番的军事预算成了可能。[85]

在这一过渡阶段，威廉·格勒纳于 1928 年 1 月接任德国国防部长。他对帝国未来的国防政策有明确的想法。他的思想基于这一洞见："（德国）无论在政治上，还是在经济和社会上，都没有为世界大战做好准备，这超出了它能想像的范畴，所以战争从一开始便注定要失败。"[86]

格勒纳同时致力于使军队从属于魏玛共和国的整体政策，以及让魏玛国防军的能力适应帝国的外交政策。他还展现了对现代战争复杂性更深层次的理解，但他同时也宣称，德国政策的中心目标，必须基于义务兵役制的建立。和很多部队里的老伙伴们相反，格勒纳认为现代军事事务依附于民众条件框架。从战役层面思想看，格勒纳与施利芬和泽克特一脉相承。由于世界经济的互相联系，格勒纳仅能够预见一场短期战争。在法国占优的情况下，格勒纳相信与之开战将徒劳无功，同时他将未来的战役计划专门用来防御波兰。但尽管处于领导地位的魏玛国防军军官们开始承认国家的实际军事局势——主要是因为泽克特和施蒂尔普纳格尔的战役学说并不现实，他们依然无法认同格勒纳。当布伦堡打算基于冬季研究的结果，针对法国的延迟防守发布进一步的战役计划指导意见时，格勒纳制止了他，尽管国防部事前已经同意了该意见。[87]

因此，当格勒纳在 1930 年 4 月发布他的指令"武装部队的职能"（Die Aufgaben der Wehrmacht），为海军和陆军的高级指挥官详细提出防御政策的指导原则时，国防部对其施加了法定权力。[88] 格勒纳强调，军队本身并不具备产生作用的能力，相反，它是领导人的工具，其产生作用的功能来源于此。基于军队的强度，它只会在有限的危机情况下运作。除压制民众暴乱、处理边境争端外，军队将仅被用于防御，只有这样，其在军事和政治视角上才有意义。所有这一切都暗示着，德国不会去打徒劳无功的战役。然而，这一理论也包括了在有利时机出现时，积极使用军队的选项。为执行具体任务，领导人有必要在部委指挥级别上，让海军和陆军之间建立紧密的作战协调，并与外交办公室密切协作。[89] 原先那个基于豪情和乌托邦精神的战役计划，被政治领导人下令修改为一个现实的防御战略：

> 我们首先要从所有审议中消灭的，是我们或许能够与法国作战的想法。从军事角度上说，我们在可见的未来中都将处于劣势，任何对法作

战的尝试无异于加速自杀。在东线，情况则有所不同。在那里，我察觉到，我们或许能在可预见的未来，如愿达到足以让我们保卫疆界的军备能力水平。[90]

在格勒纳看来，主导部队局未来工作的，应该是实际的工作情况，而非不现实的纸上谈兵和兵棋推演。格勒纳引述科尔凡蒂案（Fall KORFANTY）作为对抗游击队的例子，并把毕苏斯基案（Fall PILSUDSKI）作为对抗波兰正规军的例子。格勒纳和其部长事务办公室主任库尔特·冯·施莱希尔将军（Kurt von Schleicher）的理念，在魏玛国防军领导层内部遇到了抵抗。格勒纳试图通过对人事管理政策的熟练操纵来削弱领导层。[91]

那些年间，从外交官的角度出发，陆军领导层和外交部的协作，是令人满意的。他们甚至让士兵们对局势有了清醒的评估，并脱离了过去的浪漫主义。[92]但外交部的判断至少在个别层面上是错误的。格勒纳和施莱希尔关于将魏玛国防军作为整体安全政策工具的想法，仅适用于部分场合，且几乎没有与魏玛国防军的领导人产生共鸣。和施蒂尔普纳格尔的人民战争学说一样，新思想仅仅是德国战役思想发展中的插曲。军队还未做好准备接受任何来自现实主义、对他们执行作战产生影响的政治因素，以及随之而来的对他们权力的部分削减。在可预见的未来，他们不会放弃解除凡尔赛条约限制的想法，并借此恢复德国的实力，恢复其大国地位。

尽管格勒纳排除了大规模战争的做法，部队局继续进行战争培养却意味着大规模进攻或反击战役的想法依然没有被放弃，德军常在其兵棋推演中训练这些场景。然而，那些演练，更多是用于军官的战役层面训练，而非着眼于解决实际问题。才刚刚开始取得一些影响力的政治—军事上的现实主义，在20世纪30年代初期再次式微。训练和演习仍旧基于传统的战役指挥，而且部队局和军官团参加部队局考察旅行的方式使其成了唯一可行的方法。进行过的兵棋推演从未反映当前政治局势或魏玛国防军的人力和装备情况，而只体现了军队高级领导人和特定指挥人员在战役层面上的想法。这一点至关重要，因为参加兵棋推演人员的名单，就是第二次世界大战的将领名录。值得注意的是，哈默施泰因–埃克沃德在1930年部队局考察旅行的最后讨论环节所说的第一句话，就给这一计划定下了基调："今年部队局考察旅行的目的是演练决定性战役。因此，当构想最初情况时，它并非基于实际的力量比或今日的政治局势——只有存在的边境是真实的，为的是有一个明确的演习区域。"[93]

在未详细探究每一场演习的情况下，针对其的研究重要的是要注意到它们都是在传统战役思想的框架内进行的。[94]领导人的解决方案总是在成功推迟防御性战斗后，将攻击或反击置于敌军开阔的侧翼。这强调的是通过自己的作战创造包围的机会，并对其加以利用。这意味着己方将故意承担高风险，以求通过集中所有兵力，将劣势转变为局部优势。德军标准的解决方案往往基于快速移动、有力打击、包围作战，还有明确的兵力集中。迟滞作战只会在战役一开始的时候执行，在这之后，则要有意识地直捣敌军侧翼执行反击。兵棋推演不断演练着区域和时间之间的联系、在不确定性中执行快速决策的勇气、快速的调遣，以及指挥与控制。

正如哈默施泰因解释的那样，兵棋推演服务于战役思想的发展，因此不需要基于正式的政治局势展开。德军是为了未来而进行训练，而这也证明了魏玛国防军的领导层依然致力于传统的战役思想。而这还是基于施利芬的学说，即弱势方只有通过快速进攻，随后发动歼灭战，才能削弱敌人的能力，从而赢得战争。根据1933年部队局考察旅行的最终讨论："弱势方绝不能放弃摧毁敌人的想法。对他们而言，这是唯一的出路。作战方必须努力的方向不是英雄式的防守，而是决定性的胜利，二者间的关系就和它们听起来的一样矛盾。"[95]

德国的条令规章与兵棋推演并行发展。陆军勤务手册第300条《作战指挥》基本由日后升任大将的路德维希·贝克起草，他后来成了陆军总参谋长。[96]发布于1933年的陆军勤务手册第300条《作战指挥》取代了早些时候的陆军勤务手册第487条《诸兵种合成部队的指挥和战斗》。和被它取代的《诸兵种合成部队的指挥和战斗》一样，《作战指挥》基于对未受限制的武装力量的军备、装备和人员强度的估算，着重于解决实际层面上的问题。人民的军队和职业军队将没有区别。由于战役和战术思想常常相互交织在一起，《作战指挥》和早些时候的《诸兵种合成部队的指挥和战斗》对德国战役思想的进一步发展所产生的影响不容低估。这一开创性条令中最重要的内容如下：

《作战指挥》的受众是那些被认为进入了高级指挥层的指挥官，以及统领独立编队的指挥官。根据《作战指挥》的内容，步兵师和骑兵师是能够独立执行战役任务的最小元素。

如上所述，《作战指挥》并非全新的发明，它在许多方面是基于《诸兵种合成部队的指挥和战斗》而形成的。因此，《作战指挥》明确强调了诸兵种合同战术对运动战的重要性。不过，《作战指挥》丝毫没有重视阵地战。连同"迟滞作战"（hinhaltender Widerstand）这一战役形式一起，"防御"（Verteidigung）也被归入"防御的"（Abwehr）这一术语之下。总而言之，比起从前的学说出版物，《作战指挥》对"防御的"所做的贡献更为重要。因此，德国的战争适应了国家的军事现实，变得更加以防守为导向。[97] 然而，要说这是对防御单方面的强调，甚至改变了进攻与防御之间关系的优先顺序，则是在夸大其词。

《诸兵种合成部队的指挥和战斗》关于作战车辆的功效以及骑兵未来的讨论在一定程度上是模棱两可的。另一方面，《作战指挥》则更为准确地阐述了机动车辆的影响。尽管手册远没有达到赋予坦克战役重要性的程度，但它确实表示："用其他兵种进行的战斗必须跟随在其进攻区域的作战车辆之后。"[98] 这句话首次将作战车辆从对步兵的依赖中解放出来，这种依赖可以追溯到第一次世界大战时期的思想。尽管如此，步兵依然是主力军。与诸兵种合同作战相关的目标是在进攻期间对敌人造成足够的打击力量和火力，以寻求决胜。坦克和空军继续承担在执行运动战时支援步兵的任务。

《作战指挥》没有回答坦克是应该作为伴随步兵的、缓慢而沉重的武器，还是应该作为快速机动的独立编队中的主要武器系统而存在这一问题。[99]20世纪30年代后期，该问题将成为德国军队摩托化之辩的催化剂。

按照传统的德国战役思想，贝克在《作战指挥》中的第一句话就假定，军事领导依据的是知识、练习和直觉："战争是一门艺术，一种建立在科学原则之上的自由创作行为。"[100] 即便没有滥用施利芬关于"撒母耳的一滴膏油"的评价，① 贝克也强调，一名高级指挥官，必须有着超越理性思考的、与生俱来的能力——一种能够通过直觉把握局势，并通过"情感上的坚定意志力"主宰战

---

① 译者注：此处为一种名为"膏立"的希伯来宗教仪式：将膏油涂在他人身上，被膏立的人，是被神选定的。此处的意思是，施利芬认为高级指挥官是天选奇才。

争的天才特性。[101] 然而，从逻辑上说，这样的能力无法在书面规则中做出界定。

合乎情理地看，第二次为高级指挥编写条令的努力从一开始就埋下了半途而废的种子。手册《高级作战指挥》（Die höhere Truppenführung）本该在 1931 年作为《作战指挥》的补充材料发行，但保罗·许曼少将（退役）在 1930 年 9 月提交了名为 "关于战争和作战指挥的思考"（Gedanken über Krieg- und Truppenführung）的初稿。正如他指出的那样，它的基础是 "高阶军事领导的基本原则" 和希尔早前的草稿。许曼逐字照搬了希尔文章的手稿，其完全体现了施利芬的精神。进攻、突袭、包围、集中兵力，特别是兵力调遣，被视为关注的重点。反之，关于防守的篇幅则颇为不足。许曼认为装甲部队是一种有效的打击力量。可是，尽管它们有独立投入战役的潜力，他还是觉得它们的功能在于支援步兵达成突破。

另一方面，许曼将运动战中的重要职能归因于骑兵。结合其他兵种，它甚至是影响战果的决定性要素——按照许曼的说法，战果是所有战役的目标。他认为空军有一些影响力，但他就这种 "影响力" 所做的讨论只占了不到半页纸的篇幅。部队局批评许曼固守 "自从克劳塞维茨、毛奇和施利芬以来一脉相承的老旧条令，只是把这些老旧条令美化包装一番"。与此同时，陆军训练部主任委派的专家沃尔特·冯·布劳希奇少将（Walther von Brauchitsch，后来的元帅），则表示指令需要变得 "更施利芬" 一些。[102] 然而，部队局顶多只是将许曼的草稿视为未来学术教条的一处灵感来源。

那份未来文件未能落笔定稿，原因在于 1935 年，作为部队局局长的贝克发布了临时命令，停止了为高阶军事指挥撰写教条规章的工作。除了许曼的初稿所招致的批评外，另一个引发这一决定的关键因素是部队局确信应该通过兵棋推演和领导人考察旅行来持续推进战役指挥训练。以下见解是决定性的："著名的膏油装不进瓶子中，作为总司令的品质同样写不进法规里。"[103]

大规模军队和进攻军队

当纳粹在 1933 年掌权时，格勒纳计划中的重建大规模军队就已经在筹划中了。与此同时，德国思想开始缓慢地转向攻击，再加上意志和士气等因素的复兴，其时常与纳粹的理念同步。[104] 总体战的理论在文献中被反复提及，这一理论早在魏玛国防军的时代就做出了假设，后来在第二次世界大战前被德国国防军吸收。[105] 然而，那种理论既非决定性的，也未被关于 20 世纪 20 年代和 30 年代战役思想的关键来源证实。在德国，关于战争不断增加的全面性讨论，始于鲁登道夫《总体战》（Der totale Krieg）一书的出版，它实实在在地影响了希特勒的战争理念。然而，它并没有在很大程度上影响战役思想，因为这种理念在军事上谈不上有什么创新。[106] 因此，卡尔·林内巴赫（Karl Linnebach）在其关于歼灭战的研究中推断，战争的政治目标在于"摧毁敌方的国家，甚至在必要的时候，消灭敌方的人民"。[107] 然而，这些并非战争的战役要求，而是政治要求。第二次世界大战开始时，德国军官基本上将全面战争与全国性的极权主义理念，和战争经济的战略准备结合在了一起[108]，而不是遵循纳粹教条倡导的意识形态战争[109]，这与战役思想之间压根没有任何联系，军队领导人是在沿着德皇时期传承下来的经典思路进行思考。虽然军事批评家将战争日益增长的全面性和无限性作为既成事实加以接受，但他们同样将其视为一个与人民战争有关的问题做出讨论。这种战争类型直到 20 世纪 20 年代，才被施蒂尔普纳格尔有限地引入部队局的战役思想中。即使在施蒂尔普纳格尔的理念中，战争的胜利归根结底不是人民战争的功劳，而是发动歼灭战的正规军的作战成果。在希特勒掌权之后开始的军备建设，恰巧迎合了国防军的领导人，也在一定程度上符合了他们以及希特勒本人的目标，并被用于在最初防御阶段或是后续的进攻阶段达成歼灭战的目的中。军队的领导人丝毫没有预见到希特勒会对战役产生影响，更别提希特勒个人在战役中施加的政治至上元素了。与双支柱模型相对应，战役是且依然是总参谋部军官的业务范畴。军队和军事领导人的想法是，他们在战场上保持对战争的控制，而希特勒及政党则保障后方对战争的支持。

1933 年 10 月被任命为部队局局长的贝克，指导了德军的军备扩张。这一扩张依据的，是一种可以追溯到 19 世纪的威胁感，这一威胁感被德国在第一次世界大战中失败造成的创伤所加剧。这种"恐惧情结"，正如克劳斯－尤尔根·穆勒所命名的那样，在贝克的评估中有所体现："我们的军事局势要求我们迅速改变我国完全没有防御能力的姿态。我们发起的进攻必须给邻国带去风险。"[110] 新的政治领袖和将领们也赞成恢复德国大国地位的修正主义政策。将军们将这种地位基本等同于军事强度。

贝克，一名"传统军事精英控制下的征兵制军队的倡导者"[111]，将魏玛国防军视为未来国防军的核心。他拒绝了带有政治—意识形态倾向的人民军队理念和民兵力量理念。基于魏玛国防军时代的计划[112]，贝克的"十二月计划"[113] 构思了一支由 21 个师组成，总人数为 30 万的常备军。[114] 这支应急军队（Risko-Heer）能够在多个前线成功执行可能出现的防御战，这将遏制潜在的敌人，还能确保军备扩张继续进行。[115] 在战争时期，军队将拓展到 67 个师，其中包括 1 支摩托化轻型师、1 支装甲部队、1 个军级支援部队。在希特勒的批准下，部队的扩张按照贝克的"十二月计划"开始了。

德军的扩军计划受到外交政策、国内政策和战役要素影响。在外交政策领域，德国军备扩张项目旨在警示其他欧洲大国，哪怕这种扩张在 1933 年至 1934 年间，只具备防御性质，仅用于保卫德国领土。[116] 在国内政策范畴，新国防军的建立是军官团队的任务，而不是纳粹党的准军事组织冲锋队（Sturmabteilungen——the SA）的任务。[117] 因此，征募军队的指挥，还是落在了旧军事精英头上，这保护了其如今已经过时的、国家唯一武装机构的角色。从战役视角看，将民兵和边防军替换为施蒂尔普纳格尔倡导的两极国防军模式的决定，是一项有利于传统战役学说的决定。这一决定在反对大规模军事力量的同时，也反对了泽克特所推行的精英军事力量。部队局并不认同只有少数精锐部队才能实现战役指挥的泽克特理念。尽管总体上是防御色彩，贝克"十二月计划"中的机动轻型部队和装甲编队，依然是第一阶段军备扩张带来的进攻性军事力量的核心。此外，贝克早在 1934 年底，就凭借建立机动部队监察机构，实验装甲部队和成立装甲兵的命令，为机动战役的展开奠定了基础。

1935 年 3 月 16 日再次引入的整体征兵，为能执行决定性进攻战的部队从防御转向进攻的提速提供了人手。[118] 下一阶段的扩张始于 1935 年秋季，总参谋部（部队局在 1935 年 7 月 1 日被重新改组为总参谋部）的一纸提案之后。其目标是一支由 36 个师组成的和平时期的军队，在战时它将扩展至 73 个师。在 1940—1942 年达到预期的 140 万的最终兵力后，军队将几乎拥有和德皇时期同等规模的兵力。这种加速扩张与希特勒的战争计划完全同步，但它打破了强制的，以数量为中心的扩张和缓慢、持续、以质量为中心的扩张之间的平衡。由于战略资源的不足，德国只能进行快速且重数量的扩张，同时缺乏后备兵力和稳定的供给，或者缓慢的，重质量的扩张。

这一问题，引发了倡导强制、重数量的军备扩张的贝克治下总参谋部，和倡导持续性军备扩张的弗里德里希·弗罗姆（Friedrich Fromm）大将治下陆军总办公室（Allgemeinen Heeresamt）之间巨大的分歧。贝克治下的总参谋部最终在冲突中获胜。重视数量的决策与总参谋部的思想完全相符，正如施利芬时代一样，由于帝国的资源短缺和国家内部稳定的不确定性，这种思想有避免长期战争的诉求。总参谋部想要通过运动战赢得一场短期战争。[119] 在他们的预期中将要发生的，绝非另一场旷日持久的"消耗性世界大战"，而是一场以在德国边境地点发生的一系列快速而成功的进攻为特征的欧洲大陆战争。为此，加强德国进攻力量成了军队的主要关注点。

因此，贝克为军队配备了一场能够在克服凡尔赛制裁所造成的弱点后进行的潜在两线进攻作战。根据第一次世界大战的经验，弗罗姆并不相信机动性进攻战的效用。他对缺乏有效步兵支援的脆弱的高科技矛头提出了担忧。出于财务和经济上的理由，他批评了在他看来将会让德国资源不堪重负的军备的加速扩张。然而，弗罗姆并不能压过贝克的声音。因此，到了 20 世纪 30 年代中期，负责重整军备的，不是陆军总办公室主任，而是总参谋部的总参谋长。这是一个始于施利芬时代的变化。抛却所有与摩托化和装甲部队建立有关的需求，国防军本质上仍然是一支步兵部队。到了计划军备扩张结束的 1940—1941 动员年，德军应当有 3 个装甲师和 3 个轻型机动师。但它还将配备 72 个步兵师，他们的机动力和第一次世界大战时一样，由步兵的步伐和马拉火炮的行军速度来决定。

度过克服了军备扩张弱点的头几年后，总参谋部对未来战争的看法是什么？和德皇时代一样，它认为战争发动主要是陆军而非海军的任务。新成立的德国空军将支援陆军。即使一些军官坚信空军将扮演战役上的重要角色，大多数军官的意见仍然是，空军的首要任务是在达成空中优势后，在战场上支援陆军。[120] 空军整体上是沿着这些路线发展的。除了最初一度考虑组织远程航空兵，20 世纪 30 年代中期，空军已经整合成一支具备高效率和进攻性的中距离空中对陆支援力量。尽管空军应当要有能力执行自己独立的空中战役，它的主要目标还是在地面战斗中支援陆军。根据霍斯特·博格（Horst Boog）的说法，"战役"这一术语对德国空军而言，有着不同的含义。[121] 撇开将空军作为中央支援部队的构想，德国空军的领导人还认为，对敌人重心发动的战争在本质上也是战役层面的。

到了 20 世纪 30 年代中期，运动战的核心元素被定义为突破和突袭，以及兵力的集中和包围。[122] 协调各兵团以达成包围，成了一个不仅出现在总参谋部层面，也出现在那个时期的军事周刊上的议题。瓦尔德迈尔·爱尔福特公开支持包围[123]，M. 路德维希[124] 和 L. 林德曼[125] 则对决定性的包围战持怀疑态度。在辩论中悬而未决的问题是，突破是否是包围的前提条件，以及一次战术级别突破如何能够被强制用作战役级别突破。许多批评者认为突破是独立于包围的，而不是一场连续战役中的明确阶段。与此同时，空军声称，从此以后，在运动战中的进攻只会在空中支援下进行，因为德国空军本身就能够通过垂直包围对敌人展开攻击。[126]

尽管许多档案在第二次世界大战中遗失，但一些残存的史料仍能够让我们重建 20 世纪 30 年代中期总参谋部的战争理念。德国需要一支基于普遍义务兵役制的大规模军队，以推进其大国地位的主张，这在参谋部内部达成了一致意见。基于小型且技术精密的专业部队而制定的"像闪电一样"的泽克特战役理念，因被认定在任何情况下都不理性且不现实而被抛弃。正如格哈德·马茨基（Gerhard Matzky）于 1935 年在总参学院做的一次讲座中所说，在上次大战中要对德国的失败负责的，并非大规模部队本身，而是无法塑造和指挥这支大规模部队的糟糕的领导人。[127] 这与多年来将（战役失败的）责任归咎于个人的流行做法一致。马茨基认为，要取得战争的胜利，就要提高战役指挥和机动手段的应用水平。合乎情理地，装甲车辆和飞机的引入对战争而言是必需的。马茨基尤其强调空中优势，认为它是未来战争中的决定性因素和关键目标。[128]

人们一致认为，未来战争必须要快速而果断。因此，以快速歼灭战为方向的、针对地方领土的快速进攻是一个基本的目标，尽管在这一时期，防御被赋予的作用比第一次世界大战前的时期大得多。"外国视野中的未来战争"（Der künftige Krieg nach den Ansichten des Auslandes）[129] 这项研究是军事总局外国部队处处长卡尔－海因里希·冯·施蒂尔普纳格尔上校为陆军司令部部长所做的，施蒂尔普纳格尔是贝克的亲密同事。从研究中，我们可以深入了解部队局执行作战的理念，以及它如何尝试着为其军备扩张计划赢得支持。打从一开始，施蒂尔普纳格尔就回应了贝克关于高优先度的军备扩张的观点，后者认为这能够使德国赶在敌人升级其军备产业之前，就获得进行初步战役的能力。"对于原材料供应有限，战时工业无法快速发展的国家而言，进行这种战争的冲动尤为强烈。一次坚定的初步进攻作战将会很轻易地危及敌人颇为脆弱的边境安全……因此，这种解决方案被一致认为是德国寻求的现代战争类型。"[130]

进攻是通过刺入敌人的后方和侧翼进行的。包抄侧后的方式将优先于能成功形成战役包围的正面突破进行。兵力的集中和突袭被强调为战役的核心要素，它们被战场和空中的机动化放大。在部署期间的战斗态势应该有助于落实快速且具有情境特殊性的重新组合。有人认为，用大规模部队进行运动战是有可能的，但它只有通过高质量的特别部队（Sonderverbänden）才能达成，而施蒂尔普纳格尔却将所有摩托化部队囊括其中。[131] 未来战争的主心骨，不是小型的高质量军队，而是现代化的大型军队，不过这些军队首先得有足够强的机动性。施蒂尔普纳格尔在传统德国战役思想上更进一步。对他而言，战役行动的首要目标不再是歼灭敌军，而是歼灭敌人的重心和"摧毁敌人的人民"。[132] 然而，"歼灭"这一词汇，并非指的是它的物理意义，而是指消除人民群众发动战争的能力。

对这些快速编队的战役指挥，也是威利·施内肯布格尔中校 1936 年 2 月在总参学院所做的一次演讲的主题。[133] 他将高度机动的编队视为在内线执行德国式战争不可或缺的手段。他认为，这样的部队与德国空军一起，能够达成快速的兵力集中，从而开展决定性的战斗行动。按照施内肯布格尔的说法，战役中最重要的因素是"惊奇、速度、对新成型防线的无情突破或包围、战斗车辆在深入敌军侧翼和后方的大量使用、补给的快速前移移，以及与优势空中力量的协调"。[134]

三位军官一致提倡回归到大规模军队中。与此同时，他们强调了德国空军，尤其是空军的机动单位在执行机动作战时的重要性。然而，在机动编队，特别是对未来装甲部队的具体使用上，军官们则存在分歧。

坦克是该用于支援步兵还是在战役层面集中使用？多年来，陆军的军官团队一直就这一问题激辩不休。那场辩论蔓延到了当时的媒体中。如今的专业文献用一种颇不圆满的方式，将古德里安和贝克分别作为推动和反对在战役层面集中使用坦克的代表，与那场辩论联系起来。在进一步探究那场成为传说源头的争端之前，我们有必要简要介绍下知情的公共部门中关于坦克使用的讨论。

伯恩哈迪在第一次世界大战结束短短数年后，就对坦克在未来运动战中的重要性做了讨论。[135] 因为魏玛国防军被禁止拥有坦克，那一时期的德国军事周刊满怀热情地报道了英法两国对于坦克的看法：法国将坦克视作步兵的补充性武器，因此更喜欢装甲厚重但机动性差的坦克；而英国则中意轻型、大小适中的坦克，并将其组成独立的部队。[136] 关于坦克对于运动战的重要性的讨论，最早出现在古德里安在1927年的一篇题为"机动部队要素"（Bewegliche Truppenkörper）的文章中。关于英国的立场，古德里安认为，第一次世界大战已经说明步兵和骑兵在现代防御性武器的火力面前缺乏足够的进攻能力，因此无法达成快速的决战。然而，这样的决战却能通过坦克和飞机的组合达成，古德里安因此青睐得到空军支援，独立展开使用的坦克部队。正如古德里安所写：

> 在所有人记忆中，机动性过去从未像如今这个内燃引擎和收音机时代这样，显得如此有潜力。技术进步实际上迫使士兵们接受这些事物。因此，我们绝不能认定阵地战将成为未来战斗的风格。相反，我们将尽我们所能，用机动性弥补在人数和军队装备上的差距。我们必须试着深入了解运动战的秘密，不仅仅要在通常情况下，还要在不同寻常的运动战中——即手段出人意料的战争，能充分利用我们所处时代丰富的技术工具。[137]

在国防军拥有自己坦克之前的几年，古德里安用这些话解释了坦克为速战速决的战役学说提供的潜力。坦克会解决"一战"中战役机动性不足的问题吗？在未来通过坦克可以实现现在仍被视为正确的运动战学说吗？接下来几年中，几乎每一个处理这一问题的官员，都对此做出了肯定的答复。但激烈的辩论依然在继续，其内容围绕着坦克是应用于步兵支援，还是作为独立的战役兵团执行战役这一基本问题。

陆军总办公室主任弗罗姆赞成将坦克部队用于加强传统步兵。他坚信坦克能够在极大程度上支援步兵楔入敌方防御体系。对弗罗姆而言，装甲兵同炮兵类似，本质就是用于有限反击的步兵支援武器。[138] 弗罗姆的观点也得到了其他人的认同。陆军总参谋部的组织处（Organisationsabteilung）也坚信，步兵应当是未来战争的主要力量，而且装甲部队只是一种权宜之计，只有在特定场合下使用，才能使战斗分出胜负。[139] 乔治·索尔丹也赞同在战术层面上用坦克配合步兵。虽然他赞成其与步兵的协作，但他也觉得，在战役层面上使用坦克是不符合常理的。因此，索尔丹认为，在战役层面上让其他兵种配合坦克，是错误的。[140]

诸如古德里安、瓦尔特·内林（Walther Nehring，后来成为一名装甲兵上将），以及瓦尔特·斯潘内克雷布斯（Walter Spannenkrebs，后来成为一名少将）等其他军官，都推崇坦克的战役式使用。他们基于对外国军队的观察、从战争中得出的经验，以及自己的想法，得出了一套关于在战役层面集中使用坦克的战术战役理念。[141] 这一理念的基础，是德国人在"一战"中早已制定并成功践行的突击队和战团战术。[142] 这种战术的基本元素是"速度"和"突然性"，这符合德国传统的战役思想。[143] 坦克不会被分散部署；相反，当大量坦克集中投入战术级攻击时，它们能够导向战役级决胜。装甲部队将在德国空军、工兵、摩托化步兵和炮兵的支援下进行突破。由于其本身在诸兵种合同作战下的进攻能力，装甲部队得以独立于步兵那更为迟缓的进攻节奏展开战役。要取得成功，集中的兵力、合适的地形、达成突然性以及在足够的纵深和战线宽度上投入大量兵力，这几者缺一不可。坦克攻击的首要目标是敌人的反坦克防御阵地、炮兵、预备队以及战役全纵深的指挥与控制中心。在成功突破之后，装甲师将组成装甲军，朝着敌人的侧翼和后方进军，并执行包围作战以达成战役胜利。[144] 正如内林对在战役层面上集中使用坦克的前景所做的推测："与强大的空军一起，快速装甲部队将成为有效的战争武器。因此，这样的部队可以被用于执行独立的战役任务。"[145]

然而，坦克在战役使用上的发展，并非古德里安基于巴西尔·利德尔·哈特（Basil Liddell Hart）影响而做出的独创。[146] 相反，它是一个包含了众多军官想法的团体产物[147]，这与数十年来关于德国装甲部队的文献中的记载不同。[148]
奥地利将军路德维希·李特尔·冯·艾曼斯贝格尔值得被特别提及。在其未发
表的书中，他是最早假定将装甲部队用于战役的人之一，其将坦克在未来的用
途总结如下：

> 我的理论，是以在战役层面把坦克作为主要武器为基础的。尽管坦
> 克是主武器，装甲师却是一种由所有武器组成的新战役兵团。对战役级
> 突破而言，摩托化师将与装甲师协作，粉碎敌对坦克防御。我的书即是
> 在提倡坦克和飞机之间的紧密协作。[149]

艾曼斯贝格尔的手稿大大影响了古德里安关于坦克的战役使用的理念。[150]
虽然詹姆斯·科拉姆（James Corum）承认古德里安对坦克运用学说的发展产

卡尔-海因里希·冯·施蒂尔普纳格尔将军
德国联邦档案馆 /183-R63893

1937年梅克伦堡演习中的德国陆军总司令维尔
纳·冯·弗里奇男爵大将与陆军总参谋部总参谋长路
德维希·贝克将军
拍摄者：奥斯卡·特勒曼
德国联邦档案馆 /136-B3516

生了极大影响，但他也注意到后者和鲁登道夫一样，是一个完全的利己主义者和自我推销者。"如果古德里安是一个谦虚的人，并且从未写就关于他本人的一言一语，他或许会作为一名出色的将军、一个一流的战术家，以及一名在最初一批装甲师的建立和发展中扮演了核心角色的人而名留青史。但古德里安远谈不上谦虚。"[151]

古德里安反复声称，他必须迫使总参谋部内以贝克为主的传统主义集团，接受在战役层面使用坦克，但这种说法得不到目前研究的更多支持。[152] 在其最近关于贝克的研究中，克劳斯－尤尔根·穆勒一劳永逸地驳斥了贝克未意识到战役级装甲部队的重要性，从而原则上反对建立装甲兵的说法。[153] 穆勒解释道，贝克和古德里安之间的摩擦，在于军事领导层本身的分歧，以及两位军官之间深深的个人恩怨。根据穆勒的说法，贝克在他的备忘录中要求了比古德里安更多的坦克，且一直对在战役层面使用坦克持开放态度。毕竟，贝克已经为加速建设有进攻能力的军队奋斗多年，这种建设的核心应当是一支强大的、可以承担战役层面任务的装甲部队。贝克并不支持过早建立古德里安倡导的纯坦克装甲师。相反，贝克支持他的副参谋长——后来成为元帅的埃里希·冯·曼施泰因少将的看法，后者推崇的方案是建立诸兵种合成的装甲部队和摩托化部队。[154] 回顾1935年的部队局考察旅行，贝克明确批评了对装甲部队的错误使用。他赞成组建能够配合部队、在攻势第一阶段投入的装甲师。与此同时，贝克在他最后的总结中强调，装甲师的高价值体现在"对侧翼和后方的包围中，他们的任务是利用已经取得的成功，也就是将楔入转化为突破"。[155]

尽管如此，时间的推移还是让贝克越来越倾向于建立现代化的装甲师。因此，1936年，贝克作为"多功能、灵活分支结构"的拥趸，合乎逻辑地断然拒绝了总参谋部将坦克作为步兵辅助武器的想法，转而推动建立包含48台坦克的营。[156] 对机动性的要求也影响了坦克的整体设计参数。因此，和法国相反，德国研发的坦克是快速的、轻型的。[157] 尽管时代变迁、技术进步，但德国军事思想中的一个恒定因素依然未曾改变：坚信决定战争最终结果的不是技术，而是心理和士气因素，且心理和士气因素极有可能让德国在人力物力居于劣势的情况下获得胜利。[158]

弗罗姆的批评，只是众多批评声浪之一，他们反对采取一种夸张的、单方面的进攻态势，而忽略战争的防御层面，犯下和 1914 年之前的德军同样的错误。军官团队丝毫没有就战役问题达成一致。炮兵上将（后来的元帅）威廉·李特尔·冯·利布（Wilhelm Ritter von Leeb）警告不要采用过度教条化的进攻理念。这一争议在《军事科学评论》上得到了充分讨论，随着贝克禁止这本期刊进一步登载古德里安的贡献，这场讨论在 1936 年达到高潮。[159] 这给了利布在一系列个人文章中阐述其想法的机会，这些文章后来集结成《论防守》（Die Abwehr）一书出版。[160] 利布认为，因为帝国的地理位置和它相较于潜在敌人的劣势，防御是一种重要且十分有价值的战争手段。他继续论证了防御的重要性，其自从大战以来，获得了戏剧性的增长，而且武器效果的提升为战斗的成功进行开辟了新的战役和战术机遇。虽然单靠防御无法在绝对战争中取得胜利[161]，但它却通过迟滞作战，加上内线的优势，让集中兵力成为可能，而这正是达成胜利的前提。为了确保本身的机动性，利布提倡要有注重纵深的防御区域。迟滞战术将用于最初的战斗。利布也十分重视反坦克防御的纵深。反击将由摩托化预备队和坦克进行。

通过整合坦克，利布拓展了第一次世界大战的机动防御理念。在深度防守区域的延迟和防守的组合，是他对快速装甲编队的攻击的回应。尽管利布认为进攻相比于防御，更贴合士兵的天性，他的论证最后还是变成了警告："防御不应像在"一战"前那样被推向幕后，而是应当作为我们对政治和军事局势的反应，并在对领导人和部队的训练与教育中，被给予足够的重要性。"[162]

当时的人们对利布的呼吁置若罔闻。通过快速进攻赢得战争的传统观念占了上风。任何对这一观念的质疑都将受到最高领导层的压迫。因此，陆军总司令维尔纳·冯·弗里奇大将，在第三版施利芬《论坎尼》的导言中写道："今天，人们普遍认为，歼灭理念本身没错，它失败的原因，在其执行过程中缺乏足够的手段。"[163]

因此，德国的战役理念依然没有发生变化。唯一改变了的，是德军在战术—战役层面的执行。机动化使其成为可能。在第一次世界大战中被切分开的两大进攻要素——火力和机动，如今在坦克上实现了融合，这提供了通过快速的决定性战役打破阵地战僵局的手段。坦克正是第一次世界大战中缺失的运动战要素。

计划、兵棋推演，以及研究

当魏玛国防军被希特勒改名为德国国防军时，战役计划也随之更改。军队的目标不再是防御敌人的进攻或者在有利时机使用武力；反之，国防军的目标是进行大陆上的多战线战争。1935—1937 年，整体经济危机爆发，外交政策发生改变，此二者都是有意识的军事扩张引起的。也正是在那一时期，军队的战役计划最终走到了其发展的关键性阶段。从逻辑上讲，这些计划都是以真实的政治条件为导向的。由于德国与波兰在 1934 年 1 月 26 日签订的互不侵犯条约，1934 年 1 月的国防军兵棋推演（Wehrmachtskriegsspiel）成了最后一次针对波兰和法国的两线作战威胁而做的演习。[164]

随着军队的扩张，总参谋部的预期水平由计划一场基于制裁的中欧战争，变为一次泛欧的、多战线的战争。现在，成为德国传统两线战役计划焦点的，不再是中东欧国家，而是法国与苏联两个大国。这是对 1935 年 5 月的苏联—法国—捷克联盟条约的反应。然而，尽管潜在的双线战争在兵棋推演和研究中得到演练，德军却尚未制订对苏联展开攻击或应对苏联进攻的具体计划。因此，在 1935 年 5 月，根据国防军办公室（Wehrmachtamt）的要求，总参谋部的外军处（Abteilung Fremde Heer）分析了对法国和苏联进行两线作战的情景，其中波兰将保持政治上的中立。外国部队处预计苏联人的进攻将通过捷克斯洛伐克或立陶宛和罗马尼亚发动。在同一年对类似情况的假设中，东普鲁士的第一军区（Wehrkreis I）将通过对立陶宛发动先发制人的攻击，以挫败苏联的进攻。受深深植根于传统的战役思想影响，参与作战演习的军官们把对速度和突袭，尤其是不宣而战的重视[165]，视作成功的标准。[166]

随着国防军的壮大，总参谋部的战役选项也相应地增多了。那些年间，进攻战役的可能性和长期战役计划都得到了拓展。在 1934 年的国防军兵棋推演中出现过的迟滞作战和后续反攻的使用不再受到重视。沿着所谓的鲁尔—莱茵—黑森林线，防御区域的中心转移到了西边，其目的在于确保具有战略重要性的军备生产地区并遏制敌人。自 1935 年以来，总参谋部还用兵棋推演和研究来计划系统性的军备扩展。其目标始终是在 1940—1941 年达到军力扩张的顶点。[167]

战争部长布伦堡在 1937 年 6 月 24 日发布的"国防军标准战争预备令"

（Weisung für die einheitliche Kriegsvorbereitung der Wehrmacht）中确定了未来几年的计划。由于西班牙内战、意大利在东非的不断扩张，以及日本对中国的持续侵略，此时欧洲主要大国的焦点，已经从中央转移到了边缘地区。这一转变给了德国更大的行动自由。布伦堡指出，无论如何，即使没有迫在眉睫的战争危险，即使德国不打算开战，为每一个意外事件做好准备，并在必要时利用政治上的有利局面，都是很重要的。

除了一些诸如"奥托方案"（Fall Otto，即入侵奥地利的计划）这样的特定案例，这一命令还描述了两个必须做好两线作战的情景。红色方案（Fall Rot）是在一端对抗法国，在另一端对抗捷克斯洛伐克和苏联的两线作战。在西线，法国的进攻将由机动部队沿着鲁尔—莱茵—黑森林一线进行阻挡。黄色方案（Fall Grün）基于和红色方案一样的场景，唯一的不同在于敌方联军即将发动的攻击将被对捷克斯洛伐克的突袭取代。其战役目标在于快速摧毁捷克的武装力量，以及占领波西米亚和摩拉维亚。而其战略目的则是通过攻占那些可用于攻击德国的空军基地，以尽早消除对西线战役后方的威胁。然而，需要特别强调的是，在发动任何攻击之前，必须确保政治和国际法相关的要求得到满足。

布伦堡的命令本身具有显而易见的攻击性。它讨论的不再是与自我防御相关的内容，而是关于一场国防军用进攻方式执行的潜在的多线战争。然而，它不是能与"施利芬计划"相提并论的总体规划。该命令打开了在东西两线开展战役计划的可能性。它所欠缺的，是在西线和东线发动进攻的战略—战役框架。因此，布伦堡的指令并非新版本的"施利芬计划"；相反，它是基于可供德国军事领导人支配的行动灵活性而设计的。西墙防线的建立，使得少量的部队就能够在此展开防守，然而，它也说明希特勒的主要兴趣在于对东线的进攻。

尽管法国被认为是未来战争的主要敌人，捷克斯洛伐克却被一再置于潜在的两线战役计划的中心地位。多年来，总参谋部将入侵捷克斯洛伐克作为欧洲中部冲突的一部分，为此起草了一系列研究和战役计划。1935年春，贝克将对捷克斯洛伐克的集中反攻视作两线作战中的一部分。其在之后提出的解决方式，阐述了如何赢得与捷克斯洛伐克的战争的不同看法。与贝克观点一致的曼施泰因，对德军的快速进攻作战在面对动员后的捷克大军时的前景表示怀疑。

让贝克懊恼的是，这次演习的其他参与者得出的结论是：快速而决定性的战役大有可为。[168]

这次特殊的总参谋部考察旅行表明，虽然重要军官间对战役思想有基本的共识，但他们对其成功前景和具体执行的评估却大相径庭。那些作战负责人彼此之间绝非铁板一块。

沿着边境的法国和德国防御工事网络完成，和 1938 年德国对奥地利的兼并（Anschluss），改变了德国和捷克斯洛伐克的战略局势。如今总参谋部需要预先应对的，不再是法国的突袭，而是法国在动员后从容不迫的进攻。总参谋部评估了法军穿过莱茵河并向捷克边境对德国西南部发动进攻的最大风险，而德军对此做出的反击计划是展开迟滞作战，继而通过在海尔布隆和韦斯特堡之间的某地区对法军侧翼发动主要战役反击，以摧毁入侵的法国军队。

根据布伦堡 1937 年的指令和该指令在冬天发布的修正案，贝克强化了对捷克斯洛伐克的战役计划。贝克的计划假定，战争只会发生在国防军做好万全作战准备，且德国能够避免它当时无力应对的过早出现的两线作战的情况下。按计划，1938 年的总参谋部考察旅行被用于模拟一段长达数月的时间段，且大部分是以书面练习进行的。贝克将其秘密命名为"包括军队展开在内的对捷克斯洛伐克的进攻战"（Führung eines Angriffskrieges gegen die Tschecho-slowakie einschliesslich Aufmarsch）。[169] 这一练习的情景以多线作战为基础。与作为盟友的匈牙利协同作战，以围歼形式发动对捷克军队的攻击，德军这些展开的部队顺理成章地自西方发起进攻。其战役目标是摧毁捷克武装力量，所有摩托化部队都投入到了这次战役中。[170] 德国空军的任务是打乱捷克军队的展开并支援德国军队。

和希特勒一样，尽管没有以一场大陆战争为代价，贝克也提倡一种"捷克问题的解决方案"。甚至在兵棋推演期间，贝克便开始根据吞并奥地利后的新局势，对捷克斯洛伐克的战役计划做出调整。当希特勒声称分裂捷克斯洛伐克是他"绝对的意志"，并在 1938 年 5 月 30 日对绿色方案的修订中下令准备军事行动时，贝克警告说，德国无法赢得一场长期战争。然而，与贝克的想法相左，兵棋推演的结果说明西线能够在得不到支援的情况下，抵挡法国的进攻超过 14 天，而且德国足以在此期间赢得与捷克斯洛伐克的战争。[171] 这一结果同样印证了陆军总司令和其他总参谋部军官的想法，即德国能够打赢一场双线战争。[172] 贝克并不认同这一评估，并且在发表了几篇包含他反对意见的备忘录后，于 1938 年 8 月 18 日宣告隐退。

1938 年的晚些时候，慕尼黑协定将苏台德地区和平并入大德意志。因此，在 1938 年夏天的两线作战中，国防军是否能够对捷克军队达成快速战役胜利的问题仍未得到解答。

在总参谋部推进其战役计划的同时，军队的指挥官们也加强了战役层面的训练，并全方位地推动了对总参谋部军官的训练。[173] 在第二次世界大战开始前的数年间，所有的研究、兵棋推演和战役计划都强调经典的战役思想，其形式是通过清晰的兵力集结和协调德国空军对陆军的支持，对优势敌人发动进攻。[174] 指挥官们所扮演的角色和战役指挥作为一门艺术的重要性被反复强调。在 1938 年总参谋部考察旅行对第六军的终盘讨论中，指挥官乔治·冯·索德思特恩少将对战役指挥做出了如下点评：

> 我正在谈论的是一门艺术，因为士兵们的的确确成了长距离战役的艺术家！只有少数人达到了艺术技巧的高度。通常他们承受着施利芬伯爵的困苦命运，而这也成为他们国民的命运。他们没能取得证明自己技巧的机会，因此不得不空守着巨大的智慧遗产，却将一切委托给弱者。那些人中几乎没有获得过总参谋部传统技术知识的人。少有人能像汉尼拔曾在迦太基做到的那样，用富有远见的目光，预测敌人的行动，并将敌人驱赶到由他们的包围之翼组成的铁桶阵中。他们就如同已故的冯·泽克特将军曾经说的，是知晓"不可为而为之"的人。[175]

第二次世界大战开战前数年，每个德国总参谋部军官都知道，尽管现代武器技术很重要，能决定战争胜负的，归根结底还是那些指挥者。

高级机构之争

第一次世界大战结束后不久，对战前、战中指挥结构不足的批评，与输掉战争的罪过被归咎到个人头上有关。尽管在魏玛共和国，魏玛国防军成了受凡尔赛条约限制的高级机构，但早在 20 世纪 20 年代，它就开始在有限的自由度下，考虑为了整个未来战争的军事力量，建立一个全面的指挥与控制机构，即国防军作战参谋部（Wehrmachtführungsstab）。[176]

格勒纳和库尔特·施莱希尔将军启动了建立国防军统一领导的过程。在希特勒掌权之后，这一过程在国防军总司令布伦堡手下得到了延续，他的目的是集中职能和权力。布伦堡发起的国防军兵棋推演也是出于同样的目的。因此，在 1934 年的国防军兵棋推演中，人们想到了战时高级政治和军事领导的权力。蓝军一方，负责操盘的是有着国防军参谋支持的国防军首脑。参谋团队中包括一个作战处，其任务是执行德国战争内阁决策和向海陆空三军的首脑发布相关战略指令。[177] 然而，陆军指挥并不认同那些想法。军队的领导层相信所有未来战争都将会是一场欧洲大陆的陆地战争，所以陆军领导人自然而然地应该负责战役计划以及整体战役的指挥与控制。因此，建立高级别指挥机构的斗争，不仅仅是为了保留总参谋部在德国武装部队内部的历史地位，还是一次贝克试图阻止政治干涉战役的尝试，他认为战役是总参谋部的专属领域。

总参谋部发现它一开始就在这场"多线冲突"中处于守势。将德国空军作为国防军的第三个独立分支，并将空中战役的指挥权移交给新成立的空军总参谋部的决定，使陆军总参谋部失去了对空军部队的直接指挥权，还稀释了它作为独一无二的"德国总参谋部"的存在感。迄今为止，陆军总参谋部在帝国军队结构中无可争议的领导地位，从一开始就受到了空军总司令赫尔曼·戈林（Hermann Göring）的挑战。与陆军总参谋部的军官们不同，戈林还是许多政府部门和纳粹德国工人党内的顶层官员。作为决策者的戈林，在战役事务上对陆军总参谋部地位的威胁源自他手头政治和军事权力的结合，以及他对权力的渴望。然而，这种威胁最初被低估了。陆军总参谋部的军官们是用传统的思考方式培养起来的，他们将自己视为唯一真正有资格制定和执行战役决策的人。尽管空军总参谋部的成员都是从陆军总参谋部招募的，但陆军总参谋部的军官们一开始还是低估了这个新成立的空军总参谋部，并从一个带着些许傲慢的角度俯视它。完全按照他们的大陆思想，陆军总参谋部的军官相信，空军仅仅是陆军的辅助武器。然而，空军总参谋部开始沿着国防军框架内独立兵种路线进行思考，这多少是受其空战战役学说的影响。而作为实用派精英的陆军总参谋部，还在继续关注战争的战役—战略层面。陆军总参谋部军官们仅在战略上接受了粗糙的训练——如果有的话。尽管如此，总参谋部内部的共识是，在任何情况下都不能将更多的权力转移给任何新成立的国防军领导部门。

当贝克将 20 世纪 30 年代的总参谋部和德皇时期的总参谋部相提并论时，他的想法可以说是大谬不然了。放弃凡尔赛条约后，陆军总参谋部的总参谋长并没有施利芬曾经拥有的权力。不论是在和平时期或者战争年代，他都没有指挥权。与他的前任相反，他不过是陆军总司令的主要顾问和助手，和国家首脑没有直接接触。然而，作为陆军总司令的副手，总参谋长由于其职能覆盖范围的广泛而在军事等级体系中占据显要地位。除了负责对总参谋部军官的教育和训练外，他还被授权处理所有陆地作战和国防相关的计划和准备工作。在总参谋部内部，作战部是最重要的存在。[178]

布伦堡 1935 年 5 月 2 日向总参谋部发出指令，要求对捷克斯洛伐克的突袭进行战役研究，这加剧了关于国防军的高级机构的争议。[179] 尽管布伦堡和国防军办公室［Wehrmachtamt，原陆军局（Ministeramt）①］确认了陆军对空军、海军的重要性，人们，尤其是贝克治下的陆军总参谋部，对国防军办公室的想法依然抱着极大的不信任。贝克一直拿陆军总参谋部与旧总参谋部进行比较，他不准备放弃对总参谋部原有的战役计划职能的管控。与老总参谋部相比尤是如此，因为如今的总参谋部必须要在陆军总司令的指挥下运作。

在随后几年撰写的一些备忘录中，贝克和陆军总司令，维尔纳·冯·弗里奇男爵大将，反对在布伦堡建立一个国防军中央领导机构的努力。在这一争端中，弗里奇于 1937 年呼吁"通过授予陆军总司令部处理所有相关提案的权力，建立一套关于全方位战役执行（Gesamtkriegführung）的全面协议"。[180] 贝克和弗里奇在阻止布伦堡成立国防军总参谋部并接管国防军演习的指挥与控制上取得了成功。他们还想方设法抵制布伦堡所建立的国防军学院，最终使其在 1938 年关闭。然而，他们无法推动他们的主要提议，即建立以陆军总司令为

---

① 审校者注："Ministeramt"在魏玛共和国时期相当于旧德国战争部的职权，笔者将其翻译为陆军局是沿用了戴耀先先生的翻译。

陆军总参谋部，1938年

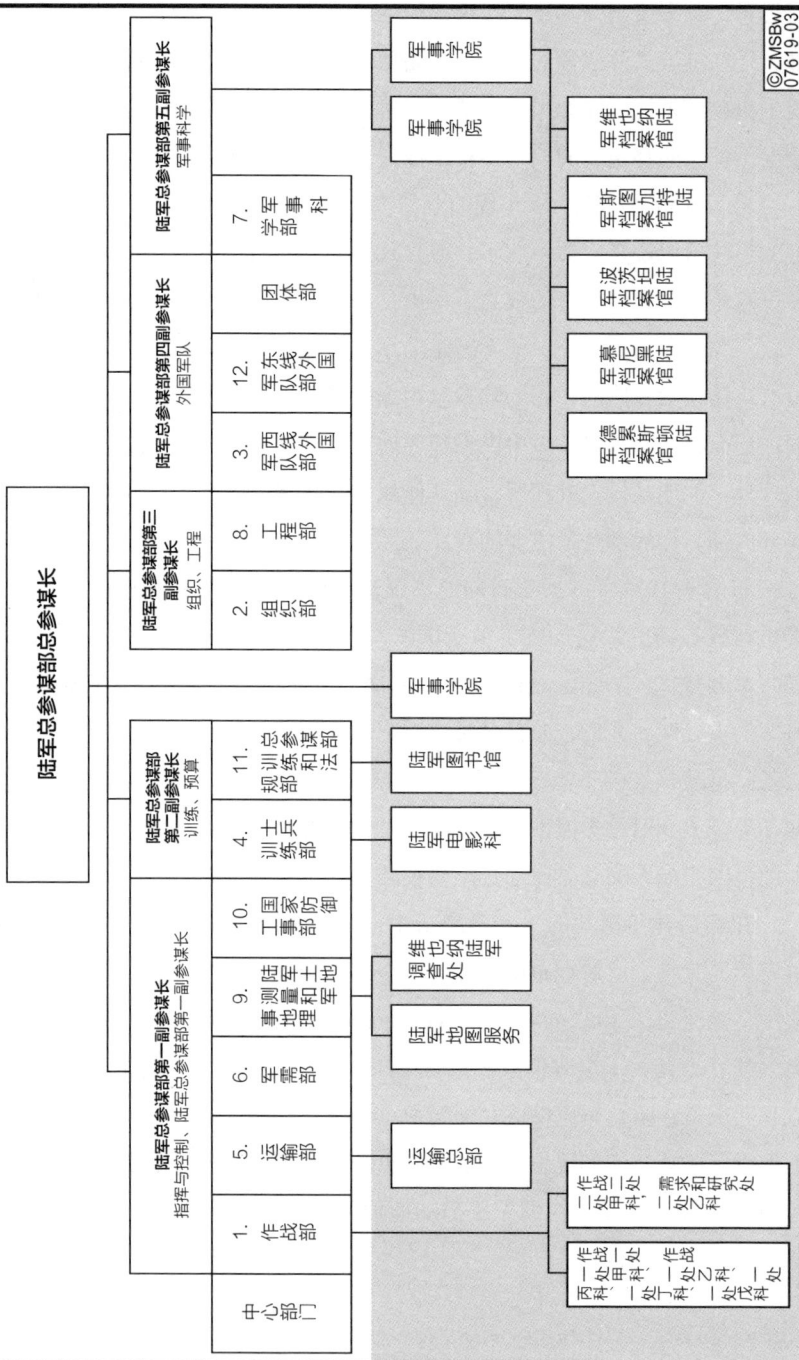

陆军总参谋部总参谋长

陆军总参谋部第五副参谋长
军事科学

7. 军事学部科

陆军总参谋部第四副参谋长
外国军队

12. 军东线部队外国
3. 军西线部队外国
团体部

陆军总参谋部第三副参谋长
组织，工程

8. 工程部
2. 组织部

陆军总参谋部第二副参谋长
训练，预算

11. 规划总部和练法参谋部
4. 训士兵练部

陆军总参谋部第一副参谋长
指挥与控制、陆军总参谋部第一副参谋长

10. 国家防御工事部
9. 军事测量和土地地理陆军部
6. 军需部
5. 运输部
1. 作战部

中心部门

军事学院
军事学院
军事学院

陆军图书馆
陆军电影科
调查处维也纳陆军
陆军地图服务
运输总部

军维也案纳馆陆
军斯图案加馆特陆
军波茨案坦馆陆
军慕尼案黑馆陆
军德累案斯顿馆陆

作战二处 需求和研究处
二处甲科 二处乙科

作战一处
丙一处甲科 丁一处乙科 戊一处

首席顾问，在整场战争的所有关键问题上出谋划策的机制。因此，国防部的国防军主任威廉·凯特尔将军（Wilhelm Keitel），在其1938年4月11日的备忘录"战争作为一个组织性问题（Die Kriegsführung als Problem der Organisation）"中，强调了陆军在进行具体战斗上对德国的大陆霸权的重要性。但是，凯特尔绝不会表现出支持陆军的首要地位。他认为，从敌对行动开始，任何一个国防军的分支都不应被赋予指挥与控制整体战争的权力。[181] 只有国防军高级指挥部（Oberkommando der Wehrmacht）才有权这样做。

乍看之下，高级机构问题和由此产生的战役控制和指挥问题，在希特勒直接指挥国防军并作为独裁者接过"帝国战争部和国防军总司令"之位时，就依照布伦堡的理想方案得到了解决。希特勒在1938年布伦堡因布伦堡－弗里奇事件被解职后，就立即做出了上述行动。当时，国防军失去了其有效独立性。国防部的职能被海陆空三军的高级指挥部以及国防军高级指挥部共同取代，这些机构都直接从属于希特勒。[182]

政权军权集于一人之手，这种集权甚至比德皇的帝国时期更为严重。有人经常在两次世界大战之间反复提及这样的权力集中，念叨着德国将重回腓特烈大帝时代。然而，新的结果却依然不足以应对快速增长的现代战争任务。战争作为一个影响整个社会的事件，已经变得越来越复杂，以至于无法仅由一个人控制。也许这一问题的解决方案之一，便是在政治至上的原则下，从机构上将军事和政治领导权进行区分，并在整个国防军体系中建立一个中央的战斗指挥当局。然而，事与愿违，实际发生的却是和德皇的帝国时期如出一辙的事态：大量机构立即从属于希特勒，它们彼此间互相演化、互相竞争，没多久就开始相互攻讦。[183]

随着国防军最高指挥部（OKW）在国防军办公室的出现，希特勒为他自己打造了一个私人的军队参谋部，其领导人是威廉·凯特尔将军，他负责行使前帝国战争部长的职能。然而，凯特尔只是代表希特勒行使指挥权。与其名称不符，国防军最高指挥部并不是一个统一的控制和指挥战斗的组织。在国防军最高指挥部中，战役和战略计划是由国防军指挥局（Wehrmachtführungsamt）制订的。[184] 它的主任，后来成为大将的阿尔弗雷德·约德尔（Alfred Jodl）上校，能够直接接触到希特勒，并逐步在战争期间成为其真正的首席军事顾问。然而，国防军作战办公室的国防科（Abteilung Landesverteidigung）从来就不是国防军的总参谋部。国防军的三大机构，各自在国防科内有一位科长助理，他们知道要如何防止国防科将国防军总参谋部取而代之。

尽管拒绝了陆军指挥官们对领导权的要求，三大国防军机构的主管和他们的总参谋部依然保留了广泛的权力，尤其是在战役层面。在 1939 年战争刚开始的时候，国防军远未形成统一作战，高级机构之间的纠纷对军官团队产生了广泛影响。以贝克为例，他禁止他的军官与德国国防军最高指挥部产生正式接触，国防军最高指挥部内部将陆军总参谋部视为经典普鲁士传统的堡垒，他们认为其唯一的目标，就是维持自身那老掉牙的社会地位和特权。陆军总司令部（Oberkommando des Heeres，简称"OKH"）认为，国防军高级指挥部是对陆军在帝国内的宪法赋予的地位的威胁。保守派的陆军总司令部和纳粹革新派军官所在玛国防军最高指挥部间存在着鸿沟。随着第二次世界大战的进行，这一鸿沟只会继续扩大。这次冲突造成的个人余波导致了军官团队间的分歧，并令希特勒得以操纵不同的帮派互相敌对。[185]

然而，希特勒对军事权力的逐渐掌控，并未如第一次世界大战中得出的教训那样，带来了国防军结构明细的高级组织，这种组织曾在两次战争间隔期为许多人所倡导。这种结果一方面是由于国防军服务的权力利益分歧，另一方面则源于希特勒，他本着多元化的"元首国家"精神，通过激发对角色和任务的利益与权力之争，来强化他自己的权力地位。因此，由于军事权力的内部斗争，德国就像第一次世界大战时那样，在没有一个运转着的最高级别的政治—军事组织的情况下，进入了第二次世界大战。

结论

"一战"战败以后，尽管凡尔赛条约带来了领土割让和军事及经济上的制裁，德国依然是潜在的大国。所以，恢复德国的大国地位，是帝国的军事精英们毋庸置疑的目标。[186] 这可以通过传统的权力政治手段达成，如同"德皇时代"一样，而且如果必要的话，使用军事力量也未尝不可。然而，与德国第一次世界大战前的局势相比，德国在人力和物力上的劣势更加明显了。德国只有

10万士兵。普遍义务兵役制、坦克和飞机都被严令禁止。但是，战争已经证明，施利芬至少在一件事上是正确的：德国无法赢得长时间的消耗战。任何用战术—战役上的创新弥补资源不足的尝试都将以失败告终。对这一事实的认知，应该会导致德国放弃基于军事力量的大国政治。然而，这对德国的军事精英而言，是不可想象的。

此外，输掉战争之后，德国在战役中包括的政治考量问题，依然是对那些在非政治环境下成长、社交的军官们的诅咒。对那些军官团队而言，将政治视作控制战争的因素，并与现代战略框架一致发展，这是无法想象的。德国军官毫不动摇地坚持军事战役的进行不应受政治影响的原则。战争的战役层面曾经是，且还将继续是军队的专属领域。尽管在第一次世界大战中失败了，军队还是毫无疑问地用德国战役思想的形式，掌握了正确的领导理念。

为了准备未来战争，军事家们一直在寻求对抗更占优势的敌人联盟的手段和方法，并试着"旧瓶装新酒"。因此，第一次世界大战结束后立即开始的，对战时经验的选择性评估，几乎无法避免地验证了机动战役学说和进攻至上的理念，这些理念和战前相比基本没有什么变化。这些原则在应用上的不一致，加上领导失灵以及"施利芬计划"的淡化、对技术的忽视，以及最后在战争结束时的背后一刀（Dolchstoss），都被认为是德国的败因。因为战役在德国被视为一门艺术，而指挥官则被视为艺术家，将战争的失败归罪于个人，确保了战役学说本身不会受到责难，它们只是个别"艺术家"们的失败。由于军官团队的社会化，这种合理化被一致接受，因为它既将责任转移到少数人身上，又确保了国家复兴的希望和军官队伍在社会上的地位。但它也转移了对德国失败的真正原因的考察。

一方面，魏玛国防军很大程度上拒绝研究战役—战略层面上的现实原因，另一方面，其又以专业和专注的态度，分析了战争的战术经验。但这种不完整的评估，动摇了魏玛国防军领导人在战术和战略上的理念基础。很明显，由此将产生用战术和战役机动性抵消数量优势的思想延续性。

泽克特时期的魏玛国防军，在面对其潜在敌人时，实际上处于令人绝望的劣势中。它同时在现实的战术层面和理想化的战役—战略层面运作着。尽管持续发展的诸兵种合同作战理论带来了战术革新，并在多年来塑造了德国的陆军战术，但对战役思想的回归也导致泽克特时期的挫败感和战术理论上的危机。考虑到帝国压倒性的军事劣势，像约阿希姆·冯·施蒂尔普纳格尔这样的军官呼吁：要对局势有一个现实的估计。那些军官怀疑泽克特式小型精锐部队获胜的概率，质疑其在未来战争中按照传统的德国战役理念，用机动的进攻战摧毁敌人的可能。他们的战争理念并非施利芬所授的经典战役，而是人民战争、非正规军和社会战争相结合的战役。

尽管如此，施蒂尔普纳格尔的理念还是与传统战役学说紧密相连，因为他同样认为应该由正规军在大型歼灭战中达成决战。与泽克特的传统战役理念和其关于战争应该由军队而非人民进行，从而将暴力使用权保留给军队的信念相反，施蒂尔普纳格尔倡导的战争的激进化，在第二次世界大战期间的很多战场都变为现实。但是，泽克特利用小型、技术先进的专业军队执行一场如闪电般的胜利战争的战役学说，是建立在从一开始就以全速推进的初期作战速度之上的。正如瓦拉克所说，这不是一个关于其本身的学说。事实上，这与施蒂尔普纳格尔甚至鲁登道夫所想的总体战理念完全相反。一场全面的、在社会上不受约束且最终无法由军队控制的战争，并不符合德国军官团队的广泛利益。毕竟，这样一场战争，将令军队的社会地位———国之中唯一能持有武器的体系——受到挑战。最后，由于德国实际的战略局势，虽然原因各不相同，施蒂尔普纳格尔或泽克特的战役理念都不适用。

格勒纳发起的协调德国外交政策和帝国真实战略局势的战役计划，仅有一部分得到了陆军领导层的支持。与格勒纳形成鲜明对比的是，陆军领导人深受传统的战役思想影响，他们对超过军事战役层面的整体战争的理解有限。因此，他们继续拒绝军队的服从概念和格勒纳关于德国整体政策至上的计划。

正如在20世纪20年代末及30年代初进行的兵棋推演中显示的那样，魏玛国防军的战役思想再一次展现了基于进攻行动的传统战役机动，尽管它和1914年以前的时期相比更多地考虑到了防御和迟滞行动。突袭、集中兵力、包围、歼灭、中央位置、内线作战，以及集合了消灭敌人资源的快速决定性战役的信念，是这种战役思想的根本。尽管将"突破"作为成功包围的前提条件，依然是帝国内部巨大争议的源头，但它也变得越发重要。慢慢地，"突破"连同后续的战役层面包围，被德军认为是一种全面综合的战役。

1933 年希特勒掌权之后，贝克和弗里奇治下的德国陆军植根于这一战役理念，尽管其在不同级别内部有着反对意见。从逻辑上讲，20 世纪 20 年代和 20 世纪 30 年代初期被更为防守的态势遮蔽了的进攻战役学说，随着国防军逐渐增长的军备扩张，再次获得了重要地位。扩军目标在于，当面对欧洲大陆的双线或多线作战时，建立一支进攻性大军，它能够在不利条件下达成决胜。然而，关于其是否可行，则众说纷纭。经济、金融和物资因素成了德国总参谋部仅次于盛行的传统战役思想的考量。自然，他们所寻求的是一项针对短期战争的基础广泛的再武装计划，而不是为长期战争进行的深入再武装计划。

总之，德国陆军的新结构显然是旧帝国陆军的复兴，并通过军事技术和组织创新得到加强。这种方法也适用于战役思想。在军官团队中，这种思维模式并不像学术文献不断强调的那样单一，事实上，它存在着不同的观点。防御和进攻之间的联系就是一个例子，它甚至被放到媒体上讨论。但德国陆军的战役思想依然根植于德皇帝国时期的传统战役理念。

德国陆军和旧帝国陆军的关键性区别在于，在"一战"中严重缺乏的，对于快速运动战必需的技术手段，如今能够以坦克、飞机和摩托化部队的形式被使用。尽管如此，关于如何使用坦克的辩论依然激烈：它是该用于支援步兵，还是该以装甲师的形式独立作战？到了 1937—1938 年，后者显然已成为更受欢迎的选项。即便如此，如同 19 世纪一样，战役思想的创新进展依然十分缓慢。那些第一次世界大战中提出突击队和战斗群战术等战术创新的人，反过来阻挠了战役思想的进化。即使到了 1939 年第二次世界大战开始时，德军依然没有闪电战的完整理念。[187] 撇开所有问题，始于第一次世界大战期间，并反映在战后教条手册《诸兵种合成部队的指挥和战斗》和《指挥基础》中的战术—战役创新过程，以及装甲部队运用学说的发展，并不像军事学习过程中常说的那么烦琐。与其他欧洲国家相比，德国推进此事的步伐快速且坚定。

和德皇时期相比，20 世纪 30 年代的陆军总参谋部设法控制了基于战役目标的重整军备过程。但作为唯一真正的战役—战略计划主体，面对武器技术的发展和对海空陆三大军种体系间协调的日益重视，它最终丧失了其原有的重要性。所有试图保留陆军总参谋部在战役事务上独一无二的地位，以确保其在军事体系中传统权力地位的努力，都以失败告终。在建立大规模进攻性军事力量和陆军及总参谋部保留其在整体军事结构中的权力地位的斗争中，他们仍然坚持威廉单一权力的理念。因此，在陆军总参谋部和德国国防军最高指挥部之间，爆发了一场关于战役考量是否要服从政治要求，或者战时战役组织是否要基于战役—战略要求的根本性讨论。由于布伦堡－弗里奇事件、德国对捷克斯洛伐克的战争计划以及希特勒获得直接最高军事指挥权等理由而导致的贝克辞职，注定会对陆军总司令部和总参谋部造成损害。接下来的几年，集于希特勒一人之手的政治领导权将对总参谋部战役计划领域产生越来越大的干扰。按照威廉·戴斯特的说法，贝克去职之后，"国防军在战役计划领域的强制性协调"在未受任何摩擦的情况下迅速发生了。[188] 然而，第一次世界大战中严重缺乏的各兵种的统一计划和指挥权威，也没有被建立起来。这是希特勒巧妙利用的缺口。

注释

1. Waldemar Erfurth, "Die Uberraschung im Kriege," *Militärwissenschaftliche Rundschau* (1938): 342.

2. 对战败的解读详见：Markus Pohlmann, "Von Versaillesnach Armageddon. Totalisierungserfahrung und Kriegserwartung in deutschen Militarzeitschriften," in *An der Schwelle zum Totalen Krieg. Die militärische Debatte über den Krieg der Zukunft 1919 - 1939*, ed. Stig Forster (Paderborn, 2002), 335.

3. Erwin Hermann, "Die Friedensarmeen der Sieger und der Besiegten des Weltkrieges," *Wissen und Wehr* 3 (1922): 269.

4. Hugo von Freytag-Loringhoven, "Irrefuhrende Verallgemeinerungen," *Militär Wochenblatt* 12 (1919): 219.

5. Lange, *Hans Delbrück und der "Strategiestreit,"* 125 - 130.

6. 除帝国档案馆之外，许多著作和文章中也有关于"施利芬门徒"的例子，比如威廉·格勒纳的著作《施利芬伯爵的遗志和违背他意志的将军》（Das Testament des Grafen Schlieffen and Der Feldherr wider Willen）以及弗里德里希·冯·伯蒂歇尔的著作《现代战争导师》（Der Lehrmeister des neuzeitlichen Krieges）。

7. 有关20世纪20年代和30年代施利芬学派的著作的更多细节，请参阅瓦拉赫的著作《歼灭战的教义》（The Dogma of the Battle of Annihilation, 305 - 334）。其中，第330页收录了两次世界大战间施利芬学派最重要的著作。然而，在他的著作中，瓦拉赫仅仅单方面地注重施利芬学派本身，而没有为那些年对施利芬的批判留出空间。与之相反，帕尔曼令人信服地设定了新的标准。和瓦拉赫不同，他也引用了对施利芬的批评，并讨论了对施利芬学派的部分修正。

详见：*Kriegsgeschichte und Geschichtspolitik*, 284 - 321.

8. 在帝国档案馆内部，尤其是直到1914年都在负责德国展开计划的行动指挥官沃尔夫冈·弗尔斯特中校，是施利芬的学徒，他继续沿着同自己之前的长官相同的道路前进。由于能直接接触到20世纪20年代和30年代的记录，弗尔斯特成了施利芬和毛奇的部署与战役计划领域最伟大的专家。他在这一领域最重要的出版物，是《施利芬伯爵和世界大战》（Graf Schlieffen und der Weltkrieg, Berlin, 1921），以及《德国总参谋部思想研讨会》（Aus der Gedankenwerkstatt des deutschen Generalstabes, Berlin, 1931）这两本著作。与此同时，弗斯特尔利用他作为负责人的领导地位，对进一步研究做出限制。

详见：Pohlmann, *Kriegsgeschichteund Geschichtspolitik*, 317.

9. 韦策尔一直在为毛奇的决策做辩护，并公开批评帝国档案馆关于战争最初几周在西线的声明。

详见：Georg Wetzell, "Das Kriegswerk des Reichsarchivs: 'Der Weltkrieg 1914/1918.' Kritische Betrachtungen zum I.Band: Die Grenzschlachten im Westen," *Wissen und Wehr* 6 (1925): 1 - 43. 关于这场争论，以及对施利芬学派的部分修正详见：Pohlmann, *Kriegsgeschichte und Geschichtspolitik*, 284 - 321.

10. 为了支持这一立场，研究所甚至在法金汉过世后，通过笔迹学和文体分析的手段，在照片的帮助下，对其进行了心理学检查。如人们所料，心理学家证实了法金汉曾遭受"意志失效"之苦，并因此无法作为第二届陆军最高指挥部的首脑履行职责。

详见：Pohlmann, *Kriegsgeschichte und Geschichtspolitik*, 180, 256.

11. Wilhelm Marx, "Das 'Canna-Oratorium,' " *Militär-Wochenblatt* 8 (1932): 246.

12. 1935年5月5日在总参学院做的讲座：Unsere hauptsachlichen militarpolitischen, strategischen kriegswirtschaftlichen und psychologischen Fehler in der Vorbereitung des Weltkrieges selbst. Welche allgemeine Erkenntnisse ergeben sich daraus fur die Kriegfuhrung? BArch RW 13/4, f. 51 f., 56.

13. 然而，要完全制止这场论战，是不可能的。例如，德尔布吕克就一再将总参谋部的教条主义列为讨论的话题。

14. Wolfram Wette, Militarismus in Deutschland. *Geschichte einer kriegerischen Kultur* (Darmstadt, 2008), 150.

15. 凡尔赛条约也规定了魏玛国防军的部队结构。总而言之，德国被允许设立7个步兵师和3个骑兵师。

16. 详见：*The Roots of Blitzkrieg: Hans von Seeckt and German Military Reform* (Lawrence, Kans., 1992); Wilhelm Deist, "Die Reichswehr und der Krieg der Zukunft," Militärgeschichtliche Mitteilungen 45 (1989): 82 - 85.

17. Deist, "Die Reichswehr," 82 - 85.

18. 详见：Stig Forster, ed., *An der Schwelle zum Totalen Krieg. Die militärische Debatte über den Krieg der Zukunft 1919 - 1939*, Krieg in der Geschichte 13 (Paderborn, 2002).

19. Cf. George Soldan, *Der Mensch und die Schlacht der Zukunft* (Oldenburg, 1925); Ernst Buchfinck, Der Krieg von gestern und morgen (Langensalza, 1930).

20. Cf. Max Schwarte, *Die militärischen Lehren des grossen Krieges* (Berlin, 1920).

21. 详见：Friedrich von Rabenau, *Operative Entschlüsse gegen eine Zahl überlegener Gegner* (Berlin, 1935); Foertsch, Kriegskunst.

这次新闻辩论的总结详见："Operatives Denken zwischen dem Ersten und Zweiten Weltkrieg," in *Operatives Denken und Handeln in deutschen Streitkräften im 19. und 20. Jahrhundert,* ed. Horst Boog (Herford, 1988), 100; Michael Geyer, *Aufrüstung oder Sicherheit. Die Reichswehr in der Krise der Machtpolitik 1924 - 1936* (Wiesbaden, 1980), 464 - 466.

22. William Mulligan, *The Creation of the Modern German Army: General Walther Reinhardt and the Weimar Republic, 1914 - 1930* (New York, 2005), 218f. In his writing, theauthor speaks of tactics, but what he refers to is operational warfare. See also Corum, *The Roots of Blitzkrieg,* 55 - 57.

23. Herbert Rosinski, *The German Army* (New York, 1966), 212.

24. Matthias Strohn, *The German Army and the Defence of the Reich: Military Doctrineand the Conduct of the Defensive Battle, 1918 - 1939* (Cambridge, U.K., 2011), 102.

25. 同上，第106页。

26. 详见：Manfred Zeidler, *Reichswehr und Rote Armee 1920 bis 1933. Wege und Stationeneiner ungewöhnlichen Zusammenarbeit* (Munich, 1993), 29 - 155.

27. "规模较大的一方最终会粉碎规模较小的一方，但这需要时间，而且对胜利者而言，这有害地折损了兵力。这是一场消耗性的，而非歼灭性的胜利。军队的质量并未随着其规模的增长而得到提高。大的规模限制了机动性。通过单一的意志指挥他们的难度，将增长到骇人的程度。这从而开始产生对从错误中快速且决定性的恢复的要求。"

详见：Hans von Seeckt, *Die Reichswehr* (Leipzig, 1933), 35.

28. Goltz, *Das Volk in Waffen*, 4; Falkenhausen, *Der grosse Krieg*, 7.

29. Hans von Seeckt, *Landesverteidigung* (Berlin, 1930), 65.

30. 同上，第69页。

31. Hans von Seeckt, "Generaloberst v. Seeckt uber Heer und Krieg der Zukunft," *Militär-Wochenblatt* 113 (1928): 1459.

32. Strohn, *The German Army and the Defence of the Reich*, 102.

33. Hans Meier-Welcker, *Seeckt* (Frankfurt a.M., 1967), 533.

34. 这一制度的发展、结构和内容的更多细节详见：Wilhelm Velten, *Das deutsche Reichsheer und die Grundlagen seiner Truppenführung: Entwicklung, Hauptprobleme und Aspekte. Untersuchungen zur deutschen Militärgeschichte der Zwischenkriegszeit* (Bergkamen, 1994), 53‑269.

35. "激励着《诸兵种合成部队的指挥和战斗》的精神的，是无情的进攻意愿。除开所有物质上的考虑外，我们所有最伟大和最重要的胜利，都要归功于这种意愿。"

详见：Ernst Junger, "Die Ausbildungsvorschrift der Infanterie," *Militär-Wochenblatt* 108 (1923): 53.

36. 泽克特解释道："作为第二兵团的总参谋长，对于在八月和九月的斗争间，我们所有的对法军事行动，我都有一种绝对的优越感。我现在认为，这一原则是当前的教育和训练中的主要任务。"（引自 Meier-Welcker, *Seeckt*, 529）

37. Karl-Volker Neugebauer, introduction to H.Dv. 487 *Führung und Gefecht der verbundenen Waffen* (F.u.G.). (Berlin, 1921‑1924; reprint, Osnabruck, 1994), ix.

38. Gross, "Das Dogma der Beweglichkeit," 154.

39. 更多泽克特思想中的细节详见：Robert M. Citino, *The Path to Blitzkrieg: Doctrineand Training in the German Army, 1920‑1939* (Boulder, Colo., 1999); Neugebauer,"Operatives Denken," 97‑122; Wallach, *The Dogma of the Battle of Annihilation*, 335‑351;Corum, *The Roots of Blitzkrieg*.

40. *Heeresdienstvorschrift 487 Command and Control of the Combined Arms in Combat(F.u.G.)* (1921), page 10, paragraph 12.

41. 详见：Citino, *The Path to Blitzkrieg*, 8‑72; Corum, *The Roots of Blitzkrieg*, 30‑50.

42. Hans von Seeckt, *Gedanken eines Soldaten* (Berlin, 1929), 93‑95.

43. 1926年泽克特写给冯·瓦特中将的一封信。

Meier-Welcker, *Seeckt*, 529.

44. Seeckt, *Gedanken eines Soldaten*, 122.

无论如何，泽克特并没有忽视渐进式机动化，并一再指出其在快速和机动的战役执行中的重要性。

详见：Hans von Seeckt, *Bemerkungen des Chefs der Heeresleitung, Generaloberst von Seeckt, bei Besichtigungen und Manövern aus den Jahren 1920 bis 1926* (Reichswehr Ministry, Berlin,

1927), 38 - 41.

45. Seeckt, *Gedanken eines Soldaten*, 150.

46. 更多与这场辩论有关的细节详见：Pohlmann, "Von Versailles nach Armageddon," 361.

47. 在军事出版物中的讨论详见：Pohlmann, "Von Versailles nach Armageddon," 358 - 366.

48. Hew Strachan, European Armies and the Conduct of War (London, 1983); Winfried Heinemann, "The Development of German Armoured Forces, 1918 - 1940," in *Armoured Warfare*, ed. J. P. Harris and F. H. Tiase (London, 1990), 51 - 69.

49. *Leitlinien für die obere Führung im Kriege*, Colonel Hierl, 1923, BArch, RH 2/2901, f. 2 - 117.

50. 同上，第18页。

51. 同上，第96页。

52. 同上，f. 57。

53. 同上，f. 66。

54. Pohlmann, "Von Versailles nach Armageddon," 359.

55. 对这一主题做出最重要贡献的著作："Hinhalten des Gefecht," *Wissen und Wehr* 5 (1924): 106 - 114;Karl Linnebach, "Der Durchbruch.Einekriegsgeschichtliche Untersuchung (1. Teil)," *Wissen und Wehr* 11 (1930): 448 - 471; Krafft, Der Durchbruch.

56. Chief of the Truppenamt to Section T-1 on 30 August 1924, BArch RH 2/2901, f.127. 长时间以来，该计划都被搁置，但后来又得到了重新启动。

57. Meier-Welker, Seeckt, 636.

58. Deist, "Die Reichswehr," 85.

59. Wallach, Kriegstheorien, 176.

60. Anon., "Der Mensch und die Schlacht der Zukunft," *Militärwochenblatt* 30 (1926):1067.

61. 施蒂尔普纳格尔文章中的更多细节详见：Geyer, *Aufrüstung oder Sicherheit*, 84 - 97;Michael Geyer, "German Strategy in the Age of Machine Warfare, 1914 - 1945," in *Makers of Modern Strategy from Machiavelli to the Nuclear Age*, ed. Peter Paret (Princeton, N.J.,1986), 557 - 560; Gil-li Vardi, "Joachim von Stulpnagel's Military Thought and Planning," *War and History* 2 (2010): 193 - 216.

62. Lieutenant Colonel Joachim von Stulpnagel, "Gedanken uber den Krieg der Zukunft," February 1924, BArch, N 5/10, Nachlass Stulpnagel, 38.

63. Chief of the Army Department to the Truppenamt, No. 270/24, T-1 Branch, secret, Berlin, 18 March 1924, BArch, N 5/20, Nachlass Stulpnagel, f. 27.

64. 部队局预计，那些被拖延在国境地带的士兵，其死亡率将大约达到75%。 详见：Geyer, *Aufrüstung oder Sicherheit*, 87.

65. Deist, "Die Reichswehr," 86.

66. Lieutenant Colonel Joachim von Stulpnagel, "Gedanken uber den Krieg der Zukunft" (Thoughts on the War of the Future), February 1924, BArch, N 5/10, Nachlass Stulpnagel, f. 23.

67. Deist, "Die Reichswehr," 86.

68. Chief of the Army Department to the Truppenamt, No. 270/24, T-1 Branch, secret, Berlin, 18 March 1924, BArch, N 5/20, Nachlass Stulpnagel, f. 27.

69. Lieutenant Colonel Joachim von Stulpnagel, "Gedanken uber den Krieg der Zukunft," February 1924, BArch, N 5/10, Nachlass Stulpnagel, f. 37.

70. Geyer, *Aufrüstung oder Sicherheit*, 87.

71. Vardi, "Joachim von Stulpnagel's Military Thought," 202.

72. Geyer, *Aufrüstung oder Sicherheit*, 86.

73. Stulpnagel to T-2, 10 March 1924, BArch RH 2/2901, f. 130.

74.T-2 to the head of the Truppenamt, 2 July 1924, f. 125f.

为高级指挥官制定制度的项目之所以临时中止并停摆，一方面是因为施蒂尔普纳格尔的批评，另一方面则是因为 T-2 出于保密理由，不愿意在一份制度中阐明德国为未来战争制订的战役计划。而且，其当时的想法是，战役层面的训练该由指挥官和总参谋部考察旅行确保。

75. Vardi, "Joachim von Stulpnagel's Military Thought," 193–216.

76. See Geyer, *Aufrüstung oder Sicherheit*, 92.

77. Schlussbesprechung Truppenamtsreise 1930, BArch, RH 2/363, f. 817.

78. 图上演练、沙盘演练、参谋演练、参谋考察旅行、战场考察、指挥所演练，以及特殊演习。

79. 关于兵棋推演的演变详见: General (Ret.) Rudolf Hofmann's paper "Kriegsspiele," BArch, ZA 1/2014.

在1938年海军兵棋推演 A 的终盘讨论中，包含了对兵棋推演的生动定义。"兵棋推演是智力层面上的虚拟的战争历史。它不会通过暗示下一场战争的走向，而试图揭示未来，相反，它基于一组任务，并强调我们当下能够察觉的问题，从而为将来的领导者，打下当机立断做出决策所需的智力、意愿和理念基础。"

详见: Final Discussion of Kriegsspiel A of 1938, BArch, RM 20/1100, f. 6f.

80. Conclusions from the Truppenamt studies of the winters of 1927–1928 and 1928–1929, 26 March 1929, BArch, RH 2/384, f. 2.22.

81. 关于领土保护组织的讨论详见: Jun Nakata, *Der Grenz-und Landesschutz in der Weimarer Republik 1918 bis 1933. Die geheime Aufrüstungund die deutsche Gesellschaft* (Freiburg i.Br., 2002), 128–142, 187–342.

82. Conclusions from the Truppenamt studies of the winters of 1927–1928 and 1928–1929, 26 March 1929, BArch, RH 2/384, f. 18.

83. 详见: Geyer, *Aufrüstung oder Sicherheit*, 189f.

84. Conclusions from the Truppenamt studies of the winters of 1927–1928 and 1928–1929, 26 March 1929, BArch, RH 2/384, f. 5.

85. 洛迦诺条约的结果详见: Zeidler, *Reichswehr und Rote Armee*, 129–134.

86. Johannes Hurter, *Wilhelm Groener. Reichswehrminister am Ende der Weimarer Republik (1928 bis 1932)* (Munich, 1993), 23.

87. Geyer, *Aufrüstung oder Sicherheit*, 207–213.

88. Hurter, *Wilhelm Groener*, 97f.

89. 关于海军和陆军之间的合作详见：Geyer, *Aufrüstung oder Sicherheit,* 194 – 198; Hurter, *Wilhelm Groener*, 108 – 110.

90. Draft letter by Groener to Bruning, 13 April 1932, BArch, RH 15/19, f. 39.

91. 布伦堡被库尔特·冯·哈默施泰因－埃克沃德大将所取代。

人事变动的更多细节详见：Hurter, *Wilhelm Groener*, 89.

92. Geyer, *Aufrüstung oder Sicherheit*, 193.

93. Final discussion of the Truppenamt staff ride of 1930, BArch, RH 2/363, f. 817 (original emphasis).

94. Karl-Volker Neugebauer analyzed the Kriegsspiele of 1930 in detail in his essay "Operatives Denken zwischen dem Ersten und Zweiten Weltkrieg," in *Operatives Denkenund Handeln in deutschen Streitkräften im 19. und 20. Jahrhundert*, ed. Horst Boog (Herford,1988), 97 – 122.

95. Final discussion of the leaders' ride of 1933, BArch, RH 2/360, f. 131.

96. 此段历史详解以及指挥与控制对联邦国防军的重大意义详见：Werner von Scheven, *Die Truppenführung. Zur Geschichte ihrer Vorschriftund zur Entwicklung ihrer Struktur von 1933 bis 1962. Eine Untersuchung dertaktischen Führungsvorschriften des deutschen Heeres von der HDv 300 (1933/34) bis zur HDv100/1(1962)*, Ms Archiv der Lehrgangsarbeiten der Fuhrungsakademie der Bundeswehr, Nr. JA 0388 (Hamburg, 1969).

97. Borgert, "Grundzuge der Landkriegfuhrung," 558.

98. H.Dv. 300 Truppenführung, part 1, page 133, para. 340 (1933). See also David T.Zabecki and Bruce Condell, trans. and eds., *On the German Art of War: Truppenführung* (Boulder, Colo., 2001), 96.

99. Borgert, "Grundzuge der Landkriegfuhrung," 562.

100. H.Dv. 300 *Truppenführung*, part 1, page 1 (1933). See also Zabecki and Condell, *Truppenführung*, 17.

101. Kutz, *Realitärsflucht und Aggression*, 42.

102. Statement on the principles of high-level military leadership by Mantey, 12 August1930, BArch, RH 2/2901, f. 132 – 147.

103. Chief T-1 to Chief T-4, 21 January 1931. BArch, RH 2/2901, f. 306.

104. Martin L. Van Creveld, *Kampfkraft. Militärische Organisation und militärische Leistung 1939 bis 1945* (Freiburg i.Br., 1982), 34.

105. 格哈德·福斯特的马克思主义观点所述详见：*Totaler Krieg und Blitzkrieg:Die Theorie des totalen Krieges und des Blitzkrieges in der Militärdoktrin des faschistischen Deutschlands am Vorabend des Zweiten Weltkrieges* (Berlin [Ost], 1967); Paul Heider, "Der totale Krieg–seine Vorbereitung durch Reichswehr und Wehrmacht," in *Der Weg der deutschen Eliten in den zweiten Weltkrieg*, ed. Ludwig Nestler (Berlin, 1990), 35 – 80; Uwe Bitzel, *Die Konzeption des Blitzkrieges bei der deutschen Wehrmacht* (Frankfurt a.M., 1991),217 – 235; Wehler, "Der Verfall der deutschen Kriegstheorie."

106. 现代研究也质疑了这一长期被认可的理论，即从鲁登道夫的著作，到戈培尔1943年的运动宫演讲，存在着历史性发展。

参 考 书 目：Wallach, *The Dogma of the Battle of Annihilation*, 352; Roger Chickering, "The Sore Loser: Ludendorff's Total War," in *The Shadows of Total War: Europe, East Asia, and the United States, 1919 – 1939*, ed. Roger Chickering and Stig Forster (Cambridge, Mass., 2003), 151 – 178.

107. Karl Linnebach, "Zum Meinungsstreit uber den Vernichtungsgedanken in der Kriegfuhrung," Wissen und Wehr 15 (1934): 743.

108. Pohlmann, "Von Versailles nach Armageddon," 349.

109. 关于全面战争的词源：同上，第346页。

110. Truppenamt, T-2, "Aufbau des kunftigen Friedensheeres," 14 December 1933, reproduced in Klaus-Jurgen Müller, *General Ludwig Beck. Studien und Dokumente zur politisch-militärischen Vorstellungswelt und Tätigkeit des Generalstabschefs des deutschen Heeres 1933 – 1938* (Boppard, 1980), doc. 9.

111. Müller, *Generaloberst Ludwig Beck*, 187.

112. 由于德国随着日内瓦裁军谈判而变得明显的平等地位，魏玛国防军大臣库尔特·施莱希尔在1932年制订计划，试图将魏玛国防军的士兵数增加到14万7000名，并建立一支有21个师的战时军队。

113. Truppenamt, T-2, "Aufbau des künftigen Friedensheeres," 14 December 1933, reproduced in Müller, *General Ludwig Beck. Studien und Dokumente*, doc. 9.

114. 贝克的备忘录，显然也是对纳粹冲锋队以及在其领导下试图从政治和军事层面改变军队的挑战。

详见：Müller, *Generaloberst Ludwig Beck*, 188; Geyer, *Aufrüstung oder Sicherheit*, 350 – 354.

115. 与提尔皮茨的舰队建设，及与之相关的"风险理论"的类比是相当明晰的。至于对这些最为复杂的问题的比较性研究则依然悬而未决。

详见：Müller, *Generaloberst Ludwig Beck*, 615, anno. 18.

116. Geyer, *Aufrüstung oder Sicherheit*, 355 – 358.

117. 同上，第403页。

118. Beck in his memorandum on the improvement of the army's offensive power of 30 December 1935, printed in Müller, *General Ludwig Beck. Studien und Dokumente*, doc. 37.

119. 总参谋部相信，他们的想法得到了1934年国防军兵棋推演的验证。基于对国防军补给情况的分析，陆军武器办公室认为，至少德国莱茵沿岸的工业地带应该受到保护。若无法做到这一点，那么，就有必要通过外交确保具备进口原材料的可能性，或者在四个月内发动军事决战了。

详见：Cf.Wehrmachtskriegsspiel of 1934, presentation by the director of the Defense and Armaments Commission, BArch, RH 2/385, f. 102.

120. 德国空军和德国陆军合作情况的概要详见：Bitzel, Die Konzeption des Blitzkrieges bei der deutschen Wehrmacht, 239 – 265.

121. Horst Boog, *Die deutsche Luftwaffenführung 1935 – 1945. Führungsprobleme, Spitzengliederung, Generalstabsausbildung* (Stuttgart, 1982), 152 – 156.

122. Bitzel, *Die Konzeption des Blitzkrieges bei der deutschen Wehrmacht*, 292 – 296.

123. Erfurth, *Der Vernichtungssieg.*

124. M. Ludwig, "Gedanken über den Angriff im Bewegungskrieg," *Militärwissenschaftliche Rundschau* (1936): 156f.

125. F. Lindemann, "Feuer und Bewegung im Landkrieg der Gegenwart," *Militärwissenschaftliche Rundschau* (1937): 363.

126. Herhudt von Rhoden, "Betrachtungen über den Luftkrieg," *Militärwissenschaftliche Rundschau* (1937): 200.

127. Lieutenant Colonel Matzky, "Critical Analysis of the Teachings of Douhet, Fuller, Hart, and Seeckt," Wehrmacht Academy, 29 November 1935. Matzky tears von Seeckt's operational ideas on a small, elite army into pieces, favoring the establishment of a massmilitary force, BArch, RW 13/20, f. 57.

128. 同上，f. 25。

129. Colonel Karl-Heinrich von Stülpnagel, "The Future War in the View of Foreign Countries," 15 January 1934, BArch, RH 1/78, f. 3 - 35.

130. 同上，5f。

131. 这一研究的简短概要详见：Neugebauer, "Operatives Denken," 104f.

132. Stülpnagel, "The Future War in the View of Foreign Countries," BArch, RH 1/78, 59f.

133. Lieutenant Colonel Willi Schneckenburger, Lecture on "Control and the Operational and Tactical Use of Rapidly Mobile Formations and How Must We Organize Them," February 1936, BArch, RW 13/21, f. 1 - 47.

134. 同上，第25页。

135. Friedrich von Bernhardi, *Vom Kriege der Zukunft. Nach den Erfahrungen des Weltkrieges* (Berlin, 1920), 224.

136. 德国军事期刊中的讨论详见：Pöhlmann, "Von Versailles nach Armageddon," 358 - 366.

137. Heinz Guderian, "Bewegliche Truppenkörper (Eine kriegsgeschichtliche Studie, Part 5)," *Militär-Wochenblatt* 22 (1927): 822.

138. Bernhard R. Kroener, *"Der starke Mann im Heimatkriegsgebiet"-Generaloberst Friedrich Fromm. Eine Biographie* (Paderborn, 2005), 246 - 248.

139. 同上，第836页，n. 102。

140. George Soldan, "Irrwege um die Panzerabwehr, Part 3," *Deutsche Wehr* 40 (1936): 323.

141. 更多有关这一理念发展的信息详见：Heinz Guderian, *Achtung-Panzer! Die Entwicklung der Panzerwaffe, ihre Kampftaktik und ihre operativen Möglichkeiten* (Stuttgart, 1937); Heinz Guderian, "Schnelle Truppen einst und jetzt," *Militärwissenschaftliche Rundschau* (1939): 229 - 243; Bitzel, *Die Konzeption des Blitzkrieges bei der deutschen Wehrmacht*, 266 - 287; Citino, *Blitzkrieg to Desert Storm*, 105 - 249; Heinemann, "The Development of German Armoured Forces," 51 - 56; Richard L. DiNardo, *Germany's Panzer Arm* (Westport, Conn., 1997); Richard L. DiNardo, "German Armor Doctrine: Correcting the Myths," *War in History* 4 (1996): 384 - 397;

Hubertus Senff, *Die Entwicklung der Panzerwaffe im deutschen Heer zwischen den beiden Weltkriegen* (Frankfurt a.M., 1969).

142. 突击队和战斗群的战术详见: Gross, "Das Dogma der Beweglichkeit," 150–152.

143. Karl-Heinz Frieser, The Blitzkrieg Legend: The 1940 Campaign in the West (Annapolis, Md., 2005), 8–10.

144. 突击战术的信息详见: Guderian, *Achtung-Panzer!* 174–181; Guderian, "Schnelle Truppen einst und jetzt," 229–243; Peter Graf von Kielmansegg, "Feuer und Bewegung. Der Durchbruch einer Panzerdivision," *Die Wehrmacht* 22 (1938): 11–14.

145.Bitzel, *Die Konzeption des Blitzkrieges bei der deutschen Wehrmacht*, 277.

146. 包括古德里安在内的德国军官们，毫无疑问地受到了富勒（Fuller）与戴高乐（de Gaullle）的启发。时常被引用的，关于德国装甲教条是基于李德·哈特（Liddell Hart）理念的这一观点，已经站不住脚了。古德里安和李德·哈特在"二战"后炮制这一传奇的过程详见: Corum, *The Roots of Blitzkrieg,* 141–143; DiNardo, "German Armor Doctrine," 385f.; Naveh, *In Pursuit of Military Excellence*, 108–115.

147. Corum, *The Roots of Blitzkrieg*, 136–143; DiNardo, "German Armor Doctrine," 391.

148. 森夫解释道，古德里安大概是史上第一个展示了武装方阵的战役级使用的军官。
详见: Senff, *Die Entwicklung der Panzerwaffe*, 26.

149. Wolfgang Sagmeister, "General der Artillerie Ing. Ludwig Ritter von Eimannsberger. Theoretiker und Visionär der Verwendung von gepanzerten Grossverbänden im Kampf der verbundnen Waffen" (Unpublished doctoral diss., Vienna, 2006), 277.

150. Rolf Barthel, "Theorie und Praxis der Heeresmotorisierung im faschistischen Deutschland bis 1939" (Doctoral diss., University of Leipzig, 1967), 300–311.

151. Corum, *The Roots of Blitzkrieg*, 138.

152. 同上，第140页。

153. Müller, *Generaloberst Ludwig Beck*, 217–219.

154. 同上，第217页。

155. "Reflections on the Use of the Armored Corps During the Truppenamt Staff Ride of 13 June 1925," Chief of the General Staff, Berlin, 25 July 1935, printed in Müller, *General Ludwig Beck. Studien und Dokumente*, doc. 35, page 465.

156."Erhöhung der Angriffskraft des Heeres," Berlin, 30 January 1936, doc. 39. printed in Müller.

157. Heinemann, "The Development of German Armoured Forces," 53–56.

158. Müller, *Generaloberst Ludwig Beck*, 227.

159. Helmut Schnitter, *Militärwesen und Militärpublizistik. Die militärische Zeitschriftenpublizistik in der Geschichte des bürgerlichen Militärwesens in Deutschland.* (Berlin [Ost], 1967), 148; Bitzel, *Die Konzeption des Blitzkrieges bei der deutschen Wehrmacht*, 282.

160. Wilhelm Ritter von Leeb, *Die Abwehr* (Berlin, 1938).

161. "由于在潜在的未来战争中，我们能依靠的只有数量和战争手段上的优势，所以防御必须有助于支持和准备进攻，它本身就能决定胜负。"

详见: Leeb, *Die Abwehr*, 109.

162. 同上。

163. Schlieffen, Cannae, v.

164. Wehrmachtskriegsspiel 1934, BArch, RH 2/385 f., 1 - 142.

165. T-3的长官，卡尔·海因里希·冯·施蒂尔普纳格尔上校，在一份关于当前政治—军事形势的备忘录中评价道:"在未来战争中，出其不意的开局这一因素，将扮演着特殊的角色。"

详见: Müller, *Generaloberst Beck. Studien und Dokumente*, doc. 27.

166. Geyer, *Aufrüstung oder Sicherheit*, 417f.

167. Geyer, "German Strategy," 569.

168. 详见:Müller, *Generaloberst Ludwig Beck*, 236; Truppenamtsreise 1935, BArch, RH 2/374, f., 1 - 170.

169. 此次兵棋推演的文件详见: BArch, RW 19/1243, f. 1 - 105.

170. 在1938年1月，这当中包括了3个装甲师、3个机动化师、2个装甲旅、2个轻型旅，以及几个独立坦克团。

171. 进攻捷克斯洛伐克的计划详见: Müller, *General Ludwig Beck. Studien und Dokumente*, 272 - 311.

172. 同上，第300 - 302页。

对这些想法正式提出反对，且未能取得成果的贝克，于1938年8月18日辞职。

173. Winter training of the General Staff officers, Army General Staff, Berlin, 9 November1938, BArch, RH 2/2819, f. 2 - 5.

174. Korpsgeneralstabsreise 1938, Munster, 18 May 1938, BArch, ZA 1/2779, 39.

175. 同上，第52页。

176. Bitzel, *Die Konzeption des Blitzkrieges bei der deutschen Wehrmacht*, 310.

177. Wehrmachtskriegsspiel 1934, BArch, RH 2/385, f. 59.

178. 总参谋部的组织详见: Burkhart Müller-Hillebrand, *Das Heer 1933 - 1945. Entwicklung des organisatorischen Aufbaus*, vol. 1, *Das Heer bis zum Kriegsbeginn* (Frankfurt a.M., 1954 - 1969), 172; Waldemar Erfurth, *Die Geschichte des deutschen Generalstabes von 1918 bis 1945* (Gottingen, 1957), 166 - 168.

179. 国防军顶层机构间的争端详见: Bitzel, *Die Konzeptiondes Blitzkrieges bei der deutschen Wehrmacht,* 310 - 326; Klaus-Jurgen Müller, *Das Heerund Hitler. Armee und national-sozialistisches Regime 1933 bis 1940* (Stuttgart, 1969), 222 - 244; Müller, *General Ludwig Beck. Studien und Dokumente*, 103 - 137; Wilhelm Deist, "Die Aufrustung der Wehrmacht," in *Das Deutsche Reich und der Zweite Weltkrieg*, vol. 1, *Ursachenund Voraussetzungen der deutschen Kriegspolitik*, ed. Wilhelm Deist, Manfred Messerschmidt, Hans-Erich Volkmann, and Wolfram Wette (Stuttgart, 1991), 500 - 512.

180. 1935年，贝克更进一步，要求陆军总指挥加入战争内阁。

详见: "Wehrmachtspitzengliederung und Fuhrung der Wehrmacht im Kriege," reproducedin Wilhelm Keitel, *Generalfeldmarschall Keitel. Verbrecher oder Offizier? Erinnerungen, Briefe, Dokumente des Chefs des OKW*, ed. Walter Gorlitz (Gottingen, 1961), 142.

181. Keitel, *Generalfeldmarschall Keitel*, 143‐166.

182. Udo Traut, *Die Spitzengliederung der deutschen Streitkräfte von 1921 bis 1964. Ein Beitrag zum Problem der Kollision von politisch‐zivilem und militärischem Bereich* (Diss.jur., Karlsruhe, 1965), 148‐176.

183. Eckart Busch, *Der Oberbefehl. Seine rechtliche Struktur in Preussen und in Deutschland seit 1848* (Boppard a.Rh., 1967), 104‐106.

184. 它在1940年8月8日更名为 "国防军作战参谋部"（Wehrmachtführungsstab）。

185. Müller, *Das Heer und Hitler*, 242.

186. Andreas Hillgruber, "Kontinuitat und Diskontinuitat," in *Grossmachtpolitik und Militarismus im 20. Jahrhundert. Drei Beiträge zum Kontinuitätsproblem*, by Andreas Hillgruber (Dusseldorf, 1974), 23.

军事精英的政治目标详见：Wolfram Wette, "Die deutsche militarische Fuhrungsschicht in den Nachkriegszeiten," in *Lernen ausdem Krieg? Deutsche Nachkriegszeiten 1918‐1945*, ed. Gottfried Niedhart and Dieter Riesenberger (Munich, 1992), 39‐66.

187. Frieser, *Blitzkrieg Legend*, 7‐14.

188. Deist, "Die Aufrustung der Wehrmacht," 520.

第七章

失去的胜利——
战役思想的局限

　　德国发动的战争，会立即引发其他国家以为受袭国提供支援为借口的干预。在同世界联盟的战斗中，德国将会落败，然后任由心存报复的胜利者摆布。

——路德维希·贝克大将

闪电战的理念

　　第一次世界大战之后，又过了四分之一个世纪的时光，随着 1939 年 9 月对波兰的进攻，德意志帝国拉开了第二次世界大战的序幕。被视作恢复德国大国地位这一修正主义目标的一步，绝大多数国防军军官对这场战争乐见其成，可对希特勒和纳粹政权而言，这场战争从一开始，就是场为了在东部获取生存空间（Lebensraum）而发动的意识形态种族灭绝战争。在迎来 1945 年 5 月那苦涩的结局之前，国防军都在推行这一场战争。

　　1940 年夏天，当德国全境庆祝对法胜利的钟声响起时，没有人会预见到，仅仅几年之后，国防军就将无条件投降。短短 40 天的战役后，法国被击败，并于随后的 1940 年 6 月 22 日，在贡比涅森林签署了停战协议——就在 1918 年 11 月 11 日德国投降时所在的同一列火车上。对此，绝大多数德国人感到既惊讶又满足。对他们而言，在那台历史性的沙龙列车中征服法国这一极富象征意义的举动，将第一次世界大战的耻辱一扫而空。此时，民众与纳粹政权之间的一致性达到了顶峰。从欧洲最强大的军事力量上夺取的这场意料之外的速胜，发生在 1939 年秋战胜波兰及 1940 年早期征服丹麦与挪威之后。德国与国际媒体立即将德国的战争行为称为"闪电战"。

那时，"闪电战"一词——它已经作为快速机动战争的代名词进入了许多语言中——描述的都是第二次世界大战头几年国防军在军事上的成功。这在很大程度上是纳粹宣传的结果，直到 1941 年国防军在苏联尝到败绩之前，它都是用来表现德国优势与国防军不可战胜的术语。与装甲联系密切的"闪电战"一词，并非如人们常说的，是英语世界的产物，实际上它早在 20 世纪 30 年代中期[1]的德国军事出版物中就出现了。然而，它从未被引入国防军的官方术语中。这一词汇在第二次世界大战后出现的"解读上的无政府状态"[2]可以被局限于我们在此讨论的战术—战役及战略框架中。

就所谓的希特勒提出"德国的闪电战战略"，在战略层面这一问题被争论多年。在这种所谓的战略中，他想要在把冲突维持在局部范围的同时，借助外交政策的斡旋隔离潜在的对手，并随后将其逐个击破。多年来，该理念在战略层面上一直被讨论不休。单个的征服被停顿分割开来，以便有效地压榨被征服的土地，同时避免过度透支德国的经济能力。与外交和经济政策手段并行的，是纳粹党动员德国国民支持战争的计划，其目标是使用一个对象集中、基础广泛的军备（Breitenrüs–tung）手段来发展战略优先的打击能力。闪电战理念据说是被国防军作为实用的战争执行方法而发展出来的。在用突袭拉开战斗序幕后，空军支援下的快速包围作战将迅速取得胜利。乍看之下，希特勒提出了一个赢得世界霸权的计划，而这一观点引人注目又令人着迷，但他尝试执行的这一循序渐进的计划，其实是将众多现有的碎片拼成漂亮的图画——这些碎片只在表面上看起来契合。[3]毫无疑问，德国所寻求的军备政策，不需"有深度"，而是要"有广度"。希特勒在东部打下生存空间的意图毋庸置疑。还有证据表明，希特勒包藏着在此之上的统治世界的野心。德国总参谋部自施利芬时代起，就试着在战役上和战略上，通过执行旨在速胜的快速战役，在双线或多线战争中对抗占据优势的敌方联盟。但是，所有这些因素各行其是，未能系统性地联结为一体化的闪电战战略。米夏埃尔·萨莱夫斯基（Michael Salewski）准确地将循序渐进模型识别为单一归因。[4] 蒂莫西·梅森（Timothy Mason）将闪电战战略的理论评估为一种用于解释纳粹政权早期成功的事后捏造的理论。正如休·史壮恩爵士教授无比明确地指出的那样："因此，闪电战，在纯粹战役层面上可能还有些意义，但作为整体战略和经济理念，它是不存在的。"[5]

饶是如此，在第二次世界大战第一阶段的德国战事中，确实有一些并非新设的基本原则，它们全都源自传统的德国战役思想。[6] 闪电战，是德国传统战役方式在指挥与控制的质量方面更进一步的升级版。由于在空中和陆地的机动化，作为德国战役思想根基的部队调遣，再一次取得了超过火力的主导地位。第一次世界大战中严重不足的机动性，如今在新的维度上促进了德国战役思想的执行。早在 1940 年夏天，施蒂尔普纳格尔便在部队局的老部下，如今的将官、陆军档案馆（Heeresarchive）主任弗里德里希·冯·拉贝瑙的一篇名为《作战指挥的革命》（Revolution der Kriegführung）[7] 的文章中注意到了这个问题。拉贝瑙指出，和任何一场引入了新事物的战争一样，德军对坦克和飞机的使用，毫无疑问地影响了对波兰和法国的战役。但在最后，多年来时常被忽视的战争艺术的终极真理，还是再次得到了确认。因而，取得伟大成功的基础，一直是从施利芬起便在德国施行的战役学说，而它的基础，在于通过建立主攻方向和包围，摧毁敌方军队，从而达成速胜。执行这一教条的手段是运动战，它带来了快节奏的军事行动，并且正随着如今现代战争科技的发展而进一步加速。第一次世界大战中的堑壕战是由于对阵双方无法进行战役机动而导致的反常现象。根据拉贝瑙的说法，尽管受到了很多阻力，泽克特依然令运动战的理念多年来牢牢扎根于德国军队的战役思想中："泽克特知道他在做什么。他保留了总参谋部的决定性遗产，直至这些知识能够再一次转为可行的举措。运动战的趋势继续遵循施利芬的传统终极真理——坎尼之战的包围理念和通过合围摧毁敌军。"[8]

因此，这场战争毫无疑问地带来了许多新的理念，却没有取代传统的战役执行。相反，在东西两线的早期战役重新协调了指挥选项与军事能力——这是第一次世界大战期间偶尔出现的情况。这种协调有助于借助现代军事能力为运动战提速。在第一次世界大战期间引发质疑的基础性事实，"通过一位天才的努力"①而重新获得了验证。⁹ 这种对"希特勒的天才"的引用，是德国国防军最高指挥部决定阻止一份对施利芬和泽克特过誉的研究出版的原因之一。正如约德尔所言："我们的胜利肯定不只是因为重新认识了施利芬和泽克特。"¹⁰

尽管为了将早期的胜利归功于作为高明的军事指挥官的希特勒的能力，德国国防军最高指挥部付出了大量努力，然而他们却无法掩盖这样一个事实：自施利芬起，总参谋部就相信，要反击人力物力占优的敌人，并摧毁其军队，唯一的机会就是采取快速的、决定性的进攻战役。第一次世界大战中漫长的消耗战所留下的经验，令部队局以及后来重生的总参谋部的军事专家们确信，德国尤其无法赢得这样一场耗时长久的战争，因此它必须尽一切手段对之加以避免。在军事期刊和总参谋部内部，反对闪电战的警告声属于少数派。在他们之中，有经济部门参谋乔治·托马斯（Georg Thomas）将军，他认为短期战争纯属一厢情愿。这些批评与瓦尔特·赖因哈特和乔治·索尔丹等人所代表的传统不谋而合，他们将未来战争视作堑壕战和长期的消耗战。¹¹ 正如 1938 年部队局考察旅行的结果显示的那样¹²，哪怕路德维希·贝克在那一年的 7 月，批评了采用闪电战式的战役手段入侵捷克斯洛伐克的可行性时，他的观点也没有获得广泛的支持。在第二次世界大战开始前约一年，绝大多数 1938 年部队局考察旅行的参与者都和瓦尔特·冯·布劳希奇（Walther von Brauchitsch）一样，认为德国可以赢得两线战争的胜利。¹³

然而，没有一种关于闪电战战略的战役计划，是思虑周全、一以贯之、持续不断的。与 1914 年相反，德意志帝国在 1939 年进入第二次世界大战时，并未制订进行双线战争的战争计划。在总参谋部的文件中，没有"施利芬计划"，也没有"毛奇计划"。任何关于同波兰和西方国家两线战争的整体战略考量，都遭到了希特勒的断然阻扰。¹⁴ 对波兰的进攻并非整体战略理念中的一环。一项针对这两场战役的计划和执行的分析表明，对波兰和法国的胜利，确实是以传统德国战略思想为基础的，但它们并非一种经过深思熟虑的长期性闪电战战略带来的结果。相反，它们的凭依，是短期到中期的战役计划，以及对敌人

---

① 译者注：此处天才指希特勒。

所犯错误的利用。

未经计划的进攻：闪电战

当希特勒于 1939 年的 4 月底或 5 月初下令准备进攻波兰之后，总参谋部只有几个月的时间起草白色方案（Fall WEISS）。正如君特·布鲁门特里特（Günther Blumentritt）上校指出的那样，最初的战役局势对国防军十分有利："我国国境三面环抱波兰，这个国家如同被两只有力的手钳制般被粉碎。北面，东普鲁士可向东延伸，从南部边境进行包围的部队能够向南推进到华沙和布列斯特－利托夫斯克。另一方面，波兰—斯洛伐克边境在南面受到了由南向北的推力，其目标是克拉科夫和伦堡。"[15]

通过同时从南北两个方向进行夹击，摧毁集中在波兰的大规模敌军，对德国军队而言并非什么新鲜事。早在第一次世界大战之前及其初期阶段，总参谋部就讨论过这种战役。但由于恶劣的地理条件和军队低落的机动性，施利芬和法金汉都觉得这种夹击不可行，因此拒绝了它。然而，如今的坦克和飞机能够让国防军将夹击变得可能。因此，总参谋部计划通过让在西里西亚的陆军南方集团军群（Heeresgruppe Süd）会同在东普鲁士的陆军北方集团军群（Heeresgruppe Nord）发动集中进攻，摧毁波兰军队的主力。夹击的两翼会师点，将出现在华沙附近。在 1939 年 5 月的一次总参谋部考察旅行中，针对西方诸强、立陶宛和苏联支持下的波兰，炮兵上将弗兰茨·哈尔德（Franz Halder）进行了一次包围波兰的图上推演。[16] 演习的目的在于：

> 考察以下问题：通过大部队的快速突袭渗透，这一套雄心勃勃的战役计划能取得什么战绩；强大的机械化、摩托化部队的运动和补给所产生的问题要如何解决；在渗透入敌人的腹地后，装甲和摩托化部队该如何作战，才能赶在根据计划部署在西里西亚的敌军大部队整装出发、抵达前线干预战事之前，利用和扩大他们取得的成功；要如何迅速击溃部署在维斯瓦河河曲的波兰军队；以及如何为维斯瓦河东部的战役赢得有利的初期位置。[17]

哈尔德所描述的图上推演的目的表明，早在1939年夏天，总参谋部便为进攻制定了一套战役理念，但德军在执行以坦克为主力的运动战时，却缺乏解决其存在的基本问题的方案。对陆军总司令部而言，总参谋部考察旅行的结果令其美梦破灭。迅速摧毁维斯瓦河以西的敌方部队的战役目标并没能实现，在演习的事后检讨环节中，他们认为出现这一结果的原因有二：一是对机动部队的战役能力缺乏信心；二是对来自侧翼的威胁的顾虑。错误的主攻方向导致非必要的部队重组，这增加了时间的损失和设备的磨损。为了在将来防止这样的问题，哈尔德下令将侧翼的安全交给紧随其后的步兵部队。此外，摩托化应当更为迅速、猛烈地在战役最为有利的方位摧毁敌人。[18]哈尔德的解决方案，就是通过快速的包围机动摧毁敌人，这合乎德国战役思想的传统，同时也是对施利芬思想的突破，后者对侧翼的安全性十分重视。虽然陆军需要空军在战术战斗中提供直接支援，空军本身却在一开始就计划着集中最大的空中力量应对敌人展开中的部队。根据德国空军自己的学说，这一任务的优先程度，要高于为陆军提供直接支援。

1939年的总参谋部考察旅行表明，考虑到军队参差不齐的摩托化程度，总参谋部意识到了德国战役学说在实际执行中的问题。但是他们得出的解决方案，则是在接受其意识到的更大风险的前提下，进一步提升机动的速度。按照传统学说，这一解决方案同样完全忽视了此类进攻战役的后勤问题。总参谋部考察旅行中的最初形势也说明，尽管与希特勒的保证背道而驰，但总参谋部并不排除德国对波兰的进攻将引发双线或多线战争的可能性。所以，在维斯瓦河河曲处迅速歼灭波兰军队，是继续进行战争的必要条件[①]。在完成这项作战之后，任何苏联军队对战斗的干预，都将只发生在维斯瓦河以东[19]，同时德国将会在西线重新部署增援部队。

1939年8月22日，当希特勒再一次向国防军将领们宣告他"铁了心"要发动征服东方的战争时，他在很大程度上驳斥了将领们对最终无法拿下双线战争的担忧，并同时宣布了希特勒—斯大林条约的签署。他再次坚称西方国家将

---

①译者注：原文为拉丁文"conditio sine qua non"。

不会卷入冲突。[20] 尽管与会者中的不少人听到了希特勒的保证后，依旧怀着相当大的疑虑，军队领导层却并未对希特勒的战略指挥提出异议。尽管陆军总参谋部考察旅行的结果令人警醒，可是他们非但不引以为戒，反而向希特勒保证其能够在几周内完成对波兰的战争，以表达对希特勒计划的支持。[21]

与此同时，陆军的指挥官们对德军已经意识到的缺陷做出了反应，他们增加了部队的训练量，并计划在 1939 年 9 月进行延长的行军和野外训练。但这些行军和训练并没有发生。[22] 就在 1939 年 9 月 1 日短暂的动员阶段后，根据 1939 年 6 月 15 日白色方案的部署命令[23]，国防军不宣而战，对波兰发动了进攻。在战场实力方面，德军有 150 万士兵，仅仅略胜于波兰的 130 万。但是德军有 3600 辆坦克，而波兰军队只有 750 辆。在德国的 54 个师中，只有 15 个实现了完全摩托化，且能够执行快速作战。德国的空中优势同样是压倒性的，900 架基本过时了的波兰飞机，要对阵 1900 架德国飞机。因此，和总参谋部所计划的一样，国防军的机动化水平有显著提高，这促进了快速而机动的战役执行。

德国的决定性进攻力量，是在南部地区执行正面突破的第十集团军，在部署中它负责包围维斯瓦河西面的波兰军队，这一举动为广泛的包围创造了所需的条件。面对德国以装甲部队为基础，并伴有战术性空中力量支持的快速推进作战，波兰的线性防守显得十分脆弱。9 月 14 日，夹击的两翼在华沙会师。

波兰首都的西面，被围困在布楚拉河的波兰军队试图突破包围圈，却徒劳无功。由于担心无法完全消灭维斯瓦河西面的波兰军队，9 月 11 日，陆军总司令部在接近布格河以东的区域，发起了第二次包围战。苏联在 9 月 17 日对波兰的入侵，则终止了这一作战。在华沙沦陷后，最后一支波兰军队于 1939 年 10 月 6 日有条件投降。[24]

几周之内，德军就达成了其从两个方向进攻并完全摧毁维斯瓦河以西波兰军队主力的战役目标。国防军将这一成果归功于对施利芬和老毛奇制定的战役学说的完美执行。1939 年 11 月 16 日，第一航空队的参谋长威廉·施派德尔（Wilhelm Speidel）少将，在布拉格的一次为党和军队精英所做的演讲中，清晰地传达了那种理念。正如施派德尔所言，波兰战役中的夹击作战，是在外线巧妙进行大规模包围作战的完美范例。按照老毛奇的精神，士兵们应当分别行军并完成集结。施利芬的格言，"战役必须带来的结果，不该是寻常的胜利，而是彻底的毁灭"[25]，一直处于风口浪尖。根据施派德尔的说法，这实际上意味着不仅仅要毁灭敌人的地面部队，还要毁灭其整个武装力量。通过对敌方空军的战役性毁灭，德国空军也为这一目标做出了贡献。此外，德国空军支援了摧毁敌人基础设施、储备以及后勤的战役目标。只有这样，德国空军才能为陆军提供战术支持。

施派德尔明确指出，出于政治上的原因，德军必须迅速取得胜利，这明显是在针对西方盟国 1939 年 9 月 3 日的宣战。尽管希特勒做出了保证，国防军还是得在双线战争的威胁之下进行波兰战役。从施利芬的战役思想角度来看，当时的目标就是迅速依次击溃两个敌人，但和 1914 年相反，1939 年对波兰的进攻并非总体战略计划的一部分。与专门为双线战争制订的"施利芬计划"或"毛奇计划"相反，当前的战役被设计为用以应对孤立战线的单个敌国展开进攻。由于西方国家意料之外的参战，这场在地理上受限的单线战争，在几周内就演变成了一场双线战争。尽管德国总参谋部并未对此做过计划，但它依然成功在战略层面上完成了反向"施利芬计划"的第一阶段。两大对手中的一个遭到了毁灭性的失败，德军现在可以在一场单线战争中对第二个对手发动大规模的进攻，而不用顾虑来自背后的危险。因此，大部分德国军队被重新部署到了西部。

在迅速战胜波兰并与苏联结盟后，德国如今在大陆上只需面临与法国的单线战争。与 1914 年一样，当大不列颠最终进入战场时，德意志帝国还没做好进行一场世界大战的准备。德国的政治和军事领导层并没有从第一次世界大战中吸取任何经验教训。1939 年，德国还没有全面的战略战争计划。因此，不论是德国海军还是德国空军，都不具备与英国打仗的军事能力。[26]

曼施泰因在其个人战争日记中，概括性地总结了军事和政治领导层缺乏从军事冲突管理中吸取教训的意愿的情形。1939 年 10 月 24 日，他写道：

> 英格兰若是下决心继续抵抗，那么要战胜她，就只能通过海战或空战。若我们的舰队和空军无法有效封锁英格兰，先前任何消灭其大陆存在的陆战胜利（这或许会让她放弃抵抗）都将会是胜利的先决条件……但这个问题本该在我们进入战争之前，即早在 1939 年，面对是否能够完成军备

任务，特别是军队的内部决心与实力这个问题时，就得到妥善处理。当然，最后，政治家必须做出决定，是否必须在承担所有风险的情况下启动战争，因为如若不然，战争便可能在稍晚时候，以更为不利的条件被敌方强加给他。[27]

正如前任总参谋长路德维希·贝克预见的那样，总参谋部被事态的发展击败了。在精神上尚未准备好同法国作战的他们，并没有为西线的进攻准备一套战役计划。波兰战役中暴露出的战术和训练上的严重缺陷，令这一情况雪上加霜——这也是在早些时候的总参谋部考察旅行时就预料到的缺陷。军队的物资和装备也同样匮乏。

这些问题主要是国防军快速大扩军导致的。军队在 1939 年步入战争时，其机动力、装备质量和训练程度参差不齐。只有一部分"精锐部队"配备了高质量的装备，受到良好的训练，能够不受限制地进行运动战。在 157 个德国陆军师中，只有 16 个是完全摩托化的[28]，其余 90% 的陆军部队和第一次世界大战时一样，靠步行或者马匹行军，而且绝大部分装备的武器并不比第一次世界大战时好。[29] 至今依然停留在很多人脑海中的"完全机动化的德国闪电战陆军"的印象，其实源自于纳粹的虚假宣传。事实上，此时的德国陆军是一支"骡马大军"，它所使用的马匹数量，是"一战"时的两倍还多。绝大多数士兵只接受了几周的训练，并且与国家主义所宣传的年轻、有活力的前线战士形象相去甚远。德国总共只有 77 个师能够充分作战，其中有 10 个装甲师和 6 个摩托化师——也就是说，这只比 1918 年的米夏埃尔行动多了 5 个师。[30] 从机动化和装备的角度看，进入战争的德国军队是支二流军队。[31] 因为在 1939 年的将领们的观念中，部署快速军队的新想法与他们在"一战"中作为青年军官参战而获得的战争经验互相冲突，战术—战役思想在这一分歧中依然悬而未决。让事情更加困难的，则是军官团队拓展得太快、太大，统一的军事学说① 已经不复存在。

波兰战役暴露了士兵训练水平的不足，以及程度远超在战争初始阶段预计

----

① 译者注：原文为法语 "unité de doctrine"。

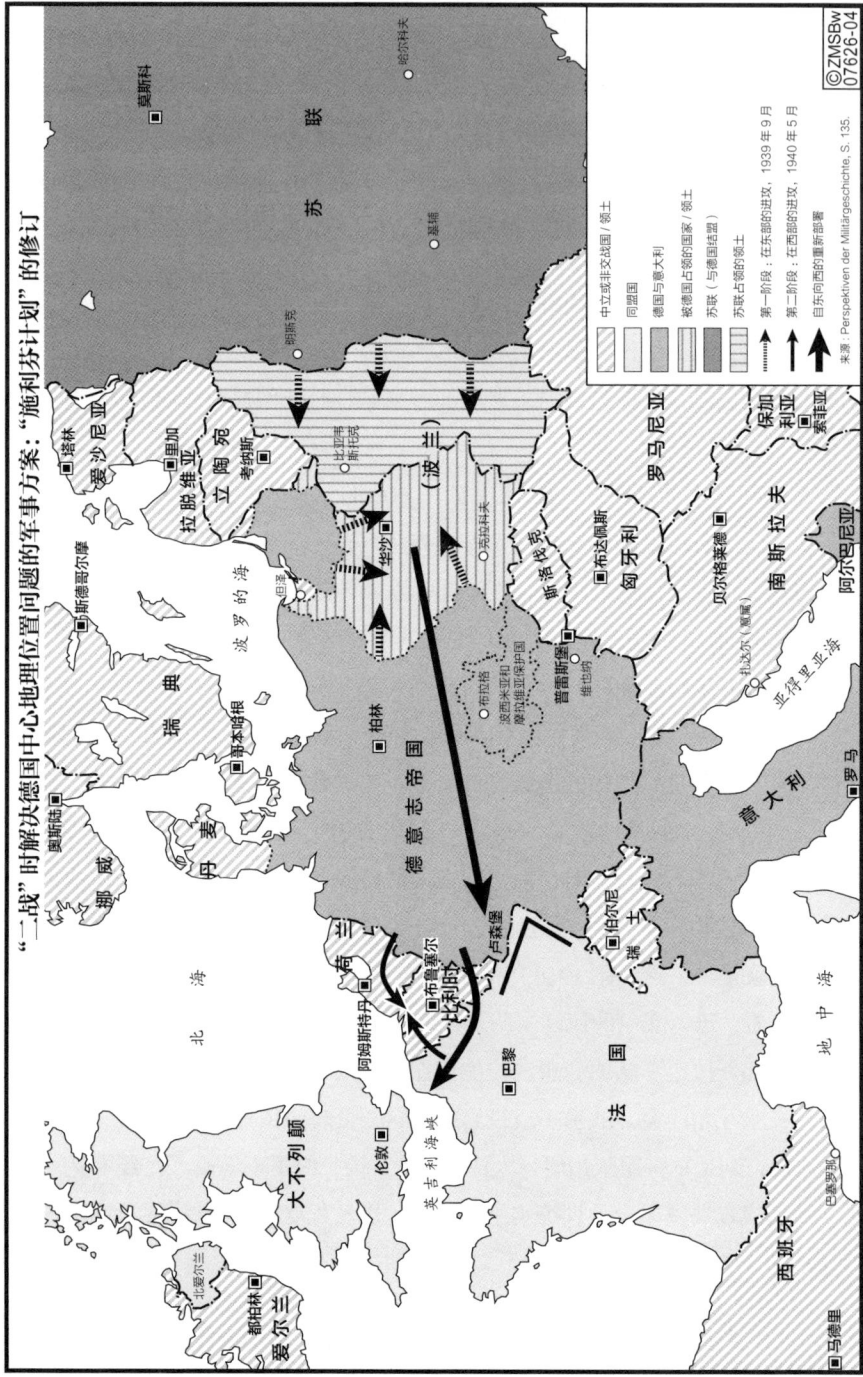

"二战"时解决德国中心地理位置问题的军事方案:"施利芬计划"的修订

中立或非交战国/领土
同盟国
德国与意大利
被德国占领的国家/领土
苏联（与德国结盟）
苏联占领的领土

第一阶段：在东部的进攻，1939年9月
第二阶段：在西部的进攻，1940年5月
自东向西的重新部署

来源：Perspektiven der Militärgeschichte, S. 135.

©ZMSBw
07626-04

会出现的典型摩擦。迅速建立国防军带来的反面后果，也因此变得十分明显。与第一次世界大战的士兵们相反，1938 年的士兵们在掌握任务流程和进攻方式上，出现了显而易见的不足，甚至装甲部队也无法掌握在华沙和布楚拉的诸兵种合同作战。[32] 和上一次战争一样，防御战的不足尤为引人注目。因为这样的不足和其他因素一起，令一些部队变得缺乏决心。1939 年 12 月 15 日，陆军总司令部不再将"迟滞作战"（Hinhaltenden Widerstand）视为一种获得许可的战斗形式。[33] 总参谋长指出，步兵甚至都没能达到接近 1914 年的训练水平。[34]

对此，陆军总司令部用大规模的训练项目作为回应。[35] 除了领导力训练，武器作战和战斗力也是部队训练的焦点。与此同时，陆军总司令部发布了一些修正后的规章制度和战术指令，其中部分借鉴了第一次世界大战的经验。[36] 为了获得更强的战斗力，步兵被重组并更好地武装了起来。[37] 一个在波兰战役中暴露出来的尤为严重的缺陷是，许多军官，其中甚至包括战役指挥层面的人员，不具备相应的履职能力。所以，指挥官们受到了专门的诸兵种合同作战执行方面的训练。[38] 这种训练的目的，在于提升指挥系统中的中层军官的能力，以执行总参谋部制定的战役理念。

尽管训练的启动带来了初步成功，但在特定的战争关键区域，物质上的形势却急剧恶化。和第一次世界大战时一样，开展快速战役所需的卡车数量严重不足。德国陆军仅有 12 万辆卡车用于提供快速机动作战所急需的后勤支持。因为橡胶严重短缺，在可见的未来内，汽车数量无法获得改善。因为德国的燃料形势也非常紧张，哈尔德在 1940 年 2 月甚至考虑过一个严格的"去摩托化项目"。[39]

正当德国军队尽一切努力提高部队进攻能力的时候，总参谋部开始了对法进攻的战役计划。但被希特勒提出过要求，且在施利芬的计划中有意达成的立即攻击，由于人力和装备上的限制，无法实现。直到 1940 年 5 月德国西线进攻开始，总参谋部才想出了几个战役计划。这些计划并未考虑直接突破法国马奇诺防线防御工事。这一决定很大程度上吸取了 1914 年德国在洛林的失败进攻中的惨痛教训。[40]

当德国总参谋部完成了在波兰的作战，开始计划一次在西线的进攻时，他们面临着和"一战"前相同的局势——比利时、荷兰、卢森堡三国的领土，是进攻法国唯一的中转区域。那些参加了第一次世界大战的双方军官们，当时还只是中尉和上尉，如今已成了将官。他们在"一战"中的经验，影响乃至关键性地决定了双方的战役计划。

盟军的计划制订者几乎可以确定，国防军将再次尝试"施利芬计划"。法国的右翼受到马奇诺防线保护，中间则有默兹河与阿登森林这两道在"一战"中堪称第一流的地形障碍作为地理屏障，在这种情况下，德国会再次选择通过佛兰德斯这块适合坦克行进的区域发动进攻，在逻辑上就显得理所当然了。为了及时给受到进攻的比利时人提供支援，并阻止像"一战"时那样在法国领土进行的战斗行动，盟军的将领们对德国进攻做出的回应是，让左翼朝着比利时和荷兰进军，同时右翼扎根马奇诺防线，从而让德军止步戴尔河—荷兰布雷达附近区域。[41] 在德国这一边，"施利芬计划"也出现在了地图上。因此，乍看之下，早期按照坦克速度做出调整的部署指令，会在很多地方看起来像略微更新过的"施利芬计划"，就没那么令人惊讶了。然而，这种相似度只是表面上的。当施利芬想要打一场快速的毁灭性战斗时，他只是将空间作为达成战场胜利的短期手段，1940 年初步部署指令的目标则是"尽可能多地在荷兰、比利时和北部法国获取空间，将其作为与英国进行有利的空战与海战的基础，并为鲁尔区关键区域建立广阔的正面地带"。[42]

当歼灭战和奔向大海的失败令德军无法占领海峡的中央战略位置时，执着于第一次世界大战经验的总参谋部军官们，只计划要面对面地将盟军部队赶回去，为的是中长期占领面朝英吉利海峡的战役—战略空间。[43] 这在很大程度上是持续干涉战役计划制订的希特勒的命令造成的后果，而他本身在波兰战役中却并没有这么做。然而，总参谋部导致的结果，正是盟军期望的。

希特勒并不满意总参谋部给出的战役草案。那些计划对他而言限制太多，缺乏惊喜。他将这些计划作为"军事学校学员的想法"予以拒绝。[44] 即使这种批评有点过分，它也无法从军事技术角度被摒除。除了明确形成的重心外，这个战役计划还缺乏承受风险的胆识，因此也就缺乏"著名的战役思想火花"，而这正是德国战役思想的特色。若最初的计划被执行，它们很有可能只能带来战术上而非战役上的胜利。由于在"一战"中作为西线青年军官的经历，德国的战役计划制订者们普遍对其敌人抱有极大的尊重。一项全方位的研究将揭示，总参谋部缺乏想象力的草案是否真如弗里泽尔（Frieser）所猜测的那样，是一种对抗行为，还是出于对从前敌人的敬重。

A 集团军群的参谋长，埃里希·冯·曼施泰因并不认同这个可预测的计划。对他而言，这场战争的决定性因素在于"在对抗同等条件下的对手时，军队的打击力量应当是独一无二的"。[45] 因此，正如施利芬所指出的，决定性的打击力量绝对不能用在增加对沿海地带的控制或者对阵更大规模的军队上，而是要用来达成场上全面决胜所必需的关键胜利。陆军总司令部缺乏进行这种歼灭战和决战的意愿；更为糟糕的是，如同曼施泰因看到的那样，其缺乏对胜利的信心。然而，考虑到曼施泰因与哈尔德之间的个人争端，我们对这种批评应该持保留态度。[46] 但不能否认的是，曼施泰因对陆军总司令部缺乏达成决战的意愿的基本批评是有效的，尤其是其对总参谋部放弃了德国战役思想支柱之一的批评。

1939 年 10 月，在曼施泰因的描述中，西线的战役态势是极为不利的，原因在于战役空间的局促以及敌人通过地形障碍、防御工事和反攻等方式，阻碍了德军取得速胜。1940 年春，曼施泰因制订了基于传统德国战役思想中战役计划的关键要素：包围、建立主攻方向、主动性、快速行动、进攻、突然性、承担风险的意愿，以及机动性。突然性这一要素尤为重要，通过在一个完全出乎敌人意料，又具备战役—战略重要性的关键点上巧妙运用空间和时间的方式，打出决定性的主攻。

后来被称为"镰刀收割"（Sichelschnitt）的曼施泰因的计划，其实指的是1940 年 5 月实际执行的那次。它完全遵照施利芬的思想，专注于快速的、出人意料的、决定性的歼灭战。基于同盟国的假设，德国部队会假装重演 1914年的"施利芬计划"，其中包括进攻荷兰。这次佯攻将验证盟军对预想中的德国进攻的评估，并诱使他们的部队前往比利时。与此同时，强大的德国摩托化部队将穿过号称无法通行的阿登森林，朝着色当进军。阿登森林在"一战"中已经被证明是个难以穿行的空间，部队哪怕要强行通过，也将十分缓慢，并面临着巨大的空中威胁。但德军穿行的区域位于马其诺防线的北端，那里只有比利时和法国之间孤立的防守阵地。在成功突破阿登之后，德国的进攻将继续向西进入索姆河的河口，而已经在比利时的盟军部队将被包围，并在一场大规模的歼灭战中被击败。[47]

总参谋部并不认同曼施泰因大胆的计划，并且拒绝通过德国国防军最高指挥部将其传达给希特勒。万分厌恶曼施泰因的哈尔德，用经典的方式解决了这个问题——将曼施泰因明升暗降到东线一个更高的职位上[①]。但与此同时，哈尔德自己的图上演练的结果，令他逐渐开始吸纳曼施泰因的战役理念。多少带着点阴谋色彩，哈尔德找了个机会向希特勒介绍了这种战役理念。巧合的是，希特勒本人也正考虑在色当附近突破。[48] 希特勒最终同意了这些想法。但正如弗里泽尔有理有据论证的，以及希特勒在战役期间所采取的行动显示的那样，希特勒只在战术层面上理解了"镰刀收割"计划，而非在战役层面。

　　1940 年 2 月中旬，以曼施泰因的理念为基础，总参谋部开始了关于西线进攻的战役计划，即黄色方案（Fall GELB）。该计划包含了对荷、比、卢三国的中立立场肆无忌惮地破坏。与从前的战役计划相反，"空间"和"时间"这两个绝对关键的因素会让新计划变得极度危险。其中，时间因素起到了要害作用。当摩托化部队行走于难行的道路上，或暴露于空袭的危险中时，应当尽可能快地执行机动推进。如果最迟未能在第五个进攻日强渡默兹河，盟军将看穿德国的战役计划，并能够发动必需的反制措施。雪上加霜的是，摩托化部队必定被包围。整个调遣将不得不在没有侧翼保护的情况下进行——这和哈尔德在1939 年总参谋部考察旅行的复盘会议中总结的完全一致。

　　正如总参谋部的战役计划清楚表明的，作为后续包围与歼灭敌军的先决条件，"突破"已经成了战役思想的决定性基础。如果没有一次成功的战术—战役突破，任何战果都将是奢谈。但成功突破必备的要素中包括了突然性、主攻方向的后续建立，以及灵活快速的战役进攻程序。只有当自主性能够不被干扰地维持时，德军才能在高风险的情况下成功达成最迫切的行动（Gesetz des Handelns）。

　　与波兰战役相比，国防军于 1940 年 5 月 10 日发动的进攻在人力物力两方面都相对薄弱——而且在决定性的领域，其质量上的劣势更为明显。[49] 当 B集团军群在北部假装重演了一场"施利芬计划"时，C 集团军群则在南部维持

────────────

　　① 审校者注：这一职位是指第三十八军军长。

防守态势。在中部的主要进攻则由 A 集团军群执行,摩托化部队的主力与德国空军被部署于此。在德国空军摧毁了敌人置于地面上的空军,并建立起空中优势之后,它便会开始为在色当的突破提供战术支援。德国空军成功地在第三个进攻日完成了这一任务。仅仅在 6 天后的 5 月 19 日,德国装甲集群的先遣部队便抵达了阿布维尔附近的海岸。在比利时的盟军部队被围困了。

但是在对阵敌军部队,尤其是在对阵英国远征军时,德国完全歼灭的战略却失效了。装甲部队的停顿[50],让英国领导人得以通过敦刻尔克撤走他们的绝大部分士兵,这使曼施泰因试图达成的战略性胜利大打折扣,缩水成了一次寻常的战役级胜利。[51]坎尼没有再现。在哈尔德看来,后来在红色方案(Fall ROT),也就是法国战役的第二阶段中,才达成了坎尼式的战果。[52]成功重组部队之后,德军在 6 月 5 日突破法军在索姆河的阵地,并用施利芬式的包抄,向南越过马奇诺防线的后方,而马奇诺防线同时遭到 C 集团军群的进攻与突破。[53]随后,法军在一场巨大歼灭战中落败,法国输掉了战争。

对法战争的成功,不仅要归功于德国的作战技能与盟军的失误,它还是波兰战役后启动的训练项目的成果。这一训练使德国赢下了法国战役——通过在战术—战役层面运用装甲部队展开诸兵种合同运动战。[54]国防军仅花费 6 周时间就击败了西方盟国的部队,而这在很大程度上,还是根据第一次世界大战理念进行的战役。执行机动作战的装甲部队,在默兹河达成战役奇袭之后,突破了法国的阵地。德国军队将步兵突击队战术和装甲部队的震慑力结合起来,并由作为"飞行炮兵"的俯冲轰炸机提供支援。[55]然而,法国战役取得成功的主要原因,并非德军众多笨重蹒跚的步兵师,而在于其机动化的"精英师"被投入主攻方向的中心。他们无视开放的侧翼,直接刺入战役纵深,以摧毁敌人的后备力量,将其部队包围并歼灭。大部分的步兵跟在装甲部队后行军。在法国战役期间,快速前进的摩托化部队与笨重的步兵大军间的空隙,比起在波兰战役期间变得更大了。而在第一次世界大战期间,这种空隙大小是由士兵的行军步伐决定的。

A 集团军群领导层想要调整装甲部队行军速度让其迁就步兵师,这让他们与包括古德里安和埃尔温·隆美尔少将在内的装甲部队指挥官们产生了严重的分歧。不断提及任务式指挥理念的装甲部队领导人,在未收到命令且缺少侧翼保护的情况下展开了攻击。正如"一战"中在巴黎的克鲁克和在坦能堡的佛朗索瓦所做的那样，古德里安和隆美尔独断专行，并用对他们有利的方式指挥战役。尤其是隆美尔，甚至像个连长那样指挥他的师。不过，胜利证明了他们的正确。

关于装甲部队的另一种用法的分歧，最终导致了在敦刻尔克的那个著名的停止进攻的命令。当时 A 集团军群的总指挥官，格尔德·冯·伦德施泰特大将（Gerd von Rundstedt）出于对敌人进攻侧翼的恐惧以及让步兵师赶上来的考虑，停止了进攻。这个命令引发了传统主义者和试图用最好的方式部署机动部队的改革派之间关系的公开破裂。这是一场多年来越演越烈，且仅在表面上被压制下来的冲突。尽管在 1940 年早春，总参谋部对大肆吹嘘的统一战役思想并无疑义，但错误的路线还是贯穿了所有的指挥层级，并反映在了军队内部体系对相应地位的争夺中。陆军总司令部、总参谋部，以及装甲师的指挥官们都坚持继续行军，而希特勒和德国国防军最高指挥部则赞同放缓坦克部队的速度。陆军总司令部无法在面对下属集团军群时坚持己见，因为伦德施泰特的观点得到了希特勒的力挺。

因此，法国战役暴露了总参谋部在第一次世界大战中已经十分明显的作战领导缺陷。参谋们并不总能成功地践行总参谋部的战役理念，但这一问题与他们本身的对错无关。和"一战"时一样，在战场上的领导人们强行制造了战役领导上的既成事实。这种对权威的局部稀释，是任务型指挥与控制原则造成的，且在一定程度上是德国指挥风格固有的——出于贯彻高级指挥官的意图，它明确允许指挥官在复杂局势下进行独立自主的战斗指挥。但在法国战役中，事情却并非总是如此。在其决胜阶段，与小毛奇在 1914 年遇到的情况如出一辙，总参谋部似乎受到了前线指挥官的驱使。在类似成功突破色当这样的紧要关头，哈尔德的谨慎态度，就和希特勒越来越多地"干涉"战役执行一样，确实让情况进一步恶化了。基于命令的指挥与控制理念从未预见过这类问题。事实上，它挑战了总参谋部对其核心领域——战役指挥的权威，其程度远非任何失控的师长或顽固的集团军群总司令所能导致。令这种情况更加复杂的，是国防军快速扩张导致的高级指挥官在战役训练上的不足。最终，这种训练不可避免地以在波兰和法国战役中边做边学的形式进行，而这种现象，将随着时间的流逝越发常见。但就这么下结论说隆美尔和古德里安没有获得足够的战役层面的训练，则未免肤浅。[56]

在内部的权力斗争与胜利的狂喜下，一个决定性的结构战役问题被忽略了，那便是该如何调和各种进攻速度。但是，这一疏漏带来的后果，将反过来在"巴巴罗萨"行动期间，用最戏剧化的方式困扰德国军队的领导层。

进攻："有计划的闪电战"

在法国战役取得成功之后，希特勒达到了他权力的巅峰。然而，他想让英德讲和，从而在欧洲大陆予取予求的愿望却未能实现。希特勒计划登陆大不列颠，但是在不列颠之战期间，德国输掉空战之后，"海狮"行动（SEELÖWE）就变得不再适用了。两个对手之间的战略僵局，暴露了一个拿破仑也曾面对过的窘境——一个自施利芬后，德意志帝国政治或军事领导人就不曾在其战役—战略计划中考虑过的窘境。在这种局势下，陆军与海军的指挥官们看出了在地中海进攻大不列颠这一选项，从而将战略重心向外围转移。然而，这种潜在的地中海替代战略很快就退居幕后，让位于一种大陆化的解决方案（即下文说的与苏联开战）。法国战役结束后不久，即使处于两线战争的风险之下，哈尔德也没有排除与苏联开战，从而迫使其承认德国在欧洲大陆的霸权地位的考虑。那么，在1940年的夏天，东线的局势又是怎样一番景象呢？

在对波战役结束后，陆军总司令部认为苏联的进攻远非燃眉之急，因此其只留下一小部分兵力驻扎在东线。在随后的德国西线战役期间，苏联通过将波罗的海国家并入苏联，要求割让比萨拉比亚，以及在占领区部署额外的红军部队等手段，加强了他们对"西部缓冲地带"的包围。作为回应，总参谋部制订了与苏联开战的常规战役计划。哈尔德将这些计划的准备工作分配给第十八集团军司令部，后者在完成法国战役后被重新派驻到了东普鲁士。总参谋部的目的，是在东部建立一支打击力量，以抵御任何苏联的进攻。这种防御是机动的、具备进攻性的。给予东方国家的领土安全保障，同样在哈尔德的思想中有重要作用。他也不相信德国能够迅速战胜英国。因此，哈尔德的常规作战聚焦于东部的潜在敌人，而且从1940年7月初起，他就让总参谋部作战处检验对苏联开展旨在迫使其承认德国在欧洲霸权地位的方案。[57] 在德国的传统中，执行这样的战役，要用到快速的、决定性的战役。在其自身制度规范的框架内运作的总参谋部，并未受到希特勒的任何影响，它开始针对大陆上最危险的潜在敌人，就任何可能发生的情况制订计划，因此其考虑到了发生两线战争的可能性。根据传统的德国战役—战略思想，计划制订者们相信，短期的两线战争是可以接受、能被实施的。他们的考虑基于缓慢增长的，对通过间接战略击败英军的怀疑。按照第一次世界大战的经验，德国若要与同美国结盟的英国进行更长时间的消耗战，只有在其确保夺取苏联的原材料和工业中心后，才有实施的可能。

在同英国并不成功的"和平接洽"（Friedensavancen）后，希特勒于 7 月 22 日发布了解决"苏联问题"的最初命令。此时，德军已经有了超越单纯防御的对苏战争的常规计划方案。[58] 在接下来的几天或几周内，这些计划吸收了希特勒进行"生存空间之战"（Lebensraumkrieg）的决定性意图。[59] 从战略层面上看，希特勒将生存空间之战和对英国的战争捆绑在一起，后者在欧洲大陆上的控制力将随着德国战胜苏联告终。同时，这一战略的目标是阻止美国被卷入战争，从而减轻日本与美国的潜在冲突，并确保殖民地区域，以便在经济上长期支撑世界大战的进行。这场战争的目的，不在于先发制人地消灭苏联的战争机器，而是通过战胜苏联以维护德国在欧洲大陆的霸权，并为战事的持续进行提供初始位置。和之前及当下的修正主义者认为的，进攻苏联是一场预防性战争的观点相反，它实际上就是一场为了扩大权力而发动的侵略战，并成了为争夺在东部的生存空间而进行的种族灭绝的意识形态战争。[60]

1940 年 7 月 31 日，希特勒终于向德军高层宣布了其消灭苏联的意图。哈尔德在他的战争日记中写道："在这场冲突的进程中，苏联必须被击倒，1941 年春。我们越快摧毁苏联越好。"[61]

决定启动进攻苏联的计划，给了希特勒一个与英国直接进行战争的战略备选项。接下来几个月，他对此举棋不定、犹疑不决。总参谋部也继续发展两种战略选项。除了关于东部战役的最初研究，总参谋部还继续完善了地中海的计划，其中就包括袭击直布罗陀。尽管如此，虽然看起来信心十足，但一系列无法估量的两线战争的因素依然让总参谋部忧虑不已。而他们最担心的事实，便是哈尔德与布劳希奇无法确定，德国战胜苏联是否就真能将英国瓦解。西线的风险水平不容低估，尤其在地中海区域。[62]

对苏联的战争计划并不仅仅由负责总体领导的陆军总参谋部推动，海军、空军和德国国防军最高指挥部也参与其中。海军总司令埃里希·雷德尔（Erich Raeder）元帅反对更换海军战略，所以海军后来在对苏战争中只被派去执行保护波罗的海航运这样的次要任务，重心继续被放在与英国的海战上。[63] 德国空军则被下令要与陆军合作。它最初的任务便是消灭苏联空军，对陆军作战的直接支持只是第二优先，德军当时并没有空袭苏联经济与军备中心的计划。[64]

就在希特勒告知陆军总司令部他的意图后，总参谋部派出埃里希·马尔克斯（Erich Marcks）少将当即展开制订战役计划。最初对苏战役的考量已经表明，该国广阔的疆域和战略及经济因素将对战役计划产生决定性的影响。基于德国在第一次世界大战期间被封锁的过往，它有必要取得对莫斯科和列宁格勒这两个工业中心、高加索与乌拉尔的原材料与工业区，以及最为关键的苏联粮食产地乌克兰的控制，用以维持耗时多年的消耗战。"一战"中，德国在饥饿寒冬里的苦痛经历，以及德国人口无法自给自足的想法，缔造了"以战养战的战争"（Ernährungskrieg），并使得占领苏联的粮仓成了重要的优先事

海军元帅埃里希·雷德尔（德国海军总司令）、威廉·凯特尔元帅（国防军最高指挥部总司令）、埃哈德·米尔希元帅（Erhard Milch，德国空军总监），以及弗里德里希·弗罗姆大将（陆军军备主任及国防军预备军总司令）和阿道夫·希特勒在1940年10月的一次国家典礼上
摄影师：海因里希·霍夫曼
德国联邦档案馆 /183-1983-0210-507

在苏联前线：1941年9月，陆军北方集团军群总司令威廉·李特尔·冯·利布，和第十八军总司令乔治·冯·屈希勒尔大将，在克拉斯诺耶村附近的一个炮兵前方观察哨
摄影师：施勒特尔
德国联邦档案馆 /183-B12786

1940年5—6月，希特勒和他的参谋们在元首总部
德国联邦档案馆/183-R99057

炮兵上将弗兰茨·哈尔德
肖像摄影
ca. 1938或1939
德国联邦档案馆/146-1970-052-08

项。这不仅仅是希特勒和众多经济权威关注的焦点，也同样吸引着德国国防军最高指挥部的乔治·托马斯将军和德国国防军最高指挥部经济参谋部政策处处长威廉·贝克上校的目光。所以，占领乌克兰，此时就不是做不做，而是何时去做的问题了。[65]

相较于陆军总司令部，德国国防军最高指挥部在应对经济战争问题时花了大力气，以让它与战役结合。尽管海军在所有军事贸易战中处于领先位置，第一次世界大战的经验，以及第三届陆军最高指挥部在战争最后一年所采取的行动还是清楚地表明，占据那些对战争而言至关重要的地区，尤其是产粮区，才是成功执行长时间消耗战的前提条件。在陆军总司令部主要固守其基于快速削减敌方资源的战役思想的同时，德国国防军最高指挥部采用了一种更为"现代"的手段，并规划了一场为期数年的消耗战——明知这种形式的战争可能会引向"彻底地粉碎，甚至将灭绝敌占区作为最终目标"，并令任何"战争的道义观念"付之阙如。因此，不论道德或国际法上的条例做出怎样的约束，战争仍将必然演变为毁灭战。[66]

尽管这些想法源自军事功利主义，但它却与纳粹的意识形态有着惊人的相似。此时，德国军方距离纳粹意识形态被纳入战役—经济战争计划，仅有一步之遥。考虑到二者之间的紧张关系，陆军总司令部是否应该知悉国防军最高指挥部的战役—经济战争计划，以及该计划被透露到何种程度，尚未得到充分研究。可以肯定的是，哈尔德断然拒绝了所有"关于战役执行的经济要求"，因为这么做违背了陆军的战役思想。[67] 但是，有广泛基础的、能让大德意志帝国在和英美两国长时间消耗战中保有自主权的经济因素，被用于严格限制战役的执行——而这恰恰是长期被总参谋长忽视的一个事实。

打一开始，总参谋部的战役计划就由于希特勒与陆军总司令部未能就战役目标达成一致而受限。虽然希特勒主要关注的是占领军事—经济地区和政治中心，遵循传统战役思想的总参谋部则重视对敌军的歼灭。然而，希特勒确实支持了对基辅和莫斯科以及后来的列宁格勒的平行夹击作战。这些行动之后，德国将发动一波针对巴库附近油田的攻势。由此，通过在北方占领波罗的海三国和乌克兰，以及之后在南方占领巴库，希特勒在地理上的侧翼建立了攻势重心。哈尔德并不认同这些想法，他计划向着莫斯科推进，从而将重心放在中部。他的目标是攻占莫斯科以摧毁苏联中部铁路网，继而歼灭他认为大量集结在莫斯科前方的苏军预备队。对哈尔德而言，进攻基辅与列宁格勒，不过是为了在主要行动中确保侧翼安全罢了。

埃里希·马尔克斯将军在8月初提交了"东线战役草案"。[68] 尽管该计划包括占领苏联南部与北部的经济区域，其焦点还是在于夺取莫斯科。作为苏联政治经济中心，其首都的沦陷将会加速整个国家的灭亡。在夺取城市并歼灭了北部的苏军后，马尔克斯下一步的计划是与南方集团军群合兵一处，用规模庞大的夹击攻打乌克兰，最终抵达罗斯托夫—阿尔汉格尔斯克线，德国空军将从这里摧毁乌拉尔的苏联工业区。

为了按照他自己的想法推进计划的进程，哈尔德在8月初任命公认的战役大师及装甲专家弗里德里希·保卢斯（Friedrich Paulus）中将总体协调战役计划。保卢斯引领了战役计划的制订，并成功将其贯彻在一些图上推演中。[69] 在制订计划的过程中，希特勒并未对进攻苏联的战争计划做出任何评论。只有在11月同苏联外交人民委员维亚切斯拉夫·莫洛托夫的交涉失败后，希特勒才利用12月5日在陆军总司令部的简报会，强调欧洲的霸权必须建立在对俄战争之上。希特勒在原则上接受了哈尔德的战役计划，该计划强调要先将苏联部队打散，再逐个击破。[70] 但希特勒没有回答建立重心的问题，尤其是关乎进攻莫斯科的问题。他还宣称，即将到来的春天，是战役的最佳时机。

然而，这并非关于战役执行的明确决策，因为希特勒仍在考虑将战争的战略重心置于地中海的方案。[71] 接下来的几周，他放弃了"地中海替代性战略"，转而支持在东线的进攻。1941 年 2 月隆美尔治下的德国非洲军被派到利比亚的部署，以及 1941 年 4 月巴尔干战役"马里塔行动"，基本上都是为了协助德国的盟友意大利而做的努力。对希特勒而言，地中海是次级战区，只在争取时间的战斗中占据外围地位。[72]

1940 年 12 月 18 日，德国国防军最高指挥部所准备的第 21 号元首令确认了进攻苏联的战役目标。希特勒亲自宣告了他的战役理念。按照他的计划，尽管德军主力仍旧布置在中央集团军群，但该集团军群第一阶段并非直捣莫斯科，而是转向北进，与北方集团军群协作，歼灭北部的苏军并攻占波罗的海国家和列宁格勒。进攻的第一阶段在于消灭第聂伯—德维纳线以西的苏联军队。对莫斯科的攻势，只会在该行动完成，并做好了后勤停顿和重组后才会开始。"只有快速消灭苏联军队，才能证明德军战役思想同时针对两个目标的合理性。"[73] 哈尔德依然深信他的战役理念是正确的，但他也承认该理念的从属地位。他乐观地认定，后续的发展将会验证他的正确性。哈尔德还一再尝试在工作层面增加对他有利的变化，而这在几个月里造成了计划之间的摩擦。但哈尔德无法绕开希特勒对经济和意识形态因素的关注，而且他多次宣称莫斯科对他而言完全无关紧要。此外，希特勒将第十二集团军从南方集团军群中抽调出来，投入巴尔干战役。这使得哈尔德计划要交由南方集团军群进行的保卫战无法执行。[74]

希特勒在 1941 年 6 月 8 日"巴巴罗萨"行动的最终部署中，基本确认了他的战役—战略理念。其中并未提到主力在莫斯科的推进，攻势的重心被放在侧翼上。[75] 但最终的战役计划，其实是未能明确建立重心的不同战役理念间的妥协。其原因在于，在计划制订阶段，希特勒与陆军总司令部并未就战役的战役目标达成一致。尽管哈尔德认为歼灭敌军是战役目标，但希特勒却只在口头上说要歼灭红军，其战争终极目标还是攻占经济重要地区。古德里安在他的回忆录中直指这一困境的核心："三大集团军群实力相近，他们带着不同的目标开展攻击。看起来，他们没有单一、明确的战役目标。从专业化的角度看，这可不太妙。"[76]

歼灭红军后，德国要如何迫使苏联媾和，这一问题尚未得到解决。哈尔德与希特勒在战役上的冲突动摇了总参谋部战役思想的基础。希特勒轻视通过决定性的战斗歼灭敌军的教条，认为这不适用于意在获取经济与意识形态收益的作战中。于是，下一个问题便是：为何哈尔德和布劳希奇能容许希特勒肆无忌惮地对老毛奇时期以来便专属于总参谋部的领域进行干涉？毫无疑问，哈尔德认识到了希特勒迄今为止所做的战略决策的有效性。尽管有来自许多方面的牵制，但希特勒还是比德国军官团队想象中更快速地推动了德国作为大国的野心。考虑到希特勒通过这些成功取得的权力地位，哈尔德对他在面对希特勒、德国国防军最高指挥部和德国空军时，捍卫自己信念的能力不甚乐观。整体局势让哈尔德相信，他只有把战役决断拖到战役顺利展开的前一刻，才能防止希特勒对战役执行的干预。哈尔德对总参谋部出色的战役技巧深信不疑，他正在等待一次危机，在这次危机中，他将坚持自己卓越的能力和经验。哈尔德确信，他能够展现德国唯一正确的战役解决方案。[77] 正如历史学家曼弗雷德·梅塞施密特（Manfred Messerschmidt）所言，成功将令希特勒沿着总参谋部希望的方向前进。[78] 然而这种希望后来被证明只是幻影。

从一开始，"巴巴罗萨"行动就被设计成一场闪电战。在最初的边境战斗中，迅速的、意在决胜的战役就将大规模地摧毁苏联红军。除了空间因素外，时间因素也起到了决定性的作用。马尔克斯将军预估，整个战役需要 9 至 17 周的时间。[79] 进攻始于初夏，哈尔德预计在 1941 年秋季将其完成——即 8 至 10 周后，希特勒则假设需要 21 周。许多外国观察家同意德国的评估。[80] 对速胜的信心压倒了军事领导人对这次进攻可能引发的双线战争的担忧。在他们看来，这是个与苏联速战速决的良机，他们可以避免双线战争，进而能够在正确的时机处理后续的单线战争。

考虑到苏联如同向东开口的漏斗般的广阔纵深，以及穿插其中的众多横亘在进军方向上的河流，加上与西方相比糟糕的交通运输基础设施，德军高层是如何相信他们能够速胜的？从一开始，德国总参谋部就是在相对劣势的基础上进行战役的规划。他们不但低估了苏联红军的真正实力[81]，还小觑了他们的军事能力。[82] 对于必须在不利处境下发动进攻的前景，总参谋部并未做过多的担心，这也和施利芬时代起的德国战争理念相呼应。在自然、物资、士兵，以及尤其是在指挥官质量上的优势是德国的基本自我评价；此外，在希特勒和其将领们的评估中，苏联军事实力低落[83]，因为苏联在 1920 年对波兰与 1939—1940 年对芬兰的两场战争中，暴露了其自身羸弱的中高层指挥领导能力。德军那些近期所做的观察，则巩固了德国在第一次世界大战中得到的经验，即数量处于劣势的德军曾在次要战区的东线击败了沙皇军队，并占领了苏联的大片区域。这样的经验滋长了德国对其军事指挥优势的确定，以及苏联内部会因多民族背景而变得脆弱的错觉。[84] 因此，复制"1918 年铁路部署"成了陆军总司令部计划中的核心要素，因为马尔克斯计划用类似的铁路部署执行对俄战役。

对苏联红军领导能力的轻视，与其说是基于少数德国国防军高层的"一战"经验，不如说是一种社会建构，它并非基于第一次世界大战中的战役经验，而是基于对敌人的刻板印象。[85] 他们认为，头脑简单的苏联士兵比不上德国士兵——种族意识形态显然在其中作祟。苏联士兵了不起的勇气和他们在最不利的情况下战斗的能力，在很大程度上被忽视了[86]，同样被忽视的，还有老毛奇、施利芬，以及法金汉都明确警告过的，苏联那取之不尽的人力物力及它广阔的空间。[87]1914 年曾令人畏惧的"俄国压路机"形象，在 1940 年变为了根基不稳的巨人。考虑到对敌人这种程度上的评估大多是人为的，总参谋部会忽略任何与他们既有印象不符的事实，也就不足为奇了——比如说，1939 年 8 月，苏联在哈拉欣河会战中击败日本第六军的表现。[88]

这是一个巨大的错误，因为哈拉欣河会战展现了苏联红军协同机械化部队和空中支援部队进行诸兵种合同作战的能力。即使所谓的战争经验确实产生了重大影响，德国产生优越感的真正理由，还是来源于其在进攻波兰，尤其是在进攻法国时取得的军事成功。在西线获胜之后，国防军坚信，由"精锐部队"推行的快速的、获得空军支援的装甲作战，正是德军的胜利之道——换言之，就是用机动性弥补数量上的不足。这一概念似乎只需要一些渐进式的提升。进攻的危机看来是可以克服的，于是，在"巴巴罗萨计划"的准备阶段，装甲师的数量增加了，同时每个师所配备的坦克数量则相应减少。[89] 德军通过增加每个师摩托化步兵和其他支援单位的方式补偿了坦克数量减少带来的装甲师战斗力下降。另一项补偿则是以增加摩托化部队的数量而实现的机动力的提高。敌方防御地带将被诸兵种合成部队强行突入，这有利于装甲部队对战役纵深的后续利用。[90] 和德法战役一样，突袭和主动性是德国选择的武器。

在战术—战役层面上，德国认为苏联红军将被快速机动部队的双重包围击溃。传统的战役流程被称作"包围战"（Kesselschlacht）。一场成功的双重包围，需要占据主动，并具备迫使敌人立即采取行动的能力。包围战的执行，出于战略进攻的考量，也可以服务于战略防御，1914 年的坦能堡之战就是后者的一个例子。[91] 关键是，在可用的时间和空间内，德国可以达成预期战役目标所需的行动自由。一次成功的包围战——这同时也是德国战役思想中的一个绝对条件——即使在以寡敌众的情况下，也能取胜。双重包围的成功，离不开进攻部队尽可能地集中在最小空间这一基本条件，这是为了确保其在重心具备局部的（也可能是暂时的）优势。在执行了最初的突破后，进攻必须迅速向深处推进，无论其侧翼有没有得到充分掩护。当然，这就要求德军具备复杂的协调措施了。但整个流程都要仰仗顺畅而快速的启动，而且随后的进攻必须在保持自由行动和自主性优势的前提下推进，从而深入敌军，获取胜利。取胜的绝对条件，是领导层的战术和战役层面之间必须紧密协调，以及投入的国防军兵力必须有统一的指挥流程。[92]

大部分德国军事精英深信，坦克和飞机相结合的机动、灵活的战役执行，能确保战役—战略上的成功。这种战争的形式被称为"闪电战"，与始于老毛奇时代的传统战役思想相呼应，它的重点在于用速度和机动性弥补人力物力上的不足。由内燃机驱动的车辆和飞机，使得执行这种战役思想所依据的快速、机动、宽地幅的作战成了可能，但在"一战"中，这受限于机动性，故可能无法获得充分执行。

因此，传统德国思想中最重要的参数，其中包括机动性、进攻、主动性、重心的建立、包围、突然性和毁灭，如今都在国防军的战役指挥和控制系统中齐聚一堂，并被命名为"闪电战"。这些参数，都是"巴巴罗萨"行动计划中的关键内容。马尔克斯强调，出其不意、快速行动以及机动性是在东线战役中进攻成功的原则。深层次的战役目标，除了摧毁敌人的补给和通信线以外，还有对敌方的军事武装进行双重包围和毁灭。由于作战区域的大小和苏联红军的实力，"巴巴罗萨计划"预想了多场而非一场的包围战——可谓是"一连串的坎尼"。这种作战形式，基于总参谋部迫使部队立即对敌展开行动以及获取主动权的意图，但由于陆军总司令部与希特勒之间的协调不足，其重心的建立也相应地被稀释。

德国的政治和军事领导人都认为，苏联的经济将在失去被占领地带后崩溃。第一次世界大战的经验，以及德国人深信意识形态"证明"了布尔什维主义的不足的过时信息，共同佐证了这一论断。其他迹象则被忽略，因为它们并不符合德军想象中的局势蓝图。例如，1940 年 8 月德国人对苏联进行的军事—地理研究，就提供了苏联工业能力的真实图景，并就苏联不会在失去其西部工业区后崩溃一事提出警告，其原因在于苏联的西伯利亚现代化工业中心的建立。军事地理学家对于战役地幅纵深以及难以开展机动化战斗的恶劣气候环境所做出的警告，只不过被初步融入了基于第一次世界大战经验和德国人天生的优越感而做的局势评估中，除此之外它在极大程度上被搁置在一旁。由于假定的战斗经验、种族意识形态上的盲目，加上对自身的高估，德国基本上不可能对局势做出不偏不倚的评估。因此，有序的军事局势评估所固有的对假设的核实，并未形成。

另一个与战役思想紧密相关的问题是，德军依然没有找到进攻苏联的方式。快速而机动的战役的执行，绝对需要灵活机动、跨越很大地幅的后勤系统以应对战役所展开的广阔空间。在两次世界大战之间的时期内，这一德国战役思想的核心问题被纯粹战役因素的首要地位压制，尽管机动化带来的行军速率的增长对后勤需求提出了更高的要求。[93] 哪怕有了"一战"中的经验，德军内部仍未完成将战地中士兵们的伙伴，从铁路变为机动车辆的运输上的转换。[94]与此同时，德国铁路系统中长期存在的问题，也没能得到矫正。[95]

除了少数几个特例，以哈尔德为首的总参谋部并未对后勤问题表现出太大兴趣。[96] 尽管所有形式的后勤都在现代运动战中取得了极为重要的地位，但若是一名军官被平调或提拔至被认为是第二流的运输或供给部门，这位"受害人"几乎总会被认为是受到了"惩罚性调职"。[97]

传统上，德国陆军的战役思想和后勤体系也只适用于德国及与其接邻的中欧地区。第一次世界大战暴露了该系统的局限性。尽管如此，人们仍普遍认为，在东线悬而未决的战役中，任何后勤问题都能通过德国引以为豪的灵活应变能力获得解决。战役专家们用后勤人员（die Versorger）总能设法"想出"一套后勤解决方案的说辞，逃避了这一问题。[98]

"巴巴罗萨"行动的准备工作将战役的首要地位推向了它的极限。其任务是，在广阔的行动区域内，为超过300万士兵、约50万辆汽车和近30万匹马，以及在远超任何德国从前的军事战役范围的快速进攻提供后勤保障。此外，广袤的地理环境、糟糕的交通条件、贫乏的基础设施，以及苏联极端的气候，都和德国发展其执行战役的理念所在的中欧及西欧情况大相径庭。除此之外，时间限制压缩了后勤计划的流程。战役要求为突击部队提供快速而机动的补给，其最初的进攻宽度为2000公里，随着战役向东推进，它也像漏斗一样拓宽至3000公里。从中心偏离出去的战役目标，距离最初的基地有1500公里远。德军面临的最关键的挑战在于为机动化部队提供足够的补给，因为苏联的铁路网络在战役的最初几周，只能发挥有限的作用。

总参谋部预计，在战役期间会出现补给问题，但由于闪电战持续的时间很短，他们认为这些问题可以忽略不计。按照战役专家们的说法，后勤不是一个会严重延缓甚至威胁战役成功的因素。[99]因此，德军后勤系统是基于短期战役运作的。在战役最初的战争决策阶段，总参谋部认为补给系统将通过公路上行驶的卡车运作。基于500公里的战役纵深。军需总监爱德华·瓦格纳（Eduard Wagner）将军制定了一套特殊的供给系统，其两倍于第一次世界大战中达到的纵深。[100]和两个世纪前的先辈们那样，因为可用的运力和作战区域的宽度只能容许燃料、弹药以及备用的零部件批量运输的缘故，这样的供给系统要求士兵们在行动预计持续的4到5个月时间内，自行在乡间觅食。[101]这是唯一一套能够确保快速战役所需的后勤补给系统。每个集团军群都分配了足够的卡车，用于批量装载他们大约2万吨重的装备。随后的战役第二阶段所需的补给，则将在比后勤重组时间更长的、战役层面的停顿之后，由修复后的铁路系统提供。因此，最大的风险存在于后勤领域。国防军中压根就没有其设想中快速而灵活的战役所需要的完全摩托化的补给系统。[102]尽管存在这么多重组上的困难，但不论是总参谋部抑或是希特勒，都不认为运输或补给问题会严重危害战役的进行。按照传统，后勤问题总被认为无足轻重。[103]就算真有问题要发生，那也是在更长的一段时间之后了。基于德国领导人对自身优势和胜利的满满自信，没有人真的相信打一场长期战役的可能性。和第一次世界大战开始时一样，他们还想着回家过圣诞节。[104]

正如战后被广泛报道的一样，尽管存在显而易见的风险，但只有少数人在进攻苏联前夕，对德意志的败亡忧心忡忡。这种情绪在宣传部长约瑟夫·戈培尔身上尤为典型，他在 1941 年 6 月 16 日的日记中这样写道：

> 苏联大概能动用 180~200 个师，可能还会再少一点，约莫和我们所拥有的数量相同。在人员和物资质量方面，他们和我们判若云泥。进攻的推进最初将在几个地方进行，它们将自然地达成。希特勒预计这一行动将耗时 4 个月；我预估所用时间会更短。布尔什维主义者将如同纸牌搭成的房子般崩溃。我们面对的是一场前所未有的胜利。我们必须行动起来。莫斯科想要的，是直到欧洲疲敝、血流成河之前，都独立于战场之外。[105]

在罗马尼亚军队的支援下，国防军的南方、中央以及北方集团军群，在 1941 年 6 月 22 日早间发动了进攻。这种在战役思想中被认为是战役成功决定性条件的突袭之所以奏效，是因为国防军在违背国际法的情况下，对苏联不宣而战，同时斯大林也忽视了所有关于德国进攻的预兆和警示。

德军在进攻的早期阶段取得了重大成果。德国空军摧毁了苏联 8000 架飞机的近四分之一，并且在几天内就占据了空中优势。这反过来为地面部队的空中战术支援创造了机会。7 月初，德国的前锋部队已经深入苏联领土 400 公里。德国指挥层普遍对胜利充满信心。哈尔德相信，第一阶段进攻的战役目标，也就是摧毁西德维纳河与第聂伯河地区的苏联部队的目标，已然实现。7 月 3 日，他在其个人战争日志中写道："如果我宣称苏联战役将在 14 天内取得胜利，我不是在说大话。当然，到那个时候战役还不算完成。广阔的空间和激烈的抵抗将继续给我们带来麻烦。"[106]

德国总参谋长中，很少有人像当时的哈尔德一样，在评估局势时犯下如此明显的错误。诚然，苏联红军在人力物力方面损失惨重。费尔多·冯·博克（Fedor von Bock）元帅治下的中央集团军群中，由古德里安率领的第 2 装甲集群和赫尔曼·霍特（Hermann Hoth）大将率领的第 3 装甲集群，对主攻方向的中心位置发动了进攻。在比亚韦斯托克和明斯克，他们用装甲军打了几场坎尼式的大战。[107] 然而，南方集团军群的进军十分缓慢，原因在于其遭到了苏联意料之外的坚韧抵抗。苏军损失惨重，但他们既没有被包围，也没有被摧毁。同时，尽管北方集团军群比南方集团军群更快地突破了苏联的防守阵地，苏联军队依然成功地向东撤退，避开了计划中在波罗的海国家的包围。

位于侧翼的两大集团军群都未能达成战役自由，他们只是成功地从正面将苏联军队往后推。因此，在边境地区摧毁苏联部队的初期战役目标未能实现。苏联红军的进攻力量依然未被破坏。后来在斯摩棱斯克包围战中取得的成功并未改变这一局势。[108]

苏联战役的第一阶段已经说明，同法国战役一样，在很大程度上依靠马匹机动的德国陆军师并没有跟上摩托化部队行军所需的速度和机动性。由于装甲师在步兵赶上之前无法继续向前推进，负责在包围战中摧毁苏联红军部队的步兵师如何向前移动，成了一个战役层面的难题。随着战役的进行，装甲部队和步兵之间的争议很快就爆发了。是该采取大规模包围，还是小规模包围，这一问题很快演变成了一场战役学说的激辩。尽管装甲集群指挥官霍特和古德里安在博克的支持下，赞同直达东部的大型包围，但陆军总司令部、希特勒则与步兵集团军的将领一样，倾向于能被更快清理的小型包围。[109] 这场论战，从战役甫一开始，就令战役的执行陷入瘫痪。陆军总司令部形成小型包围的决定，是基于步兵部队的要求，但它同样也被用于牵制装甲部队将领。如同法国战役展示的那样，有着"良好的普鲁士式传统"的装甲部队指挥官们，有一种放任他们不受控制的冲动的倾向。但是，由于陆军总司令部对 1914 年 8 月至 9 月间德国右翼指挥官未经授权的行动历历在目，他们打算在这次战役中紧紧地控制各集团军群及其下属集团军的指挥官，以保持严格的战役意识。与通过命令进行指挥的精神相反，哈尔德鼓励集团军群的指挥将领们，要施加严厉的控制，并把他们的意志推行到下级部队的战术执行中。[110]

前线指挥官们反对陆军总司令部的集中化指挥原则，在这一点上他们认同布劳希奇和哈尔德的意见。一旦出现任何战役上的决策失误，战场指挥官们便会指责陆军总司令部，而非希特勒。尤其是德军的推进在面临苏联越发持久的抵抗时，这种指责越演越烈。与此同时，战斗变得更为激烈。慢慢地，总参谋部浮夸的得胜信心，被对时局更为清醒的评估取代。尽管北方集团军群距离列宁格勒仅有一百公里之遥，南线的进攻也开始变得顺利，但摧毁红军依旧是个遥不可及的目标。和"一战"时，还有施利芬和老毛奇预测的一样，苏联部队的主力通过向东撤退，躲开了对他们的包围。与此同时，德国的问题逐渐增加。人力物力上所受的损失远超预期。先是出现补给困难的问题，之后前线的各部门间也爆发了频繁的党争。最后，总参谋部和希特勒无法再对现状视而不见。他们已经过分低估了红军的军事实力和人力物力数据。正如 1941 年 8 月 11 日那天，哈尔德在战争日志中所写的那样："战争开始时，我们估计敌人有 200 个师。现在我们清点出了 360 个。在我们看来，这些兵力当然谈不上武装到位、装备良好，而且他们往往处于战术指挥不足的境地。但他们就在那里。而且如果我们击败了一打苏联人，又会冒出另一打苏联人。由于靠近他们自己的大后方，他们争取到了不断补充兵力所需的时间，可我们却离我们的大后方越来越远。"[111]

这种关于对俄战争的相当普遍的看法，老毛奇和施利芬早就曾一再提及。大约当德军在夺取通向斯摩棱斯克的陆桥①时，哈尔德就在他的战争日志中评论，他和希特勒之间对于战役第二阶段的分歧已经公开爆发了。一方面，希特勒计划通过摧毁滞留在南北两翼，尤其是南翼的苏军，夺取对战争进行方向十分关键的经济区域，从而利用这种局势。另一方面，哈尔德则继续主张将苏联作为进攻的目标。正如陆军总司令部的作战处处长阿道夫·豪辛格指出的那样，哈尔德想要用一场歼灭战践行他所钟爱的理念，在苏联首都前摧毁红军。[112]这将和传统的德国战役思想相吻合，可以达成德国人尚没能实现的"坎尼"式的胜利。哈尔德相信，这样的进攻将再次让他们取得主动权。远在西边的苏联军队终将会"腐烂"。[113]

希特勒最终赢得了他与陆军总司令部之间的权力斗争。[114]哈尔德所有试图通过间接干预改变希特勒计划的尝试，最终都以失败告终。中央集团军群收到了仅用他们的步兵师继续进攻的命令，与此同时，装甲集群收到命令，要掉转向南，摧毁在乌克兰的苏军。对哈尔德而言，这一命令意味着战役的结束，

---

① 审校者注：指奥尔沙地区。由于奥尔沙地区夹在北面的西德维纳河和南面的第聂伯河之间，故有此称。

以及战术最终向阵地战的转变。[115]

一开始，进攻看起来很成功。在北翼的德军抵达了列宁格勒。[116]然而，根据希特勒的命令，这座城市并未被占领——它被包围起来，坚壁清野。德军在南翼取得的初步成功超过了之前所有的胜利。仅在基辅包围战中，就有超过65万苏联士兵成了战俘。[117]基辅战争一结束，收到希特勒命令的装甲集群马上集结起来，进攻莫斯科。此时，希特勒做出了一个典型的直觉性决策，他同意了哈尔德的想法。甚至在冬天开始前，依然留在斯摩棱斯克东面的苏军就会被大规模的双重包围摧毁。为了解决战斗前几周中遇到的步兵师团行动迟缓的问题，博克计划将个别步兵师安插在装甲集群中。"台风"行动本该尽可能早地启动，但由于苏联泥泞季节的开始，装甲集群的部署被耽搁了。

除了气候条件，人力物力情况同样削弱了中央集团军群。当苏联继续不间断地筹备新部队时，德国人已是筋疲力尽。卡车和坦克的情况急转直下。由于铁路网络的不足，德军在补给上，尤其是在燃料上出现了短缺。[118]虽然尽了一切努力，但在1941年9月30日进攻开始时，德军的机动性和军事实力还是达不到它的巅峰水平。无论如何，在维亚济马与布良斯克两场战斗中，装甲集群又一次达成了对大规模苏军的双重包围。[119]并且再一次地，超过67万的苏联士兵成了战俘。通往莫斯科的道路已经向德军敞开，但这些德军仅剩下一半的军事实力了。由于苏军发起的激烈抵抗，以及德国部队的短缺、疲惫，加上低于零下20摄氏度的寒冷天气，尽管莫斯科就在眼前，可德国对苏联首都的进攻最终还是陷入停顿。

在事前的不少场合中，中央集团军群已经指出了部队的情况，并要求取消作战。但总参谋部依然受困于马恩河会战失败的阴影。这一次，他们下决心不要中断一场成功的战斗。因此，其所下的命令是，战斗至最后一个人。但德国攻势的顶点已过。12月5日，苏联红军凭借新部署的、能够在严冬战斗的部队发起反攻，打了德国领导层一个措手不及。德国针对苏联的闪电战失败了。[120]随后几周，没有冬衣、缺乏补给的德国士兵们，只能为保住自己的性命而战。

按照哈尔德的说法，苏联的攻势带来了这场战争中最大的危机。尽管苏联红军将国防军向西驱赶了150公里之多，但苏联人并没有取得决定性的战役层面的成功。这场危机使得德国陆军领导层内部发生了激进的人事改组。博克和伦德施泰特被替换，布劳希奇从陆军总指挥任上解职。此后，希特勒本人取得了对德国陆军的直接指挥权。

1941 年苏联冬季攻势结束之际，东线的德国陆军（Ostheer）失去了大约三分之一的兵力，折损将近 90% 的坦克。尽管这些损失在 1942 年春季之前都无法完全弥补，且陆军也被大大削弱，但希特勒依然在攻占列宁格勒之外，计划了一场针对苏联南部的大规模攻势。该计划包含 4 个阶段：（1）占领沃罗涅日；（2）摧毁顿河与北顿涅茨河之间的苏军；（3）通过钳形攻势，占领斯大林格勒；（4）在第三阶段完成后的最终阶段，取道高加索，向里海沿岸的油田推进。[121]1942 年春，第 41 号元首令公布了该计划。它再一次展现了希特勒旨在夺取领土的战役意图——这一意图如今也得到了哈尔德的支持。[122] 德国这一战略的目标在于，攻占苏联的一大经济重心，夺取其原材料，以便在同英美两个海上强国的长期战争中武装德军。

这些雄心勃勃的目标必须与陆军糟糕的备战状态相适应。1941 年底，陆军已经倒退到 1940 年的军备水平，个别领域甚至只有 1939 年战争开始时的水平。[123] 由于整体摩托化资产锐减，陆军只能维持特定摩托化部队的摩托化水准，这反过来又拉大了摩托化部队与迟缓的步兵师之间的差距。因此，德国陆军逐渐演变为一支有两种速度的军队，这也给战争的战术—战役执行造成了不良后果。根据陆军总司令部的报告，162 个师中，只有 8 至 11 个师有充分执行任务的能力，这当中只有 2 个装甲师和 3 个步兵师，此外，还有 73 个师只能执行防御行动（在 1941 年 6 月战役开始时，有 21 个装甲师具备充分执行任务的能力）。[124] 因为人力物力的短缺，那时的进攻部队不可能重回 1941 年夏季的水准，东线的德国陆军已不复当年之勇。这是个"与我们军事项目规模无关的可怜人的情状"。[125] 与其在 1941 年的状态相比，东线的德国陆军的机动性更为有限，而机动性恰恰是执行进攻性机动战役的基本要求。

尽管后勤状况不佳，德军在面对战略局势时，依然忽略了第六集团军提出的警告。由于进军路径沿途缺乏食物，且漫长、延伸过度的补给线不利于执行快速战役，第六集团军预见到了在向顿河推进的过程中将面临的巨大困难。[126] 陆军总司令部对希特勒那过于雄心勃勃的计划和当前的战略局势提出了一系列担忧，尤其是在如今德国已经对美国宣战，欧洲战争扩大为世界大战的情况下。

陆军总司令部现在能看到的，可以避免它无法拿下的长期两线战争和消耗战的唯一机会，就是战胜苏联，并获取苏联的战略资源。因此它必须在1942年迫使苏联进行决战。和第一次世界大战一样，时间压力如同达摩克利斯之剑一般，高悬于计划过程之上。

在哈尔科夫那场成功的包围战之后，蓝色方案（Fall BLAU）启动了。然而，苏联军队巧妙地撤退，德军无法将其摧毁。德国的攻势越来越多地沦为挥空了的重拳，希特勒多次为了次要目标错过建立主攻方向的机会，这进一步加剧了这种情况。至少，希特勒将侧翼削弱的部署，令德国欲达成双重包围的意图沦为空想。[127] 希特勒最重要的决定，便是升级了对高加索的攻势，而这原本是计划用在占领斯大林格勒之后的。希特勒下令同时执行这两场战役，这致命地削弱了德国的整体进攻力量。根据传统的战役思想，这种整体进攻力量本应聚集在重心处。同时执行两场战役的尝试，也弱化了打一场包围战所必需的局部优势的重要性。如同贝恩德·韦格纳指出的那样，"整个战役变成了沿着矩形两条平行的边所展开的两个攻势，令获取的空间和投入的兵力之间的关系不可避免地越加恶化。"[128] 哈尔德也看出，和1918年一样，过度延伸的德国前线如今长达4500公里，其漫长的补给路线和开阔且守备薄弱的侧翼，无法承受苏联的反击。

当德军对斯大林格勒的进攻陷入停滞时，城市战斗随之打响。缺乏步兵兵力的第六集团军，无法在这样的局势下取胜。这导致了严重的领导危机。9月底，希特勒解除了哈尔德的职务。仅仅数周后，苏联红军便开始了他们的反攻，他们突破第六集团军侧翼的罗马尼亚防守阵地，并包围了斯大林格勒。[129] 希特勒禁止保卢斯尝试突围。当救援进攻也以失败告终时，第六集团军于1943年1月底、2月初投降。

从高加索地区向罗斯托夫，以及从库班桥头堡向戈滕桥头堡后方阵地撤退，这一精心安排的、由德国军队执行的后续作战，是战役指挥上的一次伟大成就。[130] 但这无法完全解决南部前线的形势。苏联朝向克里米亚半岛入口，发动了一次更为深入的进攻，旨在完全摧毁南方集团军群。曼施泰因用一种让人联想到他早年的镰刀收割计划的方式，挫败了这一行动。他对苏军前锋展开向心突击，从而稳住了东线南段。

但是，国防军丧失主动权，并遭受重大损失的情况，并非仅发生在东线。1942 年 11 月初，英军中将伯纳德·L.蒙哥马利在一场位于阿拉曼附近的会战中，击败了隆美尔的非洲军，迫使隆美尔与他的军队穿过北非顶部撤退。[131]

在战争的高潮，盟军给国防军带去了严重的损失，令后者无法从中恢复。国防军已经失去了其执行战役—战略性进攻的能力。现在，在地中海和印度向英国发难这一踌躇满志的进攻计划，已是明日黄花。在"巴巴罗萨"行动开始前，陆军总司令部和德国国防军最高指挥部就在希特勒的授意下制订了这些计划。没有什么能比元首令 32 号更能体现那些日子里国防军领导层在战役—战略上的傲慢了，它的内容是"为'巴巴罗萨'行动之后的阶段做准备"。除了攻占直布罗陀以外，它还包括从保加利亚出发，取道土耳其和利比亚，进行夹击英军在埃及的阵地的战役，而该战役完全没有对后勤和地理情况做出现实的考量；[132]针对印度做出的在阿富汗的部署也在准备中，陆军总司令部想要在此投入 17 个师的兵力。[133]这三个华而不实的战役计划，正是哈尔德的风格。在 1941 年 7 月初，他发声支持对幼发拉底河与尼罗河之间的大陆桥发动的钳形攻势，以及对高加索进行的辅助进攻。[134]保卢斯仅仅在几周之后就拿出了详细的战役研究，这说明陆军总司令部对待这些计划的态度有多认真。[135]这也体现了失去对现实的掌控在多大程度上影响了总参谋部的战役思想，以及他们由此产生的对国防军能力的高估。"巴巴罗萨"行动不仅暴露了战役—战略层面上令人震惊的弱点，也凸显了德国战役执行理念中固有的战役—战略性缺陷。在对空间与时间进行评估时，总参谋部任由幻想而非现实为他们做出指引。根据汉斯·迈尔－韦尔克的观点，他们无法"想象苏联的空间所蕴藏的力量与可能性"。[136]

希特勒与总参谋部共通的，是苏联将在短期战役中被击败的信念。这一基于传统德国战役思想的方法认为，他们能够在感受到实际压力前，避开苏联的潜在优势。在东线，德军与"一战"中的鲁登道夫和兴登堡如出一辙，忽视了时间和空间要素，以及在其思想中保留了陈腐的对敌人的刻板印象和对德国优越性的认知。其后果就是德国完全低估了苏联红军的人力物力[137]，以及缺乏从军事地理层面对苏联及其气候条件的现实性评估。[138]此外，陆军总司令部和希特勒之间的领导层内斗，令他们没法将注意力集中在战役执行上。

沿着边境迅速突破苏联防线，再通过双重包围对苏联进行深入推进以摧毁苏联红军的战役计划，已经失败了。从一开始，总参谋部就没有在苏联进行一次大型的巨型包围战计划。相反，其意图在于用众多小型"坎尼"削弱苏联红军，并在莫斯科前与其决一死战。一方面，因为希特勒的战役—战略计划专注的是获取空间，而非摧毁敌方部队，哈尔德的这些基于传统德国战役思想的主意是不成功的。其他导致它们失败的原因，则是对德国资源和能力的绝对高估，以及对苏联潜能和苏联领土的辽阔空间的低估。在战役的决定性阶段，当德国受到的损失超过之前的预测时，德国领导层的傲慢甚至达到了极端的程度，以至于希特勒将新生产出来的坦克投入到了北非的攻势中，而不是将它们送往东线。就在对莫斯科的攻势即将开始的当口，他甚至还把第二航空队重新部署到了地中海上。[139]

这场战役也暴露了德国战术—战役上的缺陷。这些缺陷早在法国战役中便已经浮出水面，但它们并没有得到纠正，反而被忽视了。由于这些都是德国有限的资源基础导致的结构性缺陷，它们压根无法被纠正。德国未能够完全将其军队摩托化。

有限的财政资源与短缺的原材料，只能容许局部的机械化。因此，仅有少数德军部队实现了摩托化，其余大多数部队是非摩托化的。

对于执行机动战役而言，骡马机动步兵师实在过于缓慢。他们几乎无法跟上深入前插的装甲部队的步伐。和第一次世界大战一样，他们的行军节奏，是由步兵的进军步伐和马车的负重决定的。步兵迟缓的机动性同样削弱了战术上的协调，因为诸兵种合同战斗的机动性始终得迁就其中速度最慢的参与者。[140]这就导致了迅速执行包围战及保持战役势头的能力的下滑，因为装甲军只有在步兵部队抵达时，才能够从包围中抽身。因此，人们常常无法将战术上的成功转化为战役上的成功。在包围战的第二阶段，也就是清剿阶段，装甲集群的长时间驻留极大限制了计划中的战役的后续进行。战术往往主导了战役。而且，考虑到装甲集群数量稀少，步兵师甚至必须在执行包围时直接发挥作用。因此，这将包围行动的速度限制在了步兵所能达到的速度上。这种战役计划并未充分考虑装甲师和步兵师在行军速度上的差异。

要不要进行包围，在哪里达成包围，归根结底，还是得看苏联部队指挥官在指挥与控制上会犯怎样的错误。而由于德国步兵缺乏机动性，计划中的大型包围则是一场空谈。许多小型包围得到了执行，但那些包围常常会被逐渐突破，因为德军在包围圈东面的封锁只能靠装甲部队来达成，这反过来使得包围网由于缺乏步兵而不能收拢。尽管取得了重大的战术胜利，传统的歼灭战依然没有实现。[141] 日复一日，快速的装甲部队和行军缓慢的步兵之间的距离越拉越远。这意味着机动部队的后方交通线得不到充分保护。因此，运输部队必须穿过机动部队的后方区域，而这些区域中的敌人尚未被清理完毕。运输部队承受了巨大损失，这让已经存在问题的补给状态越发恶化。为了解决这一困境所做的尝试也未能产生成果。[142]

最后，苏联战役摧毁了被纳粹宣传大肆鼓吹的"德国闪电战部队"的形象。其实，"二战"中的德军，是一支"骡马大军"，其行进节奏很大程度上依赖于士兵和马匹的行进能力。坦克和俯冲轰炸机的机动性，勉强组成了这支木质长矛上窄小的铁枪头，其中俯冲轰炸机至少部分提供了第一次世界大战中缺失的机动炮兵要素。事实上，在苏联作战的是一支分为两级的军队，它所承受的人力物力上的致命损失，在战争期间是无法替代的。

行止之间的防御

在高加索和斯大林格勒两地的灾难性失败，迫使德国领导层重新评估战略形势。他们意识到了东线的失败和西方盟国登陆北非对局势的改变。个别人甚至提出这是"二战"的转折点。但观念上的改变，并未带来后续战争执行的整体战略思想的改变。[143] 一种新的战役方法，或者"哪怕是对整体形势做出战略性重塑的意愿，都没有丝毫体现"。[144] 领导层一再表达了转向进攻的愿望。然而现实表明，这种愿望纯粹就是空想。

东线德军压根不可能发生第三次夏季攻势。德军人力物力上的损失实在过于惨重。1943 年，希特勒本人只提到"小规模地改变战术"。德国领导层不得不承认防御性行动这一德国极度反感的战斗类型存在的必然性——这令人想起了第一次世界大战。但是，该怎么去执行这种防御性行动呢？

原则上，有两种防御的变体是有可能达成的，即静态防御或是战术—战役层面的机动防御。由第一次世界大战中的堑壕战演变而来的静态防御与希特勒息息相关，曼施泰因则代表了战役层面的机动防御。当希特勒在1941年12月的防御战中禁止更大规模的后撤行动时，他已经将自己的静态—线性防御理念强加给了陆军总司令部。和第一次世界大战时一样，意志和信仰可以弥补人力物力上的不足。最重要的是，士兵们必须要做出狂热的抵抗，寸土必争，"战斗至最后一人"。[145]1942年冬天，在新发布的关于准备防御战的元首令中，希特勒清晰地定义了他的理念。他禁绝了纵深梯队布置的防御体系，并下令构建一条类似1916年第一次世界大战时出现过的线性主前线——这条前线必须被不惜一切代价守住。这就将希特勒与法金汉及其贯穿1916年的防御学说置于同一立场。回避式的行动在未得到希特勒明确首肯的情况下，被严格禁止了。这极大限制乃至破坏了任何战役层面机动防御战的进行。希特勒用第一次世界大战中的经验，明确地为他的命令正名："我有意回归……到这种防守类型中，因为它在"一战"时，尤其是在1916年底艰难的防御战中，有过成功的实践。有意识地深入梯队，只有当敌人在物资上有压倒性优势时，才有必要采用。在当下东线的每一个角落，敌人正占据着前所未有的优势。"[146]

希特勒严厉禁止战役层面机动防御战，因为尽管希特勒下的命令是在静态阵线上防御，但区域指挥官们还是一再使用机动式战术防御有限的自由活动空间，这令人不断回想起第一次世界大战时的堑壕战。[147] 在1942年9月8日发布的关于"防御的总体任务"的元首令中，希特勒引用了他自己的战斗经验，重申了刚性防守的教条：

> 除非能撤向一个精心准备的更好的后方阵地，否则所谓的战役级后撤回避敌军攻势，非但不能改善整体形势，反而会使其恶化，因为敌军并不会被这样的行动消耗。因此，我们要守住的前线部分将随着所有由此产生的重要部分而增加。但即使由此导致后方阵地越来越短，敌人依然能从中获利，因为力量比总是保持不变的……不论是过去还是未来，对数量上处于劣势的防守方而言，要想改善他的处境，有且只有一种手段——他必须尽可能多地从精心设防的阵地上令进攻方造成损失，让敌人流尽鲜血。[148]

该声明及其他类似声明都完全基于第一次世界大战中堑壕战的经验，并且完全悖于传统德国战役思想。该思想的支柱之一，是相信人力物力处于劣势的一方只有通过运动战才能得到弥补。因此，希特勒与军队将领还有总参谋部之间的冲突，是颇为棘手的。

希特勒继续以敌人的空中优势为由，为自己正名——这种空中优势阻碍了德军的移动，尤其是在西线。他依旧相信，达成基于战争经济的战略目标是更好的方法。[149] 尽管希特勒本人对其将军们只从战役角度想问题、没有从整体战略格局出发的批评，并非一无可取，但他还是受到了自己个人战争经历的影响。希特勒只允许在最危险的情况下采用战役层面机动防御战。

在 1943 年 1 月至 2 月间，即苏联对南方集团军群发动攻势时，这样的危险情况发生过一次。当第六集团军正在斯大林格勒包围圈里奋战时，苏联红军启动了对东线南部的攻势。其战役目标是通过向黑海推进，首先夺取第聂伯河上的渡口，随后包围并摧毁南方集团军群。成功突破德国的意大利和匈牙利盟友的防线之后，苏联坦克部队向西推进到了一个约 150 公里宽的开口中。刚刚被任命为南方集团军群总司令的曼施泰因，看不到其数量处于劣势的部队有任何弥补差距的希望。遵照经典德国战役思想传统，他决定用进攻解决问题。他计划在罗斯托夫附近清理顿河—北顿涅茨河河湾的敌军，并在那之后撤回米乌斯河阵地。曼施泰因设想，一旦整体前线缩短，就将第四装甲集团军重新部署到南方集团军群的左翼。由此，苏联军队将会掉入德军设下的漏斗形的战役陷阱之中。一旦苏联的攻势达到顶点，苏联军队便会毁于几支装甲师对其开阔侧翼的协同进攻之下。起初，形势对德军来说几乎绝望，而且在一系列激烈的争执之后，希特勒最终给予了曼施泰因执行自身战役计划的自由。

苏军的后方交通线过度延伸，而德国在 1943 年 2 月 21 日发动的进攻则完全出乎其意料。几周之内，德军便摧毁了冒进的苏军坦克集团军，再次占领了哈尔科夫，并重新将前线推至北顿涅茨河。[150] 随着这次绝地反击，曼施泰因达成了第二次世界大战中最耀眼的战役胜利之一。他不仅阻止了苏联摧毁南方集团军群，还让整个东线免于崩溃。

曼施泰因的战役依然极大地吸引着全世界的历史学家，其中以德国为甚。[151] 这是一个在内线转移阵地，紧接着"反手一击"的典范。[152] 曼施泰因应用了所有衍生出德国战役思想的原则。他巧妙地利用空间和时间，为了内线的协同作战而集结他的军队，迫使进攻中的敌军过度延伸其正面，从而暴露了侧翼的空当。

当苏联的进攻达到顶点时，曼施泰因在重点关注主攻方向的同时，发动了攻击。而且，相对他的敌人，曼施泰因握有情报上的优势，他能实现突然性。因此，曼施泰因再次获得了主动权，并迫使敌军采取紧急行动。

这些德国战役思想中的经典支柱，还包含着相当高程度的承担风险的意愿，和对德国战术与战役领导能力及任务型指挥与控制流程的信心。尽管如此，在德国于第二次世界大战早期阶段取得的成功中，有两大关键要素经常在历史文献中被遗漏：德国局部的空中优势以及苏联方面严重的指挥与控制失误。

尽管曼施泰因在后续的几个月中取得了巨大成功，但由于希特勒不想承担丢掉对德国的战争经济有重要意义的顿涅茨地区的风险，曼施泰因所有关于在东线执行战役层面机动防御战的提议都被驳回了。在关于应该"反手一击"还是先发制人（Schlagen aus der Vorhand）的争论中，希特勒选择了后者。[153]堡垒行动——旨在用钳形攻势摧毁部署于库尔斯克附近重要边缘位置的苏联红军——应运而生。但苏联方面的防守挫败了这次进攻。[154] 库尔斯克会战是德国在东线的最后一次大型攻势。但是，从一开始，希特勒所想的就只是对红军造成大的损失。他并没有想过要进行"施利芬"式的决定性战斗。因此，这场会战还真的不是曼施泰因后来所说的"失去的胜利"（verschenkter Sieg）。[155]库尔斯克会战代表了德国东线战役主动权的终结，这不仅是出于东线的战役—战略形势，还出于希特勒在这场会战之前启动的战略上的改变。截至 11 月，德国在 1943 年的军事失败已经令德国军事领导层将战略重心从东线转向西线或西南前线。第二战线已经近在眼前，并且已然影响了整体战略，甚至影响了战役和德国的战争指导。

德国已经丧失了战役—战略上的主动权。德国国防军深陷于死守"欧洲要塞"的防御战中，只能为了拖延时间而战。希特勒现在做出了最后的决定，他下令要顽强地守住东线。和第一次世界大战开始时一样，德军试图在死守东线的同时，在西线决定性地击败敌军。虽然在战役层面上，希特勒并不愿意用空间换取预备队或时间，但他却乐于在战略层面上这么做。

希特勒的目标是阻止盟军在西欧登陆，并将届时能腾出手来的兵力重新用于东线的攻势。在战略上，他的空间与时间理念与施利芬的相符。即使到了1944年冬，阿登反击战失败之后，他依然计划用被包围在库尔兰的军队，向南发起大规模进攻。弗里泽尔认为，希特勒要求德军（北方集团军群）死守库尔兰半岛，是为了将此地作为发动"最终胜利"所需的战略桥头堡。[156]

希特勒的新战略体现在他对高级领导人的任命中。他解除了曼施泰因和A集团军群总指挥埃瓦尔德·冯·克莱斯特（Ewald von Kleist）元帅的职务。在后者的交接仪式上，希特勒这样对曼施泰因解释领导权和战略的更迭："在东线，展开大规模机动作战的时代……已经过去了。现今唯一重要的是坚守阵地。"[157]希特勒任命两名防守宿将，瓦尔特·莫德尔（Walter Model）元帅和费迪南德·舍尔纳（Ferdinand Schörner）大将作为二者的接班人。希特勒还宣称："在未占领区域自由作战的主意，压根是无稽之谈。"[158]

在随后的时间里，希特勒一再干预集团军群和各个集团军的战役指挥。在1943年12月底的一场内夫河附近的战斗中，他禁止第十六集团军及时撤退到更为有利的阻击阵地，这反过来帮助了苏联红军的大范围推进。[159]随着战争的进行，希特勒下达了越来越多的"死守到底"的命令。1944年3月，随着其下令建立能牵制敌军的"要塞城市"（festen Plätzen），希特勒顽固的坚守理念达到了高潮。[160]除了极少数例外，希特勒拒绝所有通过缩短前线为执行战役层面机动防御战建立战役储备的努力。例如，在1944年年中，中央集团军群建议将战线撤离到别津那河后方的"比伯阵地"[161]，希特勒却下令中央集团军群坚持基于据点的线性防守。

不论希特勒如何，战场指挥官继续在可能的情况下，用战术层面的机动防御来执行希特勒的命令。根据德国的学说，这有助于德军在这种情况下实现不同类型的战术、战斗和战役。除了积极进行的迟滞作战，德国军官们的备选项中还有基于阵地系统的机动防御战役和静态防御战役。尽管莫斯科前方的国防军部队依然缺乏对机动防御和迟滞作战的系统训练，但他们所面临的危机令他们更加依赖这种战术，并讲究实效地套用利布的战前理念。军队随机应变的能力必须要弥补人力、物力和训练上的不足。在此过程中，装甲部队失去了他们作为一支战役进攻力量的优势。[162]装甲部队总是被用于时间和空间有限的反击中。以88炮为代表的高射炮以及承担起了坦克歼击车任务的突击炮，成了防御中的决定性反坦克手段。[163] 和第一次世界大战一样，步兵和炮兵承担了主要的防御职责。若在盟军空中优势不足以遮断地面部队，那么由坦克、机械化步兵和自行火炮组成的机械化战斗群，便足以对立足未稳的小股敌军做出反攻。[164] 一边是少量摩托化部队和摩托化步兵师，另一边是大量摩托化水平低的步兵和国民掷弹兵师，二者间的不平衡加强了。1944年底发布的大型战斗流程（Grosskampfverfahren），是德军对1917—1918年间的防守理念的一次回归。[165]和"一战"末期一样，部队将在其负责地段执行运动战斗。一旦抓住机会，他们便会在被敌人发现以及苏军展开炮火准备前，撤离出最靠前的阵地。[166] 防御战将依托主防线展开，这条主防线[167] 应当要调动一切力量，誓死捍卫。[168]

　　类似第一次世界大战中的军事领导人，希特勒在他的战役—战略决策中，穿插了对士气和进攻精神的诉求。[169] 这种要求总是能在纳粹的诡辩中得到体现。[170] 士兵们的意志力因为对希特勒的无条件信任而得到加强："要取得声势

1942年6月—7月，埃里希·冯·曼施泰因元帅和迪特里希·冯·肖尔蒂茨（Dietrich von Choltitz）将军在研究地图

摄影师：霍斯特尔

德国联邦档案馆／101I-231-0731-19

浩大的成功，其前提条件就是要对我们的纳粹德国有信心……对希特勒给予我们的理念有信心。"[171]

随着失败的不断累积，德军高层害怕失去对士兵的控制，他们引入了宪兵分队，毫不妥协地推行严格的军纪。[172] 与此同时，他们进一步呼吁士兵们要坚韧不拔，鼓吹德国士兵不可战胜。[173] 和第一次世界大战一样，当达成胜利所需的人力物力不足时，第二次世界大战中的领导层退而求其次，寻求士兵们号称无限制、可再生的精神和心理能量。在第一次世界大战的最后几年，"爱国教育"（Vaterländische Unterricht）被用于支持战术创新；到了第二次世界大战的最后几年，纳粹领导层将其跃迁为战术—战役领导层的平等伙伴。这一发展在陆军勤务手册第130/20条中达到了巅峰，它建立了"纳粹政治委员作为独立的职能载体，等同于军事—战术领导层在军级的训练和指挥中所起的作用"

1940年6月的法国战斗，海因茨·古德里安将军在他的武装指挥运输车中；前排左边是一台恩尼格玛密码机
摄影师：博尔歇特
德国联邦档案馆 /101I-769-0229-12A

埃尔温·隆美尔元帅和他的首席参谋——弗里茨·拜尔莱因将军在1942年6月的托布鲁克会战中
摄影师：莫斯穆勒
德国联邦档案馆 /146-1977-158-07

这一标准。[174] 其目标是培养出狂热的战士，用他们的意志和信仰，击败物资上处于优势的敌人。

除较小的机动反击之外[175]，在东部前线，还有一个可以体现德国陆军执行战役层面机动防御战能力的案例，这是一个时至今日都在很大程度上被忽视了的案例。1944 年 7 月底，当苏联红军对中央集团军群取得重大胜利之后，苏联着手征服华沙周边地区，将它们作为向波罗的海发动后续攻势的跳板。在未同希特勒协商的情况下，莫德尔认定，想要破局，就得用 4 支装甲师进行协同反击，以摧毁冲到华沙城下的苏联坦克部队。和曼施泰因在早些时候所做的一样，莫德尔从其他战况激烈的前线地区抽调了兵力，艰难地重新部署其数量上处于劣势的进攻部队，并在之后发动了一次成功的反击。[176] 由于红军试图通过一次奇袭占领华沙的尝试失败了，德国前线面临的崩溃的危险也随之解除。莫德尔的胜利不仅出乎苏联意料，也让波兰起义军措手不及，它使得波兰在华沙的抵抗落下帷幕。华沙起义始于苏军前锋部队抵达城市外围之时，但在接下来几周内，由于苏联军队在维斯瓦河东岸停滞不前，起义遭到了德国人的残酷镇压。[177]

在西线，国防军将领们依然坚信，德国机动灵活的指挥与控制系统足以令他们在任意一个开放战场上，保持面对作战笨拙且机械的盟军的优势。然而，要取得任何这样的成功，就得统一投入所有能调动的机动部队，将他们置于同样的环境下，并且避免机动部队同步兵部队分散或者剥离。有时候，这就是德军在东线的做法。[178]

盟军在诺曼底桥头堡上的成功突破，给了西线总司令冯·克卢格（von Kluge）元帅一个可乘之机，让他可以攻打正向着南面和东面进军的美军的西翼。通过向阿夫朗什推进，卢提西行动①的目的在于切断前进的盟军部队的后方线路，并随后将其围歼。看到消灭敌军的良机后，希特勒支持了这次进攻，尽管这与他先前的理念背道而驰。这一次，他可能是受到了莫德尔在华沙前方的那次成功的战役机动防御的影响。克卢格纠集了 3 个装甲师、140 辆坦克和

---

① 译者注：卢提西，即"Lüttich"，比利时城市列日的德语名字，第一次世界大战期间，德军于 1914 年 8 月初在此赢得了胜利。

60门突击炮。[179] 但由于盟军压倒性的空中优势，装甲部队只能在晚上进行部署，这拖慢了行动的兵力集结。但与此同时，克卢格又催促着要尽快开始进攻，因为大规模集结的装甲部队，是很难长时间躲过盟军的空中侦察的。

与此同时，盟军已经截获并破译了德国的无线电通信。[180] 认识到德军的意图之后，他们开始筹备防御。自1944年8月6日至7日夜间起，德国的进攻在离开他们出发点几公里的地方，就被大规模的盟军空中打击摧毁了。约德尔向希特勒报告道，上千架盟军战斗轰炸机炸得德军抬不起头，他们不得不中断进攻。[181] 早些时候，盟军的空军发现了用于支援友军反击的德军的战斗轰炸机部队，并在地面上将其摧毁。在盟军启动"总计"行动，展开对法莱斯的反击之后，卢提西行动最终被取消了。盟军对诺曼底德军主力的包围迫在眉睫。[182]

阿夫朗什反击表明，在第二次世界大战末期，只有当满足特定条件时，数量上处于不利地位的一方所执行的战役机动防御才能成功——其中最重要的就是突然性。若不能出人意料，任何这样的反击都不会有丝毫胜算。在这种情况下，盟军的无线电侦察系统，令德军的突然性变成了梦幻泡影，可德国的领导层并不知道这一点。当然，卢提西作战足以表明，在敌人具有压倒性的空中优势时，机动作战注定会失败；地面上装甲部队的高机动性，将会被空中战斗轰炸机更强的机动性压倒；而不论是在进攻端还是防守端，倘若缺乏足够的空中支援，机动作战就无法进行。后续的德军阿登攻势又一次证明了这点。它处心积虑地选择在恶劣的天气条件下执行，可一旦天气转为晴朗，盟军便立马发挥了其空中优势，进攻转而失败。

在战争的最后阶段，德军的战役准备受到严重限制，这种限制不仅来自盟军的空中优势，还来自德国燃料的短缺。这种短缺可能会造成空军空中战役的被迫中止和装甲部队的停摆。尽管仅有的几块处于德国控制下的匈牙利油田毁于盟军的空袭，但希特勒依然下令部队在匈牙利发动攻势。但面对苏联的顽强抵抗，国防军最后的进攻作战也以失败告终。可即便匈牙利攻势能够成功，它也无法解决燃料问题。盟军的战略轰炸部队将阻碍德国人恢复生产。即便没有这一出，德国的基础设施也几乎完全毁于空袭之中，这将干扰甚至阻碍燃料被运输到前线。

战役机动防御的执行，同样受到了不统一、不充足的部队装备的限制。

出于防御目的，非摩托化的骡马机动步兵师，必须选择依托即设阵地或其他战场防御工事，这极大地限制了战役层面防御的机动性，而这在第二次世界大战结束以来就被视作灵丹妙药。[183] 步兵师的渐进式去摩托化之所以会发生，不仅是因为德军缺少战斗用的车辆，还因为其缺少燃料。只有主攻部队才配备了足量的机动化战斗车辆。当敌军持续性地提升部队摩托化程度时，国防军却弱化为一支由马匹拉动的军队。随着战争的进行，国防军的去机动化进程也骤然提速。例如，在战争最后，第三装甲集团军有 60000 匹马，却没有一辆坦克。此时要德军执行快速机动作战，无异于天方夜谭。

希特勒：一名军事指挥官？

德军最高层因相互重合的责任归属带来的混乱，并未随着战争的开始而告一段落，反而被希特勒弄得雪上加霜。[184] 最初，希特勒只是相当谨慎地推动国防军同纳粹国家的一体化（Gleichschaltung），而且在战争前，他并未侵占军事指挥官们的职责范畴。然而，在战争中，他越来越多地干预武装部队的领导。通过对波兰的速胜和对法国的胜利，他在战役级事务上的领导地位获得了强化。希特勒将战胜法国归功于"他自己的战役计划"，也就是他不顾陆军总司令部，尤其是不顾陆军总参谋部的技术性反对意见而力推的战役计划。

因此，希特勒在筹备对苏联的进攻时，十分确信他不会将东线战争的战争指导完全交给陆军总司令部。[185] 他已经将挪威、法国、非洲和巴尔干四个战区从陆军总司令部的职责范围中抽离出来，交由德国国防军最高指挥部负责。因此，陆军总司令部不再是军队的高级指挥部门，而只负责指挥在东线的德军。在总参谋部内部，阿道夫·豪辛格少将治下的作战处负责制订战役计划，实际工作由该处的第一科进行。[186] 作战处在总参谋部的中心地位，说明了战役执行在总参谋部思想中的重要地位。其他所有部门都要为作战处做基础工作。作战处的处长同样也是副参谋长。在德国国防军最高指挥部内部，国家防御处用一种类似总参谋部作战处的形式，控制了德国国防军最高指挥部的战争职能。除情报外，如补给和后方的后备军等其他所有执行战争所必需的领域，都从陆军总司令的控制中被剥离了出来。

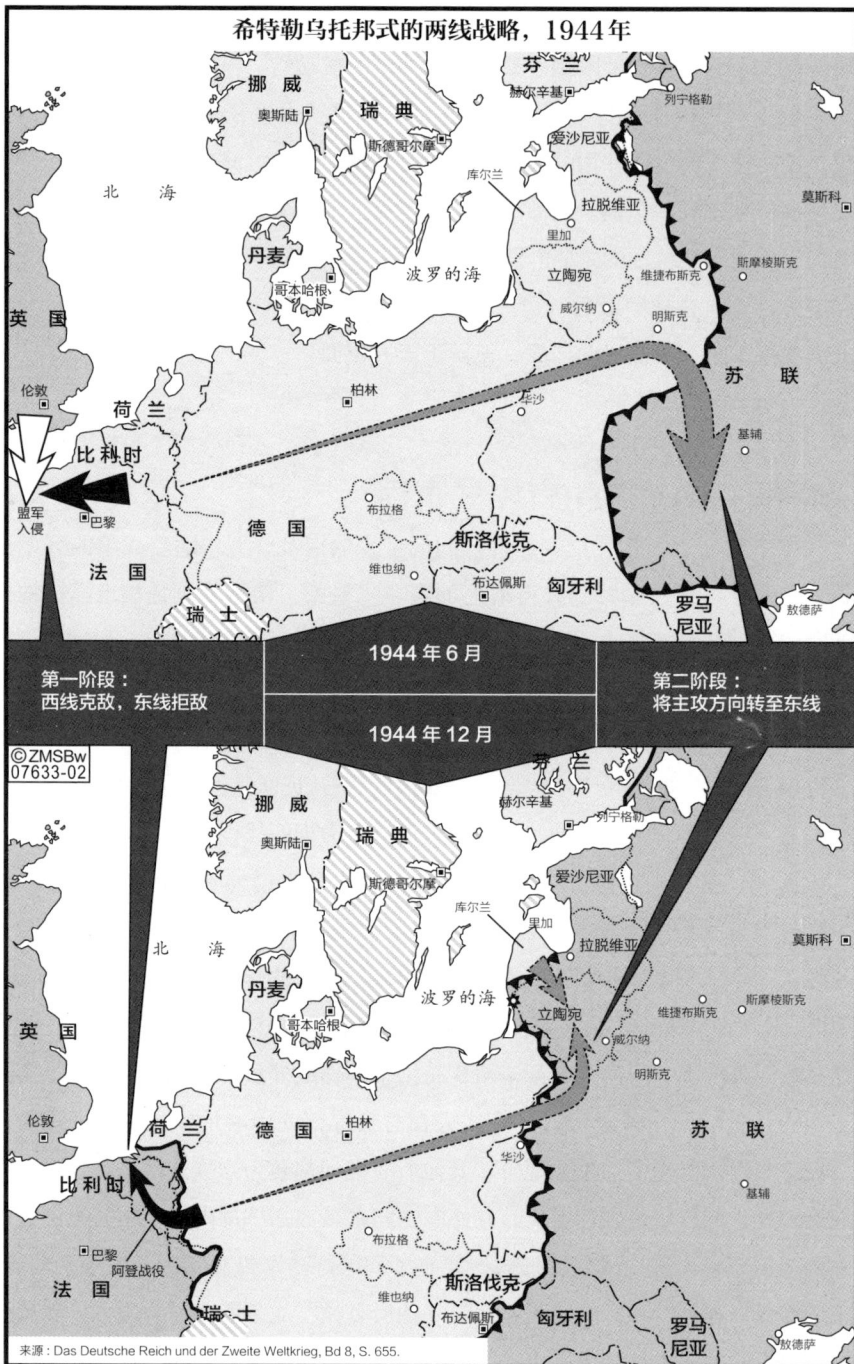

希特勒乌托邦式的两线战略，1944年

挪威　奥斯陆
瑞典　斯德哥尔摩
芬兰　赫尔辛基
爱沙尼亚　库尔兰
拉脱维亚　里加
立陶宛　威尔纳
明斯克
列宁格勒
莫斯科
斯摩棱斯克
维捷布斯克
苏联
北海
丹麦　哥本哈根
波罗的海
柏林　华沙
英国　伦敦
荷兰
比利时
盟军入侵
巴黎
法国
德国
瑞士
布拉格
维也纳　布达佩斯
斯洛伐克
匈牙利
罗马尼亚
基辅
敖德萨

第一阶段：
西线克敌，东线拒敌

1944 年 6 月

1944 年 12 月

第二阶段：
将主攻方向转至东线

© ZMSBw
07633-02

挪威　奥斯陆
瑞典　斯德哥尔摩
芬兰　赫尔辛基
爱沙尼亚　库尔兰
拉脱维亚　里加
立陶宛　威尔纳
明斯克
列宁格勒
莫斯科
斯摩棱斯克
维捷布斯克
苏联
北海
丹麦　哥本哈根
波罗的海
英国　伦敦
荷兰
比利时
阿登战役
巴黎
法国
德国　柏林　华沙
瑞士
布拉格
维也纳　布达佩斯
斯洛伐克
匈牙利
罗马尼亚
基辅
敖德萨

来源：Das Deutsche Reich und der Zweite Weltkrieg, Bd 8, S. 655.

在华沙附近的坦克战，1944年8月1日—4日

作为对比，1914年的坦能堡之战

第二十军　第一预备军　第十七军
拉斯登堡
奥尔什丁
阿伦施泰因
纳雷夫集团军
索尔道
德国志愿劳

来源：2. Armee, Tagesmeldungen, BArch, RH 20-2/946 –
952; 9. Armee, Tagesmeldungen, RH 20-9/212; H.Gr. Mitte,
Tagesmeldungen, RH 19 III/220; OKH, Lagekarten 31.7. bis
4.8.1944, Kart RH 2 Ost/2753 – 2757.

（波 兰）
克罗斯诺
多布雷

党卫军第四装甲军
8月2日
7月31日

党卫军"骷髅"
装甲师

卡武申
近卫骑兵
第6军

步兵第125军
第47集团军

第二集团军
米齐莱斯
克雷特雷
马索尼亚桂奇纳

坦克第3军
米拉伊洛夫
米佐莱斯

党卫军"维京"
装甲师
马佐夫舍地区
明斯克

坦克第2集团军
8月2日

近卫坦克第8军

多布钦
8月2日
施沃明
8月3日
8月1日，4日

坦克第16军
沃洛沃

扎克齐
7月31日

第19装甲师
主力

亚历山德罗夫
8月1日
马尔基

包围圈
8月1日19时15分
韦索拉
8月1日，4日

伦贝尔托夫

第73步兵师

布格河
扎克罗齐姆

华沙起义
始于1944年
8月1日17时

尼茨雷特
信沃河

扎格罗兹

第二十九装甲军
贾布隆纳
第19装甲师
主力
华沙
第九
集团军

波 兰 总 督 区

德 国

莫德林
纳雷夫河

第19装甲师

——— 1944年7月31日的行进路线
——→ 1944年8月1日和2日的进攻
——▷ 1944年8月3日和4日的进攻

第19装甲师

H.卡林科夫斯装甲师
雷鲁斯科夫

悟罗济斯克

©ZMSBw
07615-03

275

战争甫一开始，陆军领导层的权力中心，就从陆军总指挥处转移到了陆军总参谋长处。这有一部分是因为随着战争进行而越发明显的布劳希奇在领导能力上的难堪大任，但这个体制的制度性条件也是成因之一。陆军总参谋部的总参谋长，作为陆军总司令的副手，在所有关于战争的计划和执行的事务中，都有着不容置疑的权力。因此，他自然而然地填补了布劳希奇在陆军总司令部留下的权力真空，开始和希特勒对立。

哈尔德从一开始就接受了希特勒的战略能力，因此他从未像贝克那样坚持在这一层级发挥领导作用，并且避免参与制定战略目标。相反，他专注于自己所认为的总参谋部的核心任务，即战役的计划和指挥。在哈尔德看来，他将能够用自己的技术专业水平，在战役级事务层面建立事实上的最高权威，从而有能力在战略进程中产生影响。他的如意算盘被希特勒强大的权力欲阻碍。哈尔德希望希特勒不会继续干扰战役计划的美好愿望，被证明是一场空想。在"巴巴罗萨"行动的计划阶段，哈尔德意识到，不仅希特勒的中心战役计划与他大相径庭，而且希特勒对战役计划制订的干预还变得越发频繁、越发积极。在之前的几个月中，哈尔德本人业已通过无情地干扰野战军等级指挥官们的战役计划，进一步将他们的作为钉死在战术层面上，从而为希特勒铺平了道路。有了这些基础工作，希特勒之后就能很容易地防止任何强势的将领集团联合起来，通过提出如同旧普鲁士王国时代那样参与政治的要求，共同对抗他。最后，哈尔德和陆军总参谋部屈服于希特勒的权力诉求，并越来越多地服从于纳粹的权力机器。哈尔德关注反对派的努力，也不能改变这种局势。[187]

相反，希特勒老早就对陆军总司令部的战役指挥能力抱疑。1938 年秋天，希特勒和总参谋长之间首次爆发了一场公开的争论。这一冲突是关于准备用于进攻捷克斯洛伐克的战役计划的。对陆军总司令部而言，这次冲突以可怕的灾难告终。[188] 希特勒对进攻计划很失望，他认为该计划过于传统，而且对哈尔德顽固地坚持这一计划十分恼火。作为回应，希特勒强行通过了他自己的想法，其与敌方部队的实际部署相符。军队领导层因此颜面丧尽，进而引发了遍布整个军队的忧虑情绪，而布劳希奇笨拙地向希特勒表忠心的举动，则让这种情绪进一步发酵。[189]

希特勒一直对军队感到失望。他本就对陆军总参谋部的战役指挥能力不甚信任，随着黄色方案的混乱进行，这种猜忌越发严重，甚至在进攻苏联的准备期间，影响到了他对哈尔德的态度。在希特勒看来，在苏联从普里皮亚季沼泽发动的潜在进攻将对侧翼产生威胁等事务上，总参谋部所表现出的一而再、再而三的怀疑态度，正好坐实了他的想法——自从战役期间，他对局势的评估被证明是正确的之后，他就更是如此了。[190]

抵达斯摩棱斯克后，希特勒对总参谋部暗地里的削权举动达到了新的高度，希特勒将他自己的战役目标摆在了哈尔德的对立面。希特勒由此定调，行动的中心应当在南方和北方，而不是在莫斯科。正如希特勒直截了当地指出的那样："陆军 8 月 18 日做出的东线战役的下一步提案，与我的意图并不相符。我的命令如下……"[191] 这表明了希特勒冷酷无情地忽视了陆军总司令部的想法。同时，这也是对布劳希奇权威的沉重打击，希特勒毫无怜悯地利用了他的软弱性格。哈尔德被这种侮辱深深激怒了，他向布劳希奇提议，让希特勒将他们一同解职。但是布劳希奇拒绝了。希特勒赢得了这次同军队领导层之间决定性的权力考验，并从此确立了自己在战役指挥事务上不可动摇的权威地位。罗伯特·克肖（Robert Kershaw）恰如其分地将希特勒的战略形容为对陆军总司令部和总参谋部的"毁灭性打击"。[192] 因此，在德军于 1941 年 12 月 19 日败走莫斯科后，希特勒将布劳希奇解职，以及让自己获得权限以直接指挥德军的做法，就只是一个即将大功告成的计划中最后两个顺理成章的步骤罢了。

接过部队的直接指挥权后，希特勒针对所有战役指挥上的反对者的清理也已经告一段落。他冷酷地拒绝了曼施泰因和总参谋长库尔特·蔡茨勒（Kurt Zeitzler）后来所有恢复总参谋部战役行动自由，或是至少在东线任命总司令的提议。[193] 希特勒对他自己完全的指挥和权威寸步不让。在接下来的几年中，他甚至将这种权威拓展到较低级别的军事指挥层级中。激进的希特勒，竟然做到了挑动武装部队的各部门和德国国防军最高指挥部之间竞争的程度。在对付他的将领时，希特勒一再巧舌如簧地辩称，他能通过自己的本能判断他人的性格，并发掘人们的弱点。随着战争的进行，围着他转的，就只剩下性格软弱的人物了。从 1942 年，甚至更早些时候起，会议中便不可能出现公开的反对意见。

是什么让希特勒能够接过军队的领导权？他在军事上自我认知的基础是什么？他甚至从未接受过作为一名总参谋部人员甚至是一名军官所需的训练，在

"一战"结束时，他只是个代理下士（Gefreiter）。那会儿，希特勒在大多数时候是一名传令兵，还被授予了一级铁十字勋章。这种"训练"让他和数以百万计的"一战"中的前线战士一样，有了成为一名安乐椅战略家的资格。但在这之外，希特勒还有别的干货。除了他在西线累积的堑壕战经验，他还有着一个对军事门外汉而言出类拔萃的战略直觉和他通过刻苦研究军事典籍所获取的如字典般详尽的知识。凭借他出众的记忆力，他一再用对事实的掌控能力说服了军官们。[194]因此，除了他特定的军队追随者，他本人也越来越相信自己的军事才能。

希特勒还坚信，和他手下的将领相比，他本人拥有更多的战争经验。一次又一次的，尤其是在怒火中烧之时，他信马由缰地肆意谩骂那些站在他跟前，曾是"转椅参谋"①的如今的将领们。在批评完哈尔德不够冷酷无情之后，他轻蔑地对他说："哈尔德先生，你这位在"一战"期间便坐办公室指手画脚的家伙，要告诉我关于军队的什么呢？你甚至都没得到过黑色战伤勋章！"[195]

此处先把"为何哈尔德或其他处于类似情况下的高级军官能不带抱怨地忍耐希特勒的破口大骂"这个问题放在一旁，我们无法忽略，对于绝大多数高级军官而言，希特勒的指责其实是准确的。在第一次世界大战期间，这些最高级的军队领导人们确实大多服役于总部的营舍中，未曾作为炮兵去战斗，或是直接下过战壕。[196]但是，大多数总参谋部军官之所以在幕后工作，并非如希特勒暗示的那样，是因为他们个人的怯弱。相反，将这些受过高度战役计划和指挥训练的军官送到他们最能为战争执行做出贡献的岗位上，是德国军队长久以来的政策。这是个有意为之的决策，目的是避免让高质量作战员承担无谓的风险。[197]

在早期的战斗中取得成功，且号称是"有史以来最伟大的军事领袖"的作战才能也成为"希特勒神话"的一部分后，对希特勒而言，稀释军队高级指挥层的权力成了可能。他早期的成功，令许多在训练过程中被一再灌输与生俱来的直觉，而非理性的、可定义的能力的总参谋部军官，开始接受希特勒是"获得撒母耳膏油的人"，也就是说，他是一个具有"与生俱来才能"的天选之人。正如约德尔向豪辛格解释的那样，希特勒在战略直觉上的正确性是不可否认的。[198]即

---

① 译者注：原文为"swivel-chair staff officers"，此处指没上过战场在办公室指点江山的人。

使人们可以因为约德尔是希特勒亲密的追随者而怀疑其陈述的可信度，但爱德华·瓦格纳在 1941 年 10 月的评论却是众所周知："一次又一次，我对希特勒做出的军事评估感到好奇。这一次，他以决定性的方式干预了作战的进程。到目前为止，他一直是对的。在东线南部的伟大胜利，正是他的方案带来的。"[199] 瓦格纳的话语反映了对希特勒战役指挥的惊喜与信心。尽管如此，希特勒最初的成功，源于他反对军事专家的意见，强行推动自己的主张。这与其说是"撒母耳的膏油"，不如说是幸运女神的垂青。

希特勒本人相信，在战争早期取得的成功，验证了他作为一名军事指挥官的能力。解除布劳希奇陆军总司令职务时，希特勒狂妄地对布劳希奇说："这种程度的战役执行，谁都做得到。"[200] 取得军队控制权后，希特勒还曾在一次私人谈话中告诉布劳希奇，除了直接主导战役的愿景外，他还有政治上的远大抱负："军队总指挥的任务是教育军队。我不知道有哪位军队将领能够合我心意地履行这一职能。这就是为什么我决定自己承担军队的指挥任务。"[201]

这一呼声正是源于希特勒多年来对军队内保守的领导们不断增长的憎恶，随着他作为军事指挥官的自信心增长，他对将领们的厌恶也相应增加，并最终变得完全不信任他们。[202] 希特勒鄙视普鲁士军事贵族和他们的反动态度。比如说，他几乎无法掩盖自己对曼施泰因这位拥护传统代表和机动作战的普鲁士军事贵族的厌恶。[203] 在和帝国宣传部长约瑟夫·戈培尔的谈话中，希特勒越来越多地对他的将领们做出负面评价，说他们总是对他说谎，而且令他觉得恶心。[204] 希特勒对总参谋部尤为反感，说它是"高鼻之人、无脑贵族和国之蠹虫组成的特殊种姓，充斥着无用、无果、空洞的想法，和被剥夺了个性的懦夫"。[205] 在被俘的德军军官建立了自由德国国民委员会（Nationalkomitee Freies Deutschland）和德国军官联合会（Bund Deutscher Offiziere），以及 1944 年 7 月那次失败的暗杀之后，总参谋部在希特勒眼中更是成了恶意和背叛的巢穴。[206]

考虑到这一背景，希特勒会越来越倚重爱德华·迪特尔（Eduard Dietl）和费迪南德·舍尔纳等中下阶级出身的青壮年军官，就不足为奇了。[207] 这群人之所以忠诚地拱卫他们的领袖，部分原因是意识形态信仰或职业生涯机会主义，但也有部分原因是为了贪赃枉法。[208]

希特勒毫不妥协地主张对陆军总参谋部的领导权。东线战役期间，他一步步将陆军总司令部削弱为命令的传达者和战役中的龙套。[209] 哈尔德于 1942 年 9 月的被免职，以及后续希特勒对库尔特·蔡茨勒少将的任命，进一步推动了这种进展。希特勒希望蔡茨勒这位忠实的追随者能够在短期内清理总参谋部[210]，而蔡茨勒也很快就在陆军总司令部内部得到了"希特勒男孩"这个绰号。[211] 蔡茨勒是个头脑简单的步兵军官，他并不是从总参谋部的内部圈子中被招募来填补军队战役指挥中的核心地位的。因此，蔡茨勒从一开始就遭遇了不信任，尤其是当他招摇地在就职典礼上向总参谋部的全员宣称，所有人若不能做到无条件地相信希特勒，并且在公开场合如此践行的话，在总参谋部就不会有任何前途可言的时候。由此，作战处的军官们将哈尔德称作"最后一任总参谋长"，又有谁会感到奇怪呢？

根据蔡茨勒的元首原则（Führerprinzip），希特勒的指挥手段是相当集中且等级分明的。他的命令应当无须经过讨论，立即执行。他对于传统德国战役理念中基于简短指示的任务式指挥弃若敝屣。他要求上级指挥部要发布的命令必须清晰且无歧义。士兵的服从义务禁止了下级单位酌情做出任何行动。上级指挥部应当要无情地对细节进行干预。当然，希特勒的这种做法，令德国战役思想中最重要的元素之一陷入瘫痪。[212]

根据施利芬的现代军事指挥理念，希特勒并没有在前线进行领导，而是通过电话和电传，在远离前线的总部做出指挥。这种在后方进行领导（Führen von hinten）的方式，更接近于施利芬，而不是曼施泰因或者其他那些习惯在前线指挥的将领。但是，和施利芬相反，希特勒对战役中最细微的战术—战役细节也要做出干预。基于现场情况的快速指挥决策变得越发不可能了，尽管在战术层面上，任务式指挥缺点良多，但优点不容置疑。

与战争开始以来人们反复争论的相反，希特勒的指挥方法并不一定只会产生负面效果。在两次世界大战期间，其对手头任务的个人解读，也并非总能带来成功。尽管在战役层面，命令型指挥（Befehlstaktik）取代了任务型指挥，部队级别的指挥官还是会在可能的时候执行战术层级的任务型指挥。

呼应着希特勒对军队将领日益增长的不信任，随着军事失败的累积，这些将领也对最终胜利和希特勒本人丧失了信心。正如希特勒注意到的那样，一切并非毫无理由——早期因希特勒的战役—战略能力带来的军事成功而引发的乐观情绪，先是被怀疑取代，后来又升级为对希特勒的领导水平、指挥决策及其战役指挥能力的公开批评。但这种抱怨主要是在内部进行，极少出现在公开场合。希特勒的批评者们像地震仪一样，映射着军事形势的发展。

总参谋部内，人员对希特勒残存的信任，逐渐演变成对其指挥决策、其熊熊怒火及其尖刻批评军官力有未逮之处的惊愕。当希特勒不顾哈尔德的建议，在斯大林格勒的战役尚未结束之时便下令向高加索推进时，哈尔德恼火地在他的日记中写道："希特勒习惯性地低估了敌方做出的选择，这种低估令战场形势变得越发怪诞且危险起来。这令人越发难以忍受。这可再也谈不上什么认真工作了。希特勒领导方式的特点是病态无理的反应、对瞬间印象的注重，以及在完全缺乏军事领导架构的情况下做出评估。"[213]

按照豪辛格的说法，正如总参谋部的成员们开始认识到的，希特勒不仅越来越频繁地做出错误的战役决策，他还越来越多地控制了军事领导层的要害机构，其在最轻微的战术细节中迷失了自己，却无法关注到更宏大的战役蓝图。这位"有史以来最伟大的军事指挥家"（grösste Heldherr aller Zeiten）确定了战术细节，却忽视了整体形势——倘若他曾经关注过整体形势的话。[214]因此，豪辛格认为希特勒"完全缺乏对时间和空间概念的理解"。[215]

行文至此，便出现了一个疑惑：为什么豪辛格和他在作战处的同僚会继续追随希特勒，而没有对其提出反对？他们只不过是以职业生涯为导向的权力技术官僚吗？希特勒缺乏对时间和空间这两个决定性战役因素的理解，这一指控是希特勒和军事领导层间误解的核心。尽管希特勒最初能够战略性地思考，并将他的目标放在人口和经济中心上，总参谋部却严格参照传统的德国战役思想原则，认为歼灭敌方部队才是最要紧的战役目标——这种根本性的不同能够在蓝色方案中窥见端倪。根据第一次世界大战中德国在 1918 年向高加索扩张以获取石油资源的经验[216]，希特勒直截了当地解释，他如果拿不到高加索的石油就会认输。[217]相反，哈尔德不加掩饰地维护德国战役思想的信条，即使在"二战"的失败已经显而易见后，他依然写道："基于德国战役指挥层所受的训练，在其看来，他们的任务是击败敌人的生力军，而非占据油田。"[218]

战争初期，希特勒和军队领导层之间的根本性冲突，尚可被双方用高风险下取得的战斗胜利掩盖。但东线后来的失败以及主动权的丧失，令这一冲突公开爆发了。从专业化的军事角度来看，希特勒荒谬的进攻作战、停止命令，以及严令禁止执行战役机动防御，都令其决策越来越灾难化。相反，从希特勒的角度看，将领们并不理解战略，并且没有能力从整体战略视角出发，做出思考。他们总是能放弃就放弃那些对战争发展至关重要的地区，并为之给出战役上的借口。

在双方提出的指控中，都有一个真实的核心要素——希特勒目前为止的战役指挥失误和错误决策已经盖过了他所取得的成功。光是列出一部分东线上的失败，其中就包括希特勒毫无战役层面意义的占领斯大林格勒的命令、对苏联反攻做出的糟糕反应，以及禁止被包围的第六集团军突围等事件。希特勒的错误决定，引发了库尔斯克的正面攻势和东部的固守线性防御，而它们最终导致中央集团军群在 1944 年夏天被歼灭；而这在卡尔－海因茨·弗里泽尔看来，是战役领导艺术中最为差劲的部分。[219] 希特勒在西线犯下的愚蠢失误，则包括 1944 年的阿登攻势以及 1943 年向北非投入大军——当时那里的局势已经毫无取胜希望。

由于希特勒对战役的理解严重缺失，这些战役均以失败告终。投入到侧翼的部队过于薄弱，还有兵力在主攻方向上的非必要聚集，令计划中的包围作战经历了一次又一次的失败。希特勒一再未能建立明确的主攻方向，或是总在进攻期间将其转移。蓝色方案就是一个很好的例子。此外，他将整个运动战的执行，都建立在企图占领沃罗涅日或者斯大林格勒等城市的无谓的正面进攻之上，这严重挥霍了数量有限的机动部队。他完全低估了敌人的能力，并高估了自己的水平。他下达给营级单位的命令一度犹豫不决、混乱不堪、含糊不清，有时甚至自相矛盾。随着他越来越多地依赖自己的直觉和冲动行事，希特勒在计划过程中未做足评估就草率决策的倾向，也日渐明显。在防守上，其倡导的死守阵地一再导致灾难和重大损失。从 1943 年开始，东线的德国军队遭受的物资损失之巨，令其只能进行有限的战役机动防御。这一事实，绝非为希特勒不专业的领导水平开脱。

1943 年，当希特勒将战略重心从东线转移到西线时，他对战役—战略之间关联的不了解，暴露得尤为明显。这一战略决策的后续缺少必要的战役决策。希特勒拒绝做出决定，坚持用东线的区域防守获取战略上所必需的时间，哪怕要有意识地承担失去这块区域的风险。相反，赢得时间和保留地盘，他妄图二者兼得，可惜逐二兔者不得一兔。有种对这一荒谬行为的解释是，固守东线，是凌驾于一切之上的希特勒真实战略目标的前提条件。这一战略目标便是消灭东部集中营里的犹太人。[220]

但是，希特勒在战役上的弱点，与总参谋部的弱点如影随形。我们只需要深入检视法国战役前德军混乱的规划，以及"巴巴罗萨计划"期间其散乱的建立主攻方向的工作，就能找到如山铁证。

伴随着这些失败的，也有巨大的成功，比如 1940 年的"镰刀收割"（Sichelschnitt）行动、在哈尔科夫的"王车易位"（Rochade），以及 1943 年冬天的"反手一击"等。后两次战役与曼施泰因紧密相关，他显然是国防军中最出色的战役专家，人们时常拿隆美尔与曼施泰因相提并论。他的战役现如今在英美两国被人研究、受人推崇[221]，其中反映了许多德国战役思想中的元素，包括突然性、运动战、建立主攻方向、毫不妥协地抓住主动权，以及试着迫使敌人立即行动等。但在另一方面，隆美尔既不曾在总参谋部受过训，也从未在总参谋部任过职，在战术层面上，他就像一个连长或者营长一样做出行动和指挥。他的指挥原则反映了战术和战役间的紧密联系。

普鲁士贵族曼施泰因是成长于总参谋部的优秀军事专家，和南部德国中下层阶层的后裔、一线军官隆美尔，不仅代表了两种完全不同的军官类型，也反映了两种德国战役思想中基本的结构性弱点。这些弱点被现代战争无情地曝光。隆美尔代表了德国战役思想中固有的对后勤的漠视[222]，曼施泰因则代表了以战役为中心的战争执行，它的核心是进行决战，只偶尔对整体战略框架做出单一维度的思考。因此，希特勒抱怨其将领们只知在战役层面看问题，甚少从战略角度做思考，是有道理的。

另外，战后将领们所说的"德国之所以输掉'二战'，是因为希特勒无论在战略上还是战役上都只是半桶水"的论调，未免过于自私自利了。尽管希特勒认识到了两线战争的战略问题，但他从第一次世界大战中得到的教训，就只是要确保能够让德国进行长期消耗战的原材料和工业基地而已，根据这一标准，他调整了他的战役执行，而大多数的将领却无法超越消灭敌方部队的思维局限。因此，将领们难以理解，为何希特勒让战役的执行从属于获取作为整体战略必需品的高加索的原材料，哪怕可以调动的部队并不足以执行这样的战役。正如将领们经常不能从战争的战略层面思考问题一样，希特勒亦反过来一再忽略了最简单的战役原则。

战后，国防军的精英们倾向于对他们的战略失误闭口不谈，并将所有错误的战役及战略决策归咎于死去的希特勒。这被贝恩德·韦格纳称为他们的"纸面胜利"（erschriebene Siegen）。他们未能意识到，希特勒不仅拥有惊人的战略直觉，还具备独到的战略发展眼光，这让他有别于他军事上的扈从们。[223] 总而言之，比起他的总参谋部军官们，希特勒对一些事物的看法更为现代化。那些军官无法从其传统战役思想的束缚中挣脱出来。[224] 他们只盯着作战，在很大程度上忽视了涉及整个社会的现代战争的新维度。然而，事实是，在有限的军事战略框架之内，战争初期阶段的希特勒表现理性，且运气不错。但在战争前和战争过程中，他从未就帝国的地理位置和经济能力制定出一套全面而完整的战略理念。设计、传达一套整体战略，并从中制订战役计划，这超出了他的能力范畴。从这方面来看，他同那些他万分鄙薄的贵族军队将领半斤八两。

战役层面的歼灭战？

从两重意义上说，"巴巴罗萨计划"都是从一开始便被作为一场歼灭战而设计的。从战役角度看，它的目标，正如传统德国战役思想倡导的一样，在于快速歼灭敌方部队。此处是军事层面的歼灭，即消灭作为执行战争的工具的敌方军队，而非物理意义上的消灭。最晚到1941年3月30日，德国军事领袖们已然知晓，他们用于进行战争的传统作战手段，在即将到来的战役中，已经被关联并将用作服务意识形态战争的工具。

那天，在一场值得纪念的演讲中，希特勒向将领们透露了正在计划中的战争的性质，它与北欧、西欧以及非洲那些正在进行的"普通战争"截然不同。它的目标，不仅仅是像拿破仑曾经尝试过的那样，击碎苏联作为欧洲主要国家的地位，并终结英国对大陆的统治；它走得更远，其真正的目标是粉碎苏联，屠戮及奴役苏联的人口，以便在东部夺得生存空间。[225] 这种做法将令德国变成战略—经济大国，并使它有实力进一步对抗英国和美国。与这一目标密不可分的，是即将进行的战斗中德军在意识层面上的目标——从肉体上消灭那些意识形态上的"致命的敌人"（Todfeinde）、布尔什维克主义者和犹太人。[226] 根据约翰内斯·许尔特（Johannes Hürter）的说法："歼灭敌方部队这一军事理念，延伸成了消灭一种意识形态和一个国家的政治理念。"[227]

因此，希特勒要求他的将领们全盘抛弃传统的欧洲战争准则和标准。将领们十分清楚他的意图，以及这场即将到来的战役中的种族与意识形态属性。这一点在哈尔德写下的日记中有所体现："这场战斗将同西线的战斗大不相同。在未来，东线的惨烈程度反而是一种慈悲。"[228] 尽管希特勒并未详细引述计划的流程，但他的听众们已经从党卫军占领波兰的手段中，了解到希特勒打算在他的生存空间之战中做些什么了。

军事精英们虽然不加批判、不做评论地接受了希特勒"种族意识形态歼灭战"（rassenideologischend Vernichtungskrieg）和"剥削的殖民地战争"（kolonialen Ausbeutungskrieg）的理念，但他们对此毫无热情。[229] 他们中有些人毫无疑问地沉浸于其即将到来的战役中的战役任务，却没有关注到战争规律问题。双线战争这个德国军事精英们的噩梦，是否真的能够如希特勒所鼓吹的那样，由德方获取先机？这个问题，肯定徘徊在众多将领的脑海中。尽管如此，在很多方面被强化了的德国的优越感，战胜了现存的怀疑主义。

德国国防军最高指挥部至少理解了即将到来的战争的性质。尽管陆军总司令部看到的是歼灭敌方部队这一传统战役目标，但围绕着凯特尔的德国国防军最高指挥部的军官们，吸取了德国曾在"一战"中被封锁的经验教训，对战争的全面化作了更多的思考，而非只专注于歼灭敌军。1938 年 4 月，德国国防军最高指挥部发布了题为"作为结构性问题的战争执行"（Die Kriegführung als Problem der Organisation）的备忘录，它提倡要在所有未来的军事冲突中，有意识地将战争全面化。正如备忘录的附录"什么是未来战争？"（Was ist der Krieg der Zukunft）中所述："战争将通过所有可行手段进行，不仅要通过武器，还要通过宣传和经济。它要针对的是敌人的武装力量、物资来源，以及其人民的心理强度。执行未来战争的首要原则，就是在必要时刻无视法律。"[230]

这种辩护，加上纳粹的生存空间意识形态，直接使得军队将德国臆想中的对自卫的需要视作一种现实。而这种自卫的需要远超腓特烈大帝的"恢复自卫"（Putativnotwehr）理念。这反过来迫使现存国际战争法规的标准发生改变，甚至被彻底颠覆。

在袭击苏联的准备阶段，德国领导层通过补充、修订或者是废除各类现行的法律、法规和命令，为意识形态歼灭战打下了基础。这包括《裁定行使战争司法权》（Erlass über die Aus–übung der Kriegsgerichtsbarkeit）、《驻苏联部队行为准则》（Richtlinien für das Verhalten der Truppe in Russland），以及《政治委员会待遇指南》（Richtlinien für die Behandlung politischer Kommissare）。然而，随着战役的进行，战场上的军队发动了诸多针对党卫军特别行动队（SS–Einsatzgruppen）恐怖统治的抗议活动，陆军总司令部无法再对这些命令与法令所产生的后果视而不见了。[231] 尽管波兰战役并非作为一场德军全力施为的歼灭战[232]，但它在许多方面为面向苏联的种族意识形态歼灭战铺平了道路。[233]

希特勒将波兰占领地区的军事行政管理替换为由党卫军和警察运作的民政管理的决定，在军队领导层中非常受欢迎，其在施行过程中如履薄冰，仅在波兰发生了零星的抗议事件。军队领导层将这种权力分配（Gewaltenteilung）视作避免卷入任何预期中的暴行的机会，同时也能让军队专注于作战事务。在"巴巴罗萨计划"开始前，德国国防军最高指挥部、陆军总司令部以及党卫军三方达成协议，认定执行希特勒的政治任务，是党卫军而非军队的职责。[234]

尽管一开始对胜利充满信心，"巴巴罗萨计划"中也存在固有的基于传统德国战役思想的军事上的不确定性。对此，军队并无确切的对应方法。这类不确定性，是根本的、被接受的"一揽子风险"（Riskopakets）中的一部分，伴随着德国战役思想学说的发展而演化。除了从未得到解决的后勤问题，德军面临的主要风险还在于处于相对弱势的德国军事力量。尽管自施利芬起，"以少敌多"就是德国战役思想的核心元素，但数量法则还是影响了德军的每一次军事行动。德国军事学说强调在主攻方向创造局部优势，因此，每一位军事领导人，都对增强战斗部队的实力有着浓厚兴趣。

在希特勒、党卫军海因里希·希姆莱以及布劳希奇消除党卫军在波兰的屠杀引发的争议之后，各方开始协商如何在即将到来的"巴巴罗萨"战役中确保后方区域。由于人力短缺，军队领导人急于减少其在后方的职责。随后，党卫军从军队手中接管了这些职责[235]，这意味着陆军总司令部无须建立更强的安保力量，或者甚至让前线部队保护后方区域。在占领区接受党卫军的恐怖统治，是军事领导层为了增强前线作战实力而必须付出的代价。陆军总司令部准备好了要承受这一代价，但这种前线作战实力的增强，只是附带着沉重的按揭抵押的短期收益。最后，党卫军在有国防军参与的情况下，维持了他们的恐怖统治，这直接引发了十分残酷的游击战。国防军一侧为了保证后勤补给能够穿过占领区的腹地，也将其行动同基于种族灭绝和意识形态斗争的占领区政策结合在了一起，尽管国防军的行动多少受到国际法的制约。尽管参与到灭绝行动中的国防军后方保安部队士兵只是相对少数，但集团军群总指挥和各野战集团军司令，还有他们的参谋们依然对这些手段一清二楚，并认可了战争罪行，其目的是维护他们自身的作战自由。[236]

后勤问题更为清晰地表明，陆军总司令部是如何试图通过纳粹意识形态引导下的罪行，修复这个在德国战役理念中从未被纠正过的缺陷的。由于运输能力的缺乏，以及战役地幅的大幅扩张，迅速推进的部队能得到的补给要么只有弹药、替换用零件、燃料，要么只有食物。因此，认为战争将很快结束的高层，决定让部队靠所在地的食物过活。若没有这种解决方案，就无法补给战斗部队，也就无法按计划进行快速作战。除了转向从所在地获取食物这一在欧洲和德国军队实践了数百年之久的方案，总参谋部也没有其他现实的办法。在所占区域觅食的这一传统技巧，也推进了"巴巴罗萨计划"中在东部发动经济战的目标。从一开始，征服当地资源就一直是德军袭击苏联的决定性计划目标。为了扭转德国在第一次世界大战中经历的、并最终动摇了帝国的饥饿浪潮，德国农业及食品部①和其他担忧这一问题的机构，决定对苏联人民实施饥饿战略。在进攻开始后不久，所有可用的食品都被从占领区运往帝国，只留下部分用于满足德国士兵的需求。由此导致的苏联平民的大量死亡，不仅被有意识地默认，还得到了公开赞同。[237]这令总参谋部为进军部队提出的补给方案被蒙上了一层罪恶的色彩。不论是这一点，还是摩托化大军在战场觅食引发的后勤影响，都未能动摇陆军总司令部的军事决策制定者们。

---

① 审校者注：德文原版为"Reichsministerium für Ernährung und Landwirtschaft"，本书英译版将其译为"Ministry of Nutrition"，这是不准确的。

总参谋部认为，将士们携带的 20 天份的干粮，加上他们所能搜刮到的一切食物，就足以让这支军队果腹。但是，他们是以德国及其周围中欧的农业状况作为基准评估的，其完全误判了苏联所能提供的、完全不同的给养水准。虽然南方集团军群和北方集团军群会穿过农业区行军，可主攻方向上的中央集团军群，却必须在树木茂密、缺乏农作物的区域艰难跋涉。因此，中央集团军群很难从乡间征收食品。他们被迫激进地、无情地"吃光"整片区域，这对当地人口造成了灾难性的后果。除此之外，对后勤问题抱着一种古典德国式的漠视和低估态度的总参谋部，一直要求将主攻方向放在东线中部。专注于战役的总参谋部军官们，对养活当地人毫无兴趣。这是个相当富有传统德国战役思想特征的解决方案。

施利芬忽视了后勤问题，主要是忽视了物资和弹药供给，他将提供食物的负担转嫁给了被占区的人民。至于这些当地人该如何满足德国的要求，他毫不关心。在当地人口无法满足德国要求的情况下，施利芬解释道，他们将被"置于有效的压力下……甚至需要从外部带来其可能缺乏的补给"。[238] 这意味着施利芬含蓄地假定，部队将不得不对当地人民施压，以确保食物的持续供应。从现存记载中，我们无法推断施利芬愿意对敌方人口施压到什么程度。然而，毫无疑问的是，施利芬和他的继任者们在第一次世界大战中将饥荒作为武器，并因此对苏联人口进行灭绝层面的歼灭战略，这和后来在"巴巴罗萨"行动中的计划及实践一致。

施利芬的继任者出于功利主义，采取了这种歼灭战略。这种做法默许了德军对苏联人民犯下的罪行。第二次世界大战的经验明确表明，军队领导层在东线执行歼灭战时，是愿意解决德国战役思想中的结构性问题的。他们为解决这一问题，忽略了传统的军事荣誉准则和国际法基本标准。

然而，只有当列宁格勒被围困时，才能证明德国的意识形态在执行军事战役时的工具性。袭击开始时，列宁格勒是希特勒最为重要的行动目标之一，但总参谋部不以为然。他们将莫斯科定为"巴巴罗萨计划"的行动目标，并认为东线北段的进攻只是一次确保侧翼安全的任务。相反，希特勒则想要占领这座涅瓦河畔的城市，不仅是因为它在经济和海洋战略上的重要性，还因为它作为布尔什维克革命发祥地，在意识形态上有着重大意义。希特勒是这么想的：

"莫斯科和列宁格勒必须被夷为平地，免得我们整个冬天还得养着那些活下来的人。"[239] 一次又一次地，他下令攻占列宁格勒，而总参谋部却只打算包围这座城市，原因在于进攻开始后区区几周，德军能调动的兵员就已经捉襟见肘了。在一系列惨烈的战斗之后，北方集团军群最终在 9 月初，成功地大规模包围了这座都市。

当希特勒最终将德国攻势的主攻方向转移到莫斯科时，占领这座城市似乎只是时间问题了。北方集团军群不得不抽离其大部分的摩托化部队和第八航空军，以支援对苏联首都的进攻。现在，德军要攻占列宁格勒已不可能。部署在列宁格勒前线的第十八集团军，无力仅凭借下属的步兵部队拿下列宁格勒，在小幅度改善其防御态势后，该集团军转入了防御。它现在的战役目标，是通过围城令这座城市忍受饥饿，进而迫使其投降。然而，这几乎是不可能的，列宁格勒的陆上线路虽然被切断了，但它还是能够通过拉多加湖得到补给。

德国军事领导人的意图各不相同。在早期的进攻中，德国国防军最高指挥部和陆军总司令部将他们的战役、经济和意识形态目标结合到了一起。攻陷列宁格勒后，他们计划驱逐幸存下来的人口，并让其忍饥挨饿，再完全摧毁这座城市。瓦格纳关于让"彼得堡人自作自受"的讽刺性评价[240] 模糊了德军为友军而非苏联人口分配有限的粮食储备的意图，因此，德军必须阻止一切身处列宁格勒的苏联平民逃离的尝试。

无论是在战场上的士兵，还是集团军群的指挥官，最初都未被告知陆军总司令部的意图，这种意图与希特勒的意识形态歼灭计划，以及随之产生的战役进行的变动不谋而合。北方集团军群总司令威廉·冯·利布[241]，举例说明围困列宁格勒符合当时的国际法，那次围困是攻占城市过程中合法的、传统的军事方式。[242] 而这应当包括在特定条件下疏散平民人口。利布一再抱怨对平民人口采取的无情围困措施，并要求应当给平民离开城市的机会。[243] 但他向布劳希奇，甚至可能向希特勒提出这类要求时，得到的只有负面回应。[244]

因此，纯粹的军事行动，阴毒地变成了受意识形态驱动、对列宁格勒人口做出的物理灭绝。军队的高级领导人对此不仅知情，而且支持。当德军对列宁格勒的围城最终在 1944 年被打破时，列宁格勒的死亡人数约为 100 万。战役发生演变的原因是复杂的。一方面，它受到了军事领导层中广为流传的种族理念的驱使。例如，对苏的进攻甫一开始，第十八集团军的司令，后来的北方集团军群总司令乔治·冯·屈希勒尔元帅，在向其士兵们的演讲时，便为斯拉夫人和条顿人[①]绵延几个世纪的争斗定下基调："从成吉思汗起，亚洲的部落就试图向种族上更为高贵的条顿人进军，并将他们赶出祖先的土地。但眼前这场战争，不仅仅是两个不同种族之间的战斗，其意义远甚于此。这是两种意识形态，也就是纳粹同布尔什维主义之间的战斗。"[245]

另一方面，除种族意识形态之外，这一决定主要是基于军事指挥与控制的现实原因。考虑到德国能力有限，不论是希特勒还是军队的高级领导人都没有做好投入占领这座城市所需的人力物力，甚至是养活此地人口所需的食物供给的准备。因此，军事效用加上经济和意识形态影响，是罪恶的战役执行的驱动因素。

正如其他例子所示，军队领导层愿意通过犯罪手段执行其军事战役，只为局部补偿德国战役学说中的结构性弱点——包括人力短缺与后勤不足的严重劣势。经济战、种族战，以及战役的执行，彼此间环环相扣，互相促进了对方的增强与合法化程度。在种族—意识形态歼灭战背景下，战役思想的部分全面化与有罪化，只有在德军放弃传统军事价值观和标准之后，才有可能发生。这种价值观的恶化，源于德意志帝国自"一战"时期起就普遍存在的对待俄国人和犹太人的偏见，其意识形态拒绝将他们认同为人类。与发生在西欧、南欧还有北欧的战役相反，德军在东部的战争执行丝毫没有体现出对这些"劣等种族"（Untermenschen）的同情，即使在战役层面也是如此。因此，军事领导层利用了这一机会，依靠犯下罪行，将德国战役学说中的弱点最小化。至此，起初绝不包括强制杀害所有敌方士兵的战役—战略式歼灭理念，演化成了作为必要手段的、邪恶的、对苏联军民的无差别屠戮。

结论

1939 年 9 月 1 日，德意志帝国做出新的尝试，想要将欧洲政治版图重塑

[①] 译者注：条顿人是古代日耳曼人的一个分支，后世经常以条顿人泛指日耳曼人及其后裔，或是以此直接称呼德国人。

为对其有利的局面，它在整体计划未准备妥当的情况下，便一脚迈入了战争的泥潭。这与第一次世界大战开始时的情形形成鲜明对比。1939 年秋，无论是帝国的政治领导人还是军事领导人，都未形成闪电战的战略概念。反之，进攻波兰的战略计划是在德军的攻势开始前几个月才起草的，而针对法国的计划则更是直到战胜波兰后才开始准备。占领丹麦和挪威的计划、威塞尔演习作战，都起草于对波兰的进攻开始之后。不过，尽管总参谋部和德国国防军最高指挥部是在仓促之下起草进攻计划的，但他们也并非在与世隔绝的环境中行动。总参谋部的战役计划以传统德国战役思想为基础，它以总参谋部军官的军事思想为主导，经历了多年来的培育和发展。但是，由于缺乏机动性，以及在第一次世界大战中遭遇的战术和战役层面上的战斗现实，总参谋部理论上的战役计划执行受到了阻碍。在两次世界大战之间，这一问题似乎已经因为坦克、卡车和飞机的引入而得到解决。在希特勒治下，总参谋部的座右铭是：尽可能快地在战场上达成决战，以削弱敌方的资源优势和潜力，从而迅速结束战争。

虽然德国部队机动性问题仅在表面得到解决，但对波和对法发动的"闪电战"意料之外的迅速成功，却掩盖了这一事实。1940 年进攻开始时，德军在西线能够投入使用的 157 个师中，只有 16 个是完全摩托化，并因此具备充分执行机动作战能力的，还剩下 90% 的德国陆军师，其机动性未必胜过他们在"一战"中的前辈。他们的速度取决于步兵的行军速度和马拉车蹒跚前行的速度。

德国军队是一支两极分化的军队，这不但可以用来描述它的机动性，还可以用来描述它的武器实力。1940 年，一些年长点的士兵们在战斗中用的武器，与他们在第一次世界大战中所用的一模一样。之所以会出现现代化和半淘汰武器共存的场面，除了因为国防军在区区五年时间里做出的快速扩张外，还因为德国战略潜力的结构性局限。因此，在 1940 年 5 月，只有德意志帝国投入其所有资源，才能凑齐 80 个有充分执行战役能力的师。同样的情况也发生在第一次世界大战期间的 1918 年春季攻势之前。迄今为止，依然在德国内外广泛流传的德军"完全机动化的闪电战部队"的形象，其实是其娴熟的宣传运动的产物，它的影响流传至今。这些完全摩托化的军队中，就包括处于陆军总司令部战役控制之下的武装党卫师。在法国战役开始时，这些师都在希特勒的命令下实现了完全摩托化。

和第一次世界大战一样，在战略层面上，铁路才是将大部队通过内线机动的主要长距离运输手段，在战术—战役层面上，国防军依然是一支马拉的军队。第二次世界大战期间，德国军队配备的马匹数量比"一战"时期更多。部队在机动性上严重的参差不齐，迫使总参谋部的战役专家们重新评估了时间因素。这一评估的重点在于：该如何用质量参差不齐、行军速度两极分化的部队，执行快速而机动的作战。总参谋部军官发现，答案就藏在植根于施利芬的德国传统战役思想之中。在波兰和法国战役期间，他们接受了精英摩托化部队在空中战术的支援下建立重心的风险。通过在决胜点进行突破，加之运用了德国战役思想中的传统元素——"出其不意"，他们赢得了决定性的战斗。对波兰和法国的胜利，成了德国战役思想斩获的巨大成就。施利芬的继承人们必然会将他的包围学说拓展到涵盖战术—战役突破的高度，而这恰恰是他曾经抗拒的。

然而，战争早期出乎绝大多数总参谋部军官意料的成功，并不能掩盖这样一个事实："二战"开始时，德国战役思想上的核心缺陷并未得到解决。对苏联的战争明确暴露了这一学派的弱点。国防军未能达成执行其战役学说所必需的摩托化水平。这一事实导致的后果便是摩托化部队往往被迫放慢自己的步伐，以适应那些只有局部摩托化和甚至完全没有摩托化的，行动迟缓的步兵师的行进速度。总参谋部寻求的决定性歼灭战还未打响。相反，德国继续依赖建立重心、保持主动权的战役方式，且希望这两者与其优越的战役领导力结合。传统中用于平衡人力差距的办法，最终还是因为其自身的局限性而遭遇了失败。这是第一次世界大战的往事重现，当时德国军队试图发动一场超出与德国接壤的中欧地区之外的战争。第二次世界大战期间，苏联的纵深，令德军最多只能在局部保持住其空中优势。

苏联战役同样说明了德军源于对法战争胜利的优越感，以及第一次世界大战中与俄军作战的经验而引发的战役上的傲慢。许多军官相信，德国"用左手"（mit der linken Hand）就能打败苏联。然而，这些想法很快就破灭了，因为战役计划制订者们忽略了老毛奇和施利芬针对苏联空间深度及其士兵在防御上的坚韧不拔而做出的警告——这些警告早该通过上一次世界大战得到教训。这种错误的估计，又被"德国人比斯拉夫人更优越"这一意识形态中广为流毒的观点进一步强化。德国之所以会形成这种与现实的脱节，在于大多数国防军将官的战役经验都源于西线的堑壕战，而非 1914—1918 年间东线的运动战。

片面注重战争中的战役要素，加重了德国战役思想对后勤的轻忽。尽管在战术层面上，战役专家们吸取并应用了一部分在第一次世界大战中得到的教训，可他们依然对补给问题视而不见，这很大程度上是因为在 1914—1918 年的堑壕战中，铁路系统足以支撑后勤需求。后勤在现代化机制的战争中所起的关键作用，很少被作为议题提上日程。同制订战役总体计划时的情况一样，总参谋部准备承担高程度的后勤风险。因此，支持快速机动战役的后勤系统，只是为东线战役的初期阶段制订的；而传统的后勤手段，则只适用于与德国边境相邻的东欧的作战，它虽在一定程度上得到了修正，但依旧完全不足以支撑起对苏联的进攻。从"巴巴罗萨计划"的第二阶段开始，尤其是在中央集团军群区域，摩托化水平的低落和运输能力的不足，迫使部队和 17、18 世纪时的军队一样，只能自行觅食。而这理所当然地对当地人口产生了不良影响。像拿破仑时代的军队那样，依靠乡村供给军队，以及在东部掀起经济战，并在其过程中饿死成千上万苏联平民的方式，德军为"巴巴罗萨计划"补足了意识形态上的目标。最终，陆军总司令部自愿犯下战争罪行，以弥补他们在战役理念中从未得到纠正的错误。

"巴巴罗萨计划"同样暴露了德国战役思想中固有的结构性战略缺陷。自施利芬以来，德国战役思想对战役层面的过度重视，导致了其对战略层面的轻忽，这让总参谋部内部形成了单维度军事思维。希特勒有了可乘之机，其能够先在战役—战略层面，再从战役—战术层面削弱这一机构。这让他掌握了军队的战役指挥权，甚至是部分战术控制权。除顶层结构的权力斗争和德国国防军最高指挥部与陆军总司令部之间的领导权之争外，总参谋部在其自身能力范畴内的瘫痪也要归咎于两个总部之间在战役理念上的分歧。例如，和施利芬时代一样，陆军总司令部的战役行动完全以决战为核心，陆军总司令部只对其战役思想在某些方面做出了现代化改动，并在战术—战役层面提升了部队的机动性。尽管如此，他们仍始终坚持一个目标，即在与德国相邻的地区进行一连串胜利的歼灭战，从而迫使对方展开快速决战。军队领导层依然相信，迅速瓦解敌人的军事力量，是解决德国战略困境的唯一方法，这能够避免长期的歼灭战和人民战争。另一方面，德国国防军最高指挥部并没有根据第一次世界大战中的经验，拒绝长期消耗战、经济战以及人民战争的理念。德国国防军最高指挥部的战略思想同希特勒"攻占并控制空间的理念"不谋而合，而这对总参谋部的军事专家而言，则相对显得陌生。他们只会让那些现代化、机械化的战争去适应他们传统的战役执行理念。

由于过分强调纯粹的战役因素，总参谋部忽视了现代机械化战争中的关键层面。为了践行他们的战役理念，陆军总参谋部最终准备在战争实施过程中采用犯罪手段，以弥补德国战役学说的结构性弱点，即其对后勤的忽视和人力资源的严重不足。他们接受甚至赞成令苏联战俘乃至大多数平民挨饿。因此，与西线的战役相比，对苏战争恶化成了一场灭绝战。在这一斗争过程中，敌方部队丧失了战斗能力——这毫无疑问是德军歼灭战理念的回归。

总参谋部和像曼施泰因这样的战役专家，几乎完全没有理解德国的战争指导以及担忧战略现实。深陷于专注决战的传统战役思想窠臼中，总参谋部与曼施泰因等人认为希特勒在防御中僵硬的"死守到底"命令，以及其在进攻过程中错误的战役—战略配置，剥夺了德国的胜利。正如曼施泰因在第二次世界大战后所暗示的那样，挥霍军队和总参谋部在战役上的成功，导致了"失去的胜利"的罪魁祸首，不是单维度的战役—战略思想，而是希特勒。而且，和"一战"后所发生的一样，指挥官将错误归咎给个人的行为，转移了人们对"二战"时德国战役思想中存在的结构性缺陷的注意力。

严重低估敌军实力，再加上德国对自身实力的高估，证明国防军领导层在"二战"中脱离现实的表现，与陆军最高指挥部在"一战"中的表现如出一辙。

注释

題词: Beck, Studien, 63.

1. "闪电战" 一词的历史和文献概况详见: Frieser, *Blitzkrieg Legend*, 5 - 14; William J. Fanning Jr., "The Origin of the Term 'Blitzkrieg': Another View," *Journal of Military History* 61 (1997): 283 - 302; Naveh, *In Pursuit of Military Excellence*, 105 - 109.

出人意料的是，纳维 (Naveh) 在他的研究中，并未查阅更早的德国文献或是弗里泽的《闪电战传奇》(Blitzkrieg Legend) 一书。

2. George Raudzens, "Blitzkrieg Ambiguities: Doubtful Usage of a Famous Word," *War and Society* 7 (1989): 77 - 79.

3. 闪电战略最重要的代表人物，是阿兰·S. 米尔沃德 (Alan S. Milward)，以及德国学者中的安德烈亚斯·希尔格鲁伯 (Andreas Hillgruber) 和鲁道夫·赫布斯特 (Ludolf Herbst)。

4. Michael Salewski, "Knotenpunkt der Weltgeschichte? Die Raison des deutschfranzosischen Waffenstillstandes vom 22. Juni 1940," in *La France et l'Allemagne en guerre.Septembre 1939 - November 1942*, ed. Claude Carlier and Stefan Martens (Paris, 1990), 119.

5. Strachan, European Armies, 163.

6. Cf. Wallach, *The Dogma of the Battle of Annihilation*.

7. Friedrich von Rabenau, "Revolution der Kriegführung," printed in Wallach, *The Dogma of the Battle of Annihilation*, 380 - 384.

8. 同上，第383页。

9. 同上，第384页

10. 引用文献同上。

11. Georg Thomas, "Operatives und wirtschaftliches Denken," in *Kriegswirtschaftliche Jahresberichte*, ed. Kurt Hesse (Hamburg, 1937), 11 - 18.

12. 部队局参谋考察旅行的主题是: "包括部署在内的对捷克斯洛伐克进攻战的执行。" 其目标在于确定进攻斯洛伐克的战役执行方案。

13. Cf. chapter 6, 183 - 184.

14. "在西线的准备，将不会超越齐格菲防线上的安全人员配备。" 根据曼施泰因个人的战争日志，在1939年9月3日这天，接受英国宣战前的两小时，凯特尔无法容忍由西方大国宣战这一想法。

详 见: Bernhard von Lossberg, *Im Wehrmachtführungsstab. Bericht eines Generalstabsoffiziers* [Hamburg, 1950], 27; war diary of General Field Marshal Erich von Manstein, entry of 24 October 1939, MGFA.

15. Günther Blumentritt, *Von Rundstedt: The Soldier and the Man* (London, 1952), 42f.

16. Report on the Army General Staff ride 1939, Luftgaukommando 3, Fuhr.Abt./Iaopl., Munich,

17. 同上，第5页，原文斜体部分。

18. 同上，第8页。

19. 关于波兰战争之后潜在的德国—苏联之战，详见: Rolf-Dieter Müller, *Der Feind steht im Osten.*

Hitlers geheime Pläne für einen Krieg gegen die Sowjetunion im Jahre 1939 (Berlin, 2011).

20. Winfried Baumgart, "Zur Ansprache Hitlers vor den Führern der Wehrmacht am 22. August 1939," *Vierteljahrshefte für Zeitgeschichte* 16 (1968): 120‑149.

21. Christian Hartmann, *Halder. Generalstabschef Hitlers 1938‑1942* (Paderborn, 1991), 134.

22. Torsten Diedrich, *Paulus. Das Trauma von Stalingrad. Eine Biographie* (Paderborn, 2008), 131.

23. Printed in Rolf Elble, *Die Schlacht an der Bzura im September 1939 aus deutscher und polnischer Sicht* (Freiburg i.Br., 1975), 236‑239.

24. 在波兰的战役详见：Elble, *Die Schlacht an der Bzura Horst Rohde*, "Hitlers erster 'Blitzkrieg' und seine Auswirkungen auf Nordosteuropa," in *Das Deutsche Reich und der Zweite Weltkrieg*, vol. 2, *Die Errichtung der Hegemonie auf dem europäischen Kontinent*, ed. Klaus A. Maier, Horst Rohde, Bernd Stegemann, and Hans Umbreit (Stuttgart, 1991), 79‑156.

25. Der Einsatz der Luftwaffe im polnischen Feldzug, Chef des Generalstabes der Luftflotte 1, Prague, 16 November 1939, BArch, RL 7/4, 15.

26. Frieser, *Blitzkrieg Legend*, 21.

27. Manstein war diary, entry of 24 October 1939, MGFA. See also Mungo Melvin, *Manstein: Hitler's Greatest General* (London, 2010).

28. Frieser, *Blitzkrieg Legend*, 39. On German armament production, see Rolf‑Dieter Müller, "Die Mobilisierung der deutschen Kriegswirtschaft für Hitlers Kriegführung," in *Das Deutsche Reich und der Zweite Weltkrieg*, vol. 5, *Organisation und Mobilisierung des deutschen Machtbereichs*, Part 1, *Kriegsverwaltung, Wirtschaft und personelle Ressourcen 1939 bis 1941*, ed. Bernhard R. Kroener, Rolf‑Dieter Müller, and Hans Umbreit (Stuttgart, 1992), 406‑556.

29. Richard L. DiNardo, *Mechanized Juggernaut or Military Anachronism? Horses and the German Army of World War II* (New York, 1991), 21‑32.

30. Frieser, *Blitzkrieg Legend*, 39.

31. 同上，第33‑41页。

32. Hans Reinhardt, "Die 4. Panzerdivision vor Warschau und an der Bzura vom 9.‑20.9.1939," Wehrkunde 5 (1958): 246; Williamson Murray, "The German Response to Victory in Poland. A Case Study in Professionalism," *Armed Forces and Society 7* (1981): 285‑298.

33. 此事发生在未受到希特勒影响的情况下。1939年9月14日，总参谋部总参谋长哈尔德大将，将"消灭迟滞作战"写进了塔尔日记中。他解释道："由于环境的变化和波兰战役中防守方的坚定决心，这种在拥有十万名士兵的军队中经常使用的战斗形式，应当被废止。"

详见：Franz Halder, Kriegstagebuch. *Tägliche Aufzeichnungen des Chefs des Generalstabes des Heeres 1939‑1942*, 3 vols., ed. Hans‑Adolf Jacobsen [Stuttgart, 1962‑1964], 1:75.

34. 步兵战术发展的细节详见：Gerhard Elser, "Von der 'Einheitsgruppe' zum 'Sturmzug.' Zur Entwicklung der deutschen Infanterie 1922‑1945," *Militärgeschichte* 1 (1995): 3‑11.

35. Murray, "The German Response to Victory in Poland," 285‑298; Jürgen Förster, "The

Dynamics of Volksgemeinschaft: The Effectiveness of the German Military Establishment in the Second World War," in *Military Effectiveness*, vol. 3, *The Second World War*, ed. Williamson Murray and Allan R. Millette (Boston, Mass., 1988), 209.

36. 详见: 1939 instruction "Angriff gegen eine ständige Front" [Attack against a Fixed Front]; 1940 H.Dv. 130/9 *Ausbildungsvorschrift für die Infanterie*, H. 9, *Führung und Kampf der Infanterie. Das Infanterie-Battaillon* [Army Manual 130/9 Regulations for the Infantry, Section H. 9, Command and Combat of the Infantry. The Infantry Battalion].

37. Elser, "Von der 'Einheitsgruppe,' " 5.

38. Frieser, *Blitzkrieg Legend*, 28‐30.

39. Halder, *Kriegstagebuch*, 1:180, entry 4 February 1940.

40. Storz, "Dieser Stellungs-und Festungskrieg ist scheusslich!" 61‐204.

41. Frieser, *Blitzkrieg Legend*, 106‐110.

42. Walther Hubatsch, ed., *Hitlers Weisungen für die Kriegführung 1939‐1945. Dokumente des Oberkommandos der Wehrmacht* (Frankfurt a.M., 1962), 32.

43. 各种部署指令的整体信息详见: Frieser, *Blitzkrieg Legend*, 71‐77.

44. Gerhard Engel, *Heeresadjutant bei Hitler 1938‐1943. Aufzeichnungen des Majors Engel. Hildegard von Kotze,* ed. (Stuttgart, 1975), 75.

45. Generalfeldmarschall Erich von Manstein, *Kriegstagebuch*, Entry 24 October 1939, MGFA.

46. 曼施泰因从未原谅哈尔德，因为是哈尔德而非他自己，继承了贝克的衣钵，成为陆军总参谋部总参谋长。

47. 之后的"镰刀收割"中众多计划步骤详见: Frieser, *Blitzkrieg Legend*, 78‐116.

48. 同上，第79‐81页。此处详尽说明了曼施泰因用什么方式抓住机会，将他的战役计划呈现给希特勒的。

49. 同上，第41‐65页。此处对比了交战各方的人力、资源和质量强度。

50. 敦刻尔克前的中止进攻命令的讨论详见: 同上，第363‐393页。

51. 同上，第393页。

52. Wallach, *The Dogma of the Battle of Annihilation*, 379.

53. 德国进攻的过程详见: Frieser, *Blitzkrieg Legend*, 117‐400.

54. 诸兵种合同战斗的重大意义详见: DiNardo, "German Armor Doctrine," 386‐390.

55. 坦克和俯冲轰炸机的协作详见: Rudolf Steiger, *Panzertaktik im Spiegel deutscher Kriegstagebü-cher 1939 bis 1941* (Freiburg i.Br., 1975), 87‐95.

56. 在文献《寻求卓越的军事》(In Pursuit of Military Excellence)的第132页中，纳维下了错误的结论。古德里安是受过训练的总参谋部官员，而且隆美尔经常参与到战役图上推演中。

57. Ernst Klink, "Die militärische Konzeption des Krieges gegen die Sowjetunion," in *Das Deutsche Reich und der Zweite Weltkrieg*, vol. 4, *Der Angriff auf die Sowjetunion*, ed. Horst Boog, Jürgen Förster, Joachim Hoffmann, Ernst Klink, Rolf-Dieter Müller, and Gerd R. Ueberschär (Stuttgart, 1987), 205‐213.

58. 格奥尔格·迈耶的观点，即东线战役是"希特勒的战争"，很难被验证。

详见：Georg Meyer, *Adolf Heusinger. Dienst eines deutschen Soldaten 1915 bis 1964* (Hamburg, 2001), 149.

59. Andreas Hillgruber, *Hitlers Strategie. Politik und Kriegführung 1940‒1941* (Frankfurt a.M., 1965), 209.

60. 预防性战争理念的讨论详见：Gerd R. Ueberschär, "Das 'Unternehmen Barbarossa' gegen die Sowjetunion. Ein Präventivkrieg? Zur Wiederbelebung der alten Rechtfertigungsversuche des deutschen Überfalls auf die UdSSR 1941," in *Wahrheit und "Auschwitzlüge." Zur Bekämpfung "revisionistischer" Propaganda*, ed. Brigitte Bailer‒Galanda, Wolfgang Benz, and Wolfgang Neugebauer (Wien, 1995), 163‒182.

61. Halder, *Kriegstagebuch*, 2:49, entry 31 July 1940.

62. Hartmann, *Halder*, 236.

63. Klink, "Die militärische Konzeption des Krieges," 319‒327.

64. Horst Boog, "Die Luftwaffe," in *Das Deutsche Reich und der Zweite Weltkrieg*, vol. 4, *Der Angriff auf die Sowjetunion*, ed. Horst Boog, Jürgen Förster, Joachim Hoffmann, Ernst Klink, Rolf‒Dieter Müller, and Gerd R. Ueberschär (Stuttgart, 1987), 277‒319, 652‒712.

65. 争夺食物的战争详见：Müller, "Die Mobilisierung der deutschen Kriegswirtschaft," 394‒400.

66. "Der Wirtschaftskrieg" [The Economic War], briefing by Colonel Becker during Wehrmacht High Command exercise staff ride on 20 June 1939, BArch, RW 19/1272, f. 3‒16. See also Müller, "Die Mobilisierung der deutschen Kriegswirtschaft," 395.

67. Halder, *Kriegstagebuch*, 2:454, entry 3 June 1941.

68. 马尔克斯最初准备了一份和希特勒的方案偶合的战役草案。哈尔德拒绝采用这一草案。几天后，马尔克斯呈上一份采用了哈尔德理念的草案。

各种战役计划发展的相关细节详见：Albert Beer, *Der Fall Barbarossa. Untersuchungen zur Geschichte der Vorbereitungen des deutschen Feldzuges gegen die Union der Sozialistischen Sowjetrepubliken im Jahre 1941* (Diss., Westphalian Wilhelms University, Münster, 1978), 27‒72; Hillgruber, *Hitlers Strategie*, 219‒231; Friedhelm Klein and Ingo Lachnit, "Der 'Operationsentwurf Ost' des Generalmajor Marcks vom 5. August 1940," *Wehrforschung* 2, no. 4 (1972): 114‒123; Klink, "Die militärische Konzeption des Krieges," 219‒245; David Stahel, *Operation Barbarossa and Germany's Defeat in the East* (Cambridge, U.K., 2009), 39‒69.

69. Diedrich, *Paulus. Das Trauma von Stalingrad*, 161‒170.

70. Halder, *Kriegstagebuch*, 2:214, entry 5 December 1940.

71. 希特勒在地中海的战略详见：Gerhard Schreiber, "Der Mittelmeerraum in Hitlers Strategie 1940. 'Programm' und militärische Planungen," in *Militärgeschichtliche Mitteilungen* 28 (1980): 69‒90; Ralf Georg Reuth, *Entscheidung im Mittelmeer. Die südliche Peripherie Europas in der deutschen Strategie des Zweiten Weltkrieges 1940‒1942* (Koblenz, 1985); Jürgen Förster, "Hitlers Entscheidung für den Krieg gegen die Sowjetunion," in *Das Deutsche Reich und der Zweite Weltkrieg*, vol. 4, *Der Angriff auf die Sowjetunion*, ed. Horst Boog, Jürgen Förster, Joachim

Hoffmann, Ernst Klink, Rolf-Dieter Müller, and Gerd R. Ueberschär (Stuttgart, 1987), 3 - 37.

72. Hartmann, *Halder*, 218 - 224.

73. Hubatsch, ed., *Hitlers Weisungen*, Directive No. 21, 18 December 1940, 84 - 88.

74. Stahel, *Operation Barbarossa*, 89f.; Klink, "Die militärische Konzeption des Krieges," 246.

75. "巴巴罗萨"部署指令（Aufmarschanweisung）的细节详见：Klink, "Die militärische Konzeption des Krieges," 246f.

76. Heinz Guderian, *Panzer Leader* (Cambridge, Mass., 2001), 142.

77. Hartmann, *Halder*, 239.

78. Cf. Manfred Messerschmidt, "Introduction," in *Das Deutsche Reich und der Zweite Weltkrieg, vol. 4, Der Angriff auf die Sowjetunion*, ed. Horst Boog, Jürgen Förster, Joachim Hoffmann, Ernst Klink, Rolf-Dieter Müller, and Gerd R. Ueberschär (Stuttgart, 1987), xiii - xix. (2019. 6. 20)

79. Klink, "Die militärische Konzeption des Krieges," 224f.

80. Andreas Hillgruber, "Der Zenit des Zweiten Weltkrieges: Juli 1941," in *Die Zerstörung Europas. Beiträge zur Weltkriegsepoche, 1914 bis 1945*, ed. Andreas Hillgruber (Frankfurt a.M., 1988), 283.

81. 在1941年6月22日战役的开端，国防军动员了总兵力四分之三的陆军和三分之二的空军，合计超过300万士兵，投入进攻。150个德军师和3650台坦克对阵苏联西部各个军区的苏联军队，后者有290万名红军，分为179个步兵师、10个坦克师、33个半骑兵师，以及45个坦克或摩托化旅，拥有坦克10000余台，飞机8000余架。德国侦察总共侦测到约209个苏联步兵师和32个骑兵师。拥有专家战斗车辆的团的数量尚不清楚。

详见：Klink, "Die militärische Konzeption des Krieges," 191 - 202, 275.

82. 对红军军事实力的负面评估详见：Johannes Hürter, *Hitlers Heerführer. Die deutschen Oberbefehlshaber im Krieg gegen die Sowjetunion 1941 - 1942* (Munich, 2006), 230 - 235.

83. 同上，第282页。

84. 即使在战败之后，德国总参谋部军官间依然存在这种幻想的坚实根源。欲了解与此相关的讨论，请参阅本书第8章。

85. Rüdiger Bergien, "Vorspiel des 'Vernichtungskrieges'? Die Ostfront des Ersten Weltkriegs und das Kontinuitätsproblem," in *Die vergessene Front. Der Osten 1914 - 15. Ereignis, Wirkung, Nachwirkung*, ed. Gerhard P. Gross (Paderborn, 2006), 396 - 398.

86. 在第一次世界大战之前，总参谋部就已经承认了俄国士兵顽强的防守能力——这是个在战斗中一次又一次得到确认的事实。

详见：Gross, "Im Schatten des Westens," 32, 61.

87. Volkmann, "Der Ostkrieg," 292f.

88. 苏联部队的总指挥是格奥尔吉·康斯坦丁诺维奇·朱可夫将军（后来的苏联元帅）。

89. 正如法金汉在1915年对步兵师所做的那样，随着每个师的第二个装甲团被抽出来，以及德军围绕着这些抽出来的装甲团组成新的装甲师，装甲师的数量增加了。

90. 使用坦克的争议详见：Heinz Guderian, *Erinnerungen eines Soldaten* (Heidelberg, 1951), 132;

Hans Höhn, "Zur Bewertung der Infanterie durch die Führung der deutschen Wehrmacht," *Zeitschrift für Militärgeschichte* 4 (1965): 427f.

91. 弗里多林·冯·森格－埃特林（Fridolin von Senger und Etterlin）将军把坎尼视作防御战的最好例子。

详见：Senger und Etterlin, "Cannae, Schlieffen und die Abwehr," 27－29.

92. 关于包围战的战术－战役执行详见：Edgar F. Röhricht, *Probleme der Kesselschlacht, dargestellt an Einkreisungs-Operationen im zweiten Weltkrieg* (Karlsruhe, 1958), 173－182.

93. 参阅本书第6章。

94. 在第一次世界大战期间，德国军队缺乏卡车等摩托化的运输手段。与协约国相反，德皇陆军的摩托化程度相当低。这严重阻碍了德国1918年的进攻。参阅本书第4章。

95. 德国铁路系统的弱点详见：Klaus A. Friedrich Schüler, *Logistik im Russlandfeldzug. Die Rolle der Eisenbahn bei Planung, Vorbereitung und Durchführung des deutschen Angriffs auf die Sowjetunion bis zur Krise vor Moskau im Winter 1941/42* (Frankfurt a.M., 1987), 59－88.

96. Elisabeth Wagner, ed. *Der Generalquartiermeister. Briefe und Tagebuchaufzeichnungen des Generalquartiermeisters des Heeres, General der Artillerie Eduard Wagner* (Munich, 1963), 177.

97. 详见：Hermann Teske, *Die silbernen Spiegel. Generalstabsdienst unter der Lupe* (Heidelberg, 1952), 96; Schüler, *Logistik im Russlandfeldzug*, 37－39.

98. Wagner, *Der Generalquartiermeister*, 176.

99. Schüler, *Logistik im Russlandfeldzug*, 640.

100. 在完全摩托化的师中，摩托化的后勤纵队运载着部队的基本补给，伴随进攻部队前进，随后空车队返回后方补给基地，以确保能持续供应行动迅速的师。

详见：Wagner, *Der Generalquartiermeister*, 285.

101. 批量运输的组织详见：Klink, "Die militärische Konzeption des Krieges," 248－259; Creveld, Supplying War, 143－180; Rolf-Dieter Müller, "Das Scheitern der wirtschaftlichen 'Blitzkrieg-sstrategie,'" in *Das Deutsche Reich und der Zweite Weltkrieg*, vol. 4, *Der Angriff auf die Sowjetunion*, ed. Horst Boog, Jürgen Förster, Joachim Hoffmann, Ernst Klink, Rolf-Dieter Müller, and Gerd R. Ueberschär (Stuttgart, 1987), 936－1029.

102. 在第二次世界大战中，只有美国陆军能够建立独立于铁路的、完全摩托化的补给体系。

详见：Cf. Müller, "Das Scheitern der wirtschaftlichen 'Blitzkriegsstrategie.'"

103. 当陆军和集团军的总指挥们在1941年10月的莫斯科攻势之前得知，进攻的供应情况得不到保障时，他们这样指责中央集团军群的高级军需官奥托·埃克斯坦（Otto Eckstein）上校：“你的计算当然是对的，但若博克（菲德·冯·博克元帅）有前进的信心，我们不会阻拦他⋯⋯战士总会有几分运气。”

详见：Wagner, *Der Generalquartiermeister*, 213.

104. “巴巴罗萨计划”的后勤状况详见：Creveld, Supplying War, 142－180.

105. Joseph Goebbels, *Tagebücher 1924－1945*, vol. 4, *1940－1942*, ed. Ralf Georg Reuth (Munich, 1992), 1601, entry 16 June 1941.

106. Halder, *Kriegstagebuch*, 3:38, entry 3 July 1941.

107. 苏联第3和第10集团军，共计43个师，325000名士兵，以及3300辆坦克，在这场包围战中被摧毁。

被摧毁的坦克数量约等同于德军用于发动进攻的坦克数量。

这场双重战斗的细节详见：Klink, "Die militärische Konzeption des Krieges," 451‐462.

108. 在1941年7月24日至8月5日之间的斯摩棱斯克口袋战役中，三十余万名红军，连同三千台坦克被包围。

斯摩棱斯克战役的细节详见：Klink, "Die militärische Konzeption des Krieges," 451‐462; Stahel, *Operation Barbarossa*, 260‐360.

109. Hürter, *Hitlers Heerführer*, 284f.

110. Halder, *Kriegstagebuch*, 3:118, entry 25 July 1941.

111. Halder, Kriegstagebuch, 3:170, entry 11 August 1941.

112. Adolf Heusinger, "In memoriam, Franz Halder 30.6.1884‐2.4.1972," *Wehrforschung* (1972): 79.

113. Halder, Kriegstagebuch, 3:159, entry 7 August 1941; Stahel, *Operation Barbarossa*, 395.

114. Hartmann, *Halder*, 278‐284; Klink, "Die militarische Konzeption des Krieges," 486‐507; Stahel, *Operation Barbarossa*, 273‐280.

115. Halder, *Kriegstagebuch*, 3:12, entry 26 July 1941.

116. 列宁格勒战役和后续的围攻详见：David M. Glantz, *The Battle for Leningrad, 1941‐1944* (Lawrence, Kans., 2002); Jorg Ganzenmuller, *Das belagerte Leningrad 1941‐1944. Die Stadt in den Strategien der Angreifer und Angegriffenen.* (Diss.phil., Paderborn, 2005); Johannes Hurter, "Die Wehrmacht vor Leningrad. Krieg und Besatzungspolitik der 18. Armee im Herbst und Winter 1941/42," *Vierteljahrshefte für Zeitgeschichte* 49 (2001): 377‐440.

117. 基辅之战细节详见：Klink, "Die militärische Konzeption des Krieges," 508‐522.

118. 在德国这边，铁路在供给交付中的重要性完全被低估了。

详见：Schuler, *Logistik im Russlandfeldzug*, 308‐605.

119. 在维亚济马与布良斯克的双重战斗的细节详见：Klaus Reinhardt, *Die Wende vor Moskau. Das Scheitern der Strategie Hitlers im Winter 1941/42* (Stuttgart, 1972), 49‐122; Klink, "Die militarische Konzeption des Krieges," 568‐585.

120. 在莫斯科前的战斗细节详见：Reinhardt, Die Wende vor Moskau,123‐171; Ernst Klink, "Der Krieg gegen die Sowjetunion bis zur Jahreswende 1941/42," in *Das Deutsche Reich und der Zweite Weltkrieg*, vol. 4, *Der Angriff auf die Sowjetunion*, ed. Horst Boog, Jurgen Forster, Joachim Hoffmann, Ernst Klink, Rolf-Dieter Müller, and Gerd R. Ueberschar (Stuttgart, 1987), 585‐600.

121. 计划详见："Der Krieg gegen die Sowjetunion 1942/43," in *Das Deutsche Reich und der Zweite Weltkrieg*, vol. 6, *Der globale Krieg. Die Ausweitung zum Weltkrieg und der Wechsel der Initiative 1941 bis 1943*, ed. Horst Boog, Werner Rahn, Reinhard Stumpf, and Bernd Wegner (Stuttgart, 1993), 761‐815.

122. Hartmann, *Halder*, 314f.

123. Müller, "Das Scheitern der wirtschaftlichen 'Blitzkriegsstrategie,' " 1023.

124. Wegner, "Der Krieg gegen die Sowjetunion," 791.

125. Hans Meier-Welcker, *Aufzeichnungen eines Generalstabsoffiziers 1939 bis 1942* (Freiburg i.Br., 1982), 142, entry 1 December 1941.

126. Müller, "Das Scheitern der wirtschaftlichen 'Blitzkriegsstrategie,' " 999.

127. Hartmann, *Halder*, 325.

128. Wegner, "Der Krieg gegen die Sowjetunion," 892.

129. 关于斯大林格勒战役，请参阅以下文献：Antony Beevor, *Stalingrad* (London, 1999); Manfred Kehrig, *Stalingrad. Analyse und Dokumentation einer Schlacht* (Stuttgart, 1974); Sabine Arnold, Wolfgang Ueberschar, and Wolfram Wette, eds., *Stalingrad. Mythos und Wirklichkeiteiner Schlacht* (Frankfurt a.M., 1992); Bernd Ulrich, *Stalingrad* (Munich, 2005); Wegner, "Der Krieg gegen die Sowjetunion," 962‐1063.

130. Gerd R. Ueberschär, "Die militärische Kriegführung," in *Hitlers Krieg im Osten 1941‐1945. Ein Forschungsbericht*, by Rolf-Dieter Müller and Gerd R. Ueberschär (Darmstadt, 2000), 126.

131. 在非洲的战斗详见：Reinhard Stumpf, "Probleme der Logistik im Afrikafeldzug 1941‐1943," in *Die Bedeutung der Logistik für die militärische Führung von der Antike bis in die neueste Zeit,* ed. Militärgeschichtliches Forschungsam (Bonn, 1968), 569‐739.

132. Hubatsch, ed., Hitlers Weisungen, Directive No. 32, "Vorbereitungen für die Zeit nach Barbarossa," 129‐134.

133. Percy Ernst Schramm and Helmuth Greiner, eds., *Kriegstagebuch des Oberkommandos der Wehrmacht (Wehrmachtführungsstab) 1940‐1945*, 4 vols. (Frankfurt a.M., 1961‐1965), 1:328; see also Hartmann, Halder, 273f.; Hillgruber, Hitlers Strategie, 383f.

134. Halder, *Kriegstagebuch*, 3:39.

135. Army General Staff, Operations Division War Diary (KTB GenStdH/Op.Abt), 13 July 1941, BArch, RH 2/311.

136. Meier-Welcker, *Aufzeichnungen eines Generalstabsoffiziers*, 172, entry 26 August 1942.

137. 红军的军事实力详见：David M. Glantz, *Colossus Reborn: The Red Army at War, 1941‐1943* (Lawrence, Kans., 2005).

138. Meyer, *Adolf Heusinger*, 150.

139. Reinhardt, *Die Wende vor Moskau*, 144.

140. 步兵和坦克间的协作详见：Steiger, *Panzertaktik*, 57‐76.

141. 同上，第47‐56页。

142. Röhricht, *Probleme der Kesselschlacht*, 33‐38; Steiger, *Panzertaktik,* 145‐162.

143. Bernd Wegner, "Die Aporie des Krieges," in *Das Deutsche Reich und der Zweite Weltkrieg*, vol. 8, *Die Ostfront 1943/44. Der Krieg im Osten und an den Nebenfronten*, ed. Karl-Heinz Frieser (Munich, 2007), 32‐38.

144. 同上，8:35。

145. Führer Order 26 December 1941, printed in *Wehrmacht High Command War Diary* (KTB OKW), vol. 1, part 1, doc. 113, page 1086f.

146. Führer Order 8 September 1942 on "General Tasks of the Defense," *Wehrmacht High Command War Diary* (KTB OKW), vol. 2, part 1, doc. 22, pages 1292‑1297.

147. 东线许多区域里的堑壕战详见: Christian Hartmann, *Wehrmacht im Ostkrieg. Front und militärisches Hinterland 1941/1942* (Munich, 2009), 403‑423.

148. Führer Order 8 September 1942 on "General Tasks of the Defense," *Wehrmacht High Command War Diary* (KTB OKW), vol. 2, part 1, doc. 22, pages 1292‑1297.

149. *Wehrmacht High Command War Diary* (KTB OK W), 6:324.

150. 计划和后续战役的细节详见: Eberhard Schwarz, *Die Stabilisierung der Ostfront nach Stalingrad. Mansteins Gegenschlag zwischen Donez und Dnjepr im Frühjahr 1943* (Göttingen, 1986), 122‑231.

151. Friedhelm Klein and Karl‑Heinz Frieser, "Mansteins Gegenschlag am Donec. Operative Analyse des Gegenangriffs der Heeresgruppe Süd im Februar/März 1943," *Militärgeschichte* 9 (1999): 12‑18; David M. Glantz, *From the Don· to the Dnepr. Soviet Offensive Operations, December 1942 to August 1943* (London, 1991); Ottmar Hackl, "Das 'Schlagen aus der Nachhand.' Die Operationen der Heeresgruppe Don bzw. Süd zwischen Donez und Dnepir 1943," *Truppendienst* (1983): 132‑137; Ferdinand M. von Senger und Etterlin, "Die Gegenschlagsoperation der Heeresgruppe Süd, 17.‑25. Februar 1943," in *Wehrgeschichtliches Symposium an der Führungsakademie der Bundeswehr. 9. September 1986. Ausbildung im operativen Denken unter Heranziehen von Kriegserfahrungen, dargestellt an Mansteins Gegenangriff Frühjahr 1943*, ed. Dieter Ose (Hamburg, 1987), 132‑182; Dana V. Sadarananda, *Beyond Stalingrad: Manstein and the Operations of Army Group Don* (New York, 1990).

152. 在1987年, 联邦国防军战役思想复兴的高潮, 坐落在汉堡的联邦国防军指挥与参谋学院举行了一场军事史研讨会。在 "以曼施泰因的1943年春季反攻为例, 训练基于战争经验的战役思想" 的主题下, 那次战役在退休将领约翰‑阿道夫·冯·吉尔曼斯埃格伯爵和费迪南德·玛利亚·冯·森格尔‑艾特林等参与者的见证下被人们分析。尽管当时的局势和冷战后期的局势完全没有可比性, 但联邦国防军的机动式防御还是从中汲取了教训。

153. Bernd Wegner, "Von Stalingrad nach Kursk," in *Das Deutsche Reich und der Zweite Weltkrieg*, vol. 8, *Die Ostfront 1943/44. Der Krieg im Osten und an den Nebenfronten*, ed. Karl‑Heinz Frieser (Munich, 2007), 62‑64.

154. Karl‑Heinz Frieser, "Die Schlacht im Kursker Bogen," in *Das Deutsche Reich und der Zweite Weltkrieg*, vol. 8, *Die Ostfront 1943/44. Der Krieg im Osten und an den Nebenfronten*, ed. Karl‑Heinz Frieser (Munich, 2007), 83‑172.

155. Jürgen Förster, *Die Wehrmacht im NS‑Staat. Eine strukturgeschichtliche Analyse* (Munich, 2007), 185.

156. Karl‑Heinz Frieser, "Die Rückzugskämpfe der Heeresgruppe Nord bis Kurland," in *Das Deutsche Reich und der Zweite Weltkrieg*, vol. 8, *Die Ostfront 1943/44. Der Krieg im Osten und an den Nebenfronten*, ed. Karl‑Heinz Frieser (Munich, 2007), 672‑677.

157. Erich von Manstein, Verlorene Siegen (Bonn, 1955), 615.

158. 引自：Karl-Heinz Frieser, "Irrtümer und Illusionen: Die Fehleinschätzungen der deutschen Führung," in Das Deutsche Reich und der Zweite Weltkrieg, vol. 8, Die Ostfront 1943/44. Der Krieg im Osten und an den Nebenfronten, ed. Karl-Heinz Frieser (Munich, 2007), 523.

159. 同上，8:283f。

160. 关于1944年3月8日元首令"死守到底"，见同一出处：8：521‑525。

161. 同上，8：518f。

162. 根据装甲兵总监在1945年3月25日发布的"1945年装甲师和装甲掷弹师基本结构"，装甲师完成了变更为防守用途的大型作战师的重组。在这一重组后，坦克的数量由1944年的165辆减少到54辆，装甲战车的数量从288辆减少到90辆。步兵的兵力增加了一个营。如此组织的装甲师，无力执行战役式进攻。详见：Adalbert Koch and Fritz Wiener, "Die Panzer-Division 1945," Feldgrau (1960): 33‑39.

163. 反坦克防守的作用详见：Eike Middeldorf, Taktik im Russlandfeldzug. Erfahrungen und Folgerungen (Darmstadt, 1956), 132‑135.

164. Cf. Ferdinand M. von Senger und Etterlin, Der Gegenschlag. Kampfbeispiele und Führungsgrundsätze der beweglichen Abwehr (Heidelberg, 1959).

165. 1945年1月15日再版的指示表（Merkblatt）第18b/43节暗示了第一次世界大战战术思想的回归——《突击：一名1917年前线军官的战争经验》（Der Sturmangriff. Kriegserfahrungen eines Frontoffiziers von 1917）。

166. 关于"大战流程"（Grosskampfverfahren）和对此流程的批评，分别见：Heinz Magenheimer, "Letzte Kampferfahrungen des deutschen Heeres an der West-und Ostfront," Österreichische Militärische Zeitschrift 4 (1985): 317‑320; Eike Middeldorf, "Die Abwehrschlacht am Weichselbrückenkopf Baranow. Eine Studie über neuzeitliche Verteidigung," Wehrwissenschaftliche Rundschau 4 (1953): 201.

167. 这一流程的最后一次成功使用，是在泽劳高地战役中。详见：Richard Lakowski, Seelow 1945. Die Entscheidungsschlacht an der Oder (Berlin, 1995), 51‑55.

168. 1945年3月21日的陆军勤务手册第130/20条《步兵团指挥》（Die Führung des Grenadier-Regimentes），引入了基于最新经验和意识形态因素的防御战执行的新流程。相应地，主防线在任何情况下都必须守住，并用当下的反击摧毁入侵的敌人。这一规定的意识形态基调，反映在了主防线必须"对每个士兵而言都是神圣的"以及敌人必须被"一同击落"上。详见：H.Dv. 130/20, 74, No. 224.

169. "从首次出现在历史上起，德国人便一直被证明是优秀且强硬的战士。这源自于上苍赋予其不可磨灭的天性。其最重要的品质，便是勇敢的进攻精神、对成功的执着，以及同袍情谊。"详见：Ludwig, "Der Geist des deutschen Soldaten," Militär-Wochenblatt 42 [1941]: 1709.

170. Jürgen Förster, "Weltanschauung als Waffe. Vom 'Vaterländischen Unterricht' zur 'Nationalsozialistischen Führung,' " in Erster Weltkrieg-Zweiter Weltkrieg. Ein Vergleich. Krieg, Kriegserlebnis, Kriegserfahrung in Deutschland, ed. Bruno Thoss and Hans-Erich Volkmann

(Paderborn, 2002), 287‐300.

171. Commander in Chief of the Western Army, *Befehl für die Ausbildung des Westheeres* (Order for the Training of the Western Army), extract, 24 November 1941, BArch, RH 2/2836, f. 1.

172. See Der Chef des Oberkommandos der Wehrmacht, Aufgaben, Befugnisse, Einsatz der Feldjägerdienstkommandos, copy, 8 January 1944, BArch, RW 4/v. 493.

173. George Soldan, "Cauchemar allemand! Von der Unbesiegbarkeit des deutschen Soldaten," *Deutsche Wehr* 8 (1942): 113‐116.

174. H.Dv. 130/20, page 12, No. 6.

175. 参见森格尔－艾特林在《应答》(Der Gegenschlag) 中引用的例子。

176. 这一战役细节详见: Karl-Heinz Frieser, "Der Zusammenbruch der Heeresgruppe Mitte im Sommer 1944," in *Das Deutsche Reich und der Zweite Weltkrieg*, vol. 8, *Die Ostfront 1943/44. Der Krieg im Osten und an den Nebenfronten*, ed. Karl-Heinz Frieser (Munich, 2007), 570‐587; Karl-Heinz Frieser, "Ein zweites 'Wunder an der Weichsel?' Die Panzerschlacht vor Warschau im August 1944 und ihre Folgen," in *Der Warschauer Aufstand 1944*, ed. Bernd Martin and Stanisława Lewandowska (Warszawa, 1999), 45‐64.

177. 截至目前，关于斯大林为何停下他的部队这一问题，依然存在争论。

详见: Jerzy Kochanowski and Bernhard Chiari, *Die polnische Heimatarmee. Geschichte und Mythos der Armia Krajowa seit dem Zweiten Weltkrieg* (Munich, 2003); Martin and Lewandowska, eds., *Der Warschauer Aufstand 1944*; Włodzimierz Borodziej, *Der Warschauer Aufstand 1944* (Frankfurt a.M., 2001); Norman Davies, *Aufstand der Verlorenen. Der Kampf um Warschau 1944* (Munich, 2004).

178. AOK 19, *Gedanken über den Einsatz der grossen mot. Verbände im Ob. West-Bereich*, 29 January 1944, reproduced in Dieter Ose, *Entscheidung im Westen 1944. Der Oberbefehlshaber West und die Abwehr der alliierten Invasion* (Stuttgart, 1982), 316f.

179. 部署的部队详见: 同上，第228页。

180. 破解由转子密码机恩尼格码所加密的德国电台信息一事详见: Michael Smith, *Enigma entschlüsselt. Die "Codebreakers" vom Bletchley Park*, ed. Helmut Dierlamm (Munich, 2000), 256f.

德国这边，有人想过敌方似乎能对德国的战役执行未卜先知。1944年7月31日，在元首总部举行的一次会议中，希特勒详细阐述道："敌人是怎么发现我们的想法的？他为何如此频繁地妨碍我们？他是如何在许多行动中快速地对我们采取反制措施的？"这位独裁者自己回答了自己的问题。他提到了军队高级指挥层级中出了叛徒，尤其是总参谋部中。尽管希特勒的反应源于几天前的1944年7月20日的暗杀尝试，以及他多年来越渐增长的对军队领导层的不信任，而且虽然希特勒的发言主要针对的是战争中的东部战区，但这也说明德国领导层认为加密系统是安全的。

详见: Helmut Heiber, ed., *Hitlers Lagebesprechungen. Die Protokollfragmente seiner militärischen Konferenzen 1942‐1945* (Stuttgart, 1962), 587.

181. Ose, Entscheidung im Westen, 230.

182. 列日行动相关详见: Ose, *Entscheidung im Westen*, 221–232; Detlef Vogel, "Deutsche und alliierte Kriegführung im Westen," in *Das Deutsche Reich und der Zweite Weltkrieg*, vol. 7, *Das Deutsche Reich in der Defensive. Strategischer Luftkrieg in Europa, Krieg im Westen und in Ostasien 1943 bis 1944/45*, ed. Horst Boog, Gerhard Krebs, and Detlef Vogel (Stuttgart, 2001), 558f.

183. Heinz Magenheimer, "Die Abwehrschlacht an der Weichsel 1945. Planung und Ablauf aus der Sicht der deutschen operativen Führung," in *Ausgewählte Operationen und ihre militärhistorischen Grundlagen*, ed. Hans–Martin Ottmer and Heiger Ostertag (Bonn, 1993), 168.

184. Traut, *Die Spitzengliederung*, 134f.

185. Klink, "Die militärische Konzeption des Krieges," 244f.

186. 对总参谋部更为新近的任务描述详见: Megargee, *Inside Hitler's High Command*, 55–66.

187. Hartmann, *Halder*, 346.

188. Engel, *Heeresadjutant*, 36, war diary entry 8 September 1938.

189. Hartmann, *Halder*, 106.

190. Ian Kershaw, *Hitler 1936–1945* (Stuttgart, 2000), 461.

191. *Wehrmacht High Command War Diary* (KTB OKW), vol. 1, part 2, 1062.

192. Kershaw, *Hitler 1936–1945*, 558.

几周之内，他还解除了伦德斯泰德、古德里安和赫普纳的职务，并让利布和博克退休。

193. Meyer, *Adolf Heusinger*, 149, 227.

194. John Strawson, *Hitler as Military Commander* (London, 1971), 230.

195. Engel, *Heeresadjutant*, 125, entry 4 September 1942.

原书编者按: 在第一次世界大战和第二次世界大战期间，重伤勋章分三个等级发放: 黑色授予受伤一至两次的人员; 银色为三至四次; 金色则授予受伤五次及以上的人员。

196. 详见: John Keegan, *The Mask of Command* (London, 1987), 300。

此处指出这是南部和中央集团军群指挥官，伦德斯泰德和博克的情况。但是本书提到利布，则是不正确的。作为巴伐利亚第 11 步兵师的作战参谋，利布确实有前线的经验，和希特勒相反，他的经验主要是在东线。

197. Keegan, *The Mask of Command*, 300–309.

198. Adolf Heusinger, *Befehl im Widerstreit. Schicksalstunden der deutschen Armee 1923–1945* (Tübingen, 1957), 132–135.

199. Wagner, *Der Generalquartiermeister*, 204, letter 5 October 1941.

200. Franz Halder, *Hitler als Feldherr* (Munich, 1949), 45.

201. 同上。

202. Megargee, *Inside Hitler's High Command*, 220.

戈培尔也强烈批评了将领们。他们不相信希特勒，无法应对压力，并充满疑虑、士气低落。

详见: Joseph Goebbels, *Die Tagebücher von Joseph Goebbels, Diktate 1941–1945*, 15 vols., ed. Elke Fröhlich (Munich, 1993–1996), 11:227, entry 3 February 1944.

203. 希特勒并非唯一一个批评他的领导层。戈培尔对曼施泰因被解雇一事的评论是: "这最终解决了曼施泰因的问题，此人的问题是所有军队领导人中最为严重的。"

详见：Goebbels, *Die Tagebücher*, 11:589, entry 31 March 1944.

204. Goebbels, Die Tagebücher, 11:403, entry 4 March 1944.

205. Hans Frank, *Im Angesicht des Galgens* (Munich, 1952), 243.

206. Heiber, *Hitlers Lagebesprechungen*, 587.

207. 对希特勒的军事人事政治的总结详见：Förster, *Die Wehrmacht im NS-Staat*, 93－130.

208. Wegner, "Die Aporie des Krieges," in *Das Deutsche Reich und der Zweite Weltkrieg*, 8:227.

209. Hartmann, *Halder*, 328.

210. Engel, *Heeresadjutan*t, 129, war diary entry 30 September 1942.

211.Hartmann, *Halder*, 339.

希特勒男孩，讽刺1933年同名纳粹宣传影片。

212. Chef Gen StdH/GZ/OpAbt. (I), Nr. 10010/42, 6 January 1942, BArch, RH 20－16/80.

213. Halder, *Kriegstagebuch*, 3:489, entry 23 July 1942.

214. Keegan, *The Mask of Command*, 286－304.

在这一文献中，基冈引用了1942年12月12日午餐汇报的例子，描绘了希特勒在每个战术细节上的尖刻程度。

215. Meyer, *Adolf Heusinger,* 149, 227.

216. Winfried Baumgart, "Das 'Kaspi-Unternehmen'-Grössenwahn Ludendorffs oder Routineplanung des deutschen Generalstabes," *Jahrbücher für die Geschichte Osteuropas 18* (1970): 47－126, 231－278.

217. 对希特勒而言，高加索地区的重要性，只体现在执行战争所需的经济资源上。从第一次世界大战结束时起，作为"通往东方的桥梁"，该地区就在战略计划中达到了近乎传奇的重要性。泽克特的如下声明，说明了德国一方是如何评估高加索地区的地理形势的："当我站在通往第比利斯和巴库的铁轨上时，我的思绪飘得更远，穿过了里海和中亚的棉花地。他们飞向了奥林匹斯山，正如我所希望的，如果战争要持续很长一段时间，我们将最终打通前往印度的门户。"

详见：Winfried Baumgart, *Deutsche Ostpolitik 1918. Von Brest-Litowsk bis zum Ende des Ersten Weltkrieges* (Munich, 1966), 181, n. 30.

218. Wegner, "Der Krieg gegen die Sowjetunion," 897.

219. Frieser, *Der Zusammenbruch der Heeresgruppe Mitte*, 597.

220. Förster, *Die Wehrmacht im NS-Staat*, 192.

221. 不应忘记，一方面，隆美尔是一个媒体报道的完美对象，但另一方面，他的成就被夸大了，因为他的对手需要强调击败了他的伯纳德·蒙哥马利（Bernard Montgomery）将军的重要性。

222. Stumpf, "Probleme der Logistik"; Creveld, *Supplying War*, 181－201.

223. Wegner, *Von Stalingrad nach Kursk,* 37 n. 156.

224. 希特勒世界观中的现代主义与反现代主义元素详见：Rainer Zitelmann, *Hitler. Selbstverständnis eines Revolutionärs* (Stuttgart, 1991), 306－378.

225. 将苏联分为落后的、受德国统治的附属共和国，并同时分离苏联中非俄国的西方地区的计划，远远超出了德国梦想成为欧洲大国的传统战争目标，甚至超过了德国"一战"结束时的目标。

226. 希特勒演讲的细节详见：Hürter, Hitlers Heerführer, 1‐13; Hartmann, *Wehrmacht im Ostkrieg*, 469. 这位独裁者并没有直接阐明对犹太人的灭绝。然而，希特勒对指控党卫军军官在波兰战役期间谋杀犹太人质的国防军司法系统做出了批评，这暴露了希特勒的意图。

227. Hürter, *Hitlers Heerführer*, 9.

228. Halder, *Kriegstagebuch*, 2:337, entry 30 April 1941.

229. 战后，对希特勒的高级将领们所谓的进行歼灭战的意图做出的批评，是荒谬的。

详见：Hürter, *Hitlers Heerführer*, 10f.

230. Appendix, "Was ist der Krieg der Zukunft?" on the Wehrmacht High Command memorandum "Die Kriegführung als Problem der Organisation," 19 April 1938, in International Military Tribunal, *Trial of the Major War Criminals Before the International Military Tribunal Nuremberg, 14 November 1945‐1 October 1946*, 42 vols. (Nuremberg, 1947‐1949), 38:48‐50.

231. 在波兰战役期间，出现过警察和党卫军在前线后方所实施的系统性的屠杀。个别的国防军元素也展现出对平民使用暴力的强烈意愿。作为这些暴行的后果，党卫军成员和士兵们受到了军事法庭的审判。

232. 详见：Dieter Pohl, *Die Herrschaft der Wehrmacht. Deutsche Militärbesatzung und einheimische Bevölkerung in der Sowjetunion 1941‐1944* (Munich, 2008), 55.

233. Cf. Jochen Böhler, *Auftakt zum Vernichtungskrieg. Die Wehrmacht in Polen 1939* (Frankfurt a.M., 2006); Alexander B. Rossino, *Hitler Strikes Poland: Blitzkrieg, Ideology, and Atrocities* (Lawrence, Kans., 2003).

234. Förster, *Die Wehrmacht im NS-Staat*, 86‐88.

235. Jürgen Förster, "Das Unternehmen 'Barbarossa' als Eroberungs–und Vernichtungskrieg," in *Das Deutsche Reich und der Zweite Weltkrieg*, vol. 4, *Der Angriff auf die Sowjetunion*, ed. Horst Boog, Jürgen Förster, Joachim Hoffmann, Ernst Klink, Rolf–Dieter Müller, and Gerd R. Ueberschär (Stuttgart, 1987), 413‐447.

236. Christian Hartmann, "Verbrecherischer Krieg–verbrecherische Wehrmacht? Überlegungen zur Struktur des deutschen Ostheeres 1941‐1944," *Vierteljahrshefte für Zeitgeschichte* 52 (2004): 29; Pohl, *Die Herrschaft der Wehrmacht*.

237. Pohl, *Die Herrschaft der Wehrmacht*, 64‐66.

238. Ritter, *Der Schlieffenplan*, 158.

239. Halder, *Kriegstagebuch*, 3:53, entry 8 July 1941.

240. Hartmann, *Halder*, 286.

241. Hürter, "Die Wehrmacht vor Leningrad," 393.

242. Hartmann, "Verbrecherischer Krieg," 55.

243. Army Group North War Diary, Ia, entry 27 October 41, cited in Ueberschär, "Das 'Unternehmen Barbarossa' gegen die Sowjetunion," 336.

244. Hürter, "Die Wehrmacht vor Leningrad," 401.

245. 同上，第415页。

第八章

原子时代的战役思想

武装部队的每一种指挥与控制类型，都是站在前人肩膀上取得的成果，代代相承。

——I. G. 恩斯特·哥林上校

追根溯源

1945 年 5 月 8 日，国防军投降。这是德国武装部队在不到 30 年的时间里，第二次于世界大战中失败。之后，盟军占领德国，对其去军事化，并将其划分为四个占领区。随着德国的第二次战败，它也丧失了作为欧洲大国的地位。与 1918 年相反，1945 年的失败是毫无疑义的。这一次的失败是彻底的，投降也是无条件的。此外，德国基于种族意识形态而对六百万犹太人实施的大屠杀，以及国防军在东线和巴尔干地区掀起的歼灭战，令德国在道义上极其不得人心。撇开道德负担不谈，大部分德国人依然认为战争的终结是一场失败。

东西德以截然不同的方式进行着对近代史的重新评估。基于其意识形态中对法西斯主义的定义，德意志民主共和国（GDR，东德）并不对德国国防军和纳粹的行为分别对待。因此，战后时期甫一开始，第二次世界大战就被归类为一场歼灭战。[1] 然而，在德意志联邦共和国（BRD，即西德）那里，国防军和纳粹在很多年内都被认为是两个独立的领域。战争的责任和与此相关的罪行并不属于国防军，而应完全归咎于党卫军或者阿道夫·希特勒。其将罪愆个人化的举动，和第一次世界大战之后的情况一样，无异于同意为军队发行一张空白支票。[2] "干净的国防军"的形象在联邦共和国得到巩固，民主共和国却从一开始，就给国防军加上了"法西斯的"这一形容词。

战后的德国并不盛行研究战争。由于经济的困境、冷战的开始、将德国一分为二的铁幕政治，以及德国的全盘战败，当时并没有那种在魏玛共和国时期出现过的，对战败原因的公开分析。这在很大程度上是因为德国武装部队已不复存在，德国不会再得到进行这种研究所需的公共利益或财政支持。此外，前军官们要么面临着给他们自己谋一份平民职业的问题，要么在很多年内都将身陷囹圄。[3]

直到20世纪40年代末期，第一批著名将领的回忆录才在德意志联邦共和国出版，如曼施泰因的《失去的胜利》或是古德里安的《一名士兵的回忆》(Erinnerungen eines Soldaten，英文版名为《装甲先锋》)。这些书首次公开谈到了德国战败的原因。在《失去的胜利》中，曼施泰因做了程序化的论证。他认为失败的是希特勒这个军事半吊子，军队本身没有失败，所以，战役思想也没有失败。短缺的人力物力、恶劣的气候条件，还有地理位置一再被列为军事失败的原因。[4] 其他担任过最高指挥任务的前军官们，如在贝克之后继任总参谋长的弗朗茨·哈尔德大将，及前总参谋部作战处处长阿道夫·豪辛格中将，都试着解决军队领导层在纳粹国家中的困境。在他们自我辩护的文字中，他们在坚持道义和服从命令之间左右为难。[5]

西德公众很大程度上没有注意到，早在1946年1月，前高阶将领们就同美国陆军历史处的（德国）战役历史部门合作，探讨了国防军的思想。这种合作最初是为了分析美军在欧洲的行动而建立的，冷战开始时，国防军在东线的战术和战役经验迅速成了美国关注的焦点。[6] 由受到美国人信任的哈尔德牵头，来自西方同盟战俘营中的德国高级军官组成的圈子，一同缔造了贝恩德·韦格纳所说的"纸面胜利"，它为德国第二次世界大战史学勾勒了清晰的轮廓。这一过程与关于德国再武装的讨论以及首批公共军事期刊的出版同时进行。[7]

那些年普遍的思路是，第二次世界大战是由希特勒发动的，而他在道德和军事上都遭到了完完全全的溃败。将罪愆归咎于个人，令国防军有可能保住身为"荣誉之盾"的清白，同时也避开了对1918年之后德国军队的指挥与控制方式以及相关战役学说的讨论。这种两头讨好的行为，体现了军事领导层想法中的矛盾之处：一方面，他们要享受战役层面的成功带给他们的荣誉，比如法国之战；另一方面，通过将希特勒描述为一个不听取专业建议的半吊子，他们又将战败的责任都归咎于希特勒一人。[8]尽管军队领导层中再次爆发了一些陈旧而不可协调的个人化、职业化的冲突，例如哈尔德与曼施泰因间的摩擦，但前高级军官作为一个整体，依然成功地在公众面前塑造了国防军的形象，当时，这是德国再武装的争论核心。除采取与之前国家档案馆塑造"一战"历史时同样的口径塑造"二战"的历史之外，美国人赞助这一研究的主要目的，则是"在不更改德国总参谋部历经几代传承而定义和发展出的战役指挥艺术的前提下，将它传给子孙后代"。[9]因此，其意图正是确保德国军队战役思想的延续。

这也是战后主要的军事期刊《欧洲安全：国防研究评论》（Europäische Sicherheit. Rundschau der Wehrwissenschaften）自创刊起的目的，它是作为讨论再武装的论坛而成立的。[10]1951年第1期的引导性社论中，就清楚地描述了从政治中分离出来的德国战役思想中不变的待办事项："西德主动参与到欧洲防御之中，是如今我们热烈讨论的话题。它不仅是一个道德或政治问题，更主要的，它是一个军事问题。"[11]

按照社论的说法，期刊的目的在于纠正德国人缺乏军事理解的问题，并提供有关从第二次世界大战中得到的军事教训的信息。因此，在周刊的第一期，人们就能看到由哈尔德的继任者库尔特·蔡茨勒大将主笔，前陆军战争历史研究所（Kriegsgeschichtliche Forschungsanstalt des Heeres）主席沃尔夫冈·弗尔斯特（Wolfgang Foerster）参与撰写的文章，其题为"论普鲁士—德国总参谋部的历史性角色"（Zurgeschichtlichen Rolle des preussisch-deutschen Generalstabes）。[12]那期周刊中还包括哈尔德一篇题为"第二次世界大战中的军事决策斗争"（Das Ringen um die militärische Entscheidungen im 2. Weltkriege）的序言。[13]

1953年初出版的，前将领格奥尔格·冯·佐登斯特恩（Georg von Sodenstern）的论文《战役》（Operationen），清晰地表明了德国确保传统战役思想延续性的意图。[14] 在一段强调了老毛奇和施利芬的介绍性文字后，佐登斯特恩将战役置于战术、战役及战略的三位一体中。他还认为，纵使西方盟军在未能将战役作为清晰的指挥层级加以认识的情况下，便取得了第二次世界大战的胜利，但这无论如何也不能说明我们可以在未来忽略战争中的战役层级。审视了西方的战略理念后，佐登斯特恩确认，军人并非对战略层面的指挥与控制全知全能，并同时强调了战役层级的重要性："这是典型的军事领导中的艺术领域，在这里，战场指挥官们必须通过更巧妙地运用赋予他的空间、时间以及武装部队要素，直接和'敌人的独立意志'（unabhängigen Willen des Gegners）及其权力手段展开竞争。"[15]

第二次世界大战结束八年后，尽管战争明确表明了战役思想的局限性，但佐登斯特恩依然再次倡导起了传统的德国战役理念，并毫无保留地拒绝任何施加在战役执行上的政治影响。在他看来，战场指挥官必须完全掌握他拥有的领导力工具，这和施利芬时期的思想是一致的。尽管两次世界大战都令人信服地表明，即使是执行得再为出色的战争，也无法弥补敌军在资源上的优势，但这种对领导力的重视依然保留在战场指挥官固有的领导能力中。因此，当时并不存在战役思想朝着整合一体化战略方向发展而取得的进步。佐登斯特恩并未倡导创新式的再定位，而是倡导修正旧有的战役思想的思路。与此同时，处于苏联占领下的德意志民主共和国，尚未出现可进行这一辩论的类似公开平台。

延续性

在 1945 年 7 月的同盟国波茨坦会议上，尽管出现了首个冷战即将到来的微妙迹象，同盟国还是同意将德国去军事化，并且剥夺一切能令其重新武装起来的机会。通过限制并控制被占领国的资源，同盟国打算永久性地阻止任何普鲁士—德国军国主义复兴。但是，同盟国的团结很快就瓦解于东西阵营的冲突之中。

苏联和西方大国之间不断演化的全球性政治对抗，直接影响了被两大集团沿着由北向南国境线一分为二的德国。从战役—战略角度看，苏联占领区，即后来的德意志民主共和国，成了华沙条约的前沿部署区域；而西方国家占领区，即后来的德意志联邦共和国的区域，则变为了北约的缓冲地带。

早在 1948 年，苏联就开始在它的占领区秘密组建准军事警察队伍了。[16] 而法国则武装了西德，以回应苏联人因极度不信任而做出的行为。面对苏联显而易见的传统军事优势，英美两国，尤其是美国，开始认真考虑再次激发西德的军事潜力。1950 年至 1953 年间的朝鲜战争加速了这一发展，它清晰且戏剧化地暴露了美国及其盟友的传统劣势。由于苏联的威胁，年轻的德意志联邦共和国的第一任联邦总理康拉德·阿登纳（Konrad Adenauer）也支持重整西德的武装。与此同时，他希望联邦共和国能够通过做出军事上的贡献，再次取得完整的主权，并提升其在国际社会上的地位。当然，西德的国防对阿登纳而言，也是个重要的问题。早在 1953 至 1954 年间，总理就认识到西方盟国的战争核武器化，将可能让德国在任意一场战争中成为核战场。通过增强西方的传统武装力量，阿登纳希望提升西方盟国的防御实力，从而提高核战争的门槛，这符合德国的利益。[17] 甚至在西德武装部队还未决定是否通过欧洲防务共同体或北约，融入西方联盟架构之时，阿登纳就采取了最初的行动。尽管德国国内爆发了反对再武装的大规模抗议浪潮，他还是坚持了自己的做法。1950 年，阿登纳成立什末林机构（Dienststelle Schwerin），同年 10 月，该机构被命名为布兰克办公室（Amt Blank），负责启动德国联邦国防军新的计划。与美国"建立一支没有希特勒的、民主形式下的国防军"（die Wehrmacht ohne Hitler in einer Demokratie）要求相符，联邦政府最终计划成立 12 个机械化师，基于第二次世界大战中在东线的经验，设计和组建这些机械化师的目的，是为了将其用于对苏联陆军的机动式防御中。[18] 联邦政府的意图是建立一支既拥有如从前那支国防军一样的战斗力，同时又在内部架构上与其截然不同的武装部队——特别是在是否受到议会节制这一点上。[19] 在这种民主武装部队中进行军事服务形式的结构性改变，以及延续用于保卫年轻的联邦共和国主权领土完整的战术—战役思想，其实是一枚银币的两面。

在这种情况下，20 世纪 50 年代初期西德军事期刊会大举呼吁复兴传统战役思想，就不足为奇了。同理，即使联邦政府没有支持对德国总参谋部传统的重建，新国防军，尤其是陆军中的许多关键高级职位，仍然都必须由之前在国防军中的战役专家们出任。[20] 因此，新兴德国军队的拓荒者名单，将基本上等同于总参谋部作战处的花名册。而统领这班人的，就是他们之前的长官——阿道夫·豪辛格。

豪辛格于 1915 年自愿加入德皇陆军，并在 1920 年成了魏玛国防军的一员，他在研修主要参谋助理训练（Führergehilfenausbildung）这一国防军传统总参谋部军官课程的过程中，执行了作战处的各类任务。1940 年 8 月，他成了作战处处长。1944 年 7 月，刺杀希特勒的行动失败之后，豪辛格作为同情希特勒反对者的人，遭盖世太保逮捕。随后，豪辛格被解职，尽管当时并没有他参加反对派的直接证据。战后，豪辛格起初是作战历史项目的参谋成员，同时还在 1948 到 1950 年担任处于萌芽阶段的西德情报机构——盖伦组织侦察处的处长。[21]

在作为联邦政府顾问进行多年的幕后工作后，豪辛格成了布兰克办公室的军事部门领导人。在德国再武装的早期阶段，豪辛格招募了其他前总参谋部作战处的成员，包括后来成为北约中欧盟军总司令的博吉斯拉夫·冯·博宁（Bogislaw von Bonin）上校、阿道夫·冯·基尔曼斯埃格（Adolf Graf von Kielmansegg）上校，以及后来成为联邦国防军总参谋长的乌尔里希·德迈齐埃（Ulrich de Maizière）中校。无须探究那些年间德国招募总参谋部核心部门人员的细节，我们便可以断言这一机构能够作为"老伙计的关系网"发挥作用。马库斯·铂尔曼（Markus Pöhlmann）曾经如此定义这种结构："一种由两人以上组成的非正式的、战略性的效忠关系。除优化这种小组织中的人际关系和纯粹的专业效果外，它同时起到了推动其个体成员晋升和整个组织统治地位的作用。"[22]

因此，在这个制度中，人际间的相互依赖和相互敌视并存，这同时也影响了机构对其内部成员的选择。[23] 从一定的指挥级别向上看，人员的选择已不再依靠能力、资历和成绩，而是依靠其对体制环境的接受程度。一方面，战役专家在布兰克办公室[24] 和新成立的国防军内显而易见的控制力，是西方盟国要求的产物，他们想让适合战役层面的防御的强大的德国部队能够在最短的时间内被组建起来。为了满足这样的要求并招募合格的指挥人员，联邦政府不得不仰仗那些受过战役训练的国防军官员。由于这样的人事体系，以及德国军队的指挥与控制结构，国防军选择的指挥人员主要出自前总参谋部官员。在这些指挥人员中，作战处的军官是精英，是总参谋部的核心。他们之间彼此紧密相连，形成了传统的、自我维系的军队老伙计人脉网并持续运作。因此，总参谋部作战处军官们被拔擢到了德国新军队的高级岗位上，尽管他们中的大多数人并没有作为部队指挥官在东线战斗的经验，而这实际上远远达不到最优条件中的第二套标准。[25] 那些曾经在东线作为部队指挥官作战的军官之所以没有得到太多机会，除了因为前总参谋部作战处军官们得到了更多照顾，还因为人们普遍不信任曾被苏联俘虏过的军官。因此，普鲁士—德国军官团队的复兴，和传统战役思想的重构是同时进行的。推进这两项流程的，主要是那些曾在西线服役，或在第二次世界大战中担任过高级领导职务的军官。[26]

事实上那些曾在第二次世界大战中担任重要领导职务的前总参谋部官员，根据他们的具体职能，都或多或少地和国防军在东线犯下的罪行有关。作为非政治性的军队技术官僚，他们将自己的军事技能提供给了纳粹德国。20世纪50年代初期，军队的普遍态度是将干净的国防军和罪恶的纳粹区别开，这助长了这些军官对早期国防军的控制力。矛盾的是，所有这些最高层的军官都会受到一个选拔委员会的严格审查，这是德国战后的历史时期独有的流程。可是该委员会显然没有审查任何有关国防军参与大屠杀，及国防军于战争时期在东线犯下的罪行。它同样也没有解决下面这个问题：曾任职于四支政府和社会体系截然不同的军队（德皇陆军、魏玛国防军、德国国防军、联邦国防军）的豪辛格，是如何做到忠于本心的？

所谓的办公室将领和军官——其中包括从未指挥过任何大部队的前中将汉斯·施派德尔——在纳粹治下保持了不关心政治的态度，并坚守总参谋部的传统。这群人反过来确保了平民政治领导的首要地位将在全新的、截然不同的政治结构中，被毫无保留地接受。[27] 因此，选拔委员会批准接收豪辛格，并判定他适合为联邦国防军服务，但不是以军队总指挥的身份。这并不是对豪辛格在纳粹治下的行为的不信任，而是由于他只有在战争期间被分配到总参谋部的履历，且没有在前线执行指挥任务的经验。因此，他缺乏成为最高指挥官所需的领导资质。[28]

早在20世纪40年代末期，豪辛格就提交了一些关于德国与欧洲安全局势的备忘录，这一举动显然与众多美国机构密切相关。[29] 其中，就有他于1949年发表的论文《阿尔卑斯地区在东西方军事冲突中的重要性》(Die Bedeutung des Alpengebietes im Fall eines kriegerischen Ost–West–Konflikts)。豪辛格总是将他的备忘录建立在从波斯湾到北角的整体战略形式之上。他认定，位于阿尔卑斯和波罗的海之间的欧洲中部地区，是东西方博弈的关键区域。因此，在其侧重于西欧对苏联的进攻做出反击的战役层面假设中，德国正是假设的中心。

豪辛格和其他前战役专家在处理这个问题时，都面临着对他们而言完全陌生的战略形势。德国的分裂令这两个德意志国家由两大势力斗争的中心变成了外围。此外，直到20世纪50年代末，德国的领土都不再属于德国人，而是成了同盟国的所有物。令西德战役专家们夜不能寐的，不再是德国的中心地理位置和两线作战的威胁，而是这个国家作为英美两国缓冲地带的边缘地位。两个德意志国家的战略焦点是北大西洋及其周边地区。因此，从施利芬时代起就存在的左右着战役思想发展的地缘战略的先决条件，已然不复存在。对西德战役专家而言，联邦共和国不再面临两线作战的威胁。新的地缘战略条件所需的，不再是顶着时间压力快速进攻，以避开敌人的优势资源，而是足以把保护己方领土与为西方盟国部署优势战力争取时间联系起来的防御能力。

考虑到新的地缘政治局势、现有的军事力量对比以及明确的政治指导思想，为了立即攻入敌军领土迅速进行决战而发动的突袭开战，不再是可行的选择，哪怕它们自施利芬时代起就是德国战役思想的核心要素。这一同战略层面相连的德国战役思想中的老牌核心内容，已是明日黄花。因此，西德的战役专家们不得不面对挑战，在将来作为海上而非陆地强国，进行战役—战略层面的思考和行动。他们必须适应曾经的敌人在西线的理念。将来，其目标将不再是快速攻入敌方领土，而是为盟友部署资源争取时间，并做出防御。若威慑战略失效，战役的焦点就不再是歼灭战略，而将变为最全面意义上的消耗战略。

由于他们的军事技术官僚属性和非政治背景，对豪辛格和他的同事们而言，损失一个传统德国战役思想中的核心要素，并重新评估新的战役—战略形势，不算困难。因为他们坚信战役思想中与战术层面相关联的次等重要的核心要素，在改变后的地缘战略条件下依然奏效。战场上战役成功的关键，依然是执行以主动权、侧翼攻击、包围，以及优于其他部队的指挥与控制流程为基础的机动作战。因为德国的新盟友既没有战役体系，也没有与任何兵力占优的苏联军队战斗的经验，豪辛格和其他前总参谋部军官抓住机会，在西欧的防御中施展了他们战役层面的技巧与经验，这对联邦共和国有利。在此过程中，他们自身的社会地位必然将得到提高——这一点十分重要，因为西方联盟最初只容许战后的德国成为他们不甚重要的伙伴，而不是像两次世界大战那样，充当联盟中的霸主。

根据德国战役思想的基础，加上从对苏战斗中吸取的教训，豪辛格拒绝完全的静态防御理念，理由是盟军缺乏军事能力，苏联武装部队占有绝对的人数优势，以及其前线有超过 800 公里长的地形，盟军无法防守。[30] 此外，德意志联邦共和国的领土是一个狭窄地带，其最大宽度在南部仅 425 公里、在北部汉堡附近仅 125 公里。只有莱茵河的东面，才找得到少数能创造有利防守机会的地形。[31] 包括《1949—1950 年的西欧防御》(Die Verteidigung Westeuropas 1949/50) 在内的所有豪辛格的回忆录中，都假设了一种机动的、以进攻为本的防御。其战役思想中最重要的基石，被总结在了一群军事专家为阿登纳起草的 "希梅勒德备忘录"(Himmeroder Denkschrift) 中。豪辛格是这个群体中的一员，而且这份备忘录中的战役元素主要源于他的贡献。他相信，一份单独的、全面的战役计划，是西欧也是德意志联邦共和国成功防御的先决条件。在准备这份备忘录的时候，苏联压倒性的兵力优势，令德国无法实现这一战役计划。

豪辛格的理念是，防御区域的纵深十分有限，所以要尽可能远地执行西欧的整体防御战略。因为苏联有发动突袭的可能，所以高程度的备战状态和快速防御的能力是必要的。按照豪辛格的说法，西欧的防守将集中在三个主要作战区域：达达尼尔海峡，用以阻止苏联染指地中海和西方的补给线路；南部斯堪的纳维亚、丹麦和石勒苏益格 – 荷尔斯泰因地区；德国南部地区、阿尔卑斯山脉，还有塔利亚门托。最后一个区域包含意大利北部。连同石勒苏益格 – 荷尔斯泰因在内的北部区域把控着波罗的海的门户，并将苏联拒于大西洋之外；位于南北方的两个防守区域，为盟军提供了机会，以反击威胁着其侧翼、可能从任一路径进军的苏联军队。

防御的执行，是机动且进攻导向的，其目的在于先将敌人锁死在前线，随后通过南北两个方向的侧翼攻击，在盟军空军的支援下，将敌人摧毁。这根据的是在"二战"中得到发展的"反手一击"的传统原则。核武器并不包括在这个为中欧战场制定的理念中。它只有在进攻如巴库油田等位于内线的苏联目标时，才会予以考虑。在中欧发动进攻的敌方将被以装甲师和机械化步兵师为主力的传统手段击败。豪辛格估计，若想成功守住易北河与莱茵河之间的区域，大约需要25至30个有完全战役执行能力且准备就绪的师，其中包括12个德国装甲师。这一"装甲铁拳"将迫使苏联放弃所有快速挺近大西洋的想法。按照豪辛格的计划，一旦来自美国的援军抵达战场，西方国家就将发动攻击。除了摧毁接近的苏联后续部队，盟军的空军还须为防御中的地面行动部队提供直接支持。[32]

　　豪辛格的考量基于这样一个前提：和第二次世界大战时一样，尽管坐拥显著的兵力优势，苏联野战军在面对机动作战时仍将十分脆弱。因此，西方盟国就能够在德国的支援下，用德国的战役技巧对苏联发动反击。令人震惊的是豪辛格对核武器的忽视。这有一部分原因在于，长时间以来，他出于安全原因，并不了解美国的核作战计划。然而，豪辛格的想法存在着一个不可小觑的困境。若他的战役计划在将来的任何一场战争中被执行，联邦共和国便会变为西方防御的主要堡垒，甚至还会变成这场机动防御战的主战场。这就是取回国家主权、成为北约成员，并获得其附带的安全保证的代价。当然，这并不符合联邦共和国的利益。豪辛格很清楚，德国在保卫西方世界中做出的贡献，将令联邦共和国变成事实上的战场。可是，他相信这个方法能增加常规威慑力，从而相应地减少战争的威胁。

　　可是，如果战争真的爆发了，就有必要在尽可能远的东方进行防御，并且发动反攻，以便尽快将战斗转移到东德。[33] 这无疑是传统德国战役理念的延伸：通过一次攻势，尽可能快地将战争转移到敌人的领土上。在20世纪50年代，豪辛格的战役理念与西方的盟国十分契合，后者基于一种"前进战略"，目的是在尽可能往东的方向进行机动防御。[34] 这种战役理念，得到了大多数前德国军官的支持，其中包括已退休的装甲兵上将格哈德·冯·什末林伯爵，他是阿登纳在安全政策上的顾问，并出任代号为"国土服务中心"（Zentrale für Heimatdienst）的军事问题参谋集团首脑。什末林同样劝告联邦政府采取机动防御，而非静态防御。[35]

　　然而，和过去一样，人们对这个问题存在不同见解。例如，退休的装甲兵上将弗里多林·冯·森格尔-埃特林（Fridolin von Senger und Etterlin），声称："通过战役上的卓越计划便拿下包围战胜利的时代已经过去。"[36] 然而，他的批评受到了简明扼要的反驳，对方给出的反论是，这不是包围战的问题，而是机动式防御的问题。尽管豪辛格在更早些时候的讨论中，曾提出过保密上的限制，其他参与辩论的、曾与豪辛格讨论过增兵计划的前国防军高级将领们还是提出了批评和自发性的建议。然而，虽然曼施泰因一再坚持为了未来的德国军队，建立一个不同的任务组织，豪辛格还是拒绝了他的要求。豪辛格清楚地对他的老战友们表明，即使是媒体的批评言论，也不能说服他放弃自己的计划。[37]

联邦政府不仅接受了希梅勒德备忘录中对新西德武装部队内部结构的建议，还接受了该文件的战役和战略理念，甚至将其公开化。[38] 由豪辛格牵头，在接下来的许多年中，布兰克办公室继续充当德意志联邦共和国国防战役计划的基地。其目的是为同盟确立西德部队在战役上的重要性。在任何情况下，更为弱势的德国军队，都不该像法国人所倡导的那样，成为盟军的炮灰。[39] 尽管如此，这些计划的批评声并没有消失，批评者们认为它们将不可避免地把德国转变为机动战役区域。1955 年春，这场论战甚至让这些理念最坚定的内部批评者丢了工作。早在 1952 年，博宁就一再批评德国的防守理念，觉得它不会被社会接受。博宁认为，由于盟国和半桶水的美国在军事问题上的冲突，豪辛格用德意志联邦共和国领土上的装甲部队进行运动战的想法是不可取的。因此，博宁在 1954 年 7 月的一份备忘录中，提议沿着两德边境线（Inner–German Border，IGB）[40]，建立一个纵深为 40 至 50 公里的前沿防御区域。所谓的反坦克师（Panzerabwehrdivisionen），将在机关枪、重型工兵部队，特别是反坦克炮的支援下，在该地区进行防御战。[41] 他还建议将最多 6 个装甲师作为机动反击中的预备队，以摧毁任何成功渗透进这一地区的敌军。盟军之所以设计这道防守屏障，是为了在其部队做好部署之前，延缓苏联的进军。博宁的国防理念——沿着两德边境线实行即刻的前沿防御——是基于西德武装部队缺少进攻能力，且须对苏联保持透明的原则制定的。[42] 博宁希望，这种方法能舒缓两大集团之间的紧张关系，使两个德意志国家在未来再度统一成为可能，并确保德国国内能接受再武装。[43] 此外，他还认为联邦国防军能在两年内组建完成的官方立场是不现实的。博宁的想法被布兰克办公室出于战役和外交政策两方面的考量否定。豪辛格并不相信用反坦克阵地可以击退那些能够自由选择主攻点的进攻方，机动防御才是阻止这类进攻的唯一途径。从政治层面上看，博宁的计划是以德国的中立性为基础的，它不利于让波恩共和国融入西方社会。

"博宁计划"表明,西德的军事领导人反对举国单干的方法,因为他们相信,只有身处北约之内,才有可能保卫德意志联邦共和国。然而,博宁的去职,并不是因为他与布兰克办公室中的大多数军官持有不同的作战意见,而是因为他将这些意见公之于众,把内部讨论公开化,从而破坏了军官团队在外界塑造出的团结形象。

1950 年至国防军成立的 1955 年,德意志联邦共和国战役计划的发展,只能在安全和外交政策等将西德与其未来的武装部队,还有未来美国在欧洲的军事介入产生联系的领域中解读。西方盟国内部达成了共识,德国军队的设立,将不会以国家为基础,而是用严密控制的方式将其融入同盟结构之中。作为盟友,德国变得过于独立,或是过于中立,都是应当被不惜一切代价制止的。

1950—1952 年间欧洲防务共同体倡议的失败,不仅让德意志联邦共和国维护自身主权成了可能,也令它在北约联盟中取得了平等地位。在这一期间,负责与盟国进行初步磋商的德国军官要面临的,是完全不同的问题。由于缺乏国防预算,美国人从 1948 年起,就在发展与德国截然不同的战役理念。因此,美国军方最初计划在莱茵河拖延敌军,并最终在比利牛斯山抵挡苏联的进军。他们认为,在通过大型反击攻势夺回失去的领土之前,苏联袭击者将被核打击大量杀伤。[44] 当然,这一计划完全不符合德国人的利益,他们极力反对这一由美国空军主推的理念。但是,德国人未能完全理解美国人的核战争观点,因为他们几乎没有关于这些核武器及其使用情况的确切信息。

离题: 莫斯科与东柏林

西德的前国防军军官们甚至在德意志联邦共和国建立之前,就发展出了以传统为本的战役思想,新的联邦政府采用了这些想法,因为它们支持了再武装的政治计划。然而,在东德,前国防军总参谋部官员在介入德意志民主共和国的武装部队时,并没有对其战术—战役思想产生足与西德媲美的影响力。其中一个原因是政治和意识形态驱使苏联占领区的精英们发生改变,这影响了军队,尤其在它的战役指挥层面上。出于意识形态上的原因,东德统一社会党(SED)无法接受这些在"二战"中曾作为魏玛国防军参谋的前军官成为驻营人民警察（Kasernierte Volkspolizie，简称"KVP"）——德意志民主共和国武装部队前身——的领导干部。

但是，由于在可接受的社会主义者圈子中缺乏具备足够资历的干部，东德压根无法达成无产阶级军事征兵的理想；然而这种理想，却是新东德武装部队的基础。因此，在扩军的最初阶段，东德统一社会党被迫启用了一些有战斗经验的前国防军军官。随着第二次世界大战的进行，低级别的德国军官岗位，越来越多地向中产阶级与无产阶级候选人开放。这是德国工人党有意而为之的，其试图以此作为向人民军发展的一步。[45] 因此，有足够数量的德国东部年轻军官步入了这一行列，而且他们并非来自传统中更受社会青睐的圈子。这些前年轻军官十分愿意在"驻营人民警察"服役。[46] 这些前战时军官之中仅有一小部分人有过战役层级的指挥经验。接受过战役层级的指挥与控制训练的国防军总参谋部前成员，和其他所有前国防军军官一起，被认定为受到了法西斯主义的腐蚀，或者至少在意识形态上令人起疑，故而绝对不能让他们融入驻营人民警察。因此，在这一转变期内，直到更年轻的候选人从苏联军事院校毕业为止，被用来建立新东德武装部队的，只有那些曾隶属于苏联的自由德国国家委员会（Nationalkomitte Freies Deutschland）的高级军官，而即使是这些军官，也在短短几年之后就被解职。当时主要有五位将领，是在 1948 年根据"5+100 行动"项目从苏联战俘营中获释的，其中包括文岑茨·穆勒（Vincenz Müller）中将。[47] 但即使是这些投身社会主义，且在意识形态上无可非议的前高级军官，也被国防军，继而被德国战役思想同化了。和他们那些在西线的前战友一样，即便在德国战败之后[48]，他们依然相信国防军的战术和战役指挥控制系统优于苏联军队。

由于缺乏苏联式的条令规范，驻营人民警察的部队最初采用了旧国防军的战术思想，对此，苏联表示认可，甚至在一定程度上支持。多年来，随着东德被加入华沙条约，并越来越多地吸收苏联军事技术，这一情况发生了变化。

一开始，东德部队就明确地以苏联战役思想作为指导方向。1952 年，《红军野战条例》第二版成了官方条例。"驻营人民警察"计划中的 4 个军按照苏联军事理论组建，每个军包括 2 个步兵师和 1 个坦克师。这种一致性，体现在了装备，意识形态，以及人事政策上。战后不久，苏联军事教义是建立在共产主义意识形态之上的，德国 1941 年夏天的侵略，以及随后在苏联土地上发生的、导致巨大人员伤亡和物资损失的战争，提升了这种意识形态的分量。未来，东德必须要不惜一切代价阻止突袭。因此，苏联军队从一开始，就比所有潜在的进攻者握有更多优势。它必须把握主动权，并且在战争初始阶段转向战略进攻。一直到1949年，苏联都在尝试用其常规能力上的优势抵消美国的核垄断。因此，苏联的军事领导人尤为注重常规战争，这也为欧洲的政治重建提供了意识形态上的理由。在空军的支援下，装甲部队和机械化部队有能力穿过敌人的战术防御区域，并在之后通过快速的大纵深战役，摧毁敌方武装部队。

为了贯彻这一理念，苏联军队从1946年起，就持续提升部队的机动化水平，将第二次世界大战中的机械化军改编为机械化师。[49]由于组织结构和装备已经为迎接诸兵种合同战斗而重新配备过，苏联的新部队拥有了更好的机动性和更强的火力，从而具备了更大的整体打击力。新苏联师在很多方面与西欧师旗鼓相当。苏联军事领导人预计，新增加的机动力能够极大地为未来作战提速，并相应地缩减时间。出于这些主张，驻营人民警察及其继承者国家人民军（Nationale Volksarmee）吸收了传统的德国战役思想。未来的德意志民主共和国军官们认可了这一过程，不仅是由于其意识形态导向，更是因为他们意识到了苏联和德国战役思想中的一些共通之处。

苏联的战役执行和传统的德国战役思想之间有着显而易见的相似之处。和德国总参谋部一样，苏联方面也想要利用机动性来制定规则、获取主动权，并压制敌人的火力——1945年后，这主要指美国的核武器。苏联和德国在战役思想框架上的部分相似之处，不仅是因为苏联分析过第二次世界大战中德国的行动，还因为两次世界大战间歇期的魏玛国防军时代中德国和苏联的秘密军事合作。那时，苏联军官得到了学习德国战役思想的机会，这远超他们能从专业军事期刊中获取的信息。和德国一样，第一次世界大战后的苏联人有意识地对未来战事做出思考，希望能找到一种方法，重新获得失去的机动自由。在此过程中，苏联也从1917—1922年间的苏联内战和1919—1921年间的波俄战争的经验中获益。

和魏玛国防军一样，苏联内部讨论未来战争时，在消耗战略和歼灭战略之间摇摆不定。苏联红军总参谋部的总参谋长米哈伊尔·图哈切夫斯基（Michail Tuchačevsky）将军支持歼灭战略。出于政治等因素，他并不想因为装甲车和飞机等发展中的现代武器的介入，将他的进攻式战役策略限制在消耗战上。早在 20 世纪 30 年代初期，红军中提倡歼灭战略的人便占了上风。在这一过程中，苏联制定了"大纵深作战"的理念。该理念以诸兵种合同战斗为基础，并更加细化了进攻执行过程中具体进攻区域的宽度和深度。在这样的诸兵种合同进攻中，装甲部队将独立直捣敌军防御后方，在战役纵深展开行动。[50]

德国的战役思想中也有很多类似的理念。但苏联学说在发展过程中融合进了多少德国理念，还未得到充分分析。[51]然而，在 20 世纪 20 年代末至 30 年代初，魏玛国防军和红军之间确实有过富有活力的交流，苏联从德国处吸收了很多理念。此时的魏玛国防军军官承认大多数在德国临时执行任务的苏联同行对德国战术和战役理念有着深刻的理解。正如埃里希·普鲁克（Erich Pruck）指出的："红军指挥官们十分熟悉克劳塞维茨、毛奇，以及施利芬的教导。他们的计划是以进攻、突破和包围为主导的。"[52]图哈切夫斯基甚至指出魏玛国防军是苏联红军的老师，因为德国人在苏联武装部队的建设中提供了大量支持。苏联人相当欣赏他们的德国伙伴，尤其在战术和战役训练领域上。他们致力于将魏玛国防军的训练手段应用在自己身上。所以，在苏联执行临时交流任务的德国军官，多次指出德国和苏联在军事思想上的众多相同特征。正如维尔纳·冯·布伦堡将军在 1928 年访问苏联之后写就的出访报告所言："战争的局势表明，他们的战役和战术原则几乎和我们的如出一辙。"[53]1927 年的《红军步兵条令》和《诸兵种合成部队的指挥和战斗》十分相似，尤其是在对"速度"和"出其不意"的重视程度上。1920 年的《红军野战条令》也明确强调了运动战，其中包含侧翼包抄、包围、集中兵力，还有突破。[54]因此，这些相似之处并不令人诧异。德方对苏联快速部队的分析，促进了其战役思想的进步。然而，这些进步，未能对德国指挥与控制体系下的战役思想产生任何重大影响。但是，这些俄式理念，着实在空战、防空、毒气战和工程兵等方面影响了德国思想。苏联利用大规模宣传和先进技术设备调动人民参与战争的技巧，确实对布伦堡和赖歇瑙（Reichenau）等以"政治为本"的新军官产生了影响。因此，"二战"后许多德国人认为这一时期的军事理论交流是单方面，这一想法相当不准确。[55]

尽管大多数在德国以及苏联的魏玛国防军海外基地接受先进训练的苏联军官后来都成了斯大林大清洗的受害者，但他们发展出的战术—战役理念，依旧存留在苏联的土地上。第二次世界大战期间，他们根据德国战役的初期胜利经验做出了改进。然而，在两军各自的战役理念中，有一处决定性的不同。相较于把战役流程置于任务型指挥与控制的基础之上，苏联选择的是命令导向型的方法。因此，机动灵活、因地制宜的指挥控制对红军而言既不常见，也不适用，因为它与苏联共产党的直接监管冲突。尽管有着良好的理论背景，苏联的战役依然受到了很大的限制，这反过来提高了国防军在人数处于劣势的情况下取得成功的概率。

核背景下的战役思想[56]

就在豪辛格和他的团队认为，他们已经和美国同行就西方盟国在以机动、进攻为本的防御中，采用德国方法制订战役计划的可行性上达成一致的当口，北约却在 1954 年改变了它的军事战略。[57] 在此之前，核武器一直被完全视作战略层面上的政治工具，但自那之后，它们将成为战术武器。未来苏联在欧洲的任何战争行为，都将得到致命反击，欧洲将以发射战术和战略核武器作为回应，即所谓的"大规模报复"。新的军事战略并不是突然出现的，相反，从 20 世纪 50 年代开始，由于在北欧常规兵力的不足、西方国家财政的困难，以及苏联第一枚核武器的可操作性等因素的综合驱动下，它缓慢发展着。[58] 苏联计划制造可供战役指挥官使用的战术核武器，而德国军事指挥层在很大程度上对此并不知情。1955 年以前，战役指挥官们没有任何获取核武器的渠道。因此，这种挑战了德国战役计划基础的变化，深深震撼了他们。以机动和进攻为导向的常规性防御战，如今已失去探讨的意义。

基于其核优势的盟国战役理念，德军预计，在冲突的头三十天内，将会出现两大集团间的核交锋。随后，以战术性核武器进行作战的第二阶段就会爆发。常规防御及核武器的战略使用这两个平行问题，如今已融为一体。在假定要使用战术核武器的战役学说中，常规部队如今面临的首要任务，是尽可能毫发无损地在最初的核打击中生存下来，进而防止欧洲被迅速占领；与此同时，盟国空军的任务，是建立空中优势，并做出核反击；[59] 地面部队的任务，则是在事先准备好的阵地中分散作战，迫使敌人集中兵力，从而用战术性核打击将其摧毁。德国将成为这类战争的战场。那么，对德意志联邦共和国而言，决定性的问题就成了这样的防御性战役应当在何处进行。除非北约获得德国的支持，否则北约的唯一选择，就是顺着莱茵—艾瑟尔沿线阻击苏军方阵。然而，有了新成立的德国部队，北约沿着特拉沃运河—易北河以及威悉河—莱希河防线做出前沿防御就变得可能。之后，在联邦共和国领土的东部，这些战术核武器才有可能取代装甲部队，成为"防御的支柱"。

打个比方说，常规部队的职能就像一面"盾牌"，用途在于保护核打击部队，并迫使侵略者将其兵力集中，从而用盟国的"剑"——核武器及其运载系统将其摧毁。[60]在这种理念下，盟军空军是最主要的战役执行部队，因为他们拥有核运载系统。尽管北约内部对这种新的军事战略的接受远谈不上水到渠成，而且其对空军的严重依赖受到了陆军指挥官的质疑，但鉴于苏联压倒性的常规武力优势，20世纪50年代中期的北约并没有看到早日投入核武器以外的选项。18个北约师要面对82个苏联师。然而，有一个事实被所有人忽视了，那便是承受着核武器肆虐风险的德国，与"希望核威慑能够阻止其发生"的想法相制衡。[61]

直到1955年初德国政治领导层通过间接渠道和施派德尔在北约的联络人，才对新的战略理念有了大致了解。虽然德国人并不能完全接触到盟国的机密计划，但豪辛格和其他布兰克办公室的战役专家们此时已经意识到，他们为联邦共和国的国防提出的任何战役计划，若不能与核武器结合，就无法应对未来的现实。这种认识，不仅令许多西德军官夜不能寐，还鼓舞了反对西德再武装的力量，令成百上千的人挺身支持"没有我"运动（Ohne-mich-Bewegung）。考虑到德国作为战场所面临的困境，在使用核武器作为防御手段时，豪辛格也遇到了问题。他并不相信核武器会令常规武器过时。但是，核武器的使用挑战了他建立的联邦国防军所凭依的战役理念基础。此外，他从战争一开始，就拒绝了在威慑失败的情况下使用核武器的选项。除了认识到使用核武器会对作为战场的德国产生的后果外，豪辛格还担心它对德国战役指挥控制的执行所造成的影响。饶是如此，德国总参谋部军官们依然相信，德国的战役指挥控制优势是建立在战术、战役和战略三位一体的基础上的。但随着常规战争转向核战争，这种三位一体开始瓦解。和过去一样，总参谋部军官们对战役理念的细节有着不同的看法。尽管豪辛格坚持他的传统战役理念，德迈齐埃和其他已经在美国受训的年轻军官，则支持让战役思想与核战争相适应——他们抗拒将核战争和常规战争清楚明确地割裂开来，而这是很多老一辈军官的共同观点。[62]

尽管如此，豪辛格和他的同僚无法否决盟国依赖核武器的计划，后者对德国战役思想有着不可避免的不利影响。这是因为在被北约接纳之后，德国战役层面的指挥就已经脱离了自身掌控。和平时期的战役计划和战争时期战役层面指挥与控制的执行，如今掌握在北约的欧洲盟军最高指挥官（SACEUR）及其下属的区域联合指挥官手中。1955 年 6 月举行的代号为"全权委托"的空军演习，展示了北约关于未来核战争的设想。[63] 正是在这时候，德国人才充分认识到，盟国在未来的计划中对核武器的依赖到了什么程度，以及空军在运载这些武器时将要扮演的关键角色。陆军一直以来在德国军队体系中的显要地位，似乎受到了这种发展的挑战。反过来，新生代德国空军指挥官们十分愿意抓住这个机会，提高他们在国内军事体系中的相对地位。

在德国联邦国防军成立的那一年，豪辛格的战役思想面临着更为巨大的挑战。主要原因在于，联邦共和国用 12 个装甲师的形式对北欧防务做出的贡献，是以传统战役思想为基础的，而它如今却需要与核武器在常规战争中的应用相协调。施加在德国再武装身上且不断增加的政治和社会阻力也是一个因素。此外，新分配到北约的德国军官意识到，虽然盟军愿意在核战争中投入地面部队进行机动作战[64]，但它同时也开始和德国的战役思想保持距离，后者与其他盟国的思想并不兼容。[65] 在波恩，越来越多的人认识到，由于北约并没有足够的常规部队，像豪辛格计划的那样，沿着铁幕进行前沿防御，已经不相容于同盟推动的核战略了。[66] 尽管并不情愿，许多德国人也逐渐察觉到，北约可以没有德国军队的参与，但不能没有用于保卫欧洲的核武器。联邦政府意识到，作为北约成员，它必须接受盟国的核战略理念。[67]

德国战役思想已经到了危机的临界点。随着地缘战略局势的变化，这种思想中的战役—战略成分已经不适应于时代。如今，传统德国战役思想中的战术—战役核心，和以其为基础的总参谋部军官的职业认同，在核战争背景下面临着崩溃的境地。德国的传统战役层面指挥与控制理念该如何在一场无限制的核战争中得到实施呢？这场战争将从敌对行动一开始，就立刻在各个级别发动。

作为地位较低的合作伙伴，且背负着身为昔日敌人的负担，德国要如何在盟国间推进自身的战役学说呢？为了应对这种战争，德国士兵该接受什么样的训练和教育呢？最要紧的是，要如何向德国民众解释核战争将发生在德国领土上的现实呢？

军队领导人在很大程度上认为，回答最后一个问题，主要是政治家们的责任，尽管军队意识到了其自身负有在基本原理和情报两方面提供支持的义务。[68] 在决定武装部队的内部结构时，情况也是如此。按照传统，德国的做法是强调人相较于机器的优越性，以此抵消敌人在人力和物力上的优势。因此，德国军队通过任务型战术和爱国主义教育，促进了个体士兵的自主性。这种方法早在第一次世界大战期间就曾被使用过，当时战争已经发展到了高级指挥官无法对前线施加任何直接影响的阶段。贯彻着这一理念，人们在新的组织与领导哲学"内在领导"（innere Führung）中找到了发动全面核战争的解决之道，它将传统的军人的勇敢、个人的自由以及公民的责任感结合在了一起。这使得混乱的核战争环境中的指挥与控制系统得以成型、士兵的自愿献身成为可能。[69]

虽然大多数德国战役专家认可了核武器的政治威慑功效，他们还是很难想象战争的全面有核化。但促使他们重新思考这一问题的，不仅仅是北约追求的新战略，对敌人情况的预估也在推波助澜。基于第二次世界大战中的教训，苏联人不仅提升了他们自己的武器系统并推动了其部队的摩托化进程，在此之上，他们甚至发展出了一套更为灵活的指挥与控制系统。这么做改变了德国制订战役计划所依照的决定性参数。这反过来挑战了豪辛格常规战役计划的有效性。因此，德国战役思想的核心内容，即通过卓越的战役计划和指挥控制来对抗敌人的优势人力物力，大大减少了。

1956 年秋，德国联邦国防军在成立期间遇到的问题，迫使联邦政府拉长了其建立阶段。与此同时，政府做出的决定是将义务兵役的时间从 18 个月缩短至 12 个月，并暂时只组建 10 个师，其中只有 4 个是装甲师。这些变化，加上当西德加入北约时，欧洲盟军最高司令部（SACEUR）对战役层面的控制和指挥的假设，迫使战役专家们改变了他们的想法。豪辛格支持同盟逐步做出反应的想法，以此作为立即进行核战争的替代方案；随着多年来政治战略环境的演变，他也不断地调整德国的战役计划。

计划制订者们将他们的注意力转向了可能发生的战争中的第二阶段。尽管第一阶段的目标仅仅是存活下来，德国的计划制订者们，和他们在盟国中的许多同僚一样，依然相信在第一次核交换后，他们能够在战术—战役层面开战并取胜。作为回应，他们修改了传统战役思想中的一项决定性参数。和第一次世界大战后一样，他们总结道，机动性是解决问题的办法。再加上战斗部队的进一步分散以及装甲的改进，增强后的机动性将提供最高程度的核打击防护。这是一条摆脱教义危机的明路。德国通过与其盟友共享知识，以及将战术性核武器视为效果增幅版的火炮武器，进而将其局部整合到战役中的方式，对传统战役思想做出了修改。[70] 由于核军事能力的融入、更好的防护，以及提升了的机动性，新的部队将是唯一一个能够像闪电般执行行动的单位。因此，这一切都使得装甲师重新成了防御的支柱。

对计划制订者而言，战役的一个关键点是需要有训练有素、响应及时的指挥官，来执行核条件下的机动防御。这反过来确保了德国对陆军总参谋部军官的持续性需求，他们将为盟国做出关键的德国贡献，并支持陆军在与德国空军的竞争中占据优势。豪辛格是如何利用战争的新面貌来为提升后的领导质量正名的？这件事讨论起来十分有趣。他设想了战术核武器的使用，对指挥与控制提出了前所未有的新要求，而这在传统的经典德国战役思想中仍然是一门艺术，而非精准的科学。[71] 豪辛格由此强调了军事领导层中的这些关键战役计划制订者和领导人的重要性。与此同时，豪辛格敦促德国联邦国防军中那些曾在第二次世界大战服过役的高级军官尽快认识到这一新的战争面貌。

豪辛格锲而不舍、孜孜不倦地向联邦政府的文职领导和盟国的军事领导们解释这一修改后的战役学说。尽管核武器在所有的未来战争中都举足轻重，它们却并非唯一的关键性要素。己方依然需要通过从陆地和海洋上发动的反击来击败敌人。正如他所说："精密复杂的陆军和海军时代还没过去（Die Zeit der hochmodernen Heere und Kriegsmarinen ist nicht vorüber）。"[72] 一个典型的例子，便是陆军司令部在 1959 年 10 月进行的一项战役可能性研究，它着眼于豪辛格和斯派德尔关于反攻作战的理念。基于德国的战役传统，以及对国防军时代包围战的记忆，盟军应该通过从北方的汉堡地区和南部的纽伦堡－安贝格地区出发，并汇集于马格德堡周边地区，用一次钳形攻势来摧毁苏联进攻部队。

1955年6月28日在欧洲盟军最高司令部（SHAPE）举行的战役简报

图例：
- ||||||||||| 1955年的防线
- ●●●●●● 抵抗线
- ||||||||||| 计划中和德国部队一起的 1957年防线
- ← 欧洲盟军最高司令部设想的苏联进攻方向

丹 麦
波罗的海
中欧预期边界
北 海
弗伦斯堡
基尔
罗斯托克
现行中欧边境
吕贝克
什未林
不莱梅港
威廉港
汉堡
格罗宁根
荷 兰
不莱梅
德意志联邦共和国
德意志民主共和国
奥斯纳布吕克
汉诺威
柏 林
波茨坦
比勒费尔德
明斯特
不伦瑞克
马格德堡
利普施塔特
埃森
多特蒙德
卡塞尔
哈勒
莱比锡
克雷费尔德
杜塞尔多夫
德累斯顿
科隆
亚琛
波恩
锡根
吉森
埃尔富特
开姆尼茨
比利时
法兰克福
拜罗伊特
捷克斯洛伐克
卢森堡
特里尔
美因茨
维尔茨堡
纽伦堡
比尔森
萨尔兰
曼海姆
萨尔布吕肯
卡尔斯鲁厄
斯图加特
雷根斯堡
南锡
斯特拉斯堡
英戈尔施塔特
多瑙河
弗赖堡
乌尔姆
奥格斯堡
萨尔茨堡
法 国
贝尔福
慕尼黑
苏黎世
瑞 士
因斯布鲁克
奥地利

来源：BArch, N 683, Bd 60.

©ZMSBw
07618-05

这项研究还指出了其他进攻选项。抛开这些战役计划的政治敏感性，仅凭当时可用的兵力，盟军也无法执行它们。[73] 然而，它们的确表明了陆军领导层不愿向德国空军拱手让出其在战役和战略进攻中的专享地位。

豪辛格关于陆军和海军在任何一场未来战争中的核心重要性的论点，也指向了德国空军在武装部队中为获取主导地位而做出的努力。[74] 在这次内部权力斗争的进程中，德国空军在其总参谋长约瑟夫·卡姆胡贝尔（Josef Kammhuber）中将的领导下，将自己视为盟国的"核之剑"，因此是面向国际的。另一方面，陆军则专注于德国领土内的防务。

新的陆军的建立，反映了战役学说从旧到新的转变。尽管设立装甲师的初衷，是为了应对常规的运动战，但在核环境对战事的要求下，更小、更机动的战斗部队发展了起来，这些部队结合了强化后的火力和机动力，确保自身在战争第一阶段的存活能力，以及在第二阶段的战斗力。在此过程中，德国吸取了第二次世界大战的教训，并将其与美国的"五群制原子结构"核战争理念相结合。[75]

结果，联邦国防军放弃了旧国防军时代战斗群的做法，转而使用旅级架构。曼施泰因早在 1955 年就致力于推动这一方法。[76] 如今成了联邦国防军总参谋长（Generalinspekteur der Bundeswehr）的豪辛格，和陆军参谋长（Inspekteur des Heeres）汉斯·罗蒂格尔中将，不顾内部阻力，共同在 1959 年实施了这种旅级架构。旅级被正式定义为能够独立执行诸兵种合同战斗并拥有其自身后勤保障的最小的战役单位。在新的架构下，师变成小型化的军发挥作用，在战斗中为它的旅提供支持。由此产生的"59 师"，由 3 个旅组成，它们既能执行常规战，也能执行核战争。自那一年起，其他盟国伙伴的陆军也采纳了这一理念，将其作为北约师的标准。[77]

随着陆军物力人力的增强，新的陆军条令规章也被制定出来，但最初并没有出现新的战役层面指挥与控制手册。其中的一个原因是，战役控制和指挥如今归北约的欧洲盟军最高指挥部负责。另一个原因是，德国几十年来的标准做法，是通过训练总参谋部军官的方式，对指挥与控制的战役学说加以传授。[78]

即便没有新的战役层面指挥与控制手册，最重要的战役理念依然存在于战前旧的《作战指挥》手册中。尽管这本手册着重于中层的指挥与控制，但其中原则同样适用于低阶战术层面和高级战役层面的指挥。因此，德国战役思想中最重要的组成部分，在旧的《作战指挥》手册中得到了诠释，尽管它们的基础是今天的战略理念、政治局势和战术教条。

为最初 1933 年版的陆军勤务手册第 100/1 条《作战指挥》撰写一个替代版本的努力，早在 20 世纪 50 年代就开始了。1952 年退役的步兵上将特奥多尔·布塞（Theodor Busse）提交了一份关于诸兵种合同作战的草案，名为"运动战中的武器"（Waffen im Bewegungskrieg）。它在很大程度上是以 1933 年版的《作战指挥》为根基的。布塞在序言的开场白中，开宗明义地点出该草案的修复性特征："这一条令认定，一支完全摩托化的国防军，其野战部队包括由摩托化部队组成的步兵师。"[79] 当时布塞的评论也暴露了他在理解现代战争的面貌以及 20 世纪 50 年代部队的摩托化水平等方面，存在着惊人的不足。因此，他的草案未能达到人们的期望，也就不足为奇了。基于布塞的前期工作，一份新的陆军勤务手册草案于 1954 年开始撰写。这份新版本遵循了其前身《诸兵种合成部队的指挥和战斗》和《作战指挥》的传统。指挥与控制原则以及诸兵种合同战斗被编入新版本。1956 年 3 月，《陆军部队指挥原则》（Grundsäze der Truppenführung des Heeres）得以出版。它在很大程度上基于 1933 年的陆军勤务手册，并结合了德国在第二次世界大战中的战斗经验，以及盟军在非核战争中的中层指挥。同一时期，陆军也制定了《陆军核战争指挥原则》（Führungsgrundsäze des Heeres im Atomkrieg）。这份独立的手册，在核武器的发展依然处于不稳定状态的情况下，是合理的。20 世纪 50 年代中期，其他北约国家在制定他们的教义手册时，也采取了类似的办法。

由于编辑时间太短，西方盟军提供的信息不足，1956 年版的《作战指挥》在很多方面是不完整的，而且只针对战斗经验进行了事后分析。值得注意的是，根据豪辛格的战役理念和 20 世纪 50 年代中期的军事精神，军事指挥与控制首次被分为鲜明的三个层级：战略、战役和战术。该手册将最高级别的指挥分配给了战略层级，其中就包括对该国或盟国所有最高级别军队和政治领导人的协调。对战场上的部队的指挥与控制，则是下级——战术层面的任务。它包括对团、战斗群、营和连的指挥与控制。"高级别的指挥是战役式的。它具有纯粹的军事性质，符合最高指挥级别的政策和指导。它涉及投入战斗的武装部队及

1959年10月，陆军司令部第二处的战役研究

丹 麦

波 罗 的 海

北 海

弗伦斯堡

基尔

罗斯托克

吕贝克

什末林

威廉港

不莱梅港

汉堡

格罗宁根

荷 兰

不莱梅

德意志民主
共和国

柏 林

波茨坦

马德德堡

奥斯纳布吕克

汉诺威

不伦瑞克

易北河

明斯特

比勒费尔德

利普施塔特

哈勒

莱比锡

德累斯顿

埃森

多特蒙德

卡塞尔

埃尔富特

克雷费尔德

杜塞尔多夫

锡根

开姆尼茨

科隆

波恩

亚琛

吉森

比利时

法兰克福

捷克
斯洛伐克

比尔森

卢森堡

特里尔

美因茨

维尔茨堡

萨尔布吕肯

曼海姆

纽伦堡

雷根斯堡

卡尔斯鲁厄

南锡

斯特拉斯堡

斯图加特

英戈尔施塔特

奥格斯堡

弗赖堡

乌尔姆

慕尼黑

德意志联邦
共和国

萨尔茨堡

法 国

贝尔福

巴塞尔

苏黎世

瑞 士

奥 地 利

因斯布鲁克

©ZMSBw
07642-03

来源：德国联邦档案馆，第二处的战役研究，1959年10月。

其在战场上的控制和指挥，还涉及军事基础的建立。总而言之，它由主要部队自上而下的所有军事指挥职能组成，其中包括师（旅）。"[80]

基于近来的战斗经验，这些评论恰如其分地描述了联邦国防军早期德国陆军军事思想的界限。尽管指挥的战略层面要迁就于政治现实，战役和战术层面依然在很大程度上坚守了国防军和德皇陆军的传统。然而，这种延续性在两个关键节点上有过中断。指挥的战役层面被明确定义为是纯军事性质的。施利芬时代以来，德国战役思想就具有高度的战役—战略要素，但它从未得到清晰的定义或准确的界定。与此同时，战役层面指挥与控制的层级向下延伸，囊括了军，甚至师，以适应新的旅级结构。这种战术层面范围的扩张，使德国确保了其在北约欧洲盟军最高指挥部战役层级指挥中的作用。

尽管核战争并未在 1956 年版的《作战指挥》中得到直接解决，但和它的前身一样，1956 年版《作战指挥》也有许多涉及战役思想的地方。在某些例子中，整个段落都是一字不差地照搬之前的学说条令。新手册在开场白中开宗明义地援引了传统德国战役思想的延续性："在进行决战时，人们永远不会嫌自己过于强大……在某个决定性的节点，较弱的军队反而会是更强的一方。原因在于速度、机动性……突然性、战役欺骗以及机动。如果一方设法成功击中敌人最脆弱的部位——例如侧面或后方，那么，哪怕在数量上屈居劣势，其也能够取得巨大成效。"[81]

豪辛格及其团队的战役理念，在《陆军核战争指挥原则》中得到了更为直观的反映。手册的作者明确拒绝了核武器对战役和指挥控制的更大影响。核武器本身不是取得战场上成功的决定性因素。他们只是另一种战斗的手段，用于处理常规手段无法应对的场景。《陆军核战争指挥原则》维持指挥与控制现状的努力是显而易见的："核武器并不能废除传统的指挥控制原则；相反，它们只是改变了这些原则在执行中的细节，以及战斗的战术和技巧。然而，这并不意味着放弃之前的学说，而只是对已出现的新元素的适应。"[82]

事实上，1956 年版的《作战指挥》在发行时就已经落伍了。早在 1957 年，一个陆军研究小组就开始致力于新的指挥与控制条令。1959 年版的《作战指挥》是以 59 师的结构为导向的。它同时也是以常规战而非核战争为基础的，尽管其最开始有涉及核战争。核战争在 1960 年版的《作战指挥》，也就是所谓的"红色手册"，以及 1961 年版的《核战争中的陆军指挥原则》(Führungsgrundsätze des Heeres für die atomare Kriegführung)中都有所涉及。根据陆军总参谋长的指示，两本手册所面向的，都是全面机械化部队的运动战。尽管这些手册多着墨于中级指挥等级和战术行动，它们也被相应地应用在高级战役指挥等级中。[83]

在这一方面，1959 年版的《作战指挥》和 1956 年版的可谓泾渭分明。吸取了最近一次战争的经验，更新的版本准确定义了战略、战役和战术，以及最高、高级和下级指挥层级。尽管 1959 年和 1960 年版本的《作战指挥》没有根据战争的三个级别做出定义，但它们确实引入了高级、中级和下级指挥层级的替代概念。下级（团、营、连）和中级（旅和师）的指挥层级负责战术和执行诸兵种合同作战。高级指挥层级在 1956 年版的《作战指挥》中被认定为是最高的指挥层级，它行使着指挥盟军联合部队及其成员部队和集团军群的职能。整体的战役控制和战斗，是高级指挥层级的任务。与 1956 年版的《作战指挥》相反，战役指挥层级最终从国家任务范畴转变为国际任务范畴。

这是德国军队在古典军事思想上的重大突破。这一突破，是德意志联邦共

新旧德国陆军，退役的埃里希·冯·曼施泰因元帅和德意志联邦共和国国防部长弗朗茨－约瑟夫·施特劳斯（右）
波恩，1957
德国联邦档案馆 / 编号 183-45526-0001

1955 年 11 月 12 日，特奥多尔·布兰克将任命书递交给德国联邦国防军最初的将领汉斯·施派德尔（左起第二个）和阿道夫·豪辛格（左）
编号 183-34150-0001

和国、德国联邦国防军，以及北约联盟的政治和军事现实发挥作用的结果。[84]德国作为一个地位较低的合作伙伴，其指挥的战役层级如今由联盟中的霸主来做决策。在两次世界大战中，德国都扮演了这一角色，这时常不利于它自己的盟友。到北约时，这一角色由美国把持。和德国相反，美国给予其合作伙伴的话语权，最高可达核战争等级，大于德国总参谋部曾经给予其盟友的。

1959 年和 1960 年版的《作战指挥》被并入了 1962 年版的《作战指挥》中。它是第一本同时涵盖了如何进行常规战和核战争的条令。它是为中级指挥而设计的，界定了主要单位的作战和指挥的概念，并确立了在核环境中作战的各个军种之间的合理协调原则。[85]尽管 1962 年版的《作战指挥》标志着经典德国战役思想暂告一段落，这种思想中的关键要素依然在核环境中被修订并应用于战术层面。和贝克所处的时代一样，1962 年版的手册特别强调了武装部队的指挥与控制是一门艺术。兵力的集中、突然性、占据主动，以及行动的自由，仍然被定义为成功的基础。和过去一样，虽然核武器已经拔高了火力的重要性，机动性的学说依旧占了上风。根据德国式的看法，传统的侧翼包围和空军做出的现代化的垂直包围，依然在战术层面上有着极大的重要性。[86]尽管战役的指挥与控制如今被置于北约的层级下，但是作为接下来几十年间指挥与控制的基础，1962 年版的陆军勤务手册还是发挥了作用。[87]

与这些理论发展同步进行的，是新任国防部长弗朗茨－约瑟夫·施特劳斯对德国联邦国防军配备核武器的推进。虽然最初从中受益的是德国空军，但陆军也部署了它的核武器。与此同时，豪辛格和罗蒂格尔经常警告，不要将欧洲的所有鸡蛋，都放到核武器这一个篮子里。只有在常规军实力得到增强的情况下，欧洲才能实现政治上理想的前沿防御学说。[88]此外，两位将领赞成在常规武装部队之间保持均衡，因为他们依然坚信，阻击部队未必非要动用核武器，才能达成目的。[89]在 20 世纪 60 年代，该教条像口头禅一般，被德国军队领导人一再重复。20 世纪 50 年代末期以来，推崇这一主张的，并不只有德国人——若国家和人民都不复存在，用事后的"大规模报复"来保卫欧洲，意义何在？

这一窘境令德国军方担忧。他们的解决方法是，建立强大的常规性前沿防御，以尽可能减少核武器的使用，若可能的话，完全避免在德国领土上使用核武器。在兵棋推演和总参谋部考察旅行中，陆军的战役专家们试图根据德国联邦国防军中显然已不复存在的总参谋部的历史传统，为这一难题制订解决方案。因此，陆军副参谋长约阿希姆·施瓦特·盖斯特丁（Joachim Schwatlo Gesterding）少将，在 1960 年总参谋部考察旅行之后宣称：兵棋推演已经表明，即便是在使用战术性核武器造成损失和障碍之后，战争的战役层面仍然是可能的。德国空军认为这个想法不切实际。核战争之后的混乱将让任何有组织的行动都无法进行。正如空军总参谋长约瑟夫·卡姆胡贝尔将军所言，常规化的陆地作战只会是一种错觉，在第一波核交换后，唯一还能运营的，就只有医院了。[90] 这句话虽然很讽刺，却贴近现实。不过这一点，在 1960 年兵棋推演的想定中被忽略了。通过有意识地忽略战争对国家基础设施和人口的影响，它也表现出德国总参谋部在过去 150 年中所做的计划的惊人延续性。[91]

德国对美国盟友自动化大规模核报复倾向的忧惧，同样与日俱增。[92] 在美国执行的兵棋推演，特别是圣路易斯演习，证明了北约对核战争第二阶段的设想，基本上是空中楼阁。在核打击之后，士兵们从生理上和精神上，都不足以做出足够程度的防守或进攻。[93] 因此，1956—1963 年间的欧洲盟军最高指挥官、美国空军将领罗瑞斯·诺斯塔德（Lauris Norstad），推崇更多的灵活性。他的这种做法和美国陆军的"机动式防御"理念迥然相反，后者尽管表现了对核战略选项的痴迷，却是以德国的机动式战役思想为基础的。[94] 然而，美国的机动战役，和德国的教义在一个基本问题上有所分歧。美国人将德意志联邦共和国视作能够用来充分进行机动式防御的大型迟滞区，而这恰恰是德国的前沿防御理念试图竭力阻止的做法。

豪辛格考虑到了北约联盟的现实，并将足以进行核战争的军队作为重建德国军队的大方向，但他依旧忠于之前的原则，继续倡导渐进式威慑和增强常规部队。随着肯尼迪政权的开始，向着"灵活回应"发展的趋势变得显而易见，时任北约军事委员会主席的豪辛格，明白他的设想已得到证实。1962 年春，豪辛格在回应伯克哈德·穆勒-希勒布兰德中将（Burkhard Müller-Hillebrand）于北约防务学院做的一次演讲时，表明了他有多么支持这一发展。他同意穆勒-希勒布兰德的观点，即常规战争的重要性通常会被核战争掩盖，因此德国必须做出相应的战略调整。豪辛格还表扬了穆勒-希勒布兰德对常规战斗和前沿防

前沿防御，1960年

丹　麦

北　海

波罗的海

欧洲盟军最高总部设想的苏联
进攻方向

弗伦斯堡

基尔

罗斯托克

吕贝克

什末林

北欧联军

威廉港

不莱梅港

汉堡

格罗宁根

不莱梅

荷兰第一军

北约盟军中欧指挥部

荷　兰

奥斯纳布吕克

西德第一军

柏　林

波茨坦

比勒费尔德

汉诺威

不伦瑞克

德意志民主
共和国

明斯特

马格德堡

哈勒

利普施塔特

英国第一军

埃森

特蒙德

比利时
第一军

卡塞尔

莱比锡

德累斯顿

克雷费尔德

杜塞尔多夫

北约北方集团军群

开姆尼茨

科隆

波恩

锡根

北约中央集团军群

西德第三军

埃尔富特

亚琛

吉森

捷克
斯洛伐克

比利时

法兰克福

美国第五军

卢森堡

特里尔

美因茨

维尔茨堡

拜罗伊特

比尔森

萨尔兰

萨尔布吕肯

曼海姆

纽伦堡

美国第八军

德意志联邦
共和国

南锡

斯特拉斯堡

卡尔斯鲁厄

斯图加特

英戈尔施塔特

雷根斯堡

法国第一军

乌尔姆

西德第二军

多瑙河

弗赖堡

奥格斯堡

慕尼黑

萨尔茨堡

贝尔福

巴塞尔

苏黎世

瑞　士

奥地利

因斯布鲁克

来源：德国联邦档案馆，N 683，Bd 60.

©ZMSBw
07617-03

337

御的评论，并表达了他希望通过更为强大的常规军事力量，在两大集团之间达成权力平衡的想法。豪辛格总结道："当前更加注重常规军必要性的发展，令我颇感满意，因为我自 1956 年以来，就为这一理念不断奋斗，尽管它时常被批评为老生常谈。"[95]

然而，豪辛格的满足，无法掩盖其战役理念依然不适用这一事实。原因一方面是经济因素，另一方面则是在一开始，从"大规模报复"战略到"灵活响应"时，德国就无法解决在其领土上进行核战争这一基础性难题。[96] 哪怕是在最有利的条件下，德国依然存在着"无人生还的惨胜"（sich zu Tode zu siegen）的风险。

结论

德军对自身战役思想优越性的信念，并未随着 1945 年 5 月 8 日德国国防军投降而消失。它继续存在于前总参谋部作战处军官和后来的德国联邦国防军军官的心中以及战后的士兵通俗杂志里。1961 年第 28 期《士兵》杂志的标题"埃里希·冯·曼施泰因元帅：第二次世界大战中的施利芬"（Generalfeldmarschall Erich von Manstein. Der Schlieffen des Zweiten Weltkrieges），呼应了德国战役思想中的诸多神话。[97] 在这一期中，汉斯-彼得·赛特尔（Hans-Peter Sertl）提出，曼施泰因是施利芬所制定的胜利公式的践行者。然而，由于"一战"中小毛奇的力有未逮和"二战"中希特勒在军事上的无能，这一公式的执行以失败告终。根据赛特尔的观点，德国之所以在第二次世界大战中失败，不是因为其战役学说，而是因为希特勒对这些学说的错误执行或抗拒，他在行使职权时，妨碍了自施利芬时代起最伟大的战役专家施展他的才华。这种观点在战后时期广为流传，它将"干净的国防军神话"和把所有罪愆都归咎于希特勒一人的个人化结合在了一起。这和 20 世纪 20 年代德国部队在解释第一次世界大战失利时做出的努力有异曲同工之妙。输掉两次世界大战之后，罪愆的个人化归责令人们偏离了德军溃败的实际原因。和 20 世纪 20 年代相反，希特勒的情况并不需要像人们对待法金汉那样，做出笔迹学和生理学上的事后剖析。因其残暴的政策和大屠杀，身为公民的希特勒就已受到足够且完全的否定。

和 1918 年的失败不同，1945 年的失败根本上改变了德国战役思想的一个核心要素。德国不再作为单一的地理国家结构而存在。被一分为二的德国,从欧洲的中心,变成了两大敌对势力集团的边界。因此,中心位置和两线战争对德国的威胁不复存在,而这恰是总参谋部思想的凭依。所以,德国战役思想中的战役—战略基石——即在人力物力都处于不利条件时,通过达成快速决战,战胜敌人的潜在优势,从而避免进入德国无法赢得的消耗战——消失了。因此,自施利芬以来一直主导德国军事思想的,从未在政治上受到挑战的速战速决需求,已是明日黄花。

东西两德的士兵都面临着崭新的政治和地缘战略局势。东德这边必须要融入一个大陆联盟中,而西德则必须融入海洋联盟中——这在德国历史上尚属首次。因此,在铁幕的两端,东西德将各自国家的战役思想引入其所在联盟的条件大相径庭。红军主导了东边的战役思想,然而其只在过渡期的短短几年里,任用了一部分前国防军高级军官,负责战役层面指挥与控制领域,他们都曾是自由德国国家委员会的成员,并且在意识形态上可信可靠。然而,这些军官既不可能发展出他们自己的战役理念,也没办法寻求经典的德国战役思想。

一段短暂的沉默之后,甚至在西德的再武装正式开始前,前德国国防军军官就已参与到了盟军关于战役理念的讨论中了。德国战役思想中的基础性战役—战略元素不复存在,地缘政治局势也已经改变,而且西德战役专家们也不需要再将在敌方领土上的快速攻势作为努力的目标。尽管当下的目标是确保自身能够慢慢通过北约未来结构内的防守积蓄军事潜力,德国的计划制订者依然深信德国的战役—战术学说优于短期未来的盟友及过去与未来潜在的东方敌人——尽管德国在两次世界大战中都以失败告终。联邦国防军的先驱者们追求国防军的战役传统,他们中的大多数人曾在陆军总参谋部作战处服役,此时正筹划着一场以敌人的装甲部队数量远胜于己为设想的机动式防御。预计中的苏联主力进攻将在中部被机动作战和近距离空中支援迟滞,随后被来自南北两个方向的侧翼攻击打垮。

北石勒苏益格——荷尔斯泰因、丹麦、南斯堪的纳维亚以及南塔利亚门托、阿尔卑斯、南部德国,还有达达尼尔海峡,被豪辛格及其参谋列入主要战役防御方向,这说明了这些计划制订者在西德防御上为西欧及其周边地区赋予的重要性。

面对北约联盟基于地缘战略局势，仅仅把德国看作未来战争中的战役迟滞区和战场的危险，德国军事计划制订者们配合联邦政府，甚至在西德正式加入北约之前，就坚定地在尽可能向东的区域保卫西德。

尽管有这种战役—战略上的开端，德国的战役计划依然保有浓厚的传统德国战役思想印记。和德国国防军时期一样，其目标在于弥补人数上的劣势，并通过更为高超的指挥与控制、突然性、包围和侧翼攻击，占据主导、掌控行动，从而达成胜利。其用意是将这一德国思想体系中的核心战术—战役内容整合进北约之中，以此作为德国对指挥与控制艺术的贡献，从而确保德国在联盟中的地位。

有一种观点认为，美国在广岛投下的原子弹，将一种"终极武器"引入了战争中，这不可避免地要求战役思想做出根本性改变，但豪辛格和他的同僚们最初无法接受这种观点。于是，问题就变成了如何在核战争中用常规方式战斗，并践行战役层面指挥与控制。经典战役思想能否存续，取决于这一问题的答案。德国最开始给出的解决方案，只是简单地将核武器的使用由战争的战役层面转为战略层面。如若威慑失败，这类武器将被用于遥远的苏联。因此，核武器在战争进行中的效用，以及核武器对西德人民的影响，是可以被忽略的。所以，德国战场上的经典战术—战役，在未来依然是可行的。

当德国被纳入西欧联盟，并能够接触到北约防务计划的制订时，这种自欺欺人的幻象破灭了。尽管西德军队融入了北约，北约依然认为，盟军只有尽早大规模使用战略性核武器，才能够保卫西欧。未来，地面部队将成为守护空军这一"核之剑"的盾牌。随着地面作战的重要性逐渐减弱，德国不仅将是一个传统战区，还将成为一个核战场。随后几年，豪辛格及其团队被迫接受他们只剩下很小的战役范围的事实，尤其是考虑到在盟军的战役指挥级别已经不再是国家层级，而是国际层级时。

按照传统的任务和角色分配，德国空军应当在诸兵种合同战斗中支援地面部队。现在，双方角色互换了。如同许多德国军官预见的那样，未来陆军将面临护卫空军这一吃力不讨好的任务。长久以来，空陆双方在争夺人力物力资源以及战役—战略设计的主导地位时，陆军都面临着失败出局的危险。自从德国空军明确宣称在未来战争中已无必要支援地面部队之后，情况更是如此。

作为回应，豪辛格和他最亲密的同僚们通过将战术核武器作为超大威力炮兵这一方式，调整了德国的核战争战役学说。和第一次世界大战之后的时期类似，他们也将增强机动性视作解决战役问题的方法。与此同时，他们继续推动放弃大规模报复的战略，转而主张循序渐进地做出反应。他们深信，有了这些调整，装甲部队参与的核条件下的运动战，依然是有可能的。在联盟中，他们的观点不乏支持者。美国和英国的陆军也继续为常规性战争制订计划，尽管核威胁和各种兵棋推演已经表明，任何核战争都将引发完全的混乱，部队将没有任何实践指挥与控制的机会。

德国人意识到，威慑的失败以及任何由此产生的仅限于中欧的核战争，都将对他们的国家产生灾难性的影响。"然而，这种计划的执行，不可避免地意味着德国，甚至整个欧洲的终结。这种自相矛盾的情况将成为现实。一部分部队将存活下来，拿下值得商榷的'胜利'。然而，他们保护的国家，基本上被消灭了……根据这些研究，自由世界反抗压迫的胜利之所，则是德国人民的'各各他山'[①]。"[98]

因此，为了德国的利益，德军必须让威慑而非战争来主导军事思想。面对如今这种处境，德军有必要知其不可为而为之。尽管要达成这一目的，一方面必须要有可靠的常规兵力和便于使用的核威慑能力，另一方面，则必须动用一切手段阻止核武器的使用，从而确保德国人民的生存。

最初，德国陆军新的学说条令延续了德国战役思想的传统，并且调整了运动战中的传统领导行为。核战争则被忽略了。陆军的战役理念反映在了修改后的手册，以及关于联邦国防军组织架构的提议中。装甲师组成了新陆军的核心，而且根据1956年版的陆军勤务手册，它将继续在传统运动战中发挥作用。核战争依然在1959年的修订版中被忽略，这是因为该版本的主要内容是基于59师结构优化的机动作战，其中并未有涉及核战争的内容。核战争在1960年版中才得到了单独探讨。1962年版的《作战指挥》将常规战和核战争结合起来，成了德国第一部关于在核环境中进行战争的学说条令。

---

① 译者注："Golgotha"，各各他山，耶稣曾在此地受难。

1959年版和1962年版的陆军勤务手册还标志着德国战役思想暂告一段落。两份手册都将战役层面指挥与控制职能归于北约的国际指挥层级，并最终交由联盟霸主美国。无论如何，派往北约的德国军官，依然通过整合传统德国理念，对战役计划的制订施加了重大影响。不过，直到二十多年后，德国陆军总参谋长，汉斯－亨宁·冯·桑德拉特中将才在20世纪80年代复兴了德国军队的战役思想。

注释

题词详见: "Die Führungsvorschriften des deutschen Heeres in Vergangenheit, Gegenwart und Zukunft unter besonderer Betonung der Gegenwart," presentation by Colonel i.G. Ernst Golling, November 1960, page 4, Military History Research Institute.

1. 详见: "Zum Bild der Wehrmacht in der Geschichtsschreibung der DDR," in *Die Wehrmacht. Mythos und Realität*, ed. Rolf-Dieter Müller and Hans-Erich Volkmann (Munich, 1999), 1100 - 1112; Dorothee Wierling, "Krieg im Nachkrieg. Zur öffentlichen und privaten Präsenz des Krieges in der SBZ und frühen DDR," in *Der Zweite Weltkrieg in Europa. Erfahrung und Erinnerung*, ed. Jörg Echternkamp and Stefan Martens (Paderborn, 2007), 247f.

2. 这将持续到20世纪90年代, 在所谓的 "聚焦国防军战争罪行的展览" (Wehrmachtausstellung) 所引发的巨大政治争议下, 国防军不带污点的神话方才在公众面前被打破。此后, 由个别国防军单位所犯下的罪行也能够被解决了。

3. 并不是每个人都能像德国联邦国防军 (Bundeswehr) 前总参谋长乌尔里希·德·迈齐埃 (Ulrich de Maiziere) 那样, 把自己的爱好变成生意的。他曾是个活页乐谱推销员。

详见: Matthias Molt, *Von der Wehrmacht zur Bundeswehr. Personelle Kontinuität und Diskontinuität beim Aufbau der Deutschen Streitkräfte 1955 bis 1966* (Diss., University of Heidelberg, 2007); John Zimmermann, *Ulrich de Maizière. General der Bonner Republik 1912 bis 2006* (Munich, 2012), 123 - 134.

4. Bernd Wegner, "Defensive ohne Strategie. Die Wehrmacht und das Jahr 1943," in *Die Wehrmacht. Mythos und Realität, ed. Rolf-Dieter Müller and Hans-Erich Volkmann* (Munich 1999), 197 - 209; Bernd Wegner, "Erschriebene Siege. Franz Halder, die 'Historical Division' und die Rekonstruktion des Zweiten Weltkrieges im Geiste des deutschen Generalstabes," in *Politischer Wandel, organisierte Gewalt und nationale Sicherheit. Beiträge zur neueren Geschichte Deutschlands und Frankreichs. Festschrift für Klaus-Jürgen Müller*, ed. Ernst Willi Hansen, Gerhard Schreiber, and Bernd Wegner (Munich, 1995), 292.

5. 详见: Halder, *Hitler als Feldherr*; Heusinger, *Befehl im Widerstreit*.

6. 这部分的工作在1961年告一段落。

详见: Wegner, "Erschriebene Siege," 291.

7. 同上, 290f。

8. 详见: Georg von Sodensterns, "Der Feldherr, Adolf Hitler" ; "Das Ende einer Feldherrnrolle," BArch, N 594/9.

9.Wegner, "Erschriebene Siege," 295.

10. 1951年, 作为战后核心军事期刊的《军事科学评论》(Wehrwissenschaftliche Rundschau) 创刊。

11. "Zur Einführung," *Wehrwissenschaftliche Rundschau* 1 (1951): 1.

12. Wolfgang Foerster, "Zur geschichtlichen Rolle des preussisch-deutschen Generalstabs," *Wehrwissenschaftliche Rundschau* 8 (1951): 7 - 20.

13.Kurt Zeitzler, "Das Ringen um die militärische Entscheidung im 2. Weltkriege," *Wehrwissenschaftliche Rundschau*, vol. 6 (1951): 44 - 48; vol. 7 (1951): 20 - 29.

14.Sodenstern, "Operationen," 1 - 10.

15. 同上，第9页。

16.Torsten Diedrich and Rüdiger Wenzke, *Die getarnte Armee. Geschichte der Kasernierten Volkspolizei der DDR 1952 bis 1956* (Berlin, 2001).

17.Bruno Thoss, *NATO-Strategie und nationale Verteidigungsplanung. Planung und Aufbau der Bundeswehr unter den Bedingungen einer massiven atomaren Vergeltungsstrategie 1952 bis 1960* (Munich, 2006), 2.

18.Rudolf J. Schlaffer, "Preussisch-deutsch geprägtes Personal für eine in der NATO integrierte Armee: Der personelle Aufbau der Bundeswehr," in *Entangling Alliance. 60 Jahre NATO: Geschichte-Gegenwart-Zukunft*, ed. Werner Kremp, Berdhold Meyer, and Wolfgang Tönnesmann (Trier, 2010), 115.

19. 领导力发展和公民教育 (innere Führung) 详见：Frank Nägler, *Der gewollte Soldat und sein Wandel. Personelle Rüstung und Innere Führung in den Aufbaujahren der Bundeswehr 1956 bis 1964/65* (Munich, 2010); Rudolf J. Schlaffer, *Der Wehrbeauftragte 1951 bis 1985. Aus Sorge um den Soldaten* (Munich, 2006).

20. 德国联邦空军第一任总参谋长约瑟夫·卡姆胡贝尔中将，以及海军理事会代理主席、后来的参谋次长卡尔－阿道夫·岑克尔海军中将，都曾在战争期间主要服役于他们各自的国防军军种。

21. 豪辛格的履历详见：Adolf Heusinger, *Ein deutscher Soldat im 20. Jahrhundert,* Bundesministerium der Verteidigung (Bonn, 1987) Meyer, Adolf Heusinger.

22. Pöhlmann, *Kriegsgeschichte und Geschichtspolitik*, 250.

23. 贝克辞职之后，哈尔德与曼施泰因之间燃起了极强的敌意。哈尔德被任命为总参谋长，而曼施泰因则想成为贝克的继任者。

24. 布兰克办公室的讨论内容详见：Dieter Krüger, *Das Amt Blank. Die schwierige Gründung des Bundesministeriums für Verteidigung* (Freiburg i.Br., 1993).

25.Frank Buchholz, *Strategische und militärpolitische Diskussionen in der Gründungsphase der Bundeswehr 1949 - 1960* (Frankfurt a.M., 1991), 305.

26.Schlaffer, "Preussisch-deutsch geprägtes Personal," 115 - 120.

27.Krüger, *Das Amt Blank*, 52.

28.Meyer, *Adolf Heusinger*, 535 - 527.
由于委员会的文件被毁坏，不论是在《战略与军事政策的讨论》(Strategische und militärpolitische Diskussionen，114)中所说，豪辛格是因为他的战役能力被选中，委员会绝不允许他失败，还是迈耶选拔委员会所做的限制中并没有政治上的原因的论断，都无法得到核实。

29.Axel F. Gablik, *Strategische Planungen in der Bundesrepublik Deutschland 1955 - 1967: Politische Kontrolle oder militärische Notwendigkeit?* (Baden-Baden, 1996), 40 - 50.

30. 从西方的角度所看到的形势威胁和预期中的苏联潜力详见：Christian Greiner, "Die alliierten

militärstrategischen Planungen zur Verteidigung Westeuropas 1947－1950," in Militärgeschich-
tlichen Forschungsamt, *Anfänge westdeutscher Sicherheitspolitik 1945－1956,* vol. 1 (Munich,
1982), 197－206; Helmut R. Hammerich, Dieter H. Kollmer, Martin Rink, and Rudolf Schlaffer,
Das Heer 1950 bis 1970. Konzeption, Organisation und Aufstellung (Munich, 2006), 38－45.

31. 德意志联邦共和国的地理形势详见：Hammerich, Kollmer, Rink, and Schlaffer, *Das Heer,* 46－48.
其中的地图尤其展现了自然环境的结构。

32. 这些战役考量的细节详见：Hans－Jürgen Rautenberg and Norbert Wiggershaus, *Die "Himmer-
oder Denkschrift" vom Oktober 1950* (Karlsruhe, 1985), 39－41; Helmut R. Hammerich,
"Kommiss kommt von Kompromiss. Das Heer der Bundeswehr zwischen Wehrmacht und U.S.
Army (1950 bis 1970)," in *Das Heer 1950 bis 1970. Konzeption, Organisation und Aufstellung,*
by Helmut R. Hammerich, Dieter H. Kollmer, Martin Rink, and Rudolf Schlaffer (Munich, 2006),
73－92.

33.Christian Greiner, "Die militärische Eingliederung der Bundesrepublik Deutschland in
die WEU und die NATO 1954 bis 1957," in Militärgeschichtliches Forschungsamt, *Anfänge
westdeutscher Sicherheitspolitik 1945－1956*, vol. 3 (Munich, 1993), 604.

34. Gregory W. Pedlow, ed., "NATO Strategy Documents, 1949－1969," in collaboration with the
NATO International Staff Central Archives, http://www.nato.int/archives/strategy.htm (Brussels,
1997), xiv.

35. Comment by Graf von Schwerin on the memorandum of the committee of military experts, 28
October 1950, printed in Rautenberg and Wiggershaus, *Die "Himmeroder Denkschrift,"* 58－60.

36. 详见：Christian Greiner, "General Adolf Heusinger (1897－1982). Operatives Denken und Planen
1948 bis 1956," in *Operatives Denken und Handeln in deutschen Streitkräften im 19. und 20.
Jahrhundert*, ed. Horst Boog (Herford, 1988), 231.

37. Hammerich, *Kommiss kommt von Kompromiss*, 88－90.

38. Greiner, "General Adolf Heusinger," 231f.

39. Gablik, *Strategische Planungen*, 63.

40. "博宁计划" 详见：Heinz Brill, *Bogislaw von Bonin im Spannungsfeld zwischen Wiederbewa-
ffnung－Westintegration－Wiedervereinigung. Ein Beitrag zur Entstehungsgeschichte der
Bundeswehr 1952－1955*, 2 vols. (Baden－Baden, 1987), 1:117－161.

41. "博宁计划" 在该防守区域部署约1100挺机枪。

42. Thoss, *NATO－Strategie*, 96.

43. Buchholz, *Strategische und militärpolitische Diskussionen*, 182－185.

44. Gablik, *Strategische Planungen*, 48－51.

45. Daniel Niemetz, *Das feldgraue Erbe. Die Wehrmachteinflüsse im Militär der SBZ/DDR*
(Published by Militärgeschichtliches Forschungsamt, Berlin, 2006), 53－55.
进入国防军官团队渠道的拓宽详见：Reinhard Stumpf, *Die Wehrmacht-Elite. Rang- und Herkun-
ftsstruktur der deutschen Generale und Admirale 1933 bis 1945* (Boppard a.Rh., 1982), 241－248;

Bernhard R. Kroener, "Auf dem Weg zu einer 'nationalsozialistischen Volksarmee.' Die soziale Öffnung des Heeresoffizierkorps im Zweiten Weltkrieg," in *Von Stalingrad zur Währungsreform. Zur Sozialgeschichte des Umbruchs in Deutschland*, ed. Martin Broszat, Klaus-Dietmar Henke, and Hans Woller (Munich, 1988), 651–683.

46. Niemetz, *Das feldgraue Erbe*, 41–43.

47. 同上，第53–55页。

48. 同上，第113页。

49. 苏联步兵师的摩托化水平，在五年间提升了3.5倍。

详见：Diedrich and Wenzke, *Die getarnte Armee*, 102f.

50. Zeidler, *Reichswehr und Rote Armee,* 165f.

51. 除蔡德勒（Zeidler）所著的《德国国防军和红军》（Reichswehr und Rote Armee）之外，该话题还在以下著作中，从20世纪20年代和20世纪30年代德苏合作的角度做出了考量：Mary R. Habeck, *Storm of Steel: The Development of Armor Doctrine in Germany and the Soviet Union, 1919–1939* (London, 2003).

52. Erich F. Pruck, "Die Rehabilitierung von Kommandeuren der Roten Armee," *Osteuropa 14*, no. 3 (1964): 208.

53. Zeidler, *Reichswehr und Rote Armee*, 262.

54. 同上，264f。

55. John Erickson, *The Soviet High Command: A Military Political History, 1918–1941* (London, 1962), 266–269.

56. 此问题的概述详见：Christian Greiner, "Die Entwicklung der Bündnisstrategie 1949 bis 1958," in *Die NATO als Militärallianz. Strategie, Organisation und nukleare Kontrolle im Büdnis 1949 bis 1959*, by Christian Greiner, Klaus A. Maier, and Heinz Rebhan, ed. Bruno Thoss (Munich, 2003), 17–174; Klaus A. Maier, "Die politische Kontrolleüber die amerikanischen Nuklearwaffen. Ein Bündnisproblem der NATO unter der Doktrin der Massiven Vergeltung," in *Die NATO als Militärallianz. Strategie, Organisation und nukleare Kontrolle im Bündnis 1949 bis 1959*, by Christian Greiner, Klaus A. Maier, and Heinz Rebhan, ed. Bruno Thoss (Munich, 2003), 253–396.

57. Greiner, "Die militärische Eingliederung," 604f.; Greiner, "General Adolf Heusinger," 234f.

58. Hammerich, *Kommiss kommt von Kompromiss*, 93–121; Thoss, NATO-Strategie, 40–52.

59. Greiner, "Die militärische Eingliederung," 608.

60. 北约的战役和战略计划详见：Hammerich, *Kommiss kommt von Kompromiss*, 93–121; Thoss, *NATO-Strategie*; and Dieter Krüger, "Schlachtfeld undesrepublik? Europa, die deutsche Luftwaffe und der Strategiewechsel der NATO 1958 bis 1968," *Vierteljahrshefte für Zeitgeschichte* 56 (2008): 171–225.

61. Greiner, "Die militärische Eingliederung," 615.

62. Gablik, *Strategische Planungen*, 101f.

63. 其发展进程及公众接受程度详见：Buchholz, *Strategische und militärpolitische Diskussionen*,

241 - 244.

64. Ingo Trauschweizer, *The Cold War U.S. Army: Building Deterrence for Limited War* (Lawrence, Kans., 2008), 39.65.

65. Greiner, "General Adolf Heusinger," 246.

66. Trauschweize, *The Cold War U.S. Army*, 70.

67. 北约联盟在1958年至1968年间寻求的核战略详见: Krüger, "Schlachtfeld Bundesrepublik?"

68. 公众对再武装的争议的详细情况详见: Hans Ehlert, "Innenpolitische Auseinandersetzungen um die Pariser Verträge und die Wehrverfassung 1954 bis 1956," in Militärgeschichtliches Forschungsamt, *Anfänge westdeutscher Sicherheitspolitik 1945 - 1956*, vol. 3 (Munich, 1982), 235 - 560; Thoss, *NATO-Strategie*, 354 - 370.

69. Nägler, *Der gewollte Soldat und sein Wandel*, 269 - 289; Rudolf J. Schlaffer, "Anmerkungen zu 50 Jahren Bundeswehr. Soldat und Technik in der 'totalen Verteidigung,' " *Militärgeschichtliche Zeitschrift* 64 (2005): 487 - 502.

70. Buchholz, *Strategische und militärpolitische Diskussionen*, 137.

战役专家们采纳了美国的理念。

71. 在对这一主题的评论中，豪辛格指出: "它依然更像是艺术。"他用下划线重点强调了"艺术"一词。
详见: Heusinger, *Ein deutscher Soldat*, 134.

72. 同上。

73. 这些计划的细节详见: Hammerich, *Kommiss kommt von Kompromiss*, 139 - 141.

74. 空军在联邦国防军的内部权力斗争中重要性的讨论详见: Krüger, "Schlachtfeld Bundesrepublik?" 185 - 188.

75. Martin Rink, " 'Strukturen brausen um die Wette.' Zur Organisation des deutschen Heeres," in *Das Heer 1950 bis 1970. Konzeption, Organisation und Aufstellung*, by Helmut R. Hammerich, Dieter H. Kollmer, Martin Rink, and Rudolf Schlaffer (Munich, 2006), 419 - 423.

76. 出处同上，第414 - 418页。

77. 德国旅级和师级的结构和发展详见: 同上，第355 - 483页。

78. 同20世纪20年代与20世纪30年代一样，德军至少有三次试图制定关于战役层面指挥与控制的条令。然而，就和魏玛国防军与国防军时期一样，对计划联合服役规章《最高管理者指南》(Richtlinien für die obere Führung)的研究未能完成。

79.Army Regulation H.Dv. 100/1 *Truppenführung* (T.F.), revised in 1952 by General of Infantry (Ret.) Theodor Busse.

80.Army Regulation H.Dv. 100/1 *Grundsätze der Truppenführung des Heeres*, 1956, para. 17.

81.Army Regulation H.Dv. 100/1 *Grundsätze der Truppenführung des Heeres*, 1956, para. 1.

82. H.Dv. 100/2 *Führungsgrundsätze des Heeres im Atomkrieg*, 1956, para. 4.
原文中有所强调。

83. Scheven, *Die Truppenführung*, 27.

84. 同上，第30f。

85. "Die Führungsvorschriften des deutschen Heeres in Vergangenheit, Gegenwart und Zukunft unter besonderer Betonung der Gegenwart," presentation by Colonel i.G. Ernst Golling, November 1960, page 3, Military History Research Institute.

86. Army Regulation H.Dv. 100/1 *Truppenführung*, October 1962.

87. Scheven, *Die Truppenführung*, 26f.

88. Hammerich, *Kommiss kommt von Kompromiss*, 179.

89. Krüger, "Schlachtfeld Bundesrepublik?" 187.

90. Thoss, *NATO-Strategie*, 726.

91. 同上，第723页。

92. Pedlow, ed., "NATO Strategy Documents," XXI f.

93. 详见：*Atomkrieg in St. Louis. Ein Jahr danach. Ein Bericht aufgrund der Anhörung von Sachverständigen vor dem Kongressausschuss* (Military History Research Institute, December 1959). 感谢中校鲁道夫·施拉费尔博士为我指出这一文件。

94. Ingo Trauschweizer, "Learning with an Ally: The U.S. Army and the Bundeswehr in the Cold War," *Journal of Military History* 72 (2008): 477-508.

95.Heusinger to Müller-Hillebrand, Washington, 27 March 1962, Federal Archives, Bw 2/20030e. 感谢中校赫尔穆特·R. 哈梅里希博士为我指出这一文件。

96. 北约核战略发展的基本评价详见：Beatrice Heuser, N*ATO, Britain, France and the FRG: Nuclear Strategies and Forces for Europe, 1949-2000* (London, 1997).

97. Hans-Peter Sertl, "Generalfeldmarschall Erich von Manstein. Der Schlieffen des Zweiten Weltkrieges," *Der Landser* 28 (1961).

98. Report by the Chief of Staff, Führungsstab der Bundeswehr to Defense Minister Franz-Josef Strauss, 16 August 1960, quoted in Thoss, *NATO-Strategie*, 727.

结论

　　战役思想的历史，是一首德军在世界大战时期及其之后时代的宏大叙事史诗。它包含了众多相互关联的主体，并超越了两场打输了的世界大战。这种思想的影响，无论是在其组成部分，还是在其整体上，一直延续到今天——尤其是在英语世界，20世纪80年代的联邦国防军身上。由于军事文化理念的不同，战术、战役和战略的边界有时候被模糊了。然而，一个不断出现的问题是，特殊的德国战役手段，因被认为是人口灭绝战略的重要推手而饱受谴责，这一战略在"巴巴罗萨"行动中达到高潮。和所有的历史往事一样，故事从来不是非黑即白，而是在灰色的阴影中展开；德国战役思想的发展，亦是如此。它的进步是一个持续的过程，可以追根溯源到19世纪中期。随着1870年德意志帝国建立，德国军事领导层相信，地理条件、相对劣势的人力物力、现存的世界强国，以及德国迈入强国行列的愿望等决定性因素，是德国战役—战略计划的基础，直到第二次世界大战结束后，德国的军事领导层才放弃了这一想法。

　　最初，战役思想的发展是为了满足去中心化的大规模军队在较远的距离外，进行指挥与控制的需求。到了19世纪末，这种方法也被视作在德国边境或中欧临近区域进行两线或多线战争的解决方案。正如总参谋部认定的那样，为了弥补空间上的劣势和资源上的不足，他们决定运用德国中央地理位置形成的内线优势，以及高质量的军队和一套更好的指挥与控制系统。因此，这成了他们思想中的指导原则。为了进行快速战争，老毛奇提出了机动性、进攻、主动性、建立主攻方向、包围、突然性，以及摧毁等基本概念。其目标是在边境或相邻的领土上，通过一次或多次快速包围战，摧毁敌方部队。军事意义上的摧毁，不同于物理上的毁灭，其是对有效军事力量的消灭，例如俘获敌人。考虑到德国处在欧洲中央的地理位置，在德国军事领导人发展他们的战役—战略计划，以及为部队部署人力、武器和装备时，他们一直聚焦于时间和空间的要素上。因此，这形成了德国战役思想的基石。

军事领导层一再尝试用战役手段解决战略困境，这将弥补该国中央地理位置和相对不足的人力物力资源而带来的脆弱性。在此过程中，他们仔细分析了如第一次世界大战等战争的教训，并修正了技术和战术—战役手段，以应对预计将在未来发生的战争。德军提高效率的不懈努力，产生了现代的战役层面运动战体系。这一进程的动态，将在战役计划和执行中一览无遗。

德国高级军事领导层坚信，若处于防守态势的长期消耗战无法取得成功，进攻将会是战争的唯一解决办法。在战略、战役和战术的三位一体中，战役是快速执行战争的关键。快速机动战役带来的决定性毁灭战，是阻止敌军积蓄力量，并摧毁它在资源上的潜在优势的关键。因此，时间压力决定了所有的战役考虑和计划，而保持或重新取得进攻主动权的意愿，则是德国陆军在两次世界大战中战术—战役思想的传统根基。这种进攻理念的发展并未忽略对政治或知识因素的考量。相反，它的基础是德意志帝国寻求世界强国地位的外交政策，以及"进攻一直是德国的战斗方式"的整体信念。[1]

这种延续性，并未被德国在第一次世界大战中的失利中断。早在 1918 年，德国军事精英们就开始求索如何纠正大战结果，以及如何赢下未来战争这两个问题。他们集体拒绝面对现实，无视了失败背后的实际战略原因，即德国较弱的军事潜力。对战争失利选择性地合理化，最终使人相信，德国的战术—战役方法是正确的，其失败是由个人所致。深信德国陆军"在战场上坚不可摧"（im Felde unbesiegt）的人们普遍认为，德国失去的大国地位必须被恢复，而唯一存在争议之处，只是达成这一目标的手段。

那么，德国军事领导层从第一次世界大战的经验中，具体吸取了哪些教训呢？解决德国中央地理位置固有风险的办法是快速战役进攻，从这一前提出发，军队有限的注意力都被聚焦到专业化分析流程的严密框架之内。领导层对这一流程本身并没有多少实质性的反思。[2] 现在的关键问题和第一次世界大战中的一样：如何在进攻中恢复机动性？这是德国战役思想的基本方法。古德里安这位快速机动部队的推行者，似乎解决了时间、地理位置和人力物力等不足纠结在一起而产生的棘手问题。进攻的危机显然得到了解决。因此，第二次世界大战中的德国军队开始发动大规模进攻战役。尽管有了第一次世界大战的先例，且敌方在 20 世纪 30 年代投入了大量的人力物力扩展防御工事，他们还是如此施为，并且忽视了发展防御学说。与第二次世界大战相反，第一次世界大战是德皇帝国的军事领导层带着详尽的战役计划启动的，并且，他们认为"施利芬计划"和"毛奇计划"将是胜利的秘方。战争失败后，他们确实产生了巨大的幻灭感。1940 年，德国部队再一次向西方发起进攻，但这一次，他们只有一个匆忙写就的计划——"镰刀收割"计划。而法国仅仅六周之内就被击败的结果，令德军欢欣鼓舞。

1918 年的战败和 1940 年的胜利，都引发了军队领导层在吸取经验教训上的分歧。第一次世界大战中，只有在面对堑壕战的僵局时，德国陆军才开发出诸兵种合成部队的防御及进攻战术。在第二次世界大战的对法战役胜利之后，他们开始相信，他们如今掌握了胜利的战役层面关键——闪电战。这一幻想于1941 年冬破灭在了苏联广袤的空间中，在机动防御战上准备不足的德军突然又被打回了守势。在两次世界大战中，一开始就占据主导地位的战术—战役理念很快受到了现实无情的考验，这是一个只有经受了战争磨砺才能通过的考验。

在第一次世界大战和第二次世界大战期间，德国军队开发出了将现有的技术手段和他们自身有限资源结合的防御理念。尽管在第一次世界大战中，作为对高昂损失的回应，兴登堡和鲁登道夫的第三届陆军最高指挥部结合前线部队的经验和自身对防御问题的认知，开发出了机动防御战术，但与兴登堡的前任法金汉对防御问题的态度一样，希特勒断然拒绝让战场上的军队展开机动防御战役。相反，他明确地援引法金汉的理念，下令做出线性防守。战场指挥官们尽可能地朝着有利于执行机动防御战役的方向解读希特勒的命令，只要一有空当，就留出空间以弥补他们在人力和物力上的弱点。但是，当希特勒回顾第一次世界大战中的经验时，他越来越频繁地驳回前线所做出的战术—战役理念创新。

希特勒之所以能成功地强推他的理念，是因为第二次世界大战中的将领大多曾在第一次世界大战中服役，他们也受到了和希特勒类似经历的影响。他们这一代人的口号，诸如"1918永不再现！"和"马恩河前的撤退"，代表了那场战争中的将领们在指挥与控制上的失败，这些失败导致了德国的战败。以1914年的马恩河之战为例，它是一场被过早中断的战役。而这正是那场战争的中尉们，即如今的将军们想要不惜一切代价避免的指挥失误。因此，哪怕在最为绝望的局势下，他们依然在"二战"中遵守了"死守到底"的命令。

若不了解许多高级军官的"一战"经历和塑造他们的军事社会化进程，我们就无法理解他们在第二次世界大战中的实践。他们时不时地在"二战"中的同一地点重新采用"一战"的思路，只是这一次用的是更为现代化的武器系统。对第一次世界大战战术和战役理念的回归，能够在1945年1月15日重新发行的18b/32号指导书《进攻：1917年一名前线指挥官的战斗经验》（Der Sturmangriff. Kriegserfahrungen eines Frontoffiziers von 1917）中窥见端倪。在这份重新发行的条令的前言中，古德里安写道："进攻的原则同以前相比并无不同。"[3]在1945年1月的军事局势下，古德里安的评论说明，德国军事领导层无力面对现实。

1944年以来，局势不断恶化，德国军队基于1916—1917年的大型战斗流程（Grosskampfverfahren）而改进的防御战役战法，在升级后也包含了反坦克防御战术和技术。但是，尽管1916年和1917年，第三届陆军最高指挥部致力于通过在防御中使用机器以减少士兵损失，可是第二次世界大战中的军事领导层，却以"以人抗坦"（Menschen gegen Panzer）的口号为依据，大肆增加战争中的人力成本。曾在第一次世界大战期间出现过的、对战役产生了影响的战术创新，在第二次世界大战中只能在十分有限的基础上发生。

德国军队在两次世界大战中都以任务型指挥与控制的理念作战，即使希特勒严令禁止在战役层面使用任务式指挥，这一理念也依然在战术层面发挥作用。令人存疑的是，基层部队能够遵从这些命令到什么程度。由于战争末期的年轻军官得到的训练十分有限，他们是否有能力执行任务型指挥，这一点同样值得商榷。

当战役手段被证明不足以解决德国在战争潜力方面的相对劣势时，两次世界大战中的德国领导层都转而尝试用提高备战状态的办法，弥补这一缺陷。他们还试着通过呼吁所谓拥有无穷潜能的意志力和战斗精神，以增强士兵奋战到底的意愿。B集团军群司令瓦尔特·莫德尔元帅在1945年3月29日向他的指挥官们写道："光靠筹算或是履行职责，是没法赢得这场战争的。对胜利起决定性作用的，是求胜的意愿，和对胜利的信心！……成为一名指挥官，就意味着要有信心。"[4]因为德国在第一次世界大战中未能动员国民坚持到底，希特勒和纳粹党从国防军处接管了所有意识形态训谕的职能。和"一战"中的前线士兵们相比，国防军士兵受到的入伍教育，是被纳粹意识形态重塑过的。正如1942年一期《军事周刊》上的文章所言："我们没有1914年那样的战争经验。这场战争中的新要素，都来自于政治经验。它源于我们的精神和我们的灵魂。纳粹是理解这一点的关键。"[5]

在第一次世界大战中，尽管战争后期引入了爱国主义教育（Vaterländischer Unterricht），陆军最高指挥部的主要关注点依然在于战术上的创新。然而，在第二次世界大战中，意识形态上的指挥逐渐和战术—战役上的指挥并驾齐驱。一个典型的例子，即费迪南德·舍尔纳元帅在1945年1月20日发布的一道命令："每天都有越来越多的证据表明，光靠战术手段是没法赢得战争的。我们离自己的祖国越近，信念、信仰，以及神圣的热情的道德力量就会越来越强大。"[6]因此，到战争结束之时，这种呼声不再关乎职业化的军事领导，而仅仅是要求坚守到底。这种"说服力"生效的很大一部分原因，是基于对士兵的武力威胁。

德国人相信，机动防御战役的基础，不仅在于训练有素的总参谋部军官，还与训练有素的士兵息息相关。基于那个时期的理念，1914年的普鲁士—德国军队很大程度上是训练有素、指挥得当的，它和纳粹国防军是完全不同的两支部队。第二次世界大战中的德国陆军，在很多方面只是第一次世界大战期间的陆军的小幅改进版。训练和指挥专业性的严重缺陷，早在波兰战役中就已一目了然。这并不令人意外。在1935年之后的短暂时间里，任务的复杂性和越发现代化的武器系统，令这支部队无法达到普鲁士—德国军队在第一次世界大战前漫长的和平时期所拥有的训练水平。因此，1935年之后的焦点，仅仅被放在了特定的部队上。那些机动部队，组成了德国进攻的先锋。在东线战役中，当所有参加战役的师都投入交战时，这一理念很快就遇到了它的极限。装甲师被如同漏斗一样，越往俄东边去越长的战线吸纳。摩托化精锐部队和大量非摩托化步兵师之间的差距，随着战争的进行，变得越来越明显。就在战争的后期，少数装备优良的部队成了德国军队的支柱。但面对盟军的空中优势时，他们只能进行有限的机动战役。而即便是这样，这些机动部队也无法抵消盟军在人力物力上的优势。

德国在第二次世界大战中的失利，使得这个国家被一分为二。东西两德的军队都被相应地整合到了各自所属的军事联盟中。因此，德国战役思想的根基已经丧失。德国再也不可能通过进行迅速而果断的决战，来抵消敌人在人力物力上的优势，进而避免出现它无法赢得的长期消耗战了。自施利芬以来，这种执行快速且决定性的战争的必要性，已经融入了德国的军事思想，而且由于德意志帝国的中央地理位置，这种必要性之前从未受到政治上的质疑，如今已经过时了。

话虽如此，对机动战役的要求，依然在西德 20 世纪 50 年代的防御理念中占据着重要位置。西方大国对德国军队在东线作战的经验有很大兴趣，这给了前总参谋部作战处军官，也就是后来的德国联邦国防军将领一个为北约防务做出原创性的德国贡献的机会。尽管德国的战役理念并不完全契合北约动用核武器的防御计划，它们依然是前德国总参谋部军官集体心态中的坚实元素。甚至在输掉两次世界大战之后，德国联邦国防军的战役专家们依然在坚持传统的德国战役思想，并且德国的战役层面指挥与控制原则仍旧在北约的圈子内得到尊重。这也是为什么，1962 年 12 月 21 日，施利芬逝世五十周年的纪念日上，德国联邦国防军指挥与参谋学院的校长乌尔里希·德迈齐埃少将，会在谈至军事和政治之间的相互作用时，指出施利芬发现了"合乎他所处时代的政治和军事发展变化的战役解决方案。他的目标，是在基本范式的框架内实现解决方案的可变性"。[7]

20 世纪 80 年代，随着国际形势的变化，德国战役思想经历了一次短暂的复兴。其成果便是 1987 年的《中欧地面部队的战役指挥与控制指南》（Leitlinie für die operative Führung von Landstreitkräften in Mitteleuropa）。1994 年的《地面部队指挥与控制的首要原则》，以及几年后的《自由战役学说》（Grundsätze der freien Operation），都遵循了这份文件的精神。

这次复兴，与汉斯－亨宁·冯·桑德拉特中将密切相关，他在当时任陆军总参谋长。然而，这并非 20 世纪 70 年代美国军事思想复兴的直接结果。多年来，美国的重要军事思想家们主要将核武器视为政治升级的工具，在这一过程中，作为战场上的战术—战役武器，核武器的重要性减弱了。基于新近发生的越南战争和 1973 年在以色列发生的赎罪日战争的经验，美国武装部队对北约整体防御计划多年来描绘的静态前沿防御越发不满。和这些进展同时发生的，是德国军队的领导层看到了复兴机动战役理念的良机，这一理念已走向幕后，却并未完全消失。这种复兴以过往成功的战役为基础，尤其是第二次世界大战中的成功战役；但过去被忽视的那些体系中固有的弱点，依然没有得到重视，或者仅仅是部分得到解决。这次再评估，领导层们的重点聚焦在德国战役思想的战术—战役层面上，他们很大程度上排除了战役—战略层面。

　　这一发展中，令人注意的是，尽管令德国人在30年内输掉世界大战两次的学说，再一次得到了提倡，却没人直面学说中导致这些失利的弱点。毫无疑问，两次世界大战中，虽然人力物力处于不利地位，且面对的敌军联盟要强大得多，德国部队依然在一定程度上取得了成功。最开始，他们在1940年的法国战役中处于攻势，接下来几年的战争中，他们转攻为守。但是，德国军队所取得的任何成功，主因都是战场上的士兵和军官们在战术上表现出的精湛水准，其次才是总参谋部军官在战役执行上取得的成果。

　　德国战役思想的决定性弱点，就藏在其固有的结构中。这一理念最初是为了达成在远距离从战术—战役层面上投放大规模部队而发展起来的，它在施利芬手下，获得了战役—战略层面的进一步发展，以此解决在相对不利的条件下发动战争的问题。尽管战役作为连接战术和战略的环节，同时具有战役—战略和战术—战役两个维度，但是最初制定的战术，却没有直接转化至战役—战略层面。只有到"大战术"这一较高的指挥层面，机动性、进攻、主动性、主攻方向的建立、包围、突然性以及摧毁才能发挥最大的作用。德国总参谋部专注于指挥的战役层级，从而忽视了战略层级。在大多数德国总参谋部军官眼中，战役—战略思想不过是个影子。

　　要探究出现这种发展的原因，就要研究德国军官与政治的关系，因为战略思想的核心，就是政治思想。但对总参谋部军官而言，政治思想永远是军事思想的附庸。哪怕是在和平时期，他们心不甘情不愿地接受政治决策时，公民政治思想在很大程度上对他们而言依然很陌生。然而，在战争时期，按照他们对克劳塞维茨的解读，他们又立马声称自己是领导者。这些军官很大程度上认同了德皇及其政府在国内外的政治地位及基本政治态度。帝国的目的在于令德国成为世界强国，为达成这一目的，必要时可动用军事手段。第一次世界大战的失利，并未让德国领导层对此产生丝毫动摇。在此必须指出，第一次世界大战开始时，欧洲的其他国家和德国一样，将动用军事力量视作外交政策中的合法手段。

除了魏玛共和国时期的短暂间隔，两次世界大战期间的绝大多数总参谋部军官心目中并不存在可行的政治解决方案，足以弥补德国在军队潜力上的限制。不论是在德皇时期还是在纳粹统治下，政治领域的思考都不是军队高级领导人所面对的。这种军事与政治的尖锐分裂，成了帝国本身高阶架构的一部分：军事统治层级和政治统治层级，仅在德皇以及后来的希特勒处合流。因此，战略层面只专注于顶部位置。这种始于腓特烈大帝时代的领导架构，在"国王作为最高指挥官"（roi connétable）的原则下达到高潮。尽管在现代化指挥、控制和通信系统的帮助下，希特勒在一定程度上做到了这一点，但德皇威廉二世却不足以胜任这一角色。不过，该基本原则本身，便不足以用于执行现代工业化战争，尤其是需要整合整个国家的经济、政治和军事资源的"全面战争"。德国国防军的领导层由于个人之间的相互倾轧而陷入瘫痪，德国式结构的功能变得更为失调。这些内部的权力斗争，拖慢了高级军事结构适应现代工业化战争的步伐。

政治和军事领导层之间的平顺互动，绝不是因为军队无条件忠于政治体系而起的作用。相反，它是国内和国际事务的相应政治目标的产物。每当军事领导层看出国内或国际政策问题对其政治地位的威胁时，他们就会随时准备做出干预。虽然他们在德皇帝国或是魏玛共和国的特定时期经常成功地做出干预，但到了希特勒时期，他以国防军内部贝克的退休为代价，成功建立了纳粹政权中明确的政治至上体系。此后，他们开始仅仅将自己视为贯彻政治领导人要求、运转顺畅的军事机器的飞轮，尽管大多数德国总参谋部军官仍在个人层面上持保留意见。因此，总参谋部会完全无视战争的战略层面，只教条化地注重战役层面，就不足为奇了。

正如马丁·库茨指出的那样，正是在这场"穷人的战争"期间，总参谋部官员们看到了解决德国相对战略劣势的机会。但是，由于缺乏战略思想，第二次世界大战的前半段出现过一些糟糕透顶的战略决策。这些错误决策，先是由未经过高级军事训练的政治家发布，然后再由已经被希特勒阉割的总参谋部执行。那时候，贝克——少数能够在现代意义上做出战略层面思考的总参谋部军官之一——已经退休，并深入参与到了引发 1944 年 7 月 20 日事件的反对派行动中。由于他们在世界大战期间的大陆性导向，陆军高级指挥层从来不曾为整合海军展开总体战而制定战略理念。陆军领导层忽略了海军和海军战事，尽管要获取并维护德国的世界大国地位，海洋力量至关重要。

由于缺乏战略思想，以及由此产生的对战术—战役层面快速决战的重视，更进一步的问题出现了。随着战斗扩展到中欧之外，沿着德国边境或相邻的领土上进行快速战斗的理论，达到并超过了其极限。此时，德军遭到了后勤系统的严重制约。最初的战役思想所依据的后勤系统，只能够满足发生在距离德国边境不超过 100 至 200 公里处的一场或多场歼灭战。直到第二次世界大战，德国部队都预计要在其执行战役的乡间获得给养。一旦战役超出原计划的纵深，后勤系统就将超过其技术资源所能达到的极限，并最终延缓德国战役学说视为基础的广域包围作战。令人惊奇的是，总参谋部军官们完全忽视了这一关联，仅仅注重战斗的战役层面执行。即使到了联邦国防军时期，一名军官被任命至后勤岗位，也被视作是其职业生涯的一大滑铁卢。出现这种普遍流行的态度的原因之一，是德国在军官训练中对其作为现役战斗人员身份的强调。另一个原因，则很可能是军官们对德国资源潜力不足的间接认识。总参谋部军官们发现了运动战和迅速进行的决战中，后勤问题的解决方案，这反过来最大化地减少了后勤上的技术顽疾。但当"巴巴罗萨"行动由于后勤问题岌岌可危时，总参谋部心照不宣地认可了对苏联平民的罪行，以确保整体战役的成功。

除了时间和部队，空间因素也在德国战役思想中扮演了重要角色。以实现德国大国地位为目标奋斗的军事专家们，没有意识到德国统治欧洲的先决条件，便是消灭俄国的欧陆列强地位。老毛奇、施利芬，甚至法金汉，都部分地意识到了拿破仑的经验，避免在俄国广阔的空间进行战斗。然而，他们的后继者们，在很大程度上误读了自身在 1914 年至 1918 年间和俄军部队的战斗经验，认为对苏联的战争将会无往不利，就算有问题，也不值一提。第一次世界大战以后的德国战役专家们，拓展了最初制定的在德国边境或邻近地区达成快速决战的学说。完成这项工作的过程中，他们在没有必要的资产和人力资源的情况下，就将基于战术层面得到的认知一路外推到了战役，甚至是战略层面。

在维持主动权的意愿的支持下，德国陆军制定了快速建立主攻方向的理念，作为不得不在数量相对处于劣势时进行战斗的补偿手段。战役专家们相信他们的体系更为优越，但这种体系在遭遇到"数量法则"和德国脆弱的地理位置时，迟早会失效。总参谋部军官很大程度上忽视了这一现实，即就算拥有最优秀的战术—战役层面指挥与控制系统，他们依然无法击败人力物力占优的敌方联盟。承认德国军队的局限性，等同于承认军队的无能，从而威胁到他们在敌国内部的权力地位——德军领导层的思想大体受到这种想法的驱动。

关注快速而成功的歼灭战的教条，不仅是为了解决德国的战略问题，还是为了将任何战争局限在内阁战争的范畴内，防止人民战争出现，从而消除政治考量对战争指导的影响。归根结底，在世界大战时期，甚至直到 20 世纪 80 年代，一些支持者心目中的德国战役思想，都是脱离现实的空中楼阁，没有考虑到人口和政治因素，只如同下棋般模拟着军队的调遣。然而，这种以 18 世纪内阁战争为基础的理念，已经被普法战争和最后第二次世界大战的现实削弱到了荒谬的程度。但总参谋部依然不断抑制对这一现实的认知。

值得注意的是，德国联邦国防军虽然在 20 世纪 80 年代投入到了经典的德国战役思想中，但他们很快放弃了对战役的片面定位。从联邦国防军组建之初起，当中的军官，尤其是总参谋部军官，就在指挥和参谋学院（Führungsakademie der Bundeswehr）接受了跨越所有独立领域的联合训练。与此同时，领导力发展、公民教育（innere Führung）和政治—军事（Pol-Mil）训练都得到了充分重视。从一开始，总参谋部军官们就被分配到了整合后的北约总部。从很早的时候开始，军事战役专家们就和联邦国防军中所有其他部门的军官，以及国防机构的公民政治领导人，展开了关于互让与妥协的辩论。多年以来，年迈的精英战役专家们被新的政军复合人才取代。如今，在联邦国防军中取得职业生涯上最大成功的，正是这些政军复合人才，而非战役专家们。因此，几乎所有联邦国防军的总参谋长，包括那些来自陆军的总参谋长，基本上都是政军复合人才。德国在北大西洋公约组织（NATO）中的参与，显然是这种发展的首要原因。

因此，德国独特的战役思想形式正确与否，人们如今尚未得出明确答案。当然，德国思想发展至今的根源确实存在，即在缺乏必要资源的情况下，普鲁士和后来的德意志帝国想要成为大国的政治意图。这些不足，反过来直接使得政治领导层和军方指挥层低估了战略层面的作用。所有的国家都力图加强其政治地位，哪怕它们的资源无法匹配其野心。任务式指挥是经典德国战役思想中的核心元素，但经常被忽略的是，早在第一次世界大战时，任务式指挥，顾名思义，就只作为一种战术流程，而非战役流程。在战役层面，过多的指挥自由会迅速导向灾难，如同陆军最高指挥部在 1914 年马恩河之战最初几周经历的一样。第二次世界大战时的"巴巴罗萨"行动最初几周，总参谋部限制了师级指挥官和参谋长战役层面的自由，并相应地增强了顶层控制力。甚至在希特勒更多地限制战役自由前，总参谋部便已经这么做了。

其他德国战役思想的基石，包括包围、机动性、速度、突然性，以及歼灭，其发展都源于战术以及德军领导层认为进攻是最好的战斗形式的信念。这些战斗要素得到了所有军队的认可，但不同之处在于各自对其的应用。德军比其他任何一支军队都更为注重行动的主动权和自主度。尤其是在不利境地下面临在主攻方向建立绝对优势的压力时，承受高风险，以及快速歼灭敌方部队的意愿，似乎是德国军队的首要特征。然而，这种方法在军事史中早有先例，特别是在拿破仑时期。这并非德国总参谋部独创。并且，其他许多归入德国战役思想中的元素，也可以在苏联等别的欧陆大国军事学说中找到。但是，几个世纪以来，由于德国在人力物力上的相对弱势，总参谋部军官们都在计划快速而机动的战役，以此作为削弱有能力长期进行战争的敌对海权国家联盟的手段。要理解20 世纪 20 年代魏玛国防军和苏联红军之间密切的思想交流，这一点尤为重要。然而，若试图判断德国战役思想以及苏联的战略地理位置对苏联产生了多大的影响，则需要作出更多的学术分析。即使考虑到苏联与德国战役思想中众多显而易见的相似之处，这些证据也不足以确定德国思想对苏联直接影响的程度。

由于根据德国有限军事潜力而制定的整体战略没有完全结合德军部队的实际，尽管德国战役思想毫无疑问地具有根本的结构性缺陷，且后勤上的失灵诱发了"巴巴罗萨"行动中的罪行，但德国战役学说本身并不是基于将所有人口屠戮殆尽的犯罪意图。德国战役学说，是试图在缺乏足够的经济、军事以及政治权力基础的条件下，实现欧洲霸权的一次尝试。世界大战期间的德国军事和政治精英们，无力承认并接受德国真实的、有限的力量。这是德国战役学说依托的基础。

德国战役思想总是承担着巨大的风险，有时甚至威胁到了德国自身的存续。这当然不会是成功的秘诀。归根结底，它只是一个权宜之计。它是一种关于"穷人的战争"的学说，这个穷人为了其在阳光下的位置（Platz an der Sonne）而奋斗。

注释

1. Ludendorff on 22 February 1918 in his letter to Friedrich Naumann, printed in Herbert Michaelis and Ernst Schraepler, eds., *Ursachen und Folgen. Vom deutschen Zusammenbruch 1918 und 1945 bis zur staatlichen Neuordnung Deutschlands in der Gegenwart. Eine Urkunden- und Dokumentensammlung zur Zeitgeschichte, vol. 2, Der militärische Zusammenbruch und das Ende des Kaiserreichs* (Berlin, 1958 - 1978), 250.

2. Gottfried Niedhart, "Lernfähigkeit und Lernbereitschaft nach Kriegen. Beobachtungen im Anschluss an die deutschen Nachkriegszeiten im 20. Jahrhundert," in *Historische Leitlinien für das Militär der neunziger Jahre, ed. Detlef Bald and Paul Klein* (Baden-Baden, 1989), 3 - 27; and Wette, "Die deutsche militärische Führungsschicht," 39 - 66.

3. Merkblatt 18b/43, "Der Sturmangriff. Kriegserfahrungen eines Frontoffiziers von 1917," 15 January 1945, page 2.

4. Letter from Commander in Chief of Army Group B to his commanders, 29 March 1945, BArch, RH 41/603, page 13f.

5. Hans Wolf Rode, "Das Kriegserlebnis von 1939 und 1914," *Militär-Wochenblatt* 125, no. 46 (1941): 1827.

6. Oberbefehlshaber, Heeresgruppe A, An alle Generale (Divisionskommandeure) H.Qu., 20 January 1945, BArch, RH 19, f. 203f.

7. Commemorative ceremony on the fiftieth anniversary of Schlieffen's death, 21 December 1962, BArch, N 673/517b, unpublished works of Ulrich de Maizière.

感谢中校约翰·齐默尔曼博士为我指出这一文件。

后记

　　毫无疑问，德国的战役思想在世界军事史上自有其独特性。西欧世界中，它仅在普鲁士—德国这片土地上传承延续，而即使在"二战"后几十年，它依然作为德国战争不可分割的一部分，被美苏各国争相研究。很大程度上，作为普鲁士—德国在应对地理危机和资源危机时，几代人共同努力的结果，战役思想自有其过人之处。早在18世纪，战役思想就在普鲁士有所萌芽，但尚未得到系统性的归纳，直到19世纪中期，老毛奇出任普鲁士总参谋部的总参谋长。他对德国战役思想的贡献是卓越的，在诸多层面奠定了德国战役思想的基础，然而所谓的"老毛奇思想"，却并非完全由他首创，而是大部分整合自前人的观念。

　　自老毛奇始，战役思想开始在德国系统地发展。历任总参谋长和德军高层将领根据德国处境的共性和个性，不停地完善这一思想，并融合进适应德军现实的新的理念。如瓦德西的继任者施利芬，他基于老毛奇的理念，坚持调遣、进攻、速度、主动性、主攻方向、包围、突袭和歼灭等决定性要素，并提出影响深远、众所周知的"施利芬计划"；又或者是汉斯·冯·泽克特，其在任期内坚持"机动"理念，并致力于建立小规模的专业部队。这些理论立足于德国战役思想的根基，又在其之上提出了新的见解。"二战"后，由于德国的溃败，以及随之而来的经济困难、冷战环境和将德国一分为二的冷战现实，德国的战役思想一度陷入沉寂，直到豪辛格上任。也许是因为其在相对和平的年代执掌总参谋部，他在历史上的知名度不如施利芬、曼施泰因之流；但他同样为德国的战役思想发展做出了不小贡献。然而，身处核战争的背景之下，一脉相承的德军战役学说，能在多大的程度上适用，这一问题的答案也是豪辛格不断求索的目标。

本书共分为九个章节：第一、第二章重点介绍战役的基本理论，明确了战略、战术、战役的划分范畴及历史沿革，以及进行战役的基本要素：时间、空间和力量；第三章至第八章，则以时间为划分，重点阐述了战役思想在不同军事领袖的引领下，不同时期的发展，由于战役思想的发端尤为重要，因此其在行文中，将"一战"前的时期分为了两个章节；最后一章则是总结，探讨德国战役思想的整体演化。德国战役思想始终承担着巨大的风险，有时甚至威胁到了德国自身的存续。它不是成功的秘诀，只是德国在穷困时期的一个权宜之计。

本书原书由德国联邦国防部军事历史和社会科学中心出品。身为德国联邦国防部的智囊，其在研究德国历史时，显然具有近水楼台的巨大优势。而本书作者，格哈德·P.格罗斯也致力于站在一个公正角度，总结德国历史，反思这一思想在发展演化中的得失和盲点。他无疑做了很多功课，也取得了不小的成就，但值得注意的是，由于其专注于德军军事的整体思想发展及其实践，在评价某些人物和事件时，未能做到全方位的评述，希望读者在阅读过程中，能够对涉及的人物和事件性质有一个正确的认知，并对文中内容加以审慎扬弃、分析鉴别。

"以古为镜，可以知兴替。"战役思想如同一首格局庞大的叙事史诗，道尽德国军事百年来的功过得失。研究历史，亦是在探索未来，德国从其军事思想发展中得来的教训，也是后来人的宝贵财富。

现代机械化战争的发轫之作

作战指挥

德国国防部部队局 著
小小冰人 译

二战德国陆军实战指南

TRUPPENFÜHRUNG

GERMAN ARMY MANUAL FOR UNIT
COMMAND IN WORLD WAR II

TOP SECRET
2000 年后美军
才将本书完全解密
被誉为《孙子兵法》的现代版

民主与建设出版社

强烈建议在阅读其他
二战德国书籍之前先阅读本书

✠

二战早期德军获胜的真正原因\现代战争史上的"顶点"学说手册

一本准确记录德军对现代战争看法的"宝藏手册"
出版 70 多年后，依然能带来巨大的影响
书中的那些精确的指令定然会令你瞠目结舌

古德里安
传世经典

"闪击战" "坦克战" 理念原著 / 启发性、革命性震惊世界

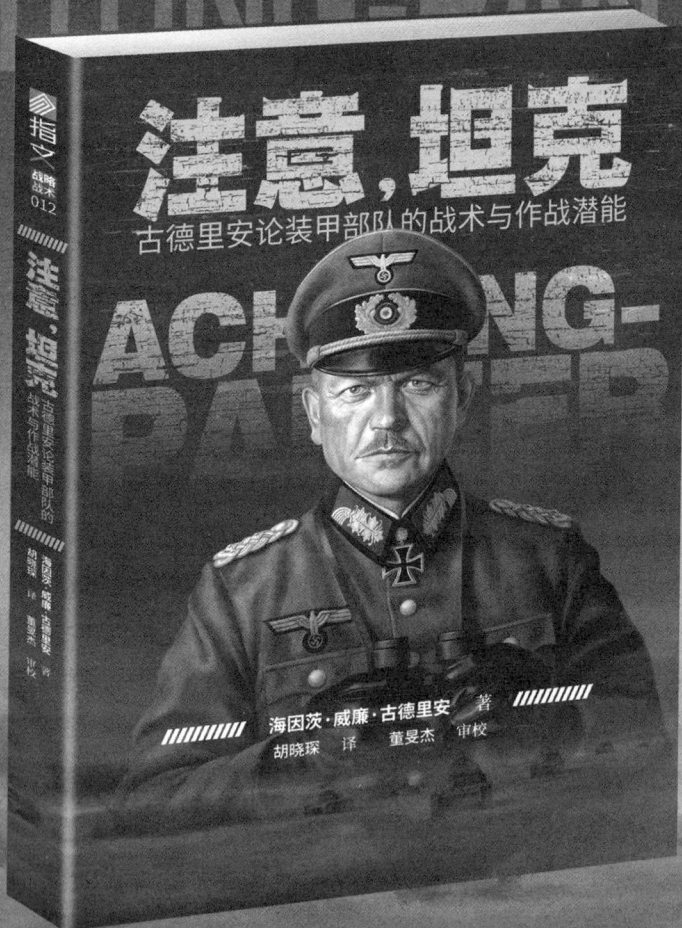

ACHTUNG-PANZER

指文
战略战术
012

注意，坦克

古德里安论装甲部队的战术与作战潜能

ACHTUNG-PANZER

注意，坦克
古德里安论装甲部队的
战术与作战潜能

海因茨·威廉·古德里安 著

胡晓琛 译　董旻杰 审校